地域ブランディングの論理

食文化資源を活用した地域多様性の創出

小林 哲 著

有斐閣

はしがき

　本書は，マーケティングにおけるブランド論の視点から地域ブランドを考察したものである。地域ブランドは，今世紀に入り急速に関心が高まった研究領域だが，現在，そのブームも沈静化し，研究に対する興味が薄れたかのようにみえる。しかし，地域ブランドに関する実務的な課題はいまだ数多く存在し，それに対する学術的考察もけっして十分になされているとはいえない。

　そこで，本書では，マーケティングで培われたビジネス・ブランド論が，地域ブランドの実務的課題にどの程度応えることができるか明らかにすることを目的とし，①地域ブランド研究に対するビジネス・ブランド論の適用可能性，②ビジネス・ブランド論が適用しえない地域ブランド研究の固有性，③地域ブランド研究がビジネス・ブランド論にもたらす示唆の3点に注目しながら，地域ブランドを考察する。

　以上の理由から，本書が想定している主たる読み手は，マーケティングのブランド研究者である。マーケティングにおいて地域ブランド研究は，ビジネスで培ったブランド論の応用領域だといえる。このような応用領域に，既存研究がどの程度適用しうるか考察することは，既存研究に対する理解を深めるうえでも重要な作業である。

　もちろん，マーケティング以外の地域ブランド研究者も，本書の重要な読み手である。地域ブランド研究は，地域政策，地域経済，地域文化，農業経済，観光などさまざまな学術分野からアプローチ可能な学際研究としての特徴を有している。そこで，マーケティング以外の研究者にも理解してもらえるよう，本書の第1章および第2章で地域ブランドを考察するうえで基礎となるビジネス・ブランド論の考え方や方法を示している。

　そして，地域ブランドに関わる実務家の皆さんにも，ぜひ本書を読んでほしい。地域ブランドに関わる人にとって，もっとも有用な情報源は，他の地域の事例であろう。しかし，たとえ見本となるような事例であっても，それを直接利用することはできない。事例を利用するには，その事例が他の地域でも実践可能であること（一般化可能性）と，自身が携わる地域がその実践可能な地域

i

に含まれること（適用可能性）の2つの条件をクリアする必要がある。本書は，地域ブランドの実務的課題に対し，理論的すなわち一般化された知によって応えることを目的としており，実務家の皆さんには，ここでの議論が自身が携わる地域に当てはまるかどうか考えてほしい。

ここで，地域ブランドに対する本書の基本認識を示しておこう。1つめは，ブランドとブランディングの違いである。ブランドは，あくまで製品等に付与された識別記号にすぎない。しかし，この識別記号の有するさまざまな機能を利用することで，付与対象の価値を高めることができる。地域ブランドが注目されたのも，ブランドの有するこのような効果，すなわちブランディング効果があったからであり，本書のタイトルを「地域ブランド」ではなく「地域ブランディング」としている理由もここにある。

2つめは，地域ブランドにおける「ブランド」「製品」「地域」の三者間関係である。通常，ビジネスにおけるブランドは，ブランドとその付与対象である製品の二者間関係で規定される。しかし，地域ブランドでは，これら2つに地域を加えた三者間の関係が重要となる。

3つめは，性質の異なる2つの地域ブランド論の統合である。地域ブランド研究には，地域産品を付与対象とするブランド論と，地域空間を付与対象とするブランド論の2つの地域ブランド論が存在する。しかし，本来，これら2つの地域ブランドは相互依存関係にあり，切り離して議論することはできない。そこで，本書では，これら2つの地域ブランドを同時に分析できる統合モデルを提示し，その中で地域ブランドを考察する。

また，本書では，第4章から第10章の冒頭で，各章のテーマに関連した事例を紹介している。しかし，事例を解説することが本書の目的ではない。すでに述べたように，本書の目的は，地域ブランドの実務的課題に理論的に応えることであり，事例はそのための材料にすぎない。とはいうものの，これらの事例は，地域ブランドを考えるうえで参考となる情報を数多く有しており，本書で取り上げたこと以外にも有益な示唆を得ることができる。そこで，事例を用いて地域ブランドの課題を広く議論できるよう，あえて筆者の解釈を加えず，可能な限り時系列に沿って客観的に記述するよう心掛けた。

本書を出版するにあたり，本当に多くの人にお世話になった。まずは，事例に関する情報を提供いただいた皆さま。関係者があまりにも多く，ここでお一

人ずつ名前をあげて紹介することができず残念だが,皆さまとの出会いがなければ本書のアイデアは得られなかった。また,有斐閣書籍編集第2部の岡山さんと柴田さん。原稿の編集・校正をはじめ,図表のレイアウトや挿入画像の許諾申請など,編集者の支援がなければ本書の完成に至らなかった。そして,これまでご指導いただいた上原征彦先生(元明治学院大学教授),石原武政先生(元大阪市立大学教授),故村田昭治先生(元慶應義塾大学教授)はじめ,日本商業学会関西支部や慶應義塾大学出身の研究仲間の皆さんには,研究する楽しさを教わるとともに,知的好奇心をくすぐる多くの刺激をいただいた。最後に,大阪市立大学経営学研究科には,すばらしい研究環境を提供いただくとともに,出版助成という直接的な支援もしていただいた。深く感謝申し上げる。

2016年秋　研究室にて

小林　哲

目　次

はしがき　i

序　章　地域ブランド研究の意義と本書の目的　　　　　　　　　　　1
1. 地域ブランドに対する関心の高まり　1
   地域ブランドへの注目（1）／地域ブランドが注目された背景（2）／海外の動向（4）
2. 本書の目的　4
   地域ブランド研究の現状と課題（4）／地域ブランドへのマーケティング的接近（6）／地域ブランドに関わる基本用語の整理（7）
3. 本書の特徴　8
   2つの地域ブランド論の統合（8）／食文化資源に対する注目（9）／本書の構成（11）

第I部　理論編

第1章　ブランドの意味と役割　　　　　　　　　　　　　　　　16
　　　　　　　　　　　　　　　　　　ブランドの基礎知識（1）
はじめに　16
1. ブランドとは何か──ブランドの製品識別機能　17
   ブランドの定義（17）／識別記号としてのブランドの成立条件（18）／ブランドの識別機能が顧客に与える影響（19）／ブランドとトレードマーク（商標）（20）
2. ブランド・イメージ──ブランドの意味付与機能　21
   狭義のブランドと広義のブランド（21）／ブランドのリアリティ（22）／ブランドと製品の相互作用（23）／ブランド・パーソナリティ（23）
3. ブランド・エクイティ──ブランドの知覚矯正機能　25
   ブランドの新たな側面への注目（25）／ブランドの資産価値（27）／同化作用と異化作用（29）／知覚矯正のタイプ（30）
4. ブランドを保有する意義　31
   市場拡大手段としてのブランド（31）／製品差別化手段としてのブランド（33）／持続的競争優位形成手段としてのブランド（34）

結　び　35

第2章　ブランドのマネジメント　　　　　　　　　　　　　　　40
　　　　　　　　　　　　　　　　　　　ブランドの基礎知識（2）

はじめに　40

1. ブランド・マネジメントの基本枠組み　41

　ブランド・マネジメントの必要性（41）／ブランド・マネジメント・プロセス（41）／ブランド・マネジメントの与件（43）

2. ブランド・アイデンティティの設定　44

　ブランド・アイデンティティとは何か（44）／ブランドの価値提案（45）／ブランドのポジショニング（46）

3. ブランド要素の選定　48

　ブランド要素の選択基準（48）／主要なブランド要素の特徴（49）／ブランド要素の組み合わせ（51）

4. ブランディング活動の策定　52

　製品政策（53）／価格政策（54）／コミュニケーション政策（55）／チャネル政策（57）

5. 確立されたブランドの維持と活用　58

　確立されたブランドの維持強化（58）／ブランド・コミュニティの形成（59）／ブランド資産の活用（61）

6. ブランド・マネジメント体制　63

　組織体制（63）／評価方法（65）／複数ブランドの管理（66）

結　び　67

第3章　地域ブランドの分析視角　　　　　　　　　　　　　　　74
　　　　　　　　　　　　　　　　　地域ブランディングの統合モデル

はじめに　74

1. 地域空間のブランド論——海外の地域ブランド研究の系譜　75

　観光マーケティングにおける「目的地」概念の形成（75）／地域マーケティングの台頭（75）／地域マーケティングに対するブランド研究の適用（78）

2. 地域空間ブランディングの特徴　79

　地域空間ブランディングが求めるビジネス・ブランド論（79）／ビジネス・ブランド論の適用課題（81）／地域空間ブランディングの特徴（82）

3. 地域産品のブランド論——日本の地域ブランド研究の系譜　86

　日本のマーケティングにおける地域への注目（86）／日本における地域ブランド論の台頭（87）／地域産品ブランディングの特徴（88）

4. 地域ブランディングの統合モデル　91
　　2つの地域ブランド論（91）／企業ブランディングとしての地域空間ブランディング（92）／地域ブランディングの政策モデルと組織モデル（93）

　結　び　96

第II部　事例編

第4章　地域ブランドの付与条件　104
事例：あきたこまち

はじめに　104

1. 事例：あきたこまち　105
　　米ブランドの歴史（105）／「あきたこまち」の誕生（105）／「あきたこまち」のブランディング（108）／ブランド確立期の課題（113）

2. 問題の所在　116
　　需給の質的マッチングとブランド（116）／ブランド付与と製品品質（117）／地域ブランド付与の恣意性（117）

3. 地域ブランド付与の意味　118
　　カントリー・オブ・オリジン研究（118）／COO研究の地域ブランドへの適用（120）／地域性自体が有する効果（122）

4. 地域性を活かす地域産品ブランディング　124
　　良い製品と良いブランド（124）／「あきたこまち」における小野小町の役割（125）／地域産品ブランディングの基本構造（126）

　結　び　128

第5章　地域ブランドの製品選択　136
事例：仙台牛たん焼き

はじめに　136

1. 事例：仙台牛たん焼き　137
　　牛たん焼きの誕生（137）／牛たん焼きの普及（139）／牛たん焼きの試練と地域としての結束（143）

2. 問題の所在　144
　　個別主体ブランドと地域ブランド（144）／地域ブランドと地域産品関係の非対称性（146）／地域ブランドに適した製品の選択（147）

3. 地域ブランド付与候補としての一次産品　148
　　一次産品の特徴（148）／一次産品の品質不安性に対する対応（151）／戦略的製品選別によるブランドの確立（153）／規格外製品への対応（154）

4. 地域性を有する地域ブランド付与対象の選択　156
　　地域ブランド間の製品差異性（156）／地域ブランド内の製品同質性（158）／差異を内包した同質性（160）

　結　び　161

第6章　地域ブランドの市場選択　167
　　　　　　　　　　　　　　　　　　　　　　　事例：関あじ・関さば

　はじめに　167

　1. 事例：関あじ・関さば　168
　　佐賀関町漁協の買取販売事業への参入（168）／佐賀関町漁協のプロモーション活動（172）／ブランドとしての「関あじ・関さば」（174）

　2. 問題の所在　179
　　複合的なブランド規定（179）／偽ブランドへの対応（181）／市場選択とブランド価値（183）

　3. 地域ブランドの市場認識　184
　　顧客の集合としての市場（184）／製品の集合としての市場（186）／地域ブランドの地理的市場拡大（187）

　4. 地域ブランドの内部市場　190
　　地域内市場の特殊性（190）／地産地消（191）／マーケターとしての地域内顧客（194）

　結　び　196

第7章　地域ブランドのダイナミズム　203
　　　　　　　　　　　　　　　　　　　　　　　事例：大阪産（もん）

　はじめに　203

　1. 事例：大阪産（もん）　204
　　「大阪産（もん）」の誕生（204）／大阪産（もん）名品（209）／大阪産（もん）五つの星大賞（211）

　2. 問題の所在　214
　　汎用型地域ブランドとしての「大阪産（もん）」（214）／「大阪産（もん）」と都市型農業（215）／汎用型地域ブランドの難しさ（216）

　3. 地域ブランドと製品のダイナミズム　218
　　ブランドと製品の相互作用（218）／地域ブランドの対新製品効果の向上（219）／製品数増加に伴う希薄化の回避（221）

4．地域ブランド間のダイナミズム　　224

　　ビジネス・ブランディングにおける他ブランドの活用（224）／地域空間ブランディングにおける垂直的ブランド活用（227）／地域空間ブランディングにおける水平的ブランド活用（228）

　結　　び　229

第8章　地域ブランド資源としての地域産品　　236

事例：富士宮やきそば学会

　はじめに　236

　1．事例：富士宮やきそば学会　　237

　　富士宮やきそば学会の誕生（237）／富士宮やきそば学会の活動（241）／富士宮やきそば学会の運営体制（245）

　2．問題の所在　249

　　地域ブランド資源としての地域産品（249）／富士宮やきそば学会のまちおこし手法（250）／製品としての「富士宮"の"焼きそば」とブランドとしての「富士宮やきそば」（252）

　3．地域ブランド資源としての地域産品の選択と育成　　253

　　地域ブランド資源とは何か（253）／地域ブランド資源としての地域産品の条件（255）／地域ブランド資源としての地域産品の育成（257）

　4．地域ブランド資源としての地域産品の活用　　260

　　地域との連結（260）／他の地域ブランド資源との連結（261）／地域空間ブランディング目的との連結（263）

　結　　び　264

第9章　地域ブランドのマネジメント　　269

事例：食の都・大阪推進会議

　はじめに　269

　1．事例：食の都・大阪推進会議　　270

　　大阪食彩ブランド事業（270）／食の都・大阪推進会議への移行（275）／食の都・大阪推進会議の活動（277）／食の都・大阪推進会議の体制（281）

　2．問題の所在　283

　　食とツーリズム（283）／食の分析視角（284）／地域ブランド・マネジメントの多様性（285）

　3．地域ブランド・マネジメントの特徴　　286

　　地域ブランドのマネジメント（286）／ビジネス・ブランドのマネジメント（288）／地域ブランド・マネジメントの固有性——再考（291）

4. 地域ブランディングのマネジメント手法　　293
　　イニシアティブをとる主体の確定（293）／潜在的ブランディング主体の探索と顕在化（294）／ブランディング主体間の連結と調整（296）

　結　び　300

第10章　地域ブランドの競争と共創　　306
　　　　　　　　　　　　　　　　　　　事例：B-1グランプリ

　はじめに　306

1. 事例：B-1グランプリ　307
　　B-1グランプリの誕生（307）／B-1グランプリの発展（312）／B-1グランプリの転換（316）

2. 問題の所在　318
　　B-1グランプリとは何か（318）／B級グルメの意味するもの（320）／地域ブランドの競争と共創（321）

3. 地域ブランドの競争　322
　　競争の源泉としてのブランド（322）／ブランディングの競争概念（323）／地域ブランディングへの適用（325）

4. 地域ブランドの共創　327
　　共創の分析視角（327）／B-1グランプリの共創的側面（329）／中心が移動する共創ネットワーク（332）

　結　び　334

終　章　地域ブランディングの論理　　341
　　　　　　　　　　その固有性とビジネス・ブランディングへの示唆

1. 本書の要約　341
　　地域ブランドの分析視角（341）／地域産品ブランディング（342）／地域空間ブランディング（344）／地域ブランド間の関係（345）

2. 地域ブランディングの固有性　346
　　地域ブランディングの概念（346）／地域ブランディングの方法（348）／地域ブランディングのマネジメント（350）／地域ブランディングの目的（352）

3. ビジネス・ブランディングへの示唆　353
　　ブランドは誰のものか（354）／ブランディングとは何をすることなのか（355）／ブランディングが目指す世界は何か（356）

参考文献　359
事項索引　373
人名索引　378

本書のコピー, スキャン, デジタル化等の無断複製は著作権法上での例外を除き禁じられています. 本書を代行業者等の第三者に依頼してスキャンやデジタル化することは, たとえ個人や家庭内での利用でも著作権法違反です.

序章

地域ブランド研究の意義と本書の目的

1. 地域ブランドに対する関心の高まり

▶地域ブランドへの注目

　近年，地域活性化策の1つとして，地域ブランド（place brand）が注目されている。地域ブランドの具体的な定義は，後であらためて述べるとして，ここではとりあえず「特定の地域と関係を有するブランド」とし，話を進めよう。

　地域ブランドに対する関心の高さを示すものに，関連論文の発行数がある。図序-1は，国立情報学研究所の論文情報ナビゲータ（CiNii Articles）で，「地域ブランド」をタイトルに含む邦文論文を検索したものだが，地域ブランドをタイトルに含む論文が初めて登場するのは1994年である（城戸［1994］)[1]。その後しばらく，年に数篇という時期が続くが，2002年を過ぎたあたりから論文数が増え始め，2005年には年間100篇以上に達し，地域ブランド研究は一種のブームを迎える。現在，ブームは沈静化し，論文数は減少傾向にあるものの，いまだ多くの論文が発表されており，地域ブランド研究は，定着期を終え，新たな展開を求めているように思われる。

　地域ブランドに注目しているのは，学術分野だけではない。実際に地域政策に携わる実務分野でも，学術分野とほぼ同じ時期に，地域ブランドに対する関心が高まる。たとえば，2001年，青森県は，県庁内に部門横断的なプロジェクトチームを発足し「青森（AOMORI）ブランド」を確立するための調査研究を実施している[2]。また，宮城県仙台市も，2004年，東北開発研究センターが

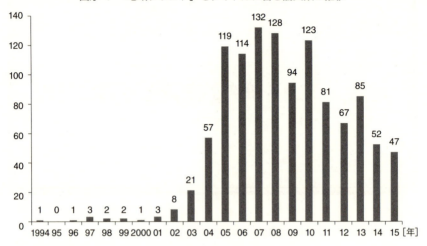

図序-1 「地域ブランド」をタイトルに含む論文数の推移

注1：検索方法は，タイトルに「地域ブランド」が含まれるもの。
注2：検索日は2016年5月6日。
出所：国立情報学研究所論文ナビゲータ（CiNii Articles）の検索結果を集計。

東北電力の委託を受け，地域ブランド戦略に関する調査研究を実施し，その成果が，2005年，東北開発研究センター「地域ブランド研究会」編『創造 地域ブランド――自立をめざしたまちづくり』（河北新報出版センター）として出版されている。そして，日経リサーチとブランド総合研究所が，2006年から全国の地域ブランドに関する調査を開始し，地域ブランドに関する情報を継続的に提供している[3]。

▶地域ブランドが注目された背景

このように，2000年以降，地域ブランドに対する関心が急速に高まったことを示したが，その背景にはどのような要因があるのだろうか。

その要因としてまずあげられるのが，2005年に商標法の一部改正により施行された「地域団体商標制度」である。仙台味噌や堺刃物など，特定の地域に根ざした製品は「地域名」と「一般用品（役務）名」から構成されることが多く，これらの名称は，出所が特定できなかったり，多くの人がその使用を求めるため，一部の例外を除き，商標として認められなかった。そのため便乗商品等を法的に排除することができず，地域に根ざした製品の育成や維持に支障を

きたす。そこで，一定の条件を満たしていれば商標として認めようというのが地域団体商標制度である[4]。この制度のもと，2006年4月から地域ブランドの出願受付が開始され，2006年10月に第一弾として52件が登録された。その後も登録数を増やしており，地域団体商標制度が地域ブランドに与えた影響は大きい[5]。

また，地域団体商標制度に先駆け，中小企業庁が2004年に創設した「JAPANブランド育成支援事業」も，地域ブランドが注目されるきっかけとなった。この事業は，地域の特性を活かした製品の魅力や価値を高め，全国さらには世界で高い評価（ブランド力）を獲得することを目的としており，初年度の2004年には全国から98件の応募が集まり，そのうち31件が採用された[6]。そして，2014年に発足した第二次安倍内閣が掲げた「地方創生」でも，地域ブランドが主要テーマの1つにあげられており，地域ブランドへの関心を高める要因となっている。

このように，地域ブランドに対する関心の高まりは，政府の政策に依拠するところが大きい。その根底には，以下に示す地域政策の構造転換がある。

① 地域政策目的の転換：中央集権から地方分権への大きな流れの中で，中央追随型の同質的発展から，地域の特性を活かした独自の成功戦略が求められるようになったこと。

② 地域政策手法の転換：地域政策の主流だった公共事業や工場誘致が，事業縮小や生産拠点の海外移転等により減少し，それに代わる分野として，農林水産物の活用や観光事業の育成など，地域に根ざした第一次産業や第三次産業が注目されるようになったこと。

③ 地域政策評価の転換：従来，地域政策は，事業予算すなわちどれだけ費用を費やすかで評価されてきた。しかし，昨今の地域財政の悪化により，必要な予算を確保するのが難しくなり，投資収益率（ROI：return on investment）すなわち少ない予算でいかに大きな成果を上げるかが重視されるようになったこと。

営利組織を対象とするマーケティングにおいて蓄積されたブランドの考え方や技法は，このような地域政策が求める「独自性の追求」「地域資源の活用」「投資効率の向上」を実現するうえで有益な示唆をもたらす。地域活性化策の切り札として，地域ブランドが注目される理由はここにある。

▶海外の動向

　地域ブランドに注目しているのは日本だけではない。海外でも地域ブランドに対する関心は高まっている。そのきっかけとなったのが，イギリスの国家ブランド戦略「クール・ブリタニア」(Cool Britannia) である[7]。

　クール・ブリタニアは，1997年，44歳の若さで首相になったトニー・ブレアが，就任後すぐに着手した国家政策で，その内容は以下のとおりである。まず，文化の担い手やそれを広めるメディアを「クリエイティブ産業」と位置づけ，それを育成することで最先端のカルチャーを世界に向けて発信し，イギリスのイメージを高める。そして，それを梃子に海外から観光客や投資を呼び込み，雇用を促進し，社会の若返りを図る。ブレア首相は，それを実現するため，「クリエイティブ産業特別委員会」(Creative Industries Task Force) を設置し，音楽，ファッション，建築，デザイン，コンピュータ・ソフトなどのクリエイティブ産業を支援するとともに，「広報特別委員会」(Britain Abroad Task Force) を設置し，海外に向けた広報活動を展開したのである。

　クール・ブリタニアは，その政策のユニークさや広報活動が功を奏し人々の関心を集めたが，「クール・ブリタニア」という言葉が一人歩きしたこともあって，「クール・ブリタニア」ブームは，2000年に入り終焉する。しかし，1990年代以降，情報通信技術の発達や輸送産業の革新によるグローバル化が進んだことで，国家間の観光客や投資を巡る競争が激しくなり，国家の持続的競争優位を形成するブランドに対する注目は，衰えるどころかますます高まる (Anholt [2000]；O'Shaughnessy, J. and N. O'Shaughnessy [2000])。

　このような状況を受けて，学術分野でも *Journal of Brand Management* が2002年4月号で「国家ブランディング」(nation branding) を特集する。また，2004年には，地域ブランド研究を中心テーマとする学術雑誌 *Place Branding* が創刊されるなど，日本とほぼ同じ時期に，海外でも地域ブランドが注目されるようになる[8]。

2. 本書の目的

▶地域ブランド研究の現状と課題

　以上，日本や海外において地域ブランドが注目されるようになった時期およ

びその背景について概観した。これをみると地域ブランドが本格的に研究されるようになって，すでに10年以上が経過しており，研究成果もそれなりに蓄積されていることがわかる。だからといって，地域ブランド研究が十分な成果を上げているかというと，必ずしもそうではない。

　その原因の1つにあげられるのが，地域ブランドに対するアプローチである。地域ブランド研究の多くは，事例研究に基づいている。確かに，地域の置かれている状況は千差万別であり，ひと口に地域ブランドといっても，その内容は実にさまざまである。また，地域ブランドには地域の多種多様な要因が関係するため，その実態を明らかにするには事例研究が必要不可欠だといえる。しかし，事例研究の場合，どうしても地域ブランドの成否に関心が集まるとともに，その事例に固有な要因が強調されるため，個別事例を超えて一般化可能な理論が蓄積されにくい傾向にある。

　もう1つは，地域ブランド研究におけるビジネス・ブランド研究との対比である。もちろん，地域ブランド研究の初期には，ビジネス・ブランド研究がどの程度適用可能か判断するため，両者の比較がなされている。しかし，それらは総論としての比較であり，ブランド・マネジメントの各局面における比較は，必ずしも十分になされていない。マーケティングにおけるビジネス・ブランド研究の歴史は長く，マーケティングが学問として確立した当初から，ブランドは主要研究テーマの1つだった。したがって，地域ブランドを考察するには，十分な理論蓄積を有するビジネス・ブランド研究との対比が不可欠だといえる。

　そこで本書では，以下の3つの観点から地域ブランドの考察を試みる。

　第1は，ビジネス・ブランド研究の地域ブランドへの適用可能性である。マーケティングからみると，地域ブランドは，ビジネス・ブランド研究の応用領域の1つに位置づけられる。したがって，ビジネス・ブランド研究の成果が地域ブランドにどの程度適用可能か吟味することは，地域ブランド研究を効率的に進めるうえで，また，ビジネス・ブランド研究の汎用性を確認するうえで重要となる。

　第2は，地域ブランドの固有性である。もし，地域ブランドの課題がすべてビジネス・ブランド研究の成果によって解決可能ならば，あえて地域ブランドをビジネス・ブランドと異なるものとして研究する意味はない。しかし，国内外を問わず多くの研究者が地域ブランドを研究対象として取り上げるのは，そ

こにビジネス・ブランドにはない固有の特徴が存在し，ビジネス・ブランドとは異なる課題や解決方法があると考えているからである。したがって，地域ブランド研究の必要性を示すうえで，その固有性を明らかにすることが重要となる。

　第3は，地域ブランド研究がビジネス・ブランドにもたらす示唆である。地域ブランドが何かしらの固有性を有しているとすれば，その研究から得られた知見は，地域ブランドのみならずビジネス・ブランドに対しても有益な示唆をもたらすことが期待できる。地域ブランド研究が，ビジネス・ブランドに対してどのような示唆をもたらすか検討することは，ブランド研究のさらなる発展のために重要となる。

▶地域ブランドへのマーケティング的接近

　上に示した3つの観点からもわかるように，本書では，マーケティングにおけるビジネス・ブランド研究の成果に依拠して，地域ブランドを考察する[9]。そこで，マーケティングにおける地域ブランドの位置づけを，ここで示しておこう。なぜなら，マーケティングにおいて，地域ブランドには，"地域"からと"ブランド"からの2つの異なるアプローチが存在するからである。

　マーケティングにおいて地域に焦点を当てた研究は，地域ブランドが初めてではない。たとえば，コトラーらが提唱した「地域マーケティング」(place marketing) も，地域をテーマとする研究の1つにあげられる (Kotler et al. [1993])。その他にも，観光マーケティングにおける「目的地」(destination) 研究や，原産国あるいは原産地が顧客の購買に与える影響等について考察する「カントリー・オブ・オリジン」(country of origin) 研究など，地域に焦点を当てた研究が複数存在する。

　一方，すでに述べたように，マーケティングにおけるブランド研究の歴史は長く，マーケティングの古典といわれるショウの文献の中にも，ブランドに関する記述が存在する (Shaw [1915])。また，地域ブランドを含め，今日の広範囲に及ぶブランド・ブームのきっかけとなった「ブランド・エクイティ」(brand equity) 概念も，もともと1980年代後半にマーケティングの分野で生まれたものである。

　以上の議論は，マーケティングから地域ブランドにアプローチする際，マー

ケティングにおける地域関連研究とブランド関連研究の2つの研究領域に注目する必要があること示している。そこで，本書では，地域ブランド研究が誕生する過程に関しては，その歴史的経緯に倣い，主にマーケティングにおける地域関連研究に基づきながら，また，その今日的な特徴に関しては，ビジネス・ブランドとの比較が必要となるため，主にマーケティングにおけるブランド関連研究に基づき考察する。

▶地域ブランドに関わる基本用語の整理

ここで，本書で用いる地域ブランド研究の基本的な用語について少し整理しておこう。というのも，地域ブランド研究において，用語の定義が研究者間で必ずしも統一されておらず，しばしば混乱を招く要因になっているからである。

まず，「地域ブランド」(place brand) だが，同じ地域ブランドという言葉を使用しながら，それが地域空間を指す場合と地域産品を指す場合があり，この両方を包含する定義は存在しない。そこで，本書では，ブランドの一般的な定義である「特定の製品を他と異なるものとして識別するための名称や言葉，デザイン，シンボルまたはその他の特徴」に倣い，地域ブランドを「特定の地域空間や地域産品を他の地域のそれと異なるものとして識別するための名称や言葉，デザイン，シンボルまたはその他の特徴」と定義する。したがって，その付与対象が地域空間の場合，「東京」や「大阪」といった地名そのものが地域ブランドとなる。なお，付与対象が地域空間と地域産品のどちらかに限定される場合は，「地域空間ブランド」「地域産品ブランド」という用語を用いる。また，ブランドは，その付与対象を示す言葉でもあるので，付与する名称や言葉，デザインなどの識別記号のみならず，付与対象となる地域空間や地域産品を含めて「地域ブランド」と呼ぶ場合もある。

次に，「地域ブランディング」(place branding) について定義する。というのも，*Journal of Brand Management* の 2002 年 4 月号の特集が「国家ブランディング」(nation branding) だったり，2004 年に創刊された学術雑誌のタイトルが *Place Branding* となっているように，海外では，「地域ブランド」ではなく，「地域ブランディング」という言葉が，しばしば用いられるからである。

上述したように，ブランドは，本来，付与対象を他から識別するために付与される識別記号を表す言葉であり，それ自体は何ら価値を有していない。しか

し，この識別記号を利用することで，製品の価値を高めたり，収益を上げたり，競争を優位に展開することができる。そこで，付与対象の価値を高めるためにブランドを利用することを「ブランディング」ととらえ，地域ブランディングを「地域空間や地域産品の価値を高めるためにブランドを活用すること」と定義する。なお，本書では，「地域ブランド政策」や「地域ブランド戦略」も同じ意味をもつ言葉とみなし，とくに支障がない限り，これらの言葉を総称して「地域ブランディング」と呼ぶことにする[10]。

そして，もう1つ「地域ブランド資源」(place brand resources) についても規定しておこう。一般に，資源とは何らかの目的のために必要もしくは利用可能なものをいい，伊丹は経営資源を「事業活動に必要なさまざまな能力や資源の全体」と定義している（伊丹［1984］，47頁）。これらの考え方に従うならば，地域ブランド資源は「地域ブランディングに必要な要素およびそれを利用する能力」と定義することができる。また，地域ブランド資源となる要素は多岐にわたり，自然がもたらすものや人間が作り出したもの，有形なものや無形なもの，過去のものや現在あるいは将来のものまで，地域ブランディングに有用なものであれば，すべて地域ブランド資源となりうる。その意味で，付与対象となる地域空間や地域産品，そして，地域ブランドそのものも地域ブランド資源の1つとみなすことができる。

3. 本書の特徴

▶ 2つの地域ブランド論の統合

地域ブランド研究には，先述したように，ブランド付与対象の違いにより，性質の異なる2つの地域ブランド論が存在する（久保田［2004］；中嶋［2005］；村山［2007］）。

1つは，海外を中心に議論されている地域空間を付与対象とする地域ブランド論である。地域空間に付与される地域ブランドの代表は地名であり，本来，特定の地理的空間を表す言葉にすぎない。しかし，それをブランドとみなすとき，その新たな活用が浮かび上がる。すなわち，何らかの方法で「名称としての地域（＝ブランド）」の魅力を高め，それを「実態としての地域（＝製品）」に反映させることで，実態としての地域の魅力を高めることができるのである。

もう1つは，日本を中心に議論されている地域産品を付与対象とする地域ブランド論である。ここでいう地域産品とは，特定の地域がもたらすモノやサービスの総称であり，地域空間と同様，ブランドの考え方や技法を用いて，その付与対象となる地域産品の魅力を高めることが，地域産品を付与対象とする地域ブランド論の目的となる。
　ここで，ブランドとその付与対象との関係をブランド構造と呼ぶならば，地域産品の場合，商標権を有するブランドを市場で取引される製品に付与したものが多く，そのブランド構造はビジネス・ブランドのそれと似ている[11]。一方，地域空間の場合は，一般に商標権を設定できない地名をブランドとし，直接市場で取引できない広範な地理的空間を付与対象としており，上述した地域産品のブランド構造と大きく異なる。これが，同じ地域ブランドという言葉を用いながら性質の異なるブランド論が存在する理由である。
　しかし，両者はけっして無関係な存在ではない。青木［2004］は，地域空間と地域産品の関係がビジネスにおける企業と製品のそれに似ており，両者は相互依存関係にあると主張する。また，日本政府も，地域ブランディングの目的を「地域発の商品・サービス（地域産品──筆者注）のブランド化と地域イメージ（地域空間──筆者注）のブランド化を結びつけ，好循環を生み出し，地域外の資金・人材を呼び込むという，持続的な地域経済の活性化を図ること」としており，ここでも両者が密接な関係にあることが指摘されている[12]。
　そこで，本書では，この2つの地域ブランド論を統合する枠組みを提示することで，地域空間ブランディングと地域産品ブランディングを有機的に結合し，地域ブランディング全体を俯瞰的に議論する。

▶食文化資源に対する注目

　地域ブランディングを行ううえで有用な地域ブランド資源には，さまざまなものが含まれるが，本書では，これらの地域ブランド資源の中で，とくに地域の食文化に関わるものを取り上げ，考察対象とする。というのも，地域ブランド資源が広範囲に及ぶため，そのすべてを網羅することが難しく，その中では，地域の食文化に関わるものが地域ブランド資源として多く用いられており，地域ブランド資源の代表的存在とみなすことができるからである。事実，地域団体商標をみると，登録されている587件のうち，野菜，食肉，水産およびその

加工品などの食に関わるものが346件あり，全体の約6割を占めている[13]。

ここで，地域ブランド資源としての食文化の特徴を少し整理しておこう。日本の食文化研究の第一人者である石毛は，文化を「生物としての人間に遺伝的に組み込まれた行為ではなく，人間の集団の中で後天的に習得した行動」であるとし，食欲，性欲，睡眠欲などすべての人間に共通する普遍的な欲求でも，それを充足させる方法は，その人間が属する集団によって異なるという[14]。なぜなら，この後天的に習得した行動の深層には，それを支える価値観があり，その価値観は人間の集団の中で形成されるからである。したがって，石毛の言葉に従うならば，食文化とは「使用する食材，料理法，配膳法，盛り付け，食事作法，そして，食に関する嗜好や美味しさの概念など，特定集団の価値観に基づき後天的に習得された食に関わる認識や行動」と定義することができる[15]。

以上のような特徴を有する食文化は，地域ブランド資源に適した性質を有する。というのも，食文化を規定する特定の人間集団を区分するもっとも大きな要素は時間と空間であり，食文化と地域はきわめて密接な関係にあるからである。もちろん，これは文化一般にいえることであり，食文化に限ったことではない。しかし，以下の理由により，食文化は，その中でとくに優れた地域ブランド資源になりうる。

第1は，食文化に対する人々の関心の高さである。食欲は，生理的欲求の1つであり，誰もが有し，日々の生活の中で定期的に発生する欲求である。したがって，何を食べるかは別にして，食べること自体に対する欲求は必ず存在するため，食文化に対する人々の関心は高く，地域ブランドを訴求するうえで有用な資源だといえる。

第2は，食文化の有する地域性である。上述したように，一般的に文化は地域と密接な関係にあり，他の地域と異なる固有な特徴を有することが多い。その中でも，食文化は，食材の調達などで自然環境の影響を大きく受けるため，とくに地域性が出やすい領域だといえる。これは，食文化が地域ブランドの差異を示すうえで有効な手段となることを示している。

第3は，食文化がもたらす経済効果である。食は，食材を提供する農業や畜産業，漁業などの第一次産業にとどまらず，それを加工し新たな製品を生み出す第二次産業，それらを販売する流通業や調理提供する飲食業などの第三次産業に至るまで，多くの産業と関わりを有する。したがって，食材として注目さ

れると，その加工品やそれを使用した料理の提供など，その効果は第二次産業や第三次産業まで及ぶ。また，レストランやホテルなどの第三次産業が自らのブランド力向上のために食に力を入れることで，地元の第一次産業が活気づく場合もある[16]。これは，食文化を地域ブランド資源とする地域ブランドが，特定の産業を超えて広く波及することを意味する。

もちろん，上述した効果は，有用な地域ブランド資源であれば，程度の差はあれすべて有しているが，食文化においてその効果がとくに顕著だといえる。それゆえ，食文化が多用されるのであり，本書が地域ブランド資源として食文化に注目する理由もここにある。

▶本書の構成

本書は，総論にあたる第Ⅰ部の理論編と各論にあたる第Ⅱ部の事例編から構成される（図序-2）。

第Ⅰ部の理論編では，まず地域ブランドを考察する際の基礎知識となり，また，比較対象でもあるビジネス・ブランドの考え方や技法について整理する。具体的には，第1章でブランドの基本的な考え方や役割について，第2章でブランドのマネジメント方法について，マーケティングにおけるビジネス・ブランド研究の知見に基づき，その概要を示す。そして，第3章で，これまでの地域ブランド研究をレビューし，上述した2つの地域ブランド論を有機的に結びつけ，地域ブランド全体を包括的に議論するための分析枠組みを提示する。

第Ⅱ部の事例編では，まず第4章から第7章で地域産品ブランディングに関する問題が議論される。具体的には，第4章と第5章で地域ブランドと地域産品の関係，第6章で地域ブランドの市場選択問題，第7章で地域ブランドのダイナミズムについて考察する。次に，地域空間ブランディングに焦点を当て，第8章で地域空間ブランディングにおける地域産品の地域ブランド資源としての活用，第9章で地域空間ブランディングのマネジメント方法について議論する。そして，第10章では，地域ブランド間の関係について考察する。

ところで，第Ⅱ部を事例編と称しているように，第Ⅱ部各章の最初で，その章のテーマに関係する事例を紹介している。しかし，事例を解説することが本書の目的ではない。本書で事例を取り上げる目的は，各章で議論する地域ブランドの理論的課題に対する理解を深めるためであり，また，それを解明するた

図序-2　本書の構成

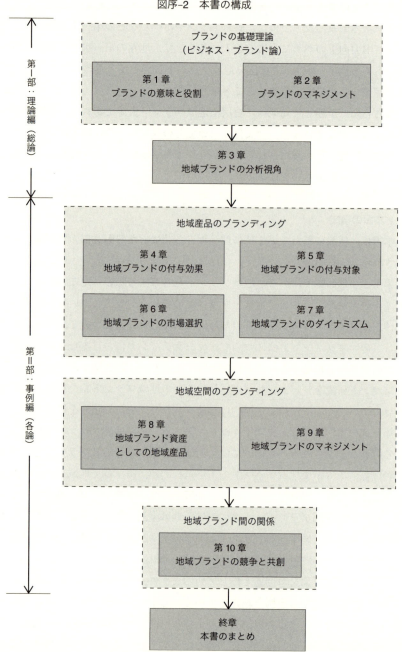

めの素材を提供するためである。したがって，事例の成否を問うものではなく，その事例に固有な特徴を示すためのものでもない。本書の目的は，あくまで地域ブランドの理論的課題を議論することであり，事例はそのための材料にすぎない。

ただし，本書で取り上げた7つの事例は，地域ブランドを考えるうえで示唆に富むものであり，掲載された章以外の課題に対しても有益な示唆を与えてくれる。事実，本書の中でも，別の章で事例を取り上げ，異なる視点から議論しているものも少なからず存在する。そこで，各章のテーマに限らず幅広く議論するための教材として利用できるよう，あえて筆者の解釈は加えず，時系列に沿って可能な限り客観的に記述するよう心掛けた。

また，第II部では，地域ブランディングを地域産品ブランディングと地域空間ブランディングの2つに分けて議論しているが，これら2つは必ずしも明確に区別できるものではない。中には，地域産品ブランディングの章で地域空間ブランディングについて語ったり，逆に地域空間ブランディングの章で地域産品ブランディングについて語っている部分がいくつか存在する。本書では，無用な混乱を避けるため，可能な限りどちらかの視点に立って議論しているが，両者が地域ブランディングという全体枠組みの一部であることを考えると，これらを明確に分離できないのはむしろ当然のことだといえる。

そして，終章において，地域ブランドの3つの課題，すなわち①地域ブランドに対するビジネス・ブランド研究の適用可能性，②地域ブランドの固有性，③地域ブランドがビジネス・ブランドにもたらす示唆について，本書の議論を振り返りながら整理し，本書のまとめとする。

注
1 ここでいう「初めて」とは，あくまで「地域ブランド」をタイトルに含む論文であって，地域ブランドをタイトルに含まないものの，今日の文脈において地域ブランドに関する研究だと思われる学術論文は，それ以前にも存在する。
2 なお，プロジェクトチームの検討結果は，2003年，報告書『「AOMORI（青森）」ブランドの戦略的マネジメント手法の確立について』としてまとめられている（佐々木[2004]）。
3 日経リサーチは，隔年で「名産品」と「都道府県」に関して，ブランド総合研究所は，毎年「都道府県」と「市町村」に関して，各々のブランド評価指標に基づき調査し，その結果を報告している（2015年末現在）。
4 その条件とは，登録者が「設立根拠法において，正当な理由がなく加入を拒むことのないよう定めのある複数の事業者からなる法人格を有する組合」であり，当該地域で希望する者が広く使

用できるよう配慮している。なお，2014年に，登録者の対象を，新たに地域ブランド普及の担い手になっている商工会，商工会議所および特定非営利活動法人（NPO法人）まで広げている。
5 ちなみに，2015年12月31日までに登録された地域団体商標は587件である（特許庁［2016］，70-71頁）。
6 その後のJAPANブランド育成支援事業の採択件数は，2005年度30件，2006年度67件，2007年度69件となっており，現在も続いている。なお，2006年度から，地域の強み等を徹底的に分析し，ブランド・コンセプトと基本戦略を固める「戦略策定段階」と，基本戦略に基づき本格的なブランド展開を目指す「ブランド確立段階」に分け，各段階に応じた支援を行うとともに，中長期的な視野に立ったブランド確立への取り組みを支援するため，最大3年間にわたる継続支援を行っている。
7 クール・ブリタニアに関しては，陶山・妹尾［2006］，32-35頁等を参照。
8 *Place Branding* は，2007年に *Place Branding & Public Diplomacy* に名称変更している。
9 地域ブランドは，多方面からの接近を可能にする学際的研究領域であり，マーケティングはその1つにすぎない（林・中嶋［2009］；Hankinson［2010］）。したがって，マーケティングからのみ地域ブランドを語ることは，必ずしもその全体像を把握することにならないが，本書では，地域ブランド研究がビジネス・ブランド研究の応用領域の1つであるという認識に立ち，マーケティングとの関係に絞って議論することにする。
10 なお，ブランディングを日本語で「ブランド化」と表記する場合もあるが，本書では，ブランドとの違いを明確にするため，ブランディングという言葉を用いることにする。
11 もちろん，地域産品の中にも商標権を設定できないなど，通常のビジネス・ブランドと異なるものの存在する。
12 この日本政府の地域ブランドに関する考え方は，2003年5月に内閣に設置された知的財産戦略本部コンテンツ専門調査会の第1回日本ブランド・ワーキンググループ（牛尾治朗座長，2004年11月24日開催）に提出された経済産業省の資料に基づくものである（http://www.kantei.go.jp/jp/singi/titeki2/tyousakai/contents/brand1/1siryou5.pdf［2015-12-1参照］）。
13 特許庁［2016］の産品別地域団体商標リストに基づく。なお，ここでいう食に関わるものの中には，「野菜」「米」「果実」「食肉・牛・鶏」「水産食品」「加工食品」「牛乳・乳製品」「調味料」「菓子」「麺類・穀物」「茶」「酒」「清涼飲料」および「サービスの提供（温泉を除く）」の食に関わる一部（「出石皿そば」「かっぱ橋道具街」「鴨川納涼床」など）が含まれる。また，346件の中には，一部複数産品にまたがる地域団体商標も存在する。
14 以下，食文化に関する記述は，石毛・鄭［1995］，2-20頁を参照。
15 石毛・鄭［1995］，2頁の記述を参考に筆者が作成。
16 たとえば，大分県由布市（旧湯布院町）のゆふいん料理研究会と地元農家との「地元の旅館が使いたい食材を地元で作る」取り組みなどがそれにあたる（http://www.maff.go.jp/j/wpaper/w_maff/h19_h/summary/s2_3_02.html［2015-12-1参照］）。

第 I 部
理 論 編

第 1 章　ブランドの意味と役割——ブランドの基礎知識（1）
第 2 章　ブランドのマネジメント——ブランドの基礎知識（2）
第 3 章　地域ブランドの分析視角——地域ブランディングの統合モデル

第1章

ブランドの意味と役割
──ブランドの基礎知識（1）──

はじめに

　本章の目的は，地域ブランドを議論するうえで必要となるブランド一般に対する認識を，ブランド研究の先行領域であるビジネス・ブランド（営利組織のブランド）の知見に基づき示すことにある。ビジネスにおけるブランド研究の歴史は古く，その発端は，マーケティングの古典といわれるショウの研究まで遡ることができる（Shaw [1915]）。

　本来，ブランドは，製品を他と識別するために付与された識別記号にすぎない。しかし，ビジネスにおいてブランドが注目されるようになったのは，ブランドの有する識別記号としての性質だけが理由ではない。ブランドは，さまざまなかたちで製品を提供する企業やそれを消費する顧客に恩恵をもたらす。

　そこで，本章では，ブランドの有するさまざまな特性を，ブランドの基本機能であり製品の市場拡大に大きく寄与する「製品識別機能」，ブランド・イメージを形成し製品の差別化に貢献する「意味付与機能」，ブランド・エクイティの源泉となり，製品の持続的競争優位を形成する「知覚矯正機能」の3つの側面からとらえ，ブランドに対する理解を深めるとともに，それを保有する企業や利用する顧客におけるブランドの役割について整理する。

1. ブランドとは何か──ブランドの製品識別機能

▶ブランドの定義

ビジネスにおいて，ブランドは一般的に「ある売り手の財やサービスを他の売り手のそれと異なるものとして識別するための名称や言葉，デザイン，シンボルまたはその他の特徴 (a name, term, design, symbol, or any other feature that identifies one seller's good or service as distinct from those of other sellers)」と定義される[1]。この定義は，第1に，ブランドが単独で存在するものではなく，常にその付与対象となる財やサービス（以降，両者を総称して「製品」〔product〕と呼ぶ）とともにあることを示している。すなわち，ブランドと製品は表裏一体の関係にあり両者を切り離すことはできず，ブランドについて考えることは，ブランドのみならずその付与対象となる製品についても考えることを意味する。

第2に，製品を識別することがブランドを付与する第一義的な目的であるということである。ここでいう識別 (identify) とは，それが何であるか"同定"することであり，必ずしも他との差別化を前提とするものではない。たとえば，多くの時計の中からセイコーの時計を探しているとしよう。その際，時計にSEIKOのロゴが付与されていれば，私たちは時計のことがよくわからなくても，それを識別の手がかりとしてセイコーの時計をみつけることができる。これが，ブランドによる製品の同定である。

第3に，名称に限らず，ロゴやシンボルマーク，パッケージ・デザインなどさまざまなものがブランドになりうるということである。確かに，ブランドに付与された名称（ブランド名）は，他の製品から特定製品を識別するための一般的な要素である。しかし，名称以外でも，特定の製品を他の製品から識別するものであれば，それらはすべてのブランドとなりうる。

ところで，冒頭で紹介した定義では，ある売り手の製品を他の売り手のそれから識別するものをブランドとしているが，今日，多くの企業が複数のブランドを保有しており，自社の他の製品もブランドの識別対象となっている。そこで，上記の一般的な定義を若干修正し，「特定の製品を他と異なるものとして識別するための名称や言葉，デザイン，シンボルまたはその他の特徴」を本書におけるブランドの定義とする。

▶識別記号としてのブランドの成立条件

　以上，ブランドの第一義的な目的が製品の識別にあることを示したが，企業が製品に識別可能なブランドを付与したからといって，顧客が企業の望むどおりそれを識別するとは限らない。というのも，ブランドが製品の識別記号として機能するかどうかは，ブランドと表裏一体の関係にある製品の識別可能性に大きく依存するからである。

　たとえば，蛍光灯を例に考えてみよう。蛍光灯は，日本企業に限っても，パナソニック，東芝，日立など複数メーカーが自らの製品にブランドを付与し販売している。しかし，自分の家の蛍光灯が何のブランドか知っている人はほとんどいないだろう。なぜなら，ブランドが付与された製品間に大きな差異が存在しないため，顧客にとって，ブランドとして製品を識別する必要が生じず，蛍光灯という製品単位でそれを識別しているからである。これは，たとえ製品に他と識別可能なブランドを付与したとしても，製品自体に識別する必要がなければ，ブランドが識別記号として機能しないことを意味する。

　では，洋服の場合はどうだろうか。周りも見渡しても，自分と同じ服を着ている人はおらず，その意味で，蛍光灯の場合と異なり，私たちは製品間の差異を容易に認識することができる。しかし，一部の製品を除き，他人が着ている服のブランドを言い当てることは難しい。なぜなら，同じブランドが付与された服でもデザイン等が大きく異なるため，それらを同じブランドとして識別するのが難しいからである。すなわち，製品間に違いがありすぎても，ブランドは識別記号として機能しないのである。

　これらの例は，ブランドが識別記号として機能するかどうかは，ブランド自体の識別可能性だけでなく，それが付与された製品の識別可能性に大きく影響されることを示している。ブランドの目的は製品を他から識別することにあるが，企業がブランドを付与することで，ただちにそれが達成されるわけではない。識別記号としてブランドが成立するか否かは，顧客が製品をブランド単位で識別する必要があるか否かに大きく依存する。すなわち，顧客がブランド間の製品差異性とブランド内の製品同質性を認識して初めて，ブランドは識別記号としての役割を担うことができるのである。

▶ブランドの識別機能が顧客に与える影響

このブランドの有する識別機能は，顧客の製品購入に大きな影響をもたらす。その1つが買物の効率化である。たとえば，顧客がある製品を購入し，使ってみたところ非常に良かったので，また同じものを買うとしよう。このとき，ブランドが付与されていれば，顧客は，それを手がかりに同じ製品を手に入れることができる[2]。しかし，ブランドが付与されていなければ，顧客は購入した製品の特徴を手がかりに，同じような特徴を有する製品を探そうとするであろう。この場合，手がかりとした特徴が同じ製品であることを保証するものとは必ずしも限らず，異なる製品を購入する可能性があるとともに，その精度を高めるには多くの時間や知識が必要となるため，どちらが効率的かは一目瞭然であろう。

また，ブランドの識別機能により，顧客は他者の買物経験を利用することができる。たとえば，友人から自分が使用している製品の中で気に入ったものがあったという話を聞き，同じ製品を買おうとするとしよう。その際，友人からブランドを教えてもらえば，製品についてほとんど知らなくても，その製品を手に入れることができる。これも，ブランドの識別機能による買物効率化とみなすことができる。

そして，この自らおよび他者の経験に基づく買物効率化は，買物の効果すなわちより良い製品選択へと顧客を導く。なぜなら，ブランドが付与されていることで，過去の経験において望ましいものを選択するとともに，望ましくないものを排除し，買物リスクを軽減することができるからである（Keller［1998］訳，43-45頁）。したがって，ブランドは，顧客の買物効率のみならず買物効果も高めることができる。

ところで，顧客がブランドを手がかりに製品を購入し使用した結果，自らの経験や他者の評価と同じ結果を得られたとき，顧客はそのブランドに対し一種の信念を抱く。それは「このブランド（が付与された製品）は私を満足させてくれる」という"信頼"である（池尾［1997］）。すでに述べたように，ブランドは製品を識別するために付与された記号であり，識別記号としてのブランド自体は何ら意味を有していない。しかし，ブランドが信頼の印となると少し様相が異なる。というのも，それが信頼しうるブランドかどうかが顧客の製品選択に影響を与えるからである。すなわち，ブランドの識別機能が信頼という派生

的効果をもたらすのである。

　また，顧客がブランドに対して信頼を形成するのは，ブランドが識別機能を有するからだけではない。ブランドを付与するという行為自体も，信頼を形成する要因となる。ブランドを付与することは，一種の"名乗り"すなわちその製品に対する責任の所在を明らかにすることを意味する[3]。したがって，何か問題があった場合，ブランドを付与した者がその責任を負うことになるが，見方を変えれば，そのような問題が発生しない優れた製品であるという自信があるからこそ，ブランドを付与していると考えることもできる。これは，ブランドを付与するという行為自体が信頼に値する製品であることのシグナルになることを示している。

▶ブランドとトレードマーク（商標）

　同じブランドが付与されていれば同じ製品とみなすことができる。これがブランドの有する第1の役割である製品識別機能である。しかし，これを実現するには，どの製品にどのブランドを付与するかというブランド付与行為が規定されていなければならない。もし，誰もが好き勝手にブランドを付与できるならば，違う製品に同じブランドが付与される場合が発生し，ブランドが識別記号として機能しなくなる。また，責任の所在も不明確になるため，ブランドに対する信頼も形成されず，結果として顧客や企業がその恩恵を享受できなくなる。

　そこで生まれたのが商標制度である。商標制度は，登録されたブランドの独占的使用権を政府が保証するものであり，商法制度に従い登録されたブランドを「商標」（トレードマーク：trademark）もしくは「登録商標」（レジストレーションマーク：registered trademark）という。ブランドの右上や右下に，小さくTMもしくは®と記されているのがトレードマークの証であり，一部の例外を除き，ビジネス・ブランドのほとんどはトレードマークである。商標制度を世界で初めて導入したのは，1857年に「製造業及び商業標に関する法律」を制定したフランスだといわれており，日本に商標制度が導入されたのは，それから27年後の1884（明治17）年，商標法の前身となる「商標条例」が制定されてからである[4]。したがって，ブランドが本当の意味でブランドとなるのは，独占的使用権が保証された商標制度の成立以降となり，厳密にはブランドとトレ

ードマークは異なるが，本章では，とくに明記しない限り，ブランドとトレードマークを区別することなく，トレードマークすなわち商標登録されたブランドを単にブランドと表記することにする。

2. ブランド・イメージ——ブランドの意味付与機能

▶狭義のブランドと広義のブランド

　前節では，ブランドの第1の役割である製品識別機能について議論し，その中でブランドの識別機能が信頼の形成という派生的効果をもたらすことを示した。このように，ブランドは，定義に示された識別記号以上の役割を有するが，その役割の1つが製品に対する意味付与機能である。

　ブランドとして使用される識別記号は，それ自体，何らかの意味を有することが多い。たとえば，衣料用洗剤のブランドである花王の「アタック」は，"攻撃する"という意味をもつ言葉であり，洗剤という製品特性と相まって「汚れを攻撃する（落とす）」といったイメージを私たちに抱かせる。たとえそれが，数字やアルファベットを羅列した意味のない単語であっても同じである[5]。なぜなら，「意味をもたない数字やアルファベットがブランドとして使用されている」ということ自体が何らかのメッセージを私たちに与えるからである。

　それだけではない。ブランドは，それが結節点となり，製品以外のさまざまな要素と製品を結びつけ，製品に新たな意味を付与する。アーカーは，これらブランドに関わる記憶のすべてを「ブランド連想」(brand association) と呼んでおり，その中には，製品自体の特徴や先ほど述べた識別記号の他に，製品の使用者や使用場面，広告の内容や登場する有名人，競合するブランドなど製品と直接関係のないものも含まれる（Aaker［1991］訳，139-176頁）。そして，これらのブランド連想が組み合わさって系統立てられたものが「ブランド・イメージ」(brand image) であり，これがブランドを経由し，製品に付与される (Aaker［1991］訳，147頁)[6]。

　そこで，先に述べた識別記号としてのブランドを「狭義のブランド」，上述したブランド連想など識別記号の有する意味的側面を含んだブランドを「広義のブランド」として，概念上，区別しておこう。すなわち，広義のブランドとは「特定の製品を他と異なるものとして識別するための記号（＝狭義のブラン

ド）およびそれと関連づけられた一連の意味」を指す。なお，狭義のブランドと広義のブランドは，概念上区別することはできても，実際に両者を分離することは不可能であり，したがって，本書では，とくに明記しない限り広義の意味でブランドという言葉を使用する。

▶ブランドのリアリティ

　ブランドは，単なる識別記号ではなく，何らかの意味を有し，その意味が加わることで製品の価値が高まったり，新たな価値が付与される。これが，ブランドの有する製品への意味付与機能である。

　ところで，ブランド・イメージで説明したように，ブランド連想は，人々の記憶の中にバラバラに存在するのではなく，互いに関連し合い，連想のネットワークを形成している（Keller [1993], pp. 2-3）。そして，ブランド連想の1つ1つが何らかの意味を有するとともに，それらが結びつき新たな意味を生み出すという一種の自己組織性を有している[7]。ブランド連想の中に，ブランド関連要素の記述情報だけでなく，その解釈や評価が含まれるのはそのためであり，ブランド・イメージがその付与対象となる製品を離れて独り歩きする理由もここにある。

　そして，製品と直接関係のない多様なブランド連想が，この製品とブランド・イメージの乖離をさらに促進する。すでに指摘したとおり，ブランド連想には，製品の使用者や使用場面，広告の内容や登場する有名人，競合ブランドなど，製品以外のものを源泉とするものが数多く含まれる。これら製品と関連のない要素がブランド連想のネットワークの中で結びつき自己組織化することで，製品とブランド・イメージの乖離がさらに促進されることになる[8]。

　ところで，製品とブランド・イメージが乖離すること自体はけっして悪いことではない。なぜなら，この製品と異なるブランド・イメージが製品に付加されることで，同質的な製品の差別化が可能になるからである。Gardner and Levy [1955] は，このようなブランドの効果に着目し，ブランドが製品の差別化や価値向上に貢献することを明示的に示した最初の研究であり，以降，ブランドは製品に感覚的あるいは情緒的価値を付与するものとして広く注目されるようになる（田中 [1996a]，8頁）。

　しかし，だからといって，企業が製品を離れて自由にブランド・イメージを

形成し，それを製品に付与できると考えるのは早計である。たとえば，ある自動車メーカーが，広告等により「高級感のあるクルマ」というブランド・イメージの形成に成功したとしよう。しかし，高級なのはブランドではなく，その付与対象であるクルマである。したがって，顧客がそのブランドが付与された製品に高級感を感じることができなければ，先に形成されたブランド・イメージは誤ったものとして修正されるであろう。

　ブランド・イメージは，製品によってその"確からしさ"が確認されて，初めて製品に付与される。すなわち，ブランドは製品による確認作業を経て，リアリティのあるブランドになるのである（小林［1999a］）。

▶ブランドと製品の相互作用

　狭義のブランドにおいて，ブランドは製品を識別するための記号であり，その意味で製品とブランドは同義だといえる。一方，広義のブランドでは，ブランドの意味が製品以外の要素から形成されるとともに，ブランド連想の有する自己組織性により，本来の製品との間に乖離が生じる。これが，広告等の企業努力により望ましいブランド・イメージを形成し，それを製品に付与することで製品の感覚的あるいは情緒的価値を高めるというブランドの意味付与機能のメカニズムである。しかしながら，ブランドによる製品への意味付与は無制限に行えるわけではなく，その乖離が一定範囲を越えると，製品によってブランド・イメージが修正され，ブランドのリアリティが保たれる。

　このように，広義のブランドでは，製品がブランド・イメージを形成するとともに，製品以外の要素もブランド・イメージの源泉となり，それがブランドを経由して製品に付与される。そして，このようにして付与された意味は，製品によって確認され，大きく乖離している場合は，ブランド・イメージが修正される。すなわち，ブランドと製品との間に，意味を巡るダイナミズム（相互作用）が存在するのである（図1-1参照）。

▶ブランド・パーソナリティ

　ところで，ブランド・イメージの主要なタイプの1つにブランド・パーソナリティがある（Keller［1998］訳, 136-138頁）。ブランド・パーソナリティ（brand personality）とは，「あるブランドから連想される人間的特性の集合」（Aaker,

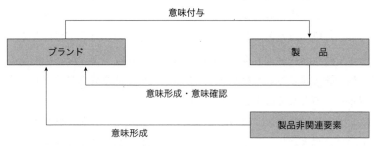

図1-1　ブランドと製品の相互作用

出所：小林［1999a］，120頁。

J.［1997］, p. 347）であり，人間的特性には，人間的な温かさや知的好奇心，情の深さといった人間の性格を表す特性とともに，年齢や性別，職業，社会階級といった本来製品にはない擬人化された性質も含まれる（Aaker［1996］訳，181頁）[9]。

アーカーは，ブランド・イメージの中でもブランド・パーソナリティが有する特性として，①ブランドに対する理解の促進，②差別化手段としての有用性，③コミュニケーション活動の指針といった効果をあげている（Aaker［1996］訳，193-196頁）[10]。また，人々は，ブランドに自己イメージ（self-image）を投影し，ブランド・イメージと自己イメージが一致するものを好む傾向にあることが古くから指摘されており，これもブランド・パーソナリティの有する効果の1つにあげられる（Sirgy［1982］）。

そして，ブランド・パーソナリティが自己イメージではなく他者イメージと重なるとき，私たちは，そのブランドに人間的な感情を抱き，人間と同じような感覚でブランドに接するようになる。たとえば，アメリカ人にとって，コカ・コーラやホールマークは大好きな家族，ヒューレッド・パッカードやウォール・ストリート・ジャーナルは教師や牧師，BMWやメルセデス・ベンツは力のある上司と接するような感覚を抱くという（Aaker［1996］訳，206-207頁）。

ここで興味深いのは，いったんブランドとの間にこのような擬人化された関係が形成されると，その関係を前提としてブランドを認識するようになることである[11]。すなわち，コカ・コーラやホールマークに大好きな家族としての感情を抱くだけでなく，大好きな家族であるという前提でコカ・コーラやホールマークを評価し接するようになるのである。もちろん，ここでいうブランドと

の擬人化された関係は，ブランド・イメージのタイプの1つであるブランド・パーソナリティによって形成されたものであり，恣意的な要素を含んでいる。しかしながら，ブランドとの関係がいったん形成されると，今度は，その関係性がブランド・イメージを規定するのである。そして，このブランド・イメージがブランドと顧客との関係を規定し，形成されたブランドと顧客との関係がブランド・イメージを規定するという意味形成過程の逆転が，今日，注目されているブランド・エクイティの基礎となる考え方となる。そこで，節を変えて，ブランド・エクイティについて説明しよう。

3. ブランド・エクイティ──ブランドの知覚矯正機能

▶ブランドの新たな側面への注目

　ブランド・エクイティの議論に入る前に，ブランド・エクイティが注目されるに至った経緯について少し説明しておこう。時代は1980年代のアメリカまで遡る。

　1980年代，深刻な経済不況に陥ったアメリカでは，多くの企業が不況から抜け出そうと既存事業の立て直しを図るとともに，新規事業の可能性を模索していた。しかし，こうした状況の中で，とくに大きな投資もせず安定した収益を上げている企業が存在した。ロングセラー・ブランドを有する企業がそれである[12]。

　表1-1は，1925年に各製品カテゴリーにおいて使用率1位だったブランドの1985年の状況を示したものである。この表を見てわかるように，1925年に1位だったブランドの多くが60年以上経っても存在しており，かつ相変わらず市場の上位を占めている。これは，一度，地位を確立したブランドは，その後長きにわたりその地位を維持する傾向にあることを示している。

　また，1980年代に入り，ブランドが注目されるようになったもう1つの理由としてブランド拡張に対する関心の高まりがあげられる。ブランド拡張（brand extension）とは，「既に市場導入された製品（群）に付与されたブランドを新たに導入する製品に付与する行為」（小林［1997］，63頁）であり，既存ブランドの活用方法の1つとみなされている。

　もちろん，1つのブランドをタイプの異なる製品に付与することは，ファミ

表1-1　アメリカのトップ・ブランドの変遷

製品カテゴリー	1925年にシェア1位のブランド	1985年のシェア
ベーコン	スイフト	1位
電池	エバレディ	1位
ビスケット	ナビスコ	1位
シリアル	ケロッグ	1位
カメラ	コダック	1位
缶入りフルーツ	デルモンテ	1位
チョコレート	ハーシー	2位
小麦粉	ゴールド・メダル	1位
ガム	リグレー	1位
ミントキャンディ	ライフ・セーバー	1位
パイプ用煙草	プリンス・アルバート	1位
カミソリ	ジレット	1位
ミシン	シンガー	1位
シャツ	マンハッタン	5位
ショートニング	クリスコ	1位
石鹸	アイボリー	1位
清涼飲料	コカ・コーラ	1位
スープ	キャンベル・スープ	1位
紅茶	リプトン	1位
タイヤ	グッドイヤー	1位
歯磨き粉	コルゲート	2位

出所：小川［2011］，84頁。
原典：Thomas S. Wurster, "The Leading Brands: 1925-1985," *Perspective*, The Boston Consulting Group, 1987.

リー・ブランド（family brand）やアンブレラ・ブランド（umbrella brand）といった名称のもと，古くから行われていた（Fry［1967］；Neuhans and Taylor［1972］）。
　しかし，ファミリー・ブランドやアンブレラ・ブランドという名称のもとで行われていた同一ブランドの複数製品への展開は，どちらかというと同一製品カテゴリー内でのそれを想定していたのに対し，1980年代に注目されたブランド拡張は異なる製品カテゴリーでの展開を意図している（Tauber［1981］；小林［1997］）。ここに両者の違いがみられるとともに，ブランド拡張が注目された理由もここにある。なぜなら，異なる製品カテゴリーで製品展開することでカニバリゼーションを回避することが可能となり，また，既存ブランドの展開範囲が広がるため，より大きな収益が期待できるからである[13]。
　以上，ロングセラー・ブランドおよびブランド拡張に関する議論は，ブラン

ドを確立することができれば、そのブランドは長期にわたり利益を生み出し続けるとともに、事業拡大の基盤として新たな利益の源泉になりうることを示唆している。そして、そのことに気づいた人々は、将来にわたり利益をもたらす"資産（asset）"としてブランドを認識するようになり、その資産価値を「ブランド・エクイティ」（brand equity）と呼んだのである（Farquhar [1989]）。

▶ブランドの資産価値

　ここでブランド・エクイティを定義しておこう。ブランド・エクイティとは、「あるブランドすなわちその名称や記号と結びついた資産と負債の集合であり、製品やサービスが企業およびその顧客に提供する価値を高めたり減じたりするもの（a set of brand assets and liabilities linked to a brand, its name and symbol, that add to or subtract from the value provided by a product or service to a firm and/or to that firm's customers）」（Aaker [1991], p. 15）とみなされる。このブランド・エクイティは、M&A等において金銭的に評価されることもあるが、製品に及ぼす影響という観点から「ブランド認知」（brand awareness）、「知覚品質」（perceived quality）、「ブランド・ロイヤルティ」（brand loyalty）といった市場成果に関係するマーケティング指標で評価されるのが一般的である（Aaker [1991])[14]。

　ところで、ブランドはなぜ上述したような資産価値を有するのだろうか。その理由の1つとして、先に述べたブランドの製品識別機能がもたらす信頼があげられる。顧客は、ブランドの製品識別機能を活用し、自らの経験や他者の評価に基づき買物することで、特定のブランドに対し信頼を抱くようになる。この信頼が資産となり、当該ブランドが付与された製品の継続購買を促したり、新たに市場導入する製品に安心感を与え、その購入を促すことができる。また、ブランドの有する意味付与機能も、製品の差別化を促し、市場でのポジションの確立を容易にするという意味で、ブランドの資産価値を形成する要因となりうる。

　しかし、これだけがブランドの資産価値を形成する要因ではない。ケラーは、ブランドには企業活動に対する顧客の反応を変える力があると指摘し、ブランドの有するこのような力を「顧客ベースのブランド・エクイティ」（customer-based brand equity）と呼んでいる。すなわち、顧客ベースのブランド・エクイティとは「あるブランドのマーケティング活動に対する顧客の反応に、（顧客

図 1-2 ブランドが顧客の反応に及ぼす影響

(a) ブランドの意味付与機能（直接効果）

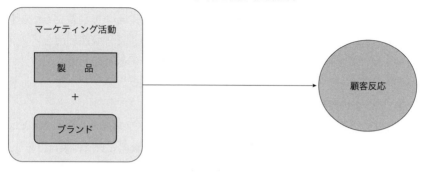

(b) ブランドの知覚矯正機能（間接効果）

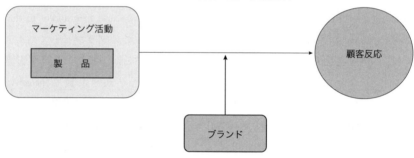

出所：筆者作成。

の有する——筆者注）ブランド知識が及ぼす影響の違い（the differential effect of brand knowledge on consumer response to the marketing of the brand）」（Keller [1993], p. 2）であり，たとえ製品やマーケティング活動が同じでも，それがどのようなブランドのもとで提供されるかによって，それに対する顧客の反応が異なる。たとえば，あるブランドに好意的なイメージを有する顧客は，その製品の良さを積極的に評価し，製品の劣っている部分や値上げなどに関しては寛容となる。一方，同じブランドであっても，それに否定的なイメージを有する顧客は，その製品のマイナス面に注目し，品質の改善や値下げなどの努力を過小評価する傾向にある（Keller [1998] 訳，78-79 頁）。

このケラーが指摘したブランドの効果は，ブランド・イメージ（ケラーのいうブランド知識）が顧客の製品認識や評価に影響を与えるという意味で，ブラ

ンドの意味付与機能と同じような効果を有するものの，その方法は意味付与機能と大きく異なる。すなわち，ブランドの意味付与機能は，製品の有する意味にブランドの意味が加わることで，顧客の製品認識や評価に影響を与えるのに対し，ケラーのいうブランド効果は，ブランドの有する意味（ブランド知識）が，製品（およびマーケティング活動）の見方そのものを変えることで，顧客の製品認識や評価に影響を与える（図1-2参照）。そこで，本書では，この種のブランド効果を「知覚矯正機能」と呼び，ブランドの第3の役割とみなす[15]。

▶同化作用と異化作用

ケラーは，顧客ベースのブランド・エクイティすなわちブランドの知覚矯正機能が，ブランドを中核的結節点とする連想の意味ネットワークであるブランド知識からもたらされるとしているが，ブランドを付与するという行為自体も知覚矯正機能を有しており，ブランドのマーケティング活動に対する顧客の反応に影響を及ぼす。その1つが，ブランド付与がもたらす製品の同化作用と異化作用である。

ここで，あらためて製品とブランドとの関係についてみてみよう。芸術作品など特殊なものを除き，ブランドと製品との関係は一対多，すなわち同じブランドを付与した製品が複数存在するのが一般的である[16]。これは，ブランドが複数の製品によって構成されたカテゴリーのラベルであることを示している（Bouch [1993]）[17]。そして，このカテゴリー・ラベルとしてのブランドの性質が，ブランドを付与した製品に対する人々の知覚に影響を与える。ブランドによる製品の「同化作用」と「異化作用」がそれである。

同化作用とは，製品をより似たものとして認識することを意味するが，同じブランドが製品に付与されている場合，人々はそれらの製品を同じカテゴリーに属するものとみなし，その共通部分に注目する。すなわち，製品間の類似点が強調され，製品間の相違点は相対的に軽視される[18]。そして，異化作用とは，製品をより異なるものとして認識することであり，製品に異なるブランドが付与されている場合，同化作用とは逆に，製品間の相違点が強調され，類似点が軽視される。

ここで重要なのは，同じブランドを付与するか異なるブランドを付与するかで，同じ製品であっても製品に対する認識が変わるという点である[19]。本来，

製品は非常に多義的であり，他の製品と同質か異質かを一概に決めることはできない[20]。たとえば，同じ仕様の缶コーヒーであっても，原料として使用する水は工場によって違っており，また，同じ工場でも作る人が異なるなど，見方によって異なる製品とみなすことができる。一方，高級ファッション・ブランドなどは，素材やデザインがまったく違っていても，そこにデザイナーの個性という共通性を見出すことができる。

そして，ブランドは，このような多義的性質を有する製品のどこに注目すべきかを示す。目隠しテストで製品間の差異をほとんど感知できないにもかかわらず，ブランドを付与するとその違いを感じたり，違う製品でも同じブランドが付与されると同じものとして感じてしまうのは，ブランドを付与することで起こる同化作用や異化作用によるものである。

▶知覚矯正のタイプ

さて，話をブランド知識がもたらす知覚矯正に戻そう。さまざまなブランド連想からなるブランド知識は，情報の量的側面のみならず質的側面においても多様であり，その知覚矯正のあり様も実にさまざまである。たとえば，先ほど取り上げたブランドに好意的な人が製品の良さを積極的に評価し，否定的なイメージを有する人はそれを過小評価するという例は，同じ評価要因でもブランド知識の違いによってその評価が異なることを示すものであり，ブランド知識による製品評価の程度に影響を与える知覚矯正だといえる。

また，ブランド知識が製品評価の項目に影響を与える場合もある。たとえば，同じクルマでも，トヨタは故障しないクルマ，ボルボは安全性，BMWは走る喜びといったように，各々のメーカー（ブランド）によって何を評価するかが異なっている。ここで重要なのは，これらの特性がドライバーにとってすべて重要な評価項目だということである。それにもかかわらず，評価項目が異なるのは，ブランド知識が評価すべき項目に影響を与えているからだといえる。すなわち，ブランド知識によって製品評価の項目が変化するのである。

さらに，ブランド知識は，製品評価の正負に対しても影響を与える。ハーレーダビッドソンを例に説明してみよう。日本製バイクの所有者は，バイクの性能や装備について語ることが多く，ハーレーの時代錯誤的なデザインや騒々しく咳き込むような排気音を嫌う傾向にあるのに対し，ハーレーの所有者は，そ

のデザインや排気音こそがハーレーに乗るという体験であり，評判の悪い振動さえ，彼らにとっては大きな喜びだという（Aaker［1996］訳，176-181 頁）。また，ABS（アンチロック・ブレーキング・システム）というクルマの装置でも，BMWは運転性能を高めるものとして位置づけているのに対し，ボルボは安全性向上の仕組みとして位置づけており，同じ装置でもブランドによってその役割が異なる（Kapferer［1992］, pp. 18-19）。これは，ブランド知識が製品評価の方向に影響を与えることを示している。

4. ブランドを保有する意義

　以上，ブランドの役割を製品識別機能，意味付与機能，知覚矯正機能の 3 つの視点からとらえ，これらの機能が顧客に及ぼす影響について考察してきた。その結果，買物効率が高まったり，情緒的価値を享受できるなど多くのメリットが存在し，ブランドが顧客にとって有用な存在であることが示された[21]。しかし，ブランドが有用なのは顧客にとってだけではない。それを提供する企業にとってもブランドは有用な存在となる。そこで，企業がブランドを保有する意義をあらためて整理してみよう。

　▶市場拡大手段としてのブランド
　ここで少しブランドの歴史について触れておこう。というのも，企業がブランドを保有する意義を考えるとき，その背後にある社会および経済情勢が大きく影響するからである。
　ブランド（brand）という言葉は，もともと家畜の所有者を示す「焼印を押す」という意味の古ノルド語 "brandr" が語源だといわれている（Keller［1998］訳，37 頁）。このような自らの所有物であることを示す印という意味でのブランドの活用は古く，少なくとも古代エジプトまで遡ることができる（Farquhar［1989］, p. 24）。その後，中世に入り，ブランドはギルドによって頻繁に使用されるようになったが，その目的は，仲間以外の製品や仲間内の粗悪な製品を排除するためであり，必ずしも顧客を意識したものではなかった（Keller［1998］訳，60-61 頁）。そして，今日のようにさまざまな製品にブランドが付与され，顧客に広く利用されるようになったのは，今から 100 年ほど前，19 世紀後半

になってからである。

　それまで、顧客にとって製品の提供者は、製品を販売する流通業者であり、誰がその製品を作ったかほとんど知らなかったという (Tedlow [1990] 訳, 11 頁)。しかし、19世紀後半に、P&G (Procter & Gamble)、ハインツ (Heinz)、キャンベル・スープ (Cambell Soup) など、今日でも知られているブランドが次々登場し様相が一変する。顧客は、ブランドを通して、その製品を誰が作っているか知り、購入するようになったのである。テドローは、このブランドが広く普及した時代を「全国ブランドの時代」と呼び、Chandler [1977] の研究に依拠しながら、連続加工機械の発明による生産量の飛躍的増加や、輸送網と通信網の整備に基づく全国市場の確立が、ブランドの普及に大きく貢献したと主張する (Tedlow [1990] 訳, 11-22 頁)。

　生産量の飛躍的増加に伴い拡大した供給は、それを吸収する大きな市場を必要とする。それを担ったのが輸送網と通信網の整備により確立した全国市場だが、全国市場はあくまで潜在的な市場であり、製造業者は大量生産した製品の顧客を自ら確保する必要がある。そこで登場するのが、プル戦略と呼ばれる新たな販促手法である。

　従来、製造業者は、製品を自ら顧客に直接販売するか、それができなければ流通業に販売し、彼らに顧客への販売を委ねていた。このように、流通チャネルを通して、川上から川下へ製品を押し出すように推奨販売し、供給に見合う需要を確保する方法をプッシュ戦略 (push strategy) という。これに対し、製造業者が広告等により顧客に直接働きかけることで需要を喚起し、それを川下から川上に引き寄せ供給に見合う需要を確保するのがプル戦略 (pull strategy) である。

　ブランドは、このプル戦略において重要な役割を担う。プル戦略の特徴は、製品の販売を、製造業者が直接顧客に働きかけることにあるが、その方法として採用されたのが新聞や雑誌などのマスメディアを使った広告宣伝である[22]。しかし、マスメディアを通して流れた広告宣伝が自らの製品販売につながらなければ、それは単なる顧客への情報提供にすぎない。ここで登場するのがブランドである。ブランドは、このマスメディアを通して提供された情報と流通業者を通して提供された製品を結びつける (図1-3)。すなわち、プル戦略は、製品識別機能を有するブランドがあって初めて可能となる販促手段なのである。

図1-3　プル戦略におけるブランドの役割

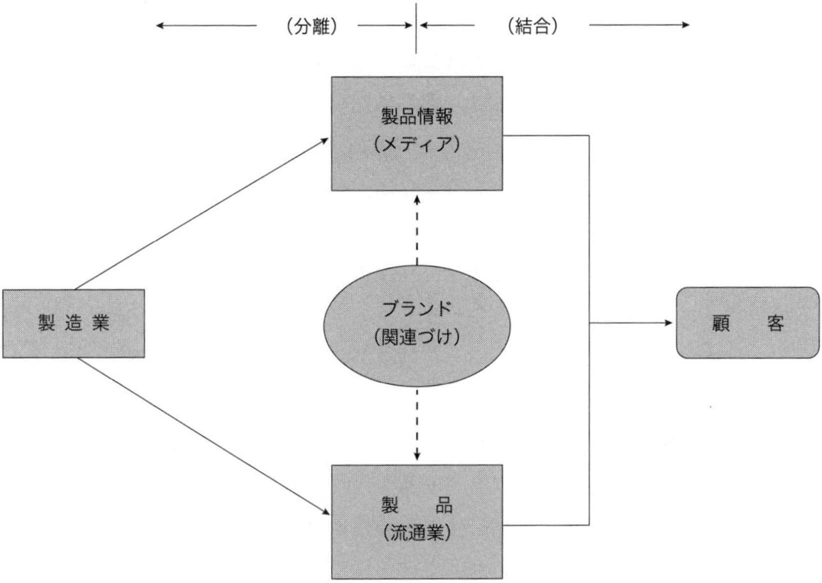

←――――（分離）――――｜――――（結合）――――→

- 製造業
- 製品情報（メディア）
- ブランド（関連づけ）
- 製　品（流通業）
- 顧　客

出所：筆者作成。

　プル戦略は，自ら顧客に働きかけることが可能なため需要の操作性が高く，これ以降，多くの製造業者に採用されることになる。この状況は現在も変わらず，製造業者が市場拡大を図ろうとするとき，プル戦略はもっとも有効な手段の1つであり，その際，ブランドが必要不可欠な要素となる。

▶製品差別化手段としてのブランド
　ブランドが企業にもたらすもう1つの効果は，製品の差別化である。製品差別化とは，当該製品を競合製品と異なるものとして認識させることであり，市場で独自のポジションを確立し，競合製品との競争を回避するうえで不可欠な作業である。しかし，製品開発および生産技術の同質化が進む中，製品自体の差別化が難しくなり，製品がコモディティ化し，価格競争に陥りやすくなる。そこで重要となるのが，ブランドを活用した製品差別化である。
　ブランドが製品差別化を促す理由として第1にあげられるのが，ブランドの有する製品の異化作用である。すでに述べたとおり，ブランドを付与するとい

第1章　ブランドの意味と役割

う行為自体が，他の製品との異質性に対する注目を促し，製品間の知覚差異を増幅させる。

　第2に，ブランドとして使用される識別記号も，製品の差別化を促す要因となる。ブランドとなる識別記号は，製品に比べ自由度が高く，他との差別化が容易であるとともに，顧客の知覚差異に及ぼす影響も大きい。たとえば，「名は体を表す」ということわざがあるように，ブランドの識別記号の1つである名称は製品のイメージを大きく左右する[23]。パッケージも同様である。パッケージの本来の目的は，製品を輸送したり保管する際にそれを保護することにあるが，ブランドの識別記号であるデザインの1つとして，製品の視認性を高めたり，それを魅力的に見せるといった効果を有しており，製品差別化の重要な要素となる。

　そして，第3にあげられるのがブランド連想に含まれる製品以外の要素である。すでに説明したとおり，ブランド連想には，製品やブランドとして使用される識別記号のみならず，製品の使用者や使用場面，広告の内容や登場する有名人など，製品とは直接関係のない多種多様なものが含まれる。そして，これらの連想をブランドを経由して製品に付加することで，製品の知覚差異を高めることができる。

　以上，ブランドがさまざまな理由により製品の差別化を促すことを示したが，そもそも製品自体に明確な差異があれば，あえてブランドを用いて差別化する必要はない。この点に関し，マーケティングの先駆的研究者であるショウは，以下のように述べている。製品差別化とは「実質的に同じ性質をもつ従来製品から自社製品を分離することである。そして，流通業者（企業――筆者注）は，自らの製品が他とまったく異なる製品であることを認識させるために，多くの場合，トレードネームやトレードマークなどのブランドを用いる」（Shaw [1915] 訳, 44頁）。ブランドは類似した製品の中でこそ，最大の効力を発揮するのである。

▶持続的競争優位形成手段としてのブランド

　そして，ブランドの効果は製品差別化にとどまらない。ブランドは，製品の持続的競争優位の形成にも役立つ。持続的競争優位（sustained competitive advantage）とは，差別化等により確立した競争上有利なポジションを長期にわ

たり維持することをいうが，その際に重要となるのが「模倣困難性」(inimitability) である[24]。そして，ブランドは，企業が保有する資源の中で，もっとも模倣困難なものの1つにあげられる。

　ブランドが模倣困難な第1の理由は，それが顧客の中に形成されるものだからである。もちろん，企業はブランドの独占的使用権を有しており，その所有者は企業である。しかし，すでに説明したように，ブランドは顧客によって認知され，顧客の中で何らかのブランド・イメージ（ブランド知識）が形成されて，初めてその効力を発揮することができる。したがって，ブランドを模倣するには，顧客の中に同様のブランド・イメージを形成する必要があり，製品改良など企業自身が行うものに比べ，模倣が難しいといえる。

　第2の理由として，ブランド・イメージの複雑性があげられる。ブランド・イメージは，複数のブランド連想が相互に結びついたネットワーク構造を有しており，ブランドを模倣するとは，この複雑に絡み合ったブランド連想のネットワークをまねることを意味する（Aaker［1996］訳，267頁）。また，これらブランド連想の中には，製品の使用者など企業が直接提供しえない要因も含まれており，これらも含めてブランド・イメージ全体を模倣することは事実上不可能だといえる。

　そして，第3に，ブランドの有する知覚矯正機能も，それが模倣困難な理由としてあげられる。前節で説明したとおり，ブランドは，ブランドのマーケティング活動に対する顧客の反応に影響を与える知覚矯正機能を有する。これは，たとえまったく同じ製品であっても，それに付与するブランドが違えば，その製品に対する顧客の認識や評価が異なることを意味する。すなわち，ブランドの知覚矯正機能により，同じブランドを付与しない限り，何を行っても模倣にならないのである。

結　び

　以上，本章では，ビジネスにおけるブランド研究に依拠しながら，ブランドの基本的な役割を「製品識別機能」「意味付与機能」「知覚矯正機能」の3つの観点から整理し，ブランドが顧客に及ぼす影響や，企業がブランドを保有する意義について考察した。

ブランドは，本来，製品に付与された名称などの識別記号にすぎない。しかし，このブランドの製品識別機能が，自らの買物経験や他者の買物経験を将来の買物に利用することを可能にし，顧客の買物効率を高めるとともに買物リスクを軽減する。これは，ブランドが将来の買物を保証することを意味するものであり，製品の識別記号であるブランドは，同時に製品の品質を保証する信頼の印として機能するようになる[25]。

　また，ブランドは，それ自体が何らかの意味を有するとともに，それが結節点となり，製品以外のさまざまな意味を製品と結びつけるという意味付与機能を有している。そして，これらの意味が製品に付加されることで，製品の情緒的価値が高められるとともに，ブランド・パーソナリティに代表される擬人的関係（絆）が製品と顧客との間に形成されることになる。

　さらに，ブランドは顧客の製品に対する認識そのものに影響を与える。ブランドの知覚矯正機能がそれであり，同じ製品やマーケティング活動でも，それがどのブランドのもとで行われるかによって，顧客の製品やマーケティング活動に対する反応が変わるのである。

　一方，ブランドは，企業にとっても重要な存在である。ブランドは，プル戦略において重要な役割を担い，製品の市場拡大を助ける。また，ブランドは，製品間の知覚差異を増幅させる効果を有しており，製品差別化に寄与する。そして，ブランドは，模倣困難性を高め，製品の持続的競争優位を形成する。

　このように，ブランドは顧客と企業の双方にとって非常に有益なものであり，今日，多くの製品にブランドが付与されるようになった理由もここにある。しかし，製品にブランドを付与したからといって，ただちにそれが上述したような機能を発揮するとは限らない。ブランドがブランドとして機能するには，いくつかの条件が必要となる。

　まず，ブランドとして付与される記号が，顧客に他の製品との識別記号として認識されなければ意味がない（ブランドの識別可能性）。また，ブランド間で製品に違いがみられなかったり，逆にブランド内の製品にばらつきが生じると，ブランド単位で製品を識別する意味がなくなるため，ブランドの識別範囲と製品の識別範囲を一致させる必要がある（ブランド間の製品差異性とブランド内の製品同質性）。さらに，その独占的使用権を有していることも，ブランドを機能させるうえで必要となる（ブランドの専有性）。

ところで，本章では，ブランドの機能がもたらす正の効果のみ取り上げたが，これらの機能がもたらすのは正の効果だけではない。場合によっては負の効果をもたらすこともある。たとえば，購入した製品に不満があった場合，顧客は，ブランドの製品識別機能を使い，同じブランドが付与された製品を避けようとするであろう。同様に，ブランドとして不適切な識別記号の使用やブランドに対する良からぬ評判は，負のブランド・イメージを発生させ，それが製品に付与されることで，製品自体が過小評価される可能性がある。さらに，それが定着してしまうと，ブランドの有する知覚矯正機能により，いくら改善してもなかなか正当に評価されないこともありうる。

 以上，ブランドは製品に正の効果のみならず負の効果をもたらす可能性を有している。これら両方の効果は，ブランドを付与しなければ起こりえないものであり，その意味で，ブランドを付与することは，製品をハイリスク・ハイリターンへ導く行為とみなすことができる。

注
1 AMA (American Marketing Association) Dictionary (http://www.marketing-dictionary.org/Brand ［2015-10-1 参照］)。
2 当然のことながら，本文で述べたブランド単位の識別性，すなわちブランド間での製品異質性とブランド内での製品同質性が確保されていることが前提となる。
3 近年，農作物に生産者の名前を明記したり，写真を載せたりする場合が増えているが，これも"名乗り効果"により顧客の信頼を獲得することを意図したものだといえる。
4 特許庁ホームページ，産業財産権制度の歴史 (3) 商標制度の歴史 (https://www.jpo.go.jp/seido/rekishi/rekisi.htm ［2015-10-1 参照］)。
5 たとえば，メルセデス・ベンツの A-Class, B-Class, C-Class などがそれに該当する。
6 ケラーは，ブランド・イメージを「消費者の記憶内にあるブランド連想の反映としての知覚」と定義しており，「系統立てられた一連のブランド連想」をブランド・イメージとするアーカーの定義と表現は異なるもののほぼ同じことを意味しているといえる (Keller ［1998］訳, 131 頁)。なお，ブランド・イメージは，ブランド・アイデンティティとの対比において使用されることもあるが，この点に関しては，第 2 章で説明する。
7 ここでいう自己組織性とは，自らのメカニズムに依拠して自己の構造をつくり変え，新たな秩序を形成する性質を意味しており，外（環境）からの働きかけがない場合でも自らを変化させることができるという自己決定的あるいは自己適応的性質を表す。詳しくは今田 ［1986］等を参照。
8 ブランド連想における製品関連連想と製品非関連連想の区別は，Keller ［1998］訳, 132–142 頁を参照。
9 David A. アーカー (Aaker) と Jennifer L. アーカー (Aaker) という同じ姓を有する 2 人の研究者が存在するため，文中において，出現頻度の高い David A. Aaker を単にアーカー (Aaker)，もう 1 人の Jennifer L. Aaker をアーカー (Aaker), J. と表記する。
10 ブランド・パーソナリティが有効な差別化手段になりうる例として，たとえば，製品的にほ

とんど違いのないコカ・コーラに対し、ペプシが若々しく活発で刺激的といったブランド・パーソナリティで差別化を図っていることなどがあげられる（Plummer［1984］）。

11 たとえば、E. リーボウの『タリーズコーナー』では、黒人下層階級の人々が人間関係の脆弱化を補うために、赤の他人が「疑似親族関係」を結び、それを前提とした人間関係が形成されることを厚みのある記述によって明らかにしている（今田［2000］）。これなどは、まさに関係が対象の認識を規定することを示す好例だといえよう。

12 ロングセラー・ブランドとは、過去に市場で高い名声を獲得し、その後長期にわたり市場に存在しているブランドをいう。

13 カニバリゼーション（cannibalization）とは、自社製品同士が互いにシェアを奪い合うことを意味する。同一製品カテゴリーの場合、代替性の高い製品に同じブランドを付与することで、カニバリゼーションが起こる可能性が高まるが、異なる製品カテゴリーへのブランド拡張では、製品カテゴリーが異なるため同じブランドが付与された製品間の代替性が低く、カニバリゼーションが起こりにくくなる。

14 ブランドの評価に関しては、第2章であらためて議論する。

15 ブランド・イメージ（ブランド知識）のもたらす効果が、ブランドの意味付与機能と知覚矯正機能のどちらによるものか明確に識別することは難しい。たとえば、ブランド・イメージの1つのタイプとして取り上げたブランド・パーソナリティは、製品に対し何らかの擬人的な意味を付与するとともに、ブランドと顧客との間に対人的な関係を形成し、知覚矯正機能を発揮する。これは、ブランド・パーソナリティが意味付与機能と知覚矯正機能の両方をもちうることを示すものであり、識別記号としてのブランドが同時に意味付与の源泉にもなりうることから、ブランドの3つの機能とそれをもたらす要因を一義的に規定することはできず、両者は複合的な関係にあるといえる。

16 American Marketing Association は、製品を「交換あるいは使用可能な属性の束で、有形や無形の形態を組み合わせたもの」と定義している（http://www.marketing-dictionary.org/Product［2015-10-1参照］）。

17 ブランドが識別機能を発揮する条件として、製品のブランド間の差異性とともに、ブランド内の同質性が求められるのも、このカテゴリーとしてのブランドの性質によるものだといえる。

18 製品カテゴリーを越えたブランド拡張が起こりうるのは、この種の同化作用が存在するからだと思われる。

19 このブランドの有する製品の同化作用と異化作用の基礎なるのがカテゴリー化という人間の認知メカニズムである。カテゴリー化（categorization）とは、さまざまな対象（現象）を何らかの基準で分類し認識することをいい、認知を容易にし、対象（現象）に対する理解を促進するとともに、他者とのコミュニケーションを円滑にするという効果を有している。ブランドの同化作用と異化作用は、この人間の基本的な認知メカニズムに基づく。なぜなら、もし、そのブランド（カテゴリー）に意味があるならば、同じブランドが付与された（同じカテゴリーに属する）ものには何らかの類似性が、違うブランドが付与された（異なるカテゴリーに属する）ものには何らかの差異性が存在するとみなしうるからである。なお、カテゴリー化に関しては、新倉［2005］を参照。

20 製品の多義的性質に関しては、石井［1993］等を参照。

21 ケラーは、ブランドが消費者にもたらすメリットとして、①製品の製造元の識別、②責任の所在の明確化、③リスクの削減、④探索コストの削減、⑤ブランド提供者との約束・契約・協定の締結、⑥自己イメージの投影、⑦品質のシグナル、の7つをあげている（Keller［1998］訳、43-45頁）。

22 当時まだラジオやテレビは存在しておらず、後にこれらが加わり4大メディア（マスコミ4

媒体）と呼ばれるようになる。
23　このネーミングがもつ製品差別化効果が注目されるようになったのはかなり古く，1850年代には，タバコ会社が製品に「カンタロープ」「ロック・キャンディー」「ウェディング・ケーキ」「ローン・ジャック」といった魅力的な名称を付けて販売しており，ネーミングの効果がすでに認識されていた（Keller [1998] 訳, 61頁）。
24　持続的競争優位における模倣困難性の重要性に関しては，Barney [1991] 等を参照。
25　ここでいう品質とは，品質の安定性すなわち期待した品質と同等の品質が確保されているかどうかであり，品質の良し悪しを意味するものではない。

第2章

ブランドのマネジメント
── ブランドの基礎知識（2）──

はじめに

　本章は，ブランドを確立およびそれを維持活用するのに必要なブランド・マネジメントの基礎知識に関して，第1章と同様，ビジネス・ブランドの知見に基づき整理する。

　ブランド・マネジメントは，大きく①ブランド・アイデンティティの設定，②ブランド要素の選択，③ブランディング活動の策定，④ブランディング活動の実施および評価，⑥ブランドの維持強化，⑦ブランド資産の活用の7つのプロセスからとらえることができる。もちろん，実際のブランド・マネジメントは，これらのプロセスを1つずつ達成していくのではなく，PDCAサイクルを繰り返しながら，スパイラル的にブランド・マネジメントを行うのが一般的である[1]。

　本章では，まずブランド・マネジメントを行ううえで前提となるいくつかの意思決定項目に触れた後，上述したブランド・マネジメント・プロセスに沿いながら，ブランド・マネジメントの目標となるブランド・アイデンティティの設定と，ブランド・マネジメントの主要手段となるブランド要素の選定およびブランディング活動について説明する。次に，確立されたブランドの維持強化の方法やブランド資産の活用方法について議論した後，ブランド・マネジメントを行う組織体制や評価方法についても言及する。

1. ブランド・マネジメントの基本枠組み

▶ブランド・マネジメントの必要性

　一言で「マネジメント」とは何かを説明することはけっして簡単なことではない。しかし，あえてそれを行うなら，マネジメントとは，「自ら達成すべき目標を設定し（目標設定），その目標を達成するための効果的・効率的方法を考え（手段策定），それを可能にするために必要な体制を整え実行すること（手段実行）」とみなすことができる。そして，この目標達成行動は，ふつう1回で終わらず繰り返し行われるため，実行された活動を評価し，再度，目標を設定し，その手段を策定実行するという PDCA サイクルを繰り返す。

　したがって，ブランドをマネジメントすることは，ブランドに関わる何らかの目標を設定し，その実現に向けて努力することを意味するが，ここで留意しなければならないのは，企業がそれをとくに意識しなくても，自然発生的にブランドが確立する場合があるということである。前章で示したとおり，ブランドを必要としているのは企業だけではない。顧客もまた同様にブランドを必要としている。ブランド・マネジメントという言葉が存在する以前から有名ブランドが存在するのはそのためである。

　しかし，ブランドの確立をすべて顧客に委ねることは必ずしも得策ではない。もちろん，顧客に委ねることでブランドを確立するための費用は大きく軽減することができる。しかし，顧客が多くのブランドの中からそれを選択するとは必ずしも限らず，また，たとえ選択されたとしても，企業が望む方向でブランドが確立されるとも限らない。以上の点を考えると，企業に大きな恩恵をもたらすブランドの確立を，顧客にすべて委ねるのはけっして得策とはいえず，自ら進んでそれに関与するブランド・マネジメントが必要となる。

▶ブランド・マネジメント・プロセス

　では，ブランド・マネジメントとは，具体的に何をすることなのだろうか。
　上述したマネジメントの考え方に従うなら，まず自らが達成すべき目標を設定する必要があるが，ここで重要となるのが「ブランド・アイデンティティ」(brand identity) である。ブランド・アイデンティティとは，「企業が顧客の心

図2-1　ブランド・マネジメント・プロセス

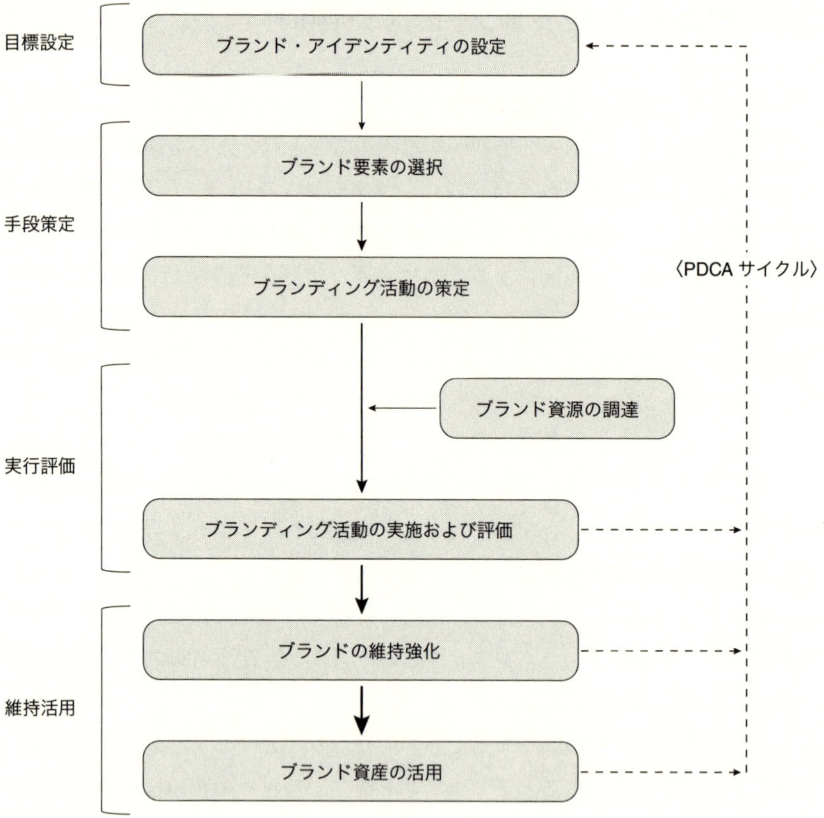

```
目標設定 ┌─ ブランド・アイデンティティの設定 ←┈┈┈┐
         │            ↓                        ┊
手段策定 ┤  ブランド要素の選択                  ┊
         │            ↓                        ┊
         └  ブランディング活動の策定            ┊〈PDCAサイクル〉
                      ↑                        ┊
              ブランド資源の調達                ┊
         ┌            ↓                        ┊
実行評価 ┤  ブランディング活動の実施および評価 ┈┤
         └            ↓                        ┊
         ┌  ブランドの維持強化 ┈┈┈┈┈┈┈┈┈┈┈┈┤
維持活用 ┤            ↓                        ┊
         └  ブランド資産の活用 ┈┈┈┈┈┈┈┈┈┈┈┈┘
```

出所：筆者作成。

の中に形成したいと思う理想的なブランドの姿」であり，このブランド・アイデンティティを実際に顧客の心の中に形成することが，ブランド・マネジメントの目標となる（Kapferer [1992], pp. 34-35 ; Aaker [1996], pp. 68-70）。

この目標を達成するための主要な手段が「ブランド要素」（brand elements）と「ブランディング活動」（branding）である。ブランド要素とは，識別記号としてのブランドを構成するものであり，ブランドとして用いられる名称（ブランド名）やロゴおよびシンボルマーク，キャラクター，スローガン，ジングル，パッケージデザインなどが主なブランド要素としてあげられる。また，ブランディング活動は，ブランドを確立したり維持するために，望ましいブランド像

を顧客の心の中に形成する活動であり，具体的には，マーケティングの製品政策，価格政策，コミュニケーション政策，チャネル政策として実施される。

そして，確立されたブランドは，それを維持強化するために継続的な取り組みがされる。その1つがブランド・コミュニティに象徴されるブランドと顧客との関係強化である。また，確立されたブランドはさまざまな方法で活用することが可能であり，ブランドという資産をいかに活用するかも，ブランド確立後のブランド・マネジメントにおいて重要な課題となる。

以上，ブランド・マネジメントの内容をそのプロセスに沿って概観したが，実際のブランド・マネジメントは，これらのプロセスを1つずつ達成していくのではなく，冒頭で述べたPDCAサイクルを繰り返し，このプロセスを行き来しながら，スパイラル的に達成していくのが一般的だといえよう（図2-1）。

▶ブランド・マネジメントの与件

ブランド・マネジメントの個々の内容に入る前に，その前提となるブランドと製品の関係について整理しておこう。

企業は，ブランド・マネジメントを行う前に，そもそも自社製品にブランドを付与すべきかどうか考える必要がある（Kotler and Armstrong [1989] 訳，323-338頁）。企業は，自らブランドを確立することでさまざまな恩恵を受けることができる。しかし，第1章の最後に述べたように，それはハイリスク・ハイリターンの道を選択することであり，場合によっては，費用をかけてブランドの確立を試みて売上が下がる場合もありうる。このような点を考慮し，企業の中には，自らブランドを付与するのではなく，OEM (original equipment manufacturing)，すなわち他社に製品を提供し，相手先のブランドで販売することを選択する者もいる。いずれにしろ，ブランドを付与する前に，ブランドの確立に必要な費用とそれによって得られる利益やリスクを推定し，自らブランドを付与しその確立を目指すか否か検討する必要がある。

なお，OEMの存在は，自ら生産していない製品であってもブランドを付与することが可能であることを意味するものであり，製品の生産者とブランドの保有者が必ずしも同じである必要がないことを示している。たとえば，生産設備をもたない流通業者が保有するPB (private brand) などがその典型である[2]。

そして，ブランド・マネジメントを行う前にもう1つ考慮しなければならな

いのが，ブランドの付与対象となる製品の範囲である．製品とブランドとの関係は一義的なものではない．製品に付与しうるブランドは複数存在し，ブランドの付与対象となる製品も複数存在する．たとえば，ビジネス・ブランドは，ブランドの付与対象となる製品の範囲によって「企業ブランド」「事業ブランド」「製品ブランド」といった階層構造を形成しており，上位ブランド（企業ブランド＞事業ブランド＞製品ブランド）になるほど，ブランドの付与対象となる製品範囲が広くなる（青木［1997］）[3]。また，企業がすでにブランドを保有している場合，そのブランドを対象となる製品に付与することも可能であり，既存ブランドを付与するか，新たにブランドを付与し，その確立を目指すか決める必要がある．

既存ブランドを有する企業の新たなブランドの確立は，その企業が複数のブランドを保有することを意味するものであり，新たなブランドと既存ブランドとの関係も考慮する必要がある．たとえば，既存ブランドと併用することで新ブランドの展開を有利に進めたり，同じ製品カテゴリーの製品間の差異を強調するため，あえて新ブランドを付与するといったことがそれである．いずれにしろ，企業がすでにブランドを保有している場合，各ブランドの位置づけを明確にし，複数ブランドを体系的に管理するブランド・ポートフォリオ・マネジメントの観点から，既存ブランドと新ブランドの関係をあらかじめ考えておく必要がある．

2. ブランド・アイデンティティの設定

▶ブランド・アイデンティティとは何か

さて，話をブランド・マネジメント・プロセスに戻そう．ブランドを付与することを決めた後，次にしなければならないのは，ブランド・アイデンティティの設定である．ブランド・アイデンティティとは，すでに示したとおり企業すなわちブランドを付与する者が顧客の心の中に形成したいと思う理想的なブランドの姿（ブランド連想のセット）を意味する．

また，ガブリエルらは，アイデンティティが「同一性」(sameness)，「一貫性」(continuity)，「識別性」(distinctiveness) という3つの要素を内包していると主張する（Gabriel and Lang ［1995］, p. 82）．このうち，同一性と一貫性は，空間

軸と時間軸という次元が異なるものの，ともに内的整合性を示すものであり，ガブリエルらのアイデンティティ概念は，内的整合性と外的識別性の2つの要素に集約することができる。これは，第1章で示した識別記号としてのブランドの成立条件そのものであり，したがって，ブランド・アイデンティティとは，ブランド内の同質性とブランド間の異質性を示す当該ブランドに固有なブランド連想のセットとみなすことができる。

しかし，これだけでブランド・アイデンティティを理解するのは不十分である。というのも，ブランド・アイデンティティは，「自分が何であるか自ら語る」という自己同定性を有しているからである（Aaker［1996］訳，86頁）。そもそも，ブランド・アイデンティティが，他と識別可能な望ましいブランド連想のセットということならば，それはブランドの意味する内容とほとんど変わらず，あえて"アイデンティティ"という概念を持ち出す必要はない。

そして，このアイデンティティを考えるうえで重要となるのが，製品の多義性である。製品は，さまざまな属性から構成される便益の束とみなすことができ，どの属性や便益に焦点を当てるかで，製品に対する認識や評価は大きく異なる。ブランド・アイデンティティは，ブランド保有者に，この製品の有する多様な性質のどこをどのように評価すべきかを問うのである。すなわち，製品の良さを自ら語ること，ここにブランド・アイデンティティのアイデンティティたる特徴がある。

かつて，人々が求めるものはそれほど大きく違わなかった。しかし，人々が求める価値が多様化した今日，それに適応する製品も多様化している。特定の価値に見合った製品が他の価値に適しているとは限らない。したがって，私たちは，その製品がどのような価値を満たすものなのか提示されて初めてその製品を評価することができる。ここに，ブランド・マネジメントの目標としてだけではく，製品評価の基準としてのブランド・アイデンティティの今日的な意義がある。すなわち，ブランド・アイデンティティは企業のみならず顧客にとっても製品と評価するうえで有用な指針となるのである。

▶ブランドの価値提案

そして，企業のみならず顧客にとって有用な指針となるブランド・アイデンティティの中核をなすのが「価値提案」（value proposition）である。価値提案と

は,「ブランドを付与した製品(もしくはブランドそのもの)が顧客にもたらす価値を,ブランド付与者自ら明らかにし伝えること」であり,その価値はおおむね「便益」「関係性」「自己表現」の3つのタイプに分類される[4]。

　第1の「便益」(benefit) は,当該ブランドおよびそれが付与された製品が顧客にもたらす利益であり,「機能的便益」(functional benefit) と「情緒的便益」(emotional benefit) の大きく2つに分けられる。前者の機能的便益は,主にブランドが付与された製品によってもたらされる利益であり,食品でいえば「容量」「おいしさ」「栄養価」「安全性」などがそれに該当する。一方,後者の情緒的便益は,ブランドの購入や使用によってもたらされる肯定的な感情であり,食品でいえば,食べる「幸せ」や「喜び」,また,食後に得られる「満足感」や「不満解消」「気分転換」などがこれに該当する。この情緒的便益は,製品のもつ機能的便益を顧客側から再定義したものとみなすこともでき,したがって,便益に基づく優れた価値提案は,機能的便益と情緒的便益の両方を含むものであることが指摘されている (Aaker [1996] 訳, 125頁)。

　第2の「関係性」(relationship) は,ブランドと顧客との関係が有する価値である。第1の便益がブランドおよびそれが付与された製品自体がもたらす価値なのに対し,関係性の価値はブランドと顧客の関係のあり様がもたらす価値であることに両者の違いがある。たとえば,「郷土の味」や「思い出の料理」がもつ価値は,ブランドおよびそれが付与された製品そのものではなく,ブランドと顧客との関係によってもたらされる価値だといえる。

　第3の「自己表現」(self-expression) は,ブランドが顧客を表す手段となることでもたらされる価値である。ここでいう顧客自身とは,現実の自分自身でも,そうなりたいと願う仮想の自分自身でもかまわない。いずれにしろ,ブランドは,顧客が自分自身を語る際の手段となりうる[5]。この自己表現は,自己を投影するという意味で,ブランドが顧客と一体化することでもたらされる価値であるため,顧客の外にあるブランドおよびそれが付与された製品や,それと顧客との関係がもたらす価値とは異なる性質を有すると考えられる。

▶ブランドのポジショニング

　ブランド・アイデンティティを設定する際,もう1つ考慮しなければならないのがブランドのポジショニングである。ポジショニング (positioning) とは,

自らを他のブランドとの関係において位置づけることであり，ブランドの価値提案をより明確にするうえで重要な役割を担う。このブランドのポジショニングは，①当該ブランドと他ブランドの参照枠組み (frame of reference)，②類似点 (point of parity)，そして③相違点 (point of difference) の3つの次元から規定することができる (Keller et al. [2002])。

　第1の参照枠組みは，当該ブランドを評価したり，他のブランドと比較する際の基盤となるものであり，一般的にブランドを展開する市場と関連づけられている。したがって，参照枠組みはブランドを展開する市場によって異なり，参照枠組みを決めることは，新市場の創出を含め，どの市場でブランドを展開するか決めることを意味する（徳山 [2011], 114-115頁）。そして，この参照枠組みが示されて，初めてポジショニングの他の次元である類似点や相違点の比較対象となるブランドが決まることになる。

　第2の類似点は，文字どおり，当該ブランドと比較対象となるブランドとの共通点を意味する。この類似点は，他のブランドとの相対的な関係を表すとともに，同じ市場に属するブランドであれば共通して備えていなければならない特徴を示している。したがって，この類似点は，それが備わっていなければ顧客が不満を感じる点であり，その市場でブランドを展開するうえで最低限必要な要素だといえる[6]。

　第3の相違点は，第2の類似点とともに，同じ市場に属する他のブランドとの関係を規定するもう1つの次元であり，当該ブランドと他のブランドとの差異を示す。ここで重要なのは，その差異が顧客にとって意味のある差異か否かという点である。事実，ブランド間には多くの差異が存在する。しかし，その差異がブランドの識別や評価に影響を与えるものでなければ，ポジショニングに有用な差異とはならない。また，差異には，同じ評価軸上の差異（優劣差異）と評価軸自体の差異（分類差異）の2つが存在し，ブランドのポジショニングを行う際は，優劣差異におけるブランド間の優位性と分類差異におけるブランド間の棲み分けを意識して，他のブランドとの相違点を明確にする必要がある[7]。

3. ブランド要素の選定

▶ブランド要素の選択基準

　ブランド要素とは，狭義のブランド，すなわち識別記号としてのブランドを構成する要素であり，主なものとして，ブランドに用いられる名称（ブランド名），ロゴおよびシンボルマーク，キャラクター，スローガン，ジングル，パッケージデザインなどがあげられる。そして，優れたブランド要素は，以下に示す5つの要件のいずれかを有しており，これらの要件がブランド要素を選択する際の基準となる（Keller［1998］訳，173-177頁）。

　①識別可能性：ブランド要素にとって他ブランドとの識別可能性は，備えるべきもっとも基本的かつ重要な特性である。なお，ブランドの識別には，視覚のみならず聴覚も大きく影響するため，ブランドの名称など音声を伴うものは，聴覚的な識別可能性にも留意する必要がある。また，識別可能性には，即時的な識別可能性のみならず長期記憶における識別可能性，すなわち記憶のしやすさも含まれるため，この点に関する配慮も必要となる。

　②意味付加性：ブランド要素において，識別可能性とともに考慮しなければならないのが，ブランド要素の有する意味である。ブランド要素の意味には，言葉として記述可能なもの（言語的意味）のみならず，言葉として簡単に表現できない特定の感覚や感情（感情的意味）も含まれる。また，場合によっては，ブランド要素の意味が製品や他のブランド連想がもたらす意味と齟齬をきたし，全体の意味形成を阻害する場合もあるため，ブランドの意味付加性を考える際は，他の要因も含めたブランド全体の意味を考慮する必要がある。

　③移転可能性：移転可能性とはブランド要素の効力が及ぶ範囲を示すものであり，代表的な移転可能性として，製品カテゴリー間の移転可能性，地理的な移転可能性，宗教・人種・社会階級などの文化的な移転可能性があげられる。なお，一般的には，移転可能性が高いほど良いブランド要素だといえるが，ブランド・アイデンティティが特定の製品カテゴリーや地理的範囲，文化と密接な関係にある場合は，ブランド要素の移転範囲が限定されていることが効果的に作用する場合もある。

　④維持可能性：ブランドは持続的競争優位の源泉であり，ブランド要素も，

環境変化に耐えうるものか，もしくは環境変化に応じて柔軟に変更しうる長期継続性が求められる。

⑤**防御可能性**：第1章で説明したとおり，ブランドはその独占的使用権が確保されて，初めてブランドとしての機能を発揮しうる。したがって，商標登録などの法的防御はもちろんのこと，他者が簡単に真似できないブランド要素が求められる。

▶ **主要なブランド要素の特徴**[8]

(1) 名称（ブランド名）

ブランド要素として第1にあげられるのが，製品に付与された名称，すなわちブランド名（brand name）である。ブランド名として用いられる文字は，必ずしも意味のある言葉である必要はなく，たとえば，優れたブランド名として知られるコダック（kodak）もアルファベットを羅列したものであり，言葉としてとくに意味を有していない。なお，このブランド名を考案したコダック創業者のジョージ・イーストマンは，優れたブランド名の条件として，①短いこと（発音しやすく覚えやすいこと），②力強く風格があること（好ましいイメージを有すること），③アイデンティティを損なうような綴りや発音の間違いを招かないこと（好ましくない言葉と混合されないこと），④商標制度の要件を満たしていること（国や地域を越えて異なる制度や文化に適用しうること）の4つをあげている[9]。

(2) ロゴおよびシンボルマーク

ロゴ（logo）はブランド名を視覚的に表したものであり，単なる綴りのみならず，文字のデザインや配色等もその一部に含まれる。また，シンボルマーク（symbol mark）は，ブランドを表す図柄や記号のことをいい，ロゴ自体をシンボルマークとする場合もあれば，ロゴとは別に，特定の図柄や記号をシンボルマークとして使用する場合もある。ロゴやシンボルマークの役割は，視覚的に訴えることでブランドの識別性や記憶を高めることにある[10]。また，視覚的にデザインされたロゴやシンボルマークは，それ自体が1つのメッセージとして，ブランドに何らかの意味を付加することができる。さらに，ロゴやシンボルマークは図柄として認知されるため，言葉の壁を越えて識別することが可能であり，ブランドの地理的・文化的移転を促進するという効果も有している。

(3) キャラクター

キャラクター (character) は，ブランドのシンボルとして用いる実在あるいは架空の人物や動植物をいう。したがって，キャラクターは，基本的にシンボルマークと同様の効果を有するが，擬人化されたキャラクターは，ブランド・パーソナリティの形成を促し，ブランド・イメージを豊かにするとともに，ブランドと顧客との関係を深めるという効果も有している。

ただし，キャラクターを使用する際は，以下の点に留意する必要がある。まず，実在の人物をキャラクターとして使用する場合，時間の経過に伴いキャラクター自体が変化するという問題が生じる。また，既存の有名キャラクターをブランド要素として使用する場合，顧客の関心がそちらに向かい，ブランド・アイデンティティがうまく伝わらないという問題が生じることもある。さらに，今日，数多くのキャラクターが存在するため，キャラクターを認知してもらうこと自体が難しくなっており，単に顧客の関心をひくためのツールにとどまり，費用がかかる割には，上述したような顧客との関係を深めるまでに至らない場合も少なくない。

(4) スローガン

スローガン (slogan) は，ブランドが何であるかを端的に表現した文言であり，ブランド・アイデンティティを顧客に伝える手段となるとともに，それ自体がブランド要素の一部として，ブランド認知を高めたり，ブランドに対し何らかの肯定的な意味を付加するという役割を担う[11]。また，状況に応じて複数のスローガンを使い分けたり，時代の変化に合わせて変更しやすいことも特徴の1つにあげられる。

広瀬は，このような特徴を有するスローガンを，その目的に応じて5つのタイプに分類している。すなわち，①ブランド名などのブランド要素の連想を促す「ブランド要素支援型スローガン」，②ブランド・パーソナリティの連想を促す「ブランド・パーソナリティ訴求型スローガン」，③製品の機能や便益を連想させる「機能・便益訴求型スローガン」，④使用状況を連想させる「使用状況訴求型スローガン」，⑤使用者イメージを連想させる「使用者イメージ訴求型スローガン」がそれである（広瀬［2002］）。

(5) ジングル

ジングル (jingle) は，特定のブランドのものとして識別可能な音楽であり，

ラジオがマス広告の主流だった20世紀前半に，ブランド要素の1つとして定着したという（Keller［1998］訳，203頁）。なお，ジングルとして使用される音楽には，既存曲とオリジナル曲があり，また，歌詞のあるものとないものが存在する[12]。ジングルの特徴は，長期記憶に残る印象的なフレーズやリズムにあり，ブランドの認知を高めるうえでもっとも有効な手段の1つである。また，ジングルは，ブランドの情緒的価値を高める反面，間接的かつ抽象的にしかブランド・アイデンティティを伝えることができないという課題も有している（Keller［1998］訳，203頁）。

　石崎は，ジングルの1つであるコマーシャル・ソングを分析し，優れたコマーシャル・ソングの特徴を以下のように整理している。すなわち，①時代を反映したテーマ，②ブランド・イメージとの一致，③映像とのマッチング，④音楽としてのクオリティの高さとインパクトの強さ，⑤口ずさみやすく，覚えやすい単純なメロディ，⑥作品としての一貫性とアレンジの変更等による時代適用の両立がそれである（石崎［2002］）。

(6) パッケージデザイン

　パッケージ（package）は，一般的に，製品そのものを包む1次パッケージ（primary package），これら1次パッケージを包み店頭等に陳列する際に私たちが目にする2次パッケージ（secondary package），そして，輸送用の3次パッケージ（tertiary package）の3つの次元から構成される[13]。また，パッケージが有する機能として，①ブランドの識別，②記述的および説得的情報の伝達，③製品輸送および保護の支援，④家庭内保管の容易化，⑤製品消費の簡便化の5つがあげられるが，その機能的および審美的要素が作り出す相違点や，それがもたらすブランド認知の向上およびブランド・イメージの強化は，ブランドの確立に大きな影響をもたらす（Keller［1998］訳，204-212頁）。

▶**ブランド要素の組み合わせ**

　以上，代表的なブランド要素の特徴についてみてきたが，これらがすべてではない。すでに述べたように，製品を識別しうるものであれば，それはすべてブランド要素の候補となる。たとえば，製品自体のデザインやサービス業における店員のユニフォームなどがその一例である。

　また，上述したブランド要素は，各々異なる特性を有しており，その特性を

表2-1　ブランド要素の特徴

	識別可能性	意味付加性	移転可能性	維持可能性	防衛可能性
ブランド名	◎	○	○	◎	◎
ロゴ・シンボルマーク	◎	○	◎	○	◎
キャラクター	○	○	△	△	○
スローガン	○	○	△	×	△
ジングル	◎	○	△	△	×
パッケージデザイン	○	◎	△	×	×

注：◎＝きわめて有効，○＝有効，△＝有効な場合もありうる，×＝一般的に難しい。
出所：Keller［1998］訳，212頁を参考に筆者作成。

活かした活用が必要となる。たとえば，表2-1は，ブランド要素の5つの選択基準に基づき，各ブランド要素の特徴をまとめたものだが，同じような特性を有するブランド要素を組み合わせることで特定の機能を強化したり，異なる特性を有するブランド要素を組み合わせることで互いの弱点を補うなど，いくつかのブランド要素を効果的に組み合わせることで全体としての機能向上を図ることができる。

だからといって，これらすべてのブランド要素を使用する必要はない。ブランド要素は，それがブランドを識別するものであることを，顧客が認知して初めてブランド要素としての機能を発揮することができる。顧客にブランド要素として認知されるには相応の費用と期間を必要とし，また，やみくもに多くのブランド要素を用いることで顧客の混乱を招く場合もある。

そこで，重要となるのが「ブランド・アイデンティファイア」（brand identifier）である（田中・丸岡［1995］）。ブランド・アイデンティファイアとは，使用されるブランド要素の中で中核となるものを指し，長期にわたり首尾一貫してブランドを象徴するものとして機能する[14]。ブランド要素を選定する際は，最適な要素をいかに組み合わせるかとともに，その中の何をブランド・アイデンティファイアとするかも重要となる。

4. ブランディング活動の策定

次に，ブランディング活動についてみてみよう。ブランディングとは，ブランド・アイデンティティをマーケティング活動の中で具現化し，顧客の心の中

に理想的なブランド・イメージを形成することを意味する。そこで，ブランディング活動をマーケティング活動の一般的な分類であるマーケティング・ミックスの4Pに沿って説明しよう[15]。

▶製品政策

ブランドは製品に付与された識別記号であり，ブランドの価値は，それが付与された製品によって具現化される。したがって，ブランドは製品なくして存在しえず，製品政策はブランディング活動の中心的な役割を担う。

このブランディング活動における製品政策において注意しなければならないのは，製品の良し悪しが製品のみによって決まるのではなく，製品とブランドとの関係で決まるということである。たとえば，ここに1着の紳士服があるとしよう。この紳士服が伝統を重んじ長く着てもらうために作られたのか，あるいは，最先端のファッションを楽しんでもらうために作られたのかによって，この紳士服の何をどのように評価するか違ってくるであろう。製品の評価基準は多様であり，その評価基準が定まらなければ製品が評価できない。そして，この製品をどのような視点で評価したらよいかを示しているのが，ブランド・アイデンティティの中核をなす価値提案である。顧客はまずブランドの価値提案が魅力的かどうかを判断し，次にその価値提案にふさわしい製品であるかどうかを評価する。製品の良し悪しは，ブランドの価値提案との関係において初めて規定されるのである。

また，製品は，ブランドを顧客に伝達する媒体としての役割も担う。第1章で，ブランドを顧客に伝える媒体としてマスメディアの存在をあげたが，マスメディアやソーシャルメディアが発達した今日においても，製品は企業側の情報を顧客に伝える媒体として大きな役割を担っている。製品を情報伝達媒体とみなすとき，重要となるのがパッケージである。前節では，パッケージをブランド要素の1つとして取り上げたが，研究者の中にはパッケージをマーケティング・ミックスの5つめのPと呼ぶ者もおり，ブランディング活動においても，パッケージは重要な役割を有する（Keller［1998］訳，212頁）。

そして，ブランドが効果的に機能するうえで重要な役割を果たすブランド連想は，製品のみならず，製品の使用者や使用場面からも形成される。ケラーは，もっとも強く，またもっとも好ましいブランド連想は，この製品に対する使用

経験から生まれるといっており，ブランディング活動における製品政策は，製品の販売をもって終わるのではなく，販売後の使用状況にも目を向ける必要がある（Keller［1998］訳, 225頁）。

▶価格政策

　価格は，製品を購入する際に顧客が支払う対価であり，一般的に価格が安いほうが顧客にとって望ましく競争上も有利だとされる。しかし，ブランディングにおいて，価格はブランドの価値を示すシグナルの1つであり，価格が高いほど価値あるブランドとみなされる（Olson and Jacoby［1972］）。したがって，ブランディングにおける価格政策では，経済学のいう所得効果や代替効果に基づく価格効果と，ブランド価値のシグナルとしての価格効果の両方を加味して行う必要がある。

　価格において，ブランドの価値は，価格プレミアムすなわち当該ブランドに対し顧客が支払ってもよいと思う価格の程度として示される（Aaker［1991］訳, 30-32頁）。そして，価格プレミアムが高いブランドほど価値あるブランドとみなすことができる。また，ブランドの中には，自動販売機の飲料のように，競争上，競合他社と同じ価格で販売されるものも多数存在する。この場合，ブランドの価値は，数量プレミアムすなわち同一価格で当該ブランドが選択される量として表すことができる。したがって，ブランディングにおける価格政策は，価格プレミアムを追求するか，あるいは同一価格での数量プレミアムを追求するかで大きく分かれることになる。

　ところで，価格をブランド価値とみなす場合，考慮しなければならないのが価格変動である。というのも，同じ製品にもかかわらず価格が大きく変動するとブランド価値のシグナルとして使用することができないからである。したがって，ブランディングを前提とする価格政策では，価格が一定であることが望ましいが，農作物のように，天候等の理由により市場価格が変動するような場合は，他ブランドとの価格差がブランド価値を示すシグナルとなるため，変動しながらも一定の価格差を維持することが重要となる。

　また，小売店など末端の価格政策では，常にリーズナブルな価格で提供する「EDLP」（everyday low price）と，期間限定で値引きし顧客を誘引する「値引き販売」（discount selling）の2つがある。このうち興味深いのが後者の値引き販

売である。値引き販売には，通常の販売価格と値引き時の販売価格という2つの価格が存在し，ブランディングの観点からみると，前者の通常価格がブランド価値のシグナルとして機能する。すなわち，ブランド価値のシグナルとしての価格と経済学のいう価格引き下げ効果をもたらす価格の2つを提示することで，冒頭で述べた相反する価格効果の両立を図っているのである[16]。

▶コミュニケーション政策

コミュニケーション政策は，顧客への情報伝達を担う活動であり，企業の設定した理想的なブランド像であるブランド・アイデンティティを顧客の心の中に形成することがブランディングの目的であることを考えると，その果たす役割は大きい[17]。

ブランディングにおけるコミュニケーション政策の目的として，第1にあげられるのがブランド認知の向上である。第1章で述べたとおり，ブランドの基本機能は製品を識別することであり，そのためには，当該ブランドが製品の違いを示す有効な手がかりになることを顧客に知ってもらう必要がある。

第2に，望ましいブランド・イメージの形成があげられる。ブランド・イメージは，顧客の心の中に形成されるブランドを中核とする系統立てられたブランド連想の組み合わせであり，企業が理想とするブランドの姿であるブランド・アイデンティティに，顧客のブランド・イメージをいかに近づけるかが，コミュニケーション政策の大きな課題となる[18]。

そして，第3にあげられるのが，ブランドと顧客との関係性，すなわちブランド・リレーションシップの構築である[19]。たとえば，第1章でも触れたように，ブランド・パーソナリティは，ブランド・イメージの形成に有用であると同時に，ブランド・リレーションシップの構築においても重要な役割を担う。また，ブランド・イメージの形成では，企業が理想とするブランド像と同じものを顧客の心の中に移転することが求められるが，ブランド・リレーションシップの構築では，顧客側からの能動的な働きかけが必要となるため，企業から顧客への一方的な情報伝達のみならず，顧客から企業への情報伝達を含む双方向のコミュニケーションや，顧客同士の情報伝達も加えた三者間のコミュニケーションが重要となる。

次に，コミュニケーションの手段についてみてみよう。ブランドのコミュニ

表 2-2　スポンサーシップがブランディングにもたらす効果

①イベント等を通したブランド認知の向上
②特定顧客とのブランド・コミュニケーション機会の獲得
③スポンサーシップを通したブランド・アイデンティティの具体化
④支援するイベントや組織を通したブランド・イメージの形成
⑤スポンサーシップを通したブランド・リレーションシップの構築
⑥従業員等の内部顧客に対するブランディング（インターナル・ブランディング）

出所：Keller［1998］訳，288-289 頁を参考に筆者作成。

ケーションにおいて，テレビ広告に代表されるマスメディアによる情報伝達（マス広告）が果たす役割は大きい。とくにコミュニケーション政策の第 1 の目的であるブランド認知の向上において，マス広告は大きな力を発揮する。また，その他にマス広告が効果的な例として，①大きな市場で上位シェアを獲得したり維持したい場合，②社会的承認が購入決定の大きな要因となる場合，③新規顧客の獲得や将来の顧客基盤を形成したい場合などがあげられる（岸［2000］）。

一方，インターネットやスマートフォンなどの ICT の発展により，マス広告などのペイドメディア（paid media：料金を払って利用するメディア）の他に，自社のウェブサイトなどのオウンドメディア（owned media：自ら所有するメディア），SNS やブログなどのアーンドメディア（earned media：信頼や評判を獲得するメディア）といった新たなメディアが登場し，ブランディングのためのコミュニケーション手段として注目を集めている[20]。オウンドメディアは，必要な費用の少なさから気軽に始められる点や成果測定の容易さ，アーンドメディアは，企業と直接利害関係にない第三者による情報発信のため，パブリシティや口コミと同様，情報の信頼性が高く，ネガティブなものも含めブランド・イメージの形成に大きな影響を与えるというのが，注目を集めている主な理由である。

また，イベント等へのスポンサーシップも，ブランディングにおけるコミュニケーション手段として注目されている（Keller［1998］訳，286-293 頁；表 2-2）。スポンサーシップとは，「スポーツ，エンターテイメント，社会的活動に関するイベントやそれを行う組織を，人的，金銭的，物質的に支援すること」を指し，広告における有名タレントの起用などと同様，支援するイベントや組織をブランド連想の一部としたり，それを媒体として情報伝達を図るものであり，

ブランディングにおける有効なコミュニケーション手段の1つとみなすことができる。

▶チャネル政策

チャネルは，ブランドを付与した製品と顧客が接する場であり，売買を通してその所有権を企業から顧客へ移転する重要な役割を担う。中でも，人が直接販売する対面販売では，顧客ニーズや製品知識の違いに応じて柔軟な対応が可能であり，個々の顧客に合わせたブランディングが可能となる。また，人が介在しないセルフ販売でも，製品の陳列やPOP等の情報提供が顧客のブランド・イメージの形成に大きく影響するため，チャネルを介した顧客とのコミュニケーションにも十分配慮する必要がある。

ここで重要なのは，顧客は製品ではなくブランドを購入しているという認識である。顧客が製品を購入していると考えるならば，製品と売り方は無関係であり，どのような売り方であっても製品の価値は変わらない。しかし，顧客がブランドを購入していると考えるならば，当該ブランドに関わるすべてのことがブランド連想の源泉となるため，売り方もブランドの一部となり，その価値に影響を与える。したがって，ブランディングにおけるチャネル政策では，ブランド・イメージの形成要因として，製品のみならずその売り方にも注意を払う必要がある。

このチャネルが有するブランディング力を最大限に活かす方法が直営店である。直営店の良さは，何といっても顧客に直接接し，ブランドの良さを自ら顧客に伝えることができる点にある。また，店舗という空間全体を利用してブランドの世界観を表現できるのも，直営店の魅力だといえる。さらに，ブランド価値のシグナルとなる価格決定権を自ら有することも，ブランディングを行ううえで有利となる。

しかし，だからといって，すべてのブランドが直営店をもつことはできない。直営店を保有するには相応の費用を要し，それに見合う利益の確保が求められる。また，ブランドに顧客を惹きつける魅力や，店舗として必要な品揃えを有していなければ，店舗をもつことさえ不可能だといえよう。

そこで，上述したような課題を克服し，直営店と似たような効果が得られる場として注目されるのが，EC（electronic commerce）すなわちインターネットを

利用した直販である。ECは，顧客にとって，製品を直接手に取って確認できなかったり，製品を入手するまで時間がかかるなど，実店舗に比べて不便な点があるものの，自分の好きな時間に好きな場所でさまざまな製品を比較しながら選ぶことができ，近年，その利用が急速に増加している[21]。他方，企業の側からみると，ECは，実店舗よりも少ない費用で，一部制約はあるものの顧客に対して直接ブランドの世界観を伝えることができる。したがって，ECはブランディングの観点からも，注目すべきチャネルだといえよう。

5. 確立されたブランドの維持と活用

▶確立されたブランドの維持強化

　以上，ブランドの確立に必要な活動をブランド・マネジメント・プロセスに沿ってみてきたが，次に必要となるのが確立されたブランドの維持強化である。
　ところで，確立されたブランドとは，どのようなブランドのことをいうのだろうか。これまでの議論を踏まえると，確立されたブランドは，少なくとも以下の3つの要件を満たしていると考えられる。すなわち，①ターゲットとなる顧客にブランドが認知されていること，②顧客の中に肯定的なブランド・イメージが形成されていること，③ブランド・イメージが製品の認識や評価にプラスに作用していることである。
　しかし，これらの要件は，連続尺度上の高低（大小）によって示されるものであり，たとえば，ブランド認知が何％に達したときにブランドが確立したと定義できないことからもわかるように，確立したブランドと確立していないブランドを明確に分ける基準は存在しない（小林［1997］）。したがって，現実には，ブランドを確立するための活動と確立したブランドを維持強化するための活動が併存して行われており，上述した3つの要件が満たされるにつれて，確立されたブランドとしてのマネジメント比率が徐々に高まるといえよう。
　さて，確立されたブランドの維持強化として，第1に考えなければならないのが，ブランドの「広さ」すなわち顧客の拡大である。新規顧客の獲得は，ビジネスの拡大のみならず維持においても必要不可欠であり，そのためには，ブランドを知り，良好なイメージを有する顧客を増やす努力を継続して行わなければならない。ただし，ブランド・イメージの中には使用者や使用場面に関す

るものも含まれるため，既存顧客と性質の異なる顧客に拡大する際は，それがブランド・イメージに及ぼす影響を考慮して行う必要がある[22]。

　第2に考えなければならないのは，ブランドの「深さ」すなわち顧客との関係強化である。中谷は，ブランドと顧客との関係の深さを"絆"という言葉で表し，「真のロイヤルティとは，相対的にそのブランドを一番に選択しているとか，連続して購入しているとかということではなく，（心理的な囚われ状態を意味する——筆者注）絆が成立しているか否かにある」（中谷［1996］，137頁）と主張する。なぜなら，絆が形成されていなければ，たとえ高いシェアを有していても，他ブランドの攻撃に耐えることができず，その地位を奪われるからである。なお，中谷は，絆を構成する要素として，①信頼感，②なじみ，③存在是認，④相性，⑤消極的推奨，⑥悪口反発，⑦価格差是認，⑧自発的推奨，⑨使用満足，⑩品切れ抵抗感をあげ，尺度化を行っている（中谷［1996］）。

　そして，第3に考えなければならないのが，ブランドの「鮮度」すなわち時代適合性である。ここでいう鮮度とは，単に現時点での適応のみならず未来への適応，すなわち将来への期待感も含まれており，絆が過去からのストックだとすれば，鮮度は未来へのフローとみなすことができる（中谷［1996］）。なお，中谷は，絆と同様，鮮度に関しても尺度化を試みるものの，なかなか思うような尺度が得られなかった[23]。しかし，ブランドを取り巻く環境が常に変化していることを考えると，鮮度が意味する時代適合性は，ブランドの維持強化においてきわめて重要な課題だといえよう。

▶ブランド・コミュニティの形成

　ブランドと顧客との関係を維持強化する装置の1つに，ブランド・コミュニティ（brand community）がある。ブランド・コミュニティとは，同じブランドの顧客がブランドを介して集う集団であり，ムーニッツらが*Journal of Consumer Research*で提唱して以降，人々の注目を集めるようになる（Muniz and O'Guinn［2001］）。

　ブランド・コミュニティが単なる顧客の集まりではなく，文字どおり"コミュニティ"として機能するには，少なくとも①顧客同士がブランドを介して強い結びつきを感じる「同類意識」，②ブランドの歴史やブランド・ストーリー，コミュニティのしきたりなどを共有する「伝統と儀式」，③個々の顧客がコミ

ュニティおよび他の顧客に抱く「道徳的責任感覚」が必要だという（Muniz and O'Guinn [2001]；久保田 [2003]；宮澤 [2012]）。また，ブランド・コミュニティの特徴は，何といってもブランドを介した顧客同士の関係にある[24]。一般に，ブランドと顧客との関係は1対1の関係であり，他の顧客は環境として作用するものの直接的な影響関係は存在しない。しかし，ブランド・コミュニティでは，顧客間の相互作用が直接顧客とブランドとの関係に影響を及ぼす[25]。

このような特性を有するブランド・コミュニティは，企業にさまざまな恩恵をもたらす。その1つが優良顧客の識別である。ブランド・コミュニティは，上述した「同類意識」「伝統と儀式」「道徳的責任感覚」などにより顧客をふるいにかけ，結果として優良顧客を選別する。したがって，そこで交わされる意見は非常に有益であり，一般顧客を対象にした市場調査に比べ，価値ある情報を効率的に収集することができる（小川 [2006]）。もう1つは，メディアとしての役割である。コミュニティ内では，顧客同士の密接な繋がりにより情報がスムーズに伝達される。また，コミュニティ内の顧客は，そのロイヤルティの高さからコミュニティ外に向けた積極的な情報伝達を期待することができる（山本 [2009]）。

ここで注目すべきは，ブランド・コミュニティにおける企業と顧客との関係の変化である。一般に，企業と顧客との関係は売り手と買い手の関係にあり，売買をめぐり対立関係にあるといえる。しかし，ブランド・コミュニティでは，役割は異なるもののブランドを維持強化するという点で共通の目的を有しており，一種の仲間意識が発生する。すなわち，顧客もブランディングを行う側として自らを意識するようになるのである。この企業と顧客の関係の変化こそが，ブランド・コミュニティの有するもっとも大きな特徴だといえよう。

ただし，ブランド・コミュニティは，マネジメントの観点からいくつかの課題が存在する。たとえば，ブランド・コミュニティには，企業が主催する公式なものと顧客が自発的に作る非公式なものが存在するが，公式なものは，マネジメントが比較的容易なものの，企業主導的となり顧客の主体性をどう獲得するかが課題となる。一方，非公式なものは，顧客の主体性は強いものの企業が意図しない方向へ進む可能性があるなど，どちらもマネジメント上の課題を有している[26]。また，すべてのブランドがコミュニティを有するほうがよいとも限らない。というのも，ブランド・コミュニティはある種の顧客識別であり，

顧客間の差異を助長したり，アンチコミュニティの形成などコミュニティへの反動を促す危険性を有するからである。いずれにしろ，顧客を巻き込むブランド・コミュニティの形成や関与は，上述したような課題を考慮しながら慎重に行う必要があるといえよう。

▶ブランド資産の活用

ブランド確立後のマネジメントにおいて，ブランドの維持強化とともに重要となるのがブランド資産の活用である。ブランド資産の活用には，「ブランド拡張」「他ブランドとの連携」「ライセンス供与」「売却」の大きく4つの方法が存在する。

第1のブランド拡張（brand extension）は，新たに市場導入する製品に既存ブランドを付与することをいい，確立したブランドを梃子とすることで，①市場導入費用を抑えられる，②導入リスクが軽減できる，③流通業など取引業者への説得が容易になる，④競争を優位に展開できるなどの利点を享受することができる（小林［1996］）。

しかし，製品力がなく既存ブランドの力に頼っただけの安易なブランド拡張や，新製品に問題が生じた場合，ブランド拡張の利点を享受できないばかりか，既存ブランドのイメージを損ねる危険性もあり注意を要する。また，新製品に何ら問題がないとしても，保有する製品数の拡大によりブランド・イメージが拡散し希薄化する場合もある。したがって，ブランド拡張を行う際は，既存ブランドが新製品に及ぼす影響（対新製品ブランド効果）のみならず，新製品が既存ブランドおよび既存ブランドを通して既存製品に及ぼす影響（間接フィードバック効果）やカニバリゼーションなど新製品が既存製品に直接及ぼす影響（直接フィードバック効果）についても考慮する必要がある（図2-2）。

第2の他ブランドとの連携は，一般に，コ・ブランディング（co-branding）やブランド・バンドリング（brand bundling），ブランド・アライアンス（brand alliance）と呼ばれており，複数のブランドが1つの製品に付与されるのが特徴である（Keller［1998］訳，332-336頁）。これら他ブランドとの連携は，複数のブランドの資産を活用できるため，互いの欠点を補完したり，両方の顧客を取り込むことができるなどの効果が期待できる一方，互いの良さを相殺し合い，単一ブランドで展開するよりもブランド効果が低下する場合もありうる。

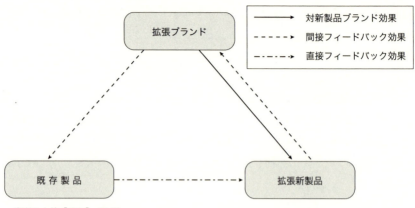

図2-2 ブランド拡張の3つの効果

出所:小林[1996], 74頁。

　第3のライセンス供与は, ブランドの名称やロゴ, キャラクターなどを使用する権利を, 一定の条件のもと他社に与えることであり, 使用する権利を与えるライセンサーは, 権利を得るライセンシーからロイヤリティを受け取る。なお, ブランディングの観点からみたライセンス供与の魅力は, ロイヤリティ収入のみならず, ブランド露出の増加にある。というのも, ブランド保有者は, ライセンシー側の生産設備や販売力を利用することで, 当該ブランドを付与した製品を迅速かつ広範囲に展開することが可能になるからである。ただし, ブランド拡張と同様, ライセンス供与による過度なブランド露出や安易な製品展開は, ブランド・イメージを悪化または希薄化させる危険性があり, ライセンシーの選択やブランド付与の対象となる製品の選択には十分注意する必要がある。

　そして, ブランドの活用方法として第4にあげられるのが, ブランドの譲渡すなわち売却である。ブランドが価値あるものと認識されて以降, ブランドは資産として取引される対象となった。事実, 1980年代にブランドが注目されるようになったのも, ブランドの価値にいち早く気づいた企業が, M&Aにより資産価値の高いブランドを有する企業や事業を高値で買収し始めたことがきっかけとなっている (Murphy [1990], pp. 154-159)。ブランドの売却により, 当該ブランドの独占的使用権は他者に移ることになるが, 当該ブランドへの投資を回収し, 他のブランドへ再投資するという意味で, これもブランド活用の一

種とみなすことができる。

6. ブランド・マネジメント体制

　以上，ブランド・マネジメントの内容を，そのプロセスに沿って概観してきたが，最後に，それを実践するマネジメント体制についてみてみよう。

　▶組織体制

　まずは，誰がブランド・マネジメントを行うかに関してだが，ビジネスにおいてブランドが使用されるようになった当初は，経営トップがブランド・マネジメントを行っていた。というのも，ブランド・マネジメントは，ブランド・アイデンティティの設定から，それを付与する製品の開発，製造，販売，さらには商標権の設定など企業の多くの部門が関係しており，これらの部門を統合的に管理する必要があったからである。

　その後，時代が進み，企業が複数のブランドを保有するようになると，ブランド単位で責任を負うブランド・マネジャーが登場する[27]。ブランド・マネジャーとは，特定ブランドに限られているものの，経営トップの場合と同様，ブランドに関わる広範囲に及ぶ活動を総合的に管理する者であり，別名「リトル・プレジデント」と呼ばれる（Buell [1975]；長谷川 [2002b]）。しかし，その実態は経営トップと大きく異なり，直属の部隊をもたず，機能的に分割された組織を横断しながらブランド・マネジメントを行う。すなわち，ブランド・マネジャー制は一種のマトリクス組織で，ブランド・マネジャーが任務を遂行するには，直接権限関係にない部門の説得と部門間の調整が必要となる。

　ところで，ブランド数の増加は，企業に新たな問題をもたらす。それは，ブランド・マネジメント費用の増加と，カニバリゼーションの発生など企業内競争の激化である。これらの問題は，市場が拡大しているうちはそれほど大きな問題にならないが，景気が悪くなると途端に深刻さを増し，限られた予算を有効に活用するためブランド間の調整が求められるようになる。また，製品をブランド単位ではなく，品揃えというカテゴリー単位で考える小売業のパワーが強くなり，彼らへの対応を迫られたこともあって，ブランド・マネジャー制を採用している企業は，複数ブランドを統括するカテゴリー・マネジャーを新た

表2-3 フロー型ブランド・マネジメントとストック型ブランド・マネジメント

	フロー型	ストック型
計画の射程	短期	長期
成果目標	短期的財務成果の向上	ブランド・エクイティの向上
活動内容	戦術的	戦略的
BMの地位	（相対的に）低い	（相対的に）高い
BMの在任期間	短い	長い
BIの焦点	差別化／競争優位性	ビジョン／哲学

注：BM＝ブランド・マネジャー，BI＝ブランド・アイデンティティ
出所：Aaker and Joachimsthaler［2000］を参考に筆者作成。

に設置する[28]。ブランド・マネジャーの上にカテゴリー・マネジャーを置くことで，ブランド・マネジメントの自律性を維持しながら，カテゴリー・レベルでの小売業への対応力強化とカテゴリー内のブランド間の調整を図ったのである[29]。

そして，時代がさらに進み，ブランドが資産として注目されるようになると，ブランド・マネジメントのあり様も一変する。すなわち，従来の短期的な売上拡大や利益確保を目的としたブランド・マネジメントから，ブランドの資産価値向上を前提とした長期的な売上拡大や利益確保を目指すブランド・マネジメントへの移行である。そこで，本書では，従来のブランド・マネジメントを「フロー型ブランド・マネジメント」，新たに登場したブランド・マネジメントを「ストック型ブランド・マネジメント」と呼ぶことにしよう[30]。

表2-3は，フロー型ブランド・マネジメントとストック型ブランド・マネジメントの違いを示したものだが，フロー型が短期的財務指標の向上を目的に戦術的手法を駆使するのに対し，ストック型は長期的視点に立ち戦略的にブランド・エクイティの向上を目指す。また，フロー型では，社内での地位がそれほど高くなく比較的若い人がブランド・マネジャーになるのに対し，ストック型のブランド・マネジャーは，社内での地位が高く，経験豊富で年齢の高い人がなることが多い。そして，フロー型ではブランド・アイデンティティの焦点が差別化や競争優位性といった競合との関係に向けられているのに対し，ストック型は，自己を方向づけるビジョンや自己を律する哲学など自らを規定するものに焦点を当てる場合が多い。

表2-4 ビジネス・ブランドの評価指標

評価次元	評価内容		評価指標
顧客の心理的およびの行動的側面	Attention		ブランド認知
	Interest		ブランド連想（ブランド・イメージ）
	Desire/Memory		知覚品質
	Action		ブランド・ロイヤルティ
経済的側面	短期的		プレミアム価格 売上高／市場シェア 利益率
	長期的		ブランドROI（累積売上高／累積投資額） 将来獲得価値を含むブランド評価
	市場取引		ブランドの売買価格

出所：筆者作成。

▶評価方法

　次に，ブランドの評価についてみてみよう。ビジネス・ブランドは，それが有する価値すなわちブランド・エクイティによって評価されるが，ブランド・エクイティは，①ブランド認知，②ブランド連想，③知覚品質，④ブランド・ロイヤルティ，⑤その他ブランド資産の5つの視点からとらえることができる（Aaker［1991］訳，20–29頁）。

　この5つの視点のうち前の3つは，コミュニケーションにおける顧客の心的受容を表すAIDMAと関係している。すなわち，AIDMAの最初のA（attention：注目）は，ブランドとの心的接触を表すことから①のブランド認知と関係している。また，I（interest：関心）は，ブランドに対する情報収集を促すことから，②のブランド連想およびその集合体であるブランド・イメージの形成と密接に関わる。そして，③の知覚品質（perceived quality）は，客観的もしくは実際の品質とは異なり，「顧客が想起するブランド連想によって判断される高度に抽象化されたブランドに対する全体的な評価」であり，AIDMAのD（desire：欲求）の形成を促す（表2–4）[31]。さらに，顧客品質は他のブランド連想とともに顧客の中で記憶され（AIDMAのM：memory），AIDMAの最後のA（action：購買行動）に影響を与える。

　④のブランド・ロイヤルティ（brand loyalty）は，特定ブランドを継続的に購買している様を指すが，継続購入の中には，そのブランドしか売っていなかっ

たり，何でもよいという理由で惰性的に同じブランドを買い続ける「見せかけのロイヤルティ」（spurious loyalty）も存在するため，行動的側面のみならず，ブランドに対する愛着度といった心理的側面も含めたブランド・ロイヤルティの評価が必要となる（高橋［2010］）。

そして，ビジネス・ブランドを評価するもう1つの方法は，それがもたらす経済的効果である。たとえば，他のブランドとの価格差，すなわち価格プレミアムは，そのブランドの価値を示す1つの指標だといえる。また，ブランドの総合力を表す売上高や市場シェアもブランドの評価指標となる。さらに，ブランドの価値が高ければ，より少ない費用で多くの売上を上げることができるため，利益率もブランドの評価指標となるであろう。

以上の3つは，どちらかというと短期的な経済指標だが，ブランド評価には長期的な経済指標も存在する。たとえば，ブランドに対する投資収益率（ROI）や，ブランド拡張の可能性など将来得られるだろう価値を組み込んだブランド価値評価などがそれである[32]。また，当然のことながら，ブランド自体の売買価格もブランドの経済的評価指標の1つとなりうる。

▶複数ブランドの管理

ブランド・マネジメントの組織体制で述べたように，今日，多くの企業は複数のブランドを保有している。そこで，企業は，各々のブランドの範囲や役割，相互関係を明らかにし，全体の効果を高めるとともにリスクの分散を図るブランドの体系的管理，すなわちブランド・ポートフォリオ・マネジメントが必要となる（Aaker［2004］）。

企業内のブランド関係は，垂直的関係と水平的関係の大きく2つに分けることができる。ブランドの垂直的関係とは，異なる組織階層間のブランドの関係であり，たとえば，企業ブランド，事業ブランド，製品ブランドの関係がそれである。これらのブランドは，異なる役割を有しており，互いに補完し合うことで各々の価値を高めることができる。しかし，上位ブランドとの過度な結びつきは，特定ブランドに生じた問題を拡散させる可能性があり，効果とリスクの両面を考えた関係構築が求められる。

一方，ブランドの水平的関係とは，上述した組織階層の同一階層で展開されるブランド間の関係をいう。これらのブランドは互いに独立した関係にあり，

同じ製品に複数ブランドが付与されることはなく，したがって，垂直的関係のようなシナジーやリスクが生じることはない。ただし，対象とする顧客や製品特性が類似している場合，カニバリゼーションが発生したり，顧客の混乱をまねくことがあるため，ブランド間の違いやポジショニングを明確にする必要がある。

　以上，複数ブランドを有する場合のブランド・マネジメントに関して説明した。基本的には，ブランド間のシナジーを最大限に発揮するとともにリスクを最小限に抑える，ブランドの顧客カバレッジを最大化するとともにブランド間のカニバリゼーションを最小化するという2つの課題に応えることがブランド・ポートフォリオ・マネジメントの鍵となる。しかしながら，保有すべきブランドの最適な数さえ判断するのが難しく，適切なブランド・ポートフォリオ・マネジメントを行うにはいまだ情報が不足しているのが実情である[33]。

結　び

　本章では，ビジネス・ブランドにおける議論に基づきながら，ブランド・マネジメントの内容とそれを実施するためのマネジメント体制について概観した。

　ここで注意しなければならないのは，ブランド・アイデンティティを具現化するためのブランディング活動は，一見したところ従来のマーケティング活動と変わらないことである。この点に関し，田中は以下のように述べている。「ブランド管理（マネジメント——筆者注）とは，ブランドについて通常のマーケティング管理作業以上のことを特別に行うというわけではない。ブランド管理で行うべきこととは，従来から行われていたマーケティング戦略を，ブランド理念をベースとして意思決定し，計画を立て，かつ実行していくということにすぎないのである。この意味においてブランド管理とは従来からのマーケティング管理の『組み替え』にすぎない。いわばブランドとその価値を優先しながらマーケティングを行っていくのがブランド管理の実行過程」（田中［2000］，9頁）なのである。

　従来，マーケティングは，顧客ニーズを所与とし，製品によりそれを充足することを目的としていた。しかし，経済が発展し必要なものが満たされていくに従い，顧客の行動は，「必要だから買う」から「（それでなくてもかまわないが）

欲しいと思うものを買う」へとシフトしていく。また，こうした状況の中で，顧客の製品に対する価値観が多様化し，同じ製品であっても顧客によって何をどのように評価するかが変わってくる。すなわち，単に製品を提示されただけではその良し悪しが判断できず，どのような価値観のもと提供されたかを知って，初めてその製品を評価することが可能となるのである。

これに対応しようとするのが，ブランド・マネジメントである。顧客は，多様な価値観の中で，まず自分が求める価値を選択し，次にその価値に見合う製品を選択する。そこで，ブランド・マネジメントでは，本来，製品の識別記号であるブランドをいったん製品から切り離し，価値提案（＝ブランド）と価値充足（＝製品）という目的手段関係に分離する。このように目的手段関係の構造を明示することで，その製品がどのような価値観のもと提供されているかを顧客に伝えようとするのである。

ただし，製品とブランドは概念上分離できたとしても，実際に2つが別々に提供されることはない。したがって，ブランド・マネジメントは，顧客の価値選択への適応と，選択された価値に対する充足手段の適応という二重の適応問題を抱えることになる。ここに，田中のいうブランド理念をベースとしたマーケティング・マネジメントと従来のマーケティング・マネジメントの違いがある。

ところで，ブランド・マネジメントにおける製品とブランドとの概念上の分離は，環境変化への適応というマーケティングの基本使命に新たな可能性をもたらす。表2-5を見てほしい。表2-5は，環境変化への適応方法を製品の基本仕様とブランド・アイデンティティの可変・不変の組み合わせでとらえたものである。

「ロングセラー・ブランディング」は，同じ製品を同じブランドのもとで長く提供するものであり，製品とブランドの両方が普遍性を有するという意味で理想的なマーケティングのあり方だといえる。しかし，ブランドを取り巻く環境が変化する中で，これらを変えずに適応し続けることは難しく，ごく少数の限られたブランドだけが，環境変化に耐えロングセラー・ブランドになることができる。

ロングセラー・ブランディングの対角にある「製品識別ブランディング」は，従来のマーケティングにおいて多用されていたブランディングであり，製品と

表 2-5 ブランディングによる環境変化への適応方法

		ブランド・アイデンティティ	
		不変	可変
製品の基本仕様	不変	ロングセラー・ブランディング （ホンダ・スーパーカブ）	プロダクト・ベース・ブランディング （コカ・コーラ）
	可変	エクイティ・ベース・ブランディング （ルイ・ヴィトン）	製品識別ブランディング （ソニー・ビデオカメラ FDR-AX100）

出所：筆者作成。

ブランドの両方を環境変化に合わせて変えるものである。このブランディングは，たとえ製品の変化がわずかであっても，異なるブランドを付与することで，その差異を増幅することが可能であり，環境変化への適応をアピールするという点で効果を発揮するが，製品とブランドの両方を変える必要があることから費用がかかるとともに，常にゼロからの挑戦となり，今回うまくいったとしても次回うまくいく保証はない。

　そこで考えられるのが，製品とブランドのどちらかを継続させることで，環境変化に適応するための費用を削減するとともに，変更に伴うリスクを軽減する方法である。その1つが，製品の基本仕様を可能な限り変えず，ブランド・アイデンティティを変化させる「プロダクト・ベース・ブランディング」である。これは，ブランド・アイデンティティを変えることで製品のポジショニングを変え，環境変化への適応を図ろうとするもので，製品仕様を変更するのに大きな投資が必要だったり，それを行うことで製品に慣れ親しんだ顧客が離れるリスクが高い場合に採用される[34]。

　そして，プロダクト・ベース・ブランディングとは逆に，ブランド・アイデンティティを変えず，製品仕様を環境変化に合わせて変えるのが「エクイティ・ベース・ブランディング」である。技術革新のスピードが速く，製品がすぐに陳腐化する場合や，製品仕様を変更するのにそれほど費用がかからない場合，また，ブランド・イメージの形成に費用や時間がかかったり，それを変更するリスクが高い場合は，このブランディングが適している。

　以上，長期的な観点からブランドを考えるとき，環境変化に適応するための，

これら4つのブランディングのどれを採用するかも，ブランド・マネジメントにおいて大きな課題になるといえよう。

注
1 PDCAとは，計画（Plan），実行（Do），評価（Check），改善（Action）のこと指す。なお，PDCAサイクルの改善は，策定した計画どおりいかなかったところの改善を意味するが，場合によっては，計画の変更や目標自体の修正も一連のサイクルに含まれる。
2 一般に，製造業者が保有するブランドをNB (national brand)，流通業者が保有するブランドをPB (private brand) と呼ぶ。もともと，NBは自ら生産した製品に自社ブランドを付与したものであったが，今日では，OEMによって提供された製品もNBとして販売されており，必ずしも自社製品だけがNBではない。一方，流通業者も最近は自前で生産施設を有する者が登場しており，この種の製品がPBとして販売される場合もある。したがって，両者の違いは年々少なくなっており，基本的にはブランド保有者が，製造業者か流通業者かによって使い分けられているといえよう。
3 ブランドの主なタイプとして，本文で取り上げた「企業ブランド」「事業ブランド」「製品ブランド」の他に，これらのブランドの一部に付与される「サブブランド」や，ブランド横断的に付与される「要素ブランド」などがある。
4 アーカーは，価値提案の内容として，「機能的便益」「情緒的便益」「自己表現便益」の3つを，ブランドおよびそれが付与された製品が提供する直接的な価値としてあげている（Aaker［1996］訳，120-128頁）。しかし，アーカー自身が言及しているように，ブランドが顧客にもたらす価値は，これにとどまらずブランドと顧客との関係も価値の源泉となりうる（Aaker［1996］訳，197-221頁）。そこで，本書では，機能的便益と情緒的便益をブランドおよびそれが付与された製品がもたらす「便益」として統合し，それに「自己表現」と「関係性」を加えた3つを価値提案のタイプとする。
5 たとえば，マクラッケンは，消費者が社会的自我の形成や維持のために，実際またはそうありたいと願う自分と符合する製品やブランドを求めると主張している（McCracken［1988］）。
6 表現が若干異なるが，たとえば，嶋口のいう製品の本質機能がこれに該当する（嶋口［1984］，57-59頁）。
7 ここでいう優劣差異とは，同一価値次元上の位置の差を示すものであり，その価値次元がブランドの評価と関係している場合，それは評価の良し悪しを表すことになる。一方，分類差異は，各々のブランドの特徴を示す価値次元自体が異なることを示すものであり，一概にブランド間の優劣を規定することができない。この場合，価値次元間の優劣がブランド間の優劣を決めることになるが，質的な相違により順位づけが不可能だったり，トレードオフの関係にある場合，複数の価値次元が併存することになり，これらの価値軸上のブランドも併存（共存）することが可能となる。
8 各ブランド要素の説明は，主にKeller［1998］訳，178-212頁に依拠している。
9 コダック社ホームページ「コダックの歴史」(http://www.jp.kodak.com/JP/ja/corp/7a140000.shtml［2014-6-20参照］)。なお，括弧内の説明は筆者が加筆した。
10 以下のロゴおよびシンボルの効用に関する説明は，芳賀・八ツ橋［2002］を参照。なお，芳賀らは，ロゴについてのみ言及しているが，同様のことがシンボルにも当てはまると思われることから，ここでは，ロゴとシンボル両方の特徴として示した。
11 スローガンは，タグライン（tag line）と呼ばれる場合もある。
12 石崎は，塚本［2000］の主張を引用しながら，俗にいうコマーシャル・ソングやCM音楽も

ジングルに含まれるとしている（石崎［2002］）。

13　American Marketing Association の定義（http://www.marketing-dictionary.org/Packaging［2015-10-1 参照］）。なお，中には1次パッケージが2次パッケージを，2次パッケージが3次パッケージを兼ねる場合もある。

14　研究者によっては，ブランド要素すべてをブランド・アイデンティファイアとする者もいるが，本書では，その中の中心的役割を担い，首尾一貫してブランドを象徴するものをブランド・アイデンティファイアとみなしている。

15　マーケティング・ミックスの4Pとは，多岐にわたるマーケティング活動を「製品政策」（product），「価格政策」（price），「コミュニケーション政策」（promotion），「チャネル政策」（place）の4つに分類したものである。Pはその活動分野を表す言葉の頭文字をとったものだが，今日の用語使用に合わせて，あえてPに固執せず一部異なる言葉を使用している。なお，マーケティング・ミックスの"ミックス"という言葉は，これらの活動を独立してばらばらに行うのではなく，整合性を保ちながら有機的に結合することが重要であることを示すものであり，ブランディング活動においても同様の配慮が必要となる。

16　ただし，値引き販売の頻度が多くなったり期間が長くなると，顧客は値引き時の価格を通常価格すなわちブランド価値を示すシグナルとして認識するようになる。したがって，ブランディングの観点から値引き販売を行う際に，通常価格と値引き価格の提供期間のバランスや値引き販売を行う理由等に十分考慮する必要がある。

17　ケラーは，自らの著書の中で，他の3つの政策は1つの章にまとめて説明しているのに対し，コミュニケーション政策に関しては別に章を設けて説明している（Keller［1998］）。このことからも，ブランディングにおけるコミュニケーション政策の重要性がうかがえる。

18　ブランドが望ましい連想を保有するには，少なくとも以下の3つの条件を満たす必要がある。すなわち，①連想自体が望ましい内容であること，②その連想が顧客に適切に評価されていること，③その連想がブランドと関連づけられることがそれである。また，ケラーは，ブランド・イメージとして望ましい連想として「好ましさ」「強さ」「ユニークさ」の3つが必要だと指摘している（Keller［1998］訳，142-150頁）。

19　ブランド・リレーションシップに関しては，菅野［2011］および久保田［2014］等を参照。

20　このメディアの3類型は，2009年にアメリカのIT情報サイトCNETに掲載されたTim Leberechtのエッセイ "Multimedia 2.0: From paid media to earned media to owned media and back" に基づくといわれている（http://www.cnet.com/news/multimedia-2-0-from-paid-media-to-earned-media-to-owned-media-and-back/［2015-10-1 参照］）。

21　野村総合研究所によると，日本の一般消費者向けのEC市場規模は，2012年の10.2兆円から2018年には20.8兆円へと倍増すると予測しており，その規模は飛躍的に拡大している（野村総合研究所ICTメディア産業コンサルティング部［2013］）。

22　たとえば，高所得者を対象としていたブランドが，顧客を低所得者まで広げることで，高所得者が使用していることで高級感を感じていた顧客のイメージを損ねたり，販売店を増やすことで，希少性が希薄化するといったことが，これに相当する。

23　中谷は，鮮度に関して3つのパターンで尺度化を試みるも，なかなか思うような結果が得られず，鮮度の尺度を確定するに至らなかった（中谷［1996］）。

24　ここでいう顧客間関係とは，必ずしも明確な誰かと直接関係し合うことだけを意味するものではない。コミュニティの一員となることで，同じコミュニティに属する不特定の誰かと心的関係をもつことも，顧客間関係に含まれる。

25　Muniz and O'Guinn［2001］は，ブランド・コミュニティについてそれまでの「消費者－ブランド」という二者間関係を，「消費者－ブランド－消費者」という三者関係へと拡張させたも

のであると説明している。それに対して，McAlexander et al. [2002] はブランド・コミュニティを「顧客 – 製品」「顧客 – ブランド」「顧客 – マーケター」「顧客 – 顧客」という4つの関係から構成されるとし「顧客中心型ブランド・コミュニティ」という考え方を提唱している。

26　両者の中間に位置するものとして，非公式のコミュニティを企業として認めたり，一定の権限を与える「公認」という形態もある。

27　担当ブランドを統合的に管理するブランド・マネジャーが登場したのは，P&Gでキャメイ石鹸の広告を担当していた N. マッケロイが，1931年に「ブランド・マネジャーの職務と権限」というブランド・マネジャーの必要性を指摘した社内報告を行い，これを機にP&Gがブランド・マネジャー制を採用したのがきっかけだといわれている（Dyer et al. [2004] 訳，43-45頁）。

28　ブランド・マネジメントの先駆者であるP&Gがブランド・マネジャー制を導入したのは1930年代だといわれているが，当初，その採用は一部の企業に限られており，ブランド・マネジャー制がアメリカで広く普及するのは1960年代に入ってからである。そして，カテゴリー・マネジャーが登場するのは，アメリカの経済が停滞する中，ウォルマートが全米ナンバーワン小売業へと躍進する1980年代のことである（長谷川 [2002b]）。ちなみに，次に述べるストック型ブランド・マネジメントへの移行は，ブランド・エクイティ概念が定着し始めた1990年代後半頃からだといえる。

29　本章では，ブランド・マネジメントの発祥地であるアメリカを中心にみてきたが，日本のブランド・マネジメントはこれと少し様相が異なる。というのも，日本では，特定の者がブランドに関するすべての責任を負うブランド・マネジャー制が定着せず，事業部内の複数のブランドをマネジメントする集団管理体制を採用している企業が多いからである（小川 [1997]；長谷川 [2002a]）。この日本のブランド・マネジメントは，特定集団が複数ブランドを担当するため，ブランド間の調整が容易であるとともに，個々のブランドよりも事業部全体の利益を重視する構造になっており，方法は異なるもののブランドの階層別管理を先取りしたものとなっている。

　しかし，個々のブランドの責任体制が明確になっていないことから，ブランドの自律性が十分に確保できず，ブランド・アイデンティティの設定やブランディング活動の目的が曖昧なまま行われる傾向にあるのもまた事実である。いずれにしろ，ブランド・マネジメントには，個別ブランドの自律性とブランド間の調整という部分最適と全体最適の両方をいかに達成するかが重要となる。

30　このフロー型ブランド・マネジメントとストック型ブランド・マネジメントの考え方は，Aaker and Joachimsthaler [2000] に基づいている。アーカーらは，前者を古典的なブランド・マネジメント，後者をブランド・リーダーシップとしており，そのままでは違いがわかりにくいため，本書では，その内容に鑑みフロー型とストック型という言葉を用いて説明する。

31　この知覚品質の提示は，ザイタムルの知覚品質の定義に基づき，ブランドの知覚品質に合わせて筆者が修正したものである（Zeithaml [1988], pp. 3-4）。なお，アーカーは，この知覚品質が，ブランドの差別やポジショニングを明確にするとともに，主要な購入理由すなわち欲求の源泉になるとしている（Aaker [1991] 訳，116-117頁）。

32　将来価値も含めたブランド評価の例として，たとえば経済産業省のブランド価値評価モデルがあげられる（広瀬・吉見 [2003]）。

33　たとえば，ケラーは，最適なブランド数の決定に関して，ブランド数を削減することで利益が増加するなら，そのブランド・ポートフォリオは大きすぎ，反対にブランドを追加することで利益が増加するならいまだブランドを増やす余地があるとしている（Keller [1998] 訳，465-466頁）。これは，見方を変えれば，最適なブランド数が試行錯誤によってしか把握できないことを示している。

34　製品識別ブランディングでは，ブランド名も含めブランド要素の変更を伴うのに対し，プロ

ダクト・ベース・ブランディングでは，ブランド名を含む主要なブランド要素は変えず，製品の見方に影響を与えるブランド・アイデンティティを変えるのが一般的である。

第3章

地域ブランドの分析視角[1]
――地域ブランディングの統合モデル――

はじめに

　本章の目的は，地域ブランドに関する研究をレビューし，地域ブランドに対する分析視角を明らかにすることにある。

　序章で述べたとおり，地域ブランド研究には性質が異なる2つのブランド論が存在する（久保田［2004］；中嶋［2005］；村山［2007］）。1つは，海外で主に議論されている地域空間をブランドとする地域ブランド論であり，もう1つは，日本で主に議論されている地域産品をブランドとする地域ブランド論である。前者が，地域自体をブランド付与対象とし，その魅力を高めるために，ビジネスにおいて蓄積されたブランドの知識や技法を適用しようとするのに対し，後者は，地域が生み出すモノやサービスをブランド付与対象とし，その魅力を高めるために地域ブランドを使用するところに両者の違いがある。

　そこで，本章では，まずこの2つの地域ブランド論が誕生した経緯を探り，ビジネス・ブランドとの違いを意識しながら，両者の特徴を明らかにする。そして，これら2つのブランド論を統合するためのモデルを構築し，地域ブランドを総合的に考察するための分析枠組みの提示を試みる。

1. 地域空間のブランド論——海外の地域ブランド研究の系譜

▶観光マーケティングにおける「目的地」概念の形成

　マーケティング対象として地域を最初に取り上げたのは，おそらく「観光マーケティング」(tourism marketing) であろう。観光マーケティングとは，「観光組織が，潜在・顕在を問わず，近隣，広域，国家，国際レベルで自らの顧客となる観光客を選定し，彼らのニーズやウォンツ，モチベーションを調査し，それを満たす観光商品をつくり，彼らに受け入れられるようコミュニケーションすることで，観光客満足の最適化と組織目標の最大化を図るマネジメント・プロセス」(Moutinho [1989], p. 259) をいう[2]。これは，観光産業にマーケティング・ノウハウを適用しようとするものであり，欧米において観光産業がマーケティング対象として注目されるようになったのが1960年代，日本でも1970年代末にはすでに研究が始まっていることから，地域ブランドが注目されるかなり前から議論されていたことがわかる (長谷 [1994])。

　観光マーケティングを地域との関係で議論する際，重要となるのが「目的地」(destination) という概念である[3]。ここでいう目的地とは，観光客の選択対象となる地域を指し，ラムズドンは，その中核要素として，①観光目的となる魅力的な自然や建造物などの「主要誘引物」(prime attractor)，②立地や街並みなどの「建造環境」(built environment)，③宿泊施設のサービスや食事，娯楽などの「付随提供サービス」(supporting supply services)，④そこに住む人々の生活や観光客との触れ合いなどの「社会文化的様相」(sociocultural dimensions) の4つをあげている (Lumsdon [1997], p. 239)[4]。

　このように，観光マーケティングにおける目的地は，従来，観光産業の構成員が個々にマーケティングしていた観光商品を地域単位で組み合わせ，それを1つの製品とみなしマーケティングを展開する。ここに，観光マーケティングの目的地としての地域概念の特徴がある。

▶地域マーケティングの台頭

　観光マーケティングの目的地として地域が取り上げられるようになってからしばらくして，地域をその名に冠した「地域マーケティング」(place marketing)

が登場する (Kotler et al. [1993])。

　Kotler et al. [1993] によると, 地域マーケティングが必要とされる背景には, 地域の深刻な財政難があったという。1990年代の初め, アメリカでは, 3分の1の州, そして全体の4分の3に相当する5000の市町村が歳入不足に陥っており, 職員のレイオフや公共サービスの削減に迫られていた[5]。そして, コトラーらは, この問題を解決するには, 長期ビジョンに基づく戦略的マーケティングが必要だと主張し, 以下の4つをその中核となる活動としてあげている (Kotler et al. [1993], p. 18)。

　①地域の特徴やサービスの適切な組み合わせをデザインする。
　②地域の製品やサービスの現在および将来の買い手や利用者に対し, 魅力的なインセンティブを用意する。
　③地域の製品やサービスを効率的かつ入手しやすい方法で提供する。
　④潜在顧客に地域の良さを知ってもらうため, 地域の価値やイメージをプロモートする。

　この地域マーケティングの4つの活動は, 表現が若干異なるものの, ①が製品政策 (product), ②が価格政策 (price), ③がチャネル政策 (place), ④がコミュニケーション政策 (promotion) と, マーケティング・ミックスの4Pと対応している。したがって, 地域マーケティングは, 地域を製品とみなし, そのコンセプトを明確した後にマーケティング・ミックスを策定し, 標的市場に向けてそれを展開するという, 企業すなわち営利組織で培われたマーケティング・ノウハウを非営利活動である地域経営に適用しようとしたものだといえる。

　しかし, 地域経営におけるマーケティングの実践はけっして簡単ではない。たとえば, 地域経営の立場からマーケティングの有用性を検討した矢吹は, 地域経営の特徴として以下に示す10の要因をあげている。すなわち, ①取り扱う財やサービスの数の多さと多様さ, ②ニーズを把握する難しさ, ③ニーズの違いに対応した分割供給の難しさ, ④地域経営主体の複雑さ, ⑤地域概念の重層性, ⑥地域経営の重層構造とミクロレベルでの指針提示, ⑦成果指標の設定と評価の難しさ, ⑧地域経営の主体と客体の曖昧さ, ⑨地域経営主体の重層性, ⑩地域経営における客体の主体化の重要性がそれであり, 地域経営の有するこれらの特徴を考慮したマーケティングが必要だと主張する (矢吹 [2010], 8-14頁)。

図 3-1 地域マーケティングの分析枠組み

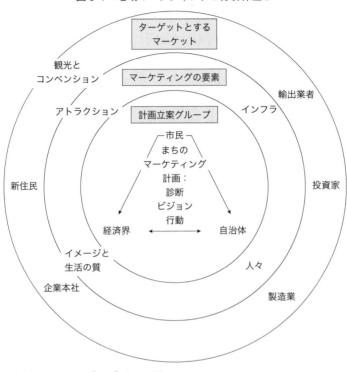

出所：Kotler et al. [1993] 訳, 19 頁。

では，地域マーケティングと観光マーケティングは何が違うのだろうか。地域を"製品"とみなし，標的となる顧客を定めマーケティング活動を行うという点では，両者は一致している。そこで，Kotler et al. [1993] が提示した地域マーケティングの分析枠組みをみながら，地域マーケティングと観光マーケティングの違いについて考えてみよう。

図 3-1 に示すように，コトラーらは，地域マーケティングを「計画立案グループ」(主体)，「ターゲットとするマーケット」(客体)，「マーケティングの要素」(主体から客体への働きかけ) の 3 つの側面から分析しており，これをみると，まず誰が行うかというマーケティング主体において両者の間に違いが存在する。すなわち，観光マーケティングは，Moutinho [1989] の定義にもあるように観光業界に属する企業がマーケティング主体なのに対し，地域マーケティングで

は，企業が属する経済界とともに，地方自治体や市民もマーケティング主体になりうる。

また，マーケティングの客体すなわち顧客においても両者の間に違いがみられる。観光マーケティングの顧客は，文字どおり観光客なのに対し，地域マーケティングの顧客には，観光客のみならず，新住民や企業，投資家も含まれる。もちろん，ひと口に観光客といっても，その内容は多岐にわたるが，地域マーケティングにおける顧客は，その範囲や多様性において，観光マーケティングのそれを大きく上回っている。

このように，地域マーケティングと観光マーケティングは，地域を製品とみなしマーケティング活動を展開するという点では共通しているが，誰がそれを行うかというマーケティング主体と，誰がその対象となるかという客体すなわち顧客の設定において，両者は異なっている。しかし，その関係は，地域マーケティングが観光マーケティングを内包する形になっており，互いに相反するものではない。むしろ，観光マーケティングを取り込む形で，地域マーケティングが形成されたとみなすほうが適切であろう。

▶地域マーケティングに対するブランド研究の適用

マーケティングにおける地域に焦点を当てた先行研究として観光マーケティングと地域マーケティングを取り上げ，地域マーケティングが観光マーケティングを取り込む形で発展してきたことを示した。では，地域マーケティングと地域ブランドはどのような関係にあるのだろうか。

ここで興味深いのが，海外における地域ブランドの用法である。海外では，地域ブランドについて議論する際，「地域ブランド」（place brand）よりも「地域ブランディング」（place branding）という言葉を用いるほうが多い[6]。

第1章で述べたとおり，そもそもブランドとは，特定の製品を他から識別するために付与された名称や言葉，デザイン，シンボルなどの識別記号であり，この識別記号とその付与対象となる製品の関係を「ブランド構造」と呼ぶならば，「地名」という他と識別可能な名称が付与された地理的空間は，すでにブランド構造を有しているといえる。したがって，地域ブランドは，特定の地理的空間に付与された識別記号すなわち地名等を表すにすぎず，そこに何ら新しい意味が加わるわけではない。

では，地域ブランディングという言葉を用いる研究者は，この言葉にどのような意味を込めているのだろうか。この点に関し，地域ブランド研究を主要テーマとする学術雑誌 Place Branding（現在の名称は Place Branding and Public Diplomacy）の初代編集長アンホルトは，地域ブランディングを「市町村や地方，国（といった地域——筆者注）の経済的・社会的・政治的・文化的発展のために，（ビジネスで培われた——筆者注）ブランド戦略および他のマーケティング技法や考え方を適用すること (the practice of applying brand strategy and other marketing techniques and disciplines to the economic, social, political and cultural development of cities, regions and countries)」(Kerr [2006], p. 278) と規定している。また，他の研究者も，明示的か否かは別にして，アンホルトと同様，ビジネスにおけるブランドの理論や技法を地域マーケティングに活用することを地域ブランディングとみなしている (Kotler and Gertner [2002]；Dinnie [2004a]；Aitken and Campelo [2011]；Hanna and Rowley [2011])。

　以上の議論は，地域ブランディングが地域マーケティングの手法の1つであり，ビジネスにおける近年のブランド研究の成果を地域マーケティングに適用することを地域ブランディングとみなしていることがわかる。事実，研究者の中には，地域マーケティングと地域ブランディングを区別せず，同じ領域の研究として扱う者も少なからず存在する (Gertner [2011]；Martinez [2012]；Zenker and Martin [2011])。そこで，本書では，地域自体を製品すなわちブランドの付与対象とみなし，ビジネスにおけるブランド研究の成果を地域マーケティングに適用することを「地域空間ブランディング」と呼び，議論を続けることにする。

2．地域空間ブランディングの特徴

▶地域空間ブランディングが求めるビジネス・ブランド論

　前節で，海外における地域ブランド論は，地域自体を製品すなわちブランドの付与対象とみなし，ビジネスにおけるブランド研究の成果を地域マーケティングに適用することを主要課題としていることを示し，これを地域空間ブランディングと名づけた。ここで問題となるのが，地域マーケティングに適用されるブランド研究とは具体的に何を指すのかという点である。第1章で述べたと

おり，ビジネスにおけるブランド研究の歴史は古く，その内容も多岐にわたる。したがって，ビジネスにおけるブランド研究の何を適用するかで，地域ブランディングの内容が大きく変わることになる。そこで，地域空間ブランディングが求めるブランド研究とは何かみてみよう。

　序章で述べたとおり，*Journal of Brand Management* で地域ブランディングの一種である国家ブランディング（nation branding）の特集号が組まれたのが 2002 年，また，地域ブランディングを主要課題となる学術雑誌 *Place Branding* が創刊されたのが 2004 年であることを考えると，海外において地域ブランド研究が本格的に始まったのは，日本と同様，2000 年に入ってからだといえる。そして，この時期，ビジネスにおいて主流を占めていたのが，ブランド・エクイティを中核とするブランド論である（Farquhar［1989］；Aaker［1991］；Keller［1993］）[7]。

　ブランド・エクイティとは，ブランドの有する資産価値のことをいうが，本来，製品に付与された識別記号にすぎないブランドが資産価値を有するのは，特定のブランドを付与することで，製品やそれに関わるマーケティング活動に対する顧客の反応が変わり，他のブランドでは得られない成果をもたらすからである（Keller［1993］）。ここに，ブランド・エクイティを中核とするブランド論，すなわちブランドを戦略的に管理し，ブランドの資産価値を高めることで，製品の持続的競争優位の確立を目指すブランド論の特徴がある。

　ここで注意しなければならないのは，ブランド・エクイティを中核とするブランド論は，単なるイメージ戦略ではないということである。ブランドおよびそれに関するプロモーションが製品に何らかの意味を付与し，それが製品の差別化を促すことは，ブランド・エクイティ概念が登場する前から指摘されていた。事実，地域ブランディングが登場する前の観光マーケティングや地域マーケティングでも，イメージ戦略の重要性は十分認識されており，Kotler et al.［1993］では第 6 章と第 7 章の 2 章を割いて地域イメージ戦略を取り上げ考察している。

　しかし，ブランド・エクイティ概念の登場により，このイメージに対する認識が一変する。すなわち，従来のブランド論では，ブランド・イメージが他のマーケティング活動に加わることで顧客の反応が変わると認識していたのに対し，ブランド・エクイティを中核とするブランド論では，ブランド・イメージ

が事前知識となり，顧客の知覚を矯正することでマーケティング活動に対する顧客の反応に影響を及ぼす（第1章図1-2参照）。そのため，たとえ同じ製品であっても，付与されるブランドによりその評価が異なり，他のブランドでは模倣困難な持続的競争優位が形成されることになる。

ここに地域空間ブランディングが求めるビジネス・ブランド論すなわちアンホルトらが主張する単なるイメージ戦略ではない高度に発展したブランド概念の地域マーケティングへの適用がある（Anholt［2005］；Ashworth and Kavaratzis［2009］；Kavaratzis［2009］）。

▶ビジネス・ブランド論の適用課題

ここで，ブランド・エクイティを中核とするブランド・マネジメントの方法を，第2章で示したブランド・マネジメント・プロセスにしたがって示しておこう。

ブランド・エクイティを中核とするブランド・マネジメントは，まずブランド・アイデンティティを設定することから始まる。ブランド・アイデンティティとは，企業が顧客の心の中に形成したいと思う理想的なブランド・イメージであり，それと同じものを顧客の心の中に形成することで，製品およびそれに関わるマーケティング活動に好影響を与え，持続的競争優位の源泉となるブランド・エクイティを獲得することができる。そして，ブランド・アイデンティティを表現するのにふさわしい名称やロゴおよびシンボルマーク等のブランド要素を選択し，コミュニケーション活動等に対する顧客への多面的な働きかけを通して，顧客の心の中に理想とするブランド・イメージを形成する。

ここで重要なのは，ブランド・アイデンティティがブランド・エクイティを中核とするブランド・マネジメントの要となっていることである。というのも，ブランド・エクイティは，顧客の心の中に形成されたブランド・イメージ（ブランドを中核的結節点とする連想の意味ネットワーク）からもたらされるものであり，ブランド・アイデンティティと同等のブランド・イメージを顧客の心の中に形成することがブランド・マネジメントの目標となるからである（Keller［1993］）。

さて，アンホルトらのいう高度なブランド概念すなわちブランド・エクイティを中核とするビジネス・ブランド論は，地域空間ブランディングにどのよう

に適用されているのだろうか。

　この点に関し，海外における地域ブランド研究のメタ分析を行ったガートナーは，*Journal of Brand Management* で国家ブランディングの特集号が組まれた2002年を地域ブランド学（研究）の誕生年と位置づけ，1990〜2000年を懐妊期，2004〜2008年を成長期とみなし，現在，地域ブランド研究は成熟期を迎えつつあるとしながらも，その理論構築はいまだ発展途上にあると指摘する (Gertner [2011])。というのも，地域ブランド研究の多くが事例紹介にとどまり，理論枠組みに依拠した概念的考察が不足していること (Hanna and Rowley [2011])，その事例紹介も，地域イメージの向上を目的とした短期的プロモーションに関するものが多く，それがブランド・エクイティを中核とするビジネス・ブランド論の適用を示すものかどうか判断しかねるからである (Martinez [2012])。事実，これまでも何人かの研究者が地域空間ブランディングのマネジメント・モデルの構築を試みているものの，いまだ支配的なものは提示されていない (Hankinson [2004]; Aitken and Campelo [2011]; Hanna and Rowley [2011])。

　しかし，研究の未熟さのみがビジネス・ブランド論の適用を妨げているわけではない。ビジネスにおけるブランディングと地域空間におけるそれとの差異すなわち地域空間ブランディングの特殊性も，ビジネス・ブランド論の適用を妨げる要因となっている。事実，地域ブランド研究者の中にも，ビジネス・ブランド論の地域マーケティングへの適用を積極的に推奨する者がいる一方，その適用に疑問を呈したり，地域マーケティングの特性に合わせてその修正を求める者も少なからず存在する[8]。そこで，以下では，ビジネス・ブランド論を地域マーケティングに適用する際に考慮すべき要因について，これまでの地域ブランド研究に基づき整理しておこう。

▶地域空間ブランディングの特徴

　地域マーケティングの特性に合わせてビジネス・ブランド論の修正を求める研究者の1人である Cozmiuc [2011] は，地域空間ブランディングとビジネス・ブランディングの違いを表3-1のように述べている。このコズミウチの比較は非常にわかりやすく，また，賛同できる部分も多いものの，地域空間ブランディングを一世代前の情緒的便益向上のためのイメージ戦略とみなしており，これを直接採用することはできない。そこで，このCozmiuc [2011] を含め，

表 3-1 地域空間ブランディングとビジネス・ブランディングの比較例

	地域空間ブランディング	ビジネス・ブランディング
提供物	目に見えないもの	製品またはサービス
属性	定義するのが困難	定義可能
便益	情緒的便益が主	機能的および情緒的便益
イメージ	複雑で曖昧	単純で明確
目的	地域イメージの向上	売上拡大・新たな関係構築
主体	曖昧で多数のステークホルダーが存在	単一主体
顧客	定義するのが困難	定義可能

出所：Cozmiuc［2011］, p. 433。

これまでの研究を参考にしながら，あらためて地域空間ブランディングの特徴を示してみよう。

(1) ブランド付与対象となる地域の多様性と多義性

地域空間ブランディングの特徴として，第1にあげられるのがブランド付与対象となる地域の多様性である。たとえば，海外の地域ブランド研究では，地域を表す言葉1つとっても，place 以外に，nation, country, region, city などさまざまな言葉が用いられており，地域ブランド研究の混乱を招く要因になっている（Hanna and Rowley［2008］）。

もちろん，地域空間ブランディングに限らず，ビジネス・ブランディングにおいてもブランドの付与対象となる製品は多岐にわたり，その内容は多様である。しかし，ビジネスの場合は，製品間の差異や分類方法に関し一定の共通認識が存在し，それを前提としたブランディングの議論ができるのに対し，地域空間ブランディングの場合は，地域間の差異がブランディングにどのような影響を及ぼすか十分に議論されておらず，地域概念の規定が曖昧なまま，研究が進められているのが実情である[9]。

また，たとえ同じ地域であっても，人々がその地域とどういう関係にあるかによって，その地域に求めるものが異なる。たとえば，その地域内の住民は日々の生活に必要なものを地域に求めるのに対し，地域外からの旅行者は日々の生活から得られない何かを，その地域に求める。しかし，地域空間ブランディングでは，多様なニーズを有する顧客を分類し，セグメントごとに対応するのは難しく，可変性（variability）のある財やサービスを，複数の主体が協力して生産し（co-production），多様な顧客に同時に消費してもらう（co-consumption）

ということで，これに対応しようとする (Hankinson [2007])[10]。

一方，ビジネスでは，異なるニーズに対して異なる製品で対応するのが一般的であり，顧客ニーズとそれを充足する製品の関係は1対1に近い。その意味で，地域間の多様性のみならず，個々の地域が有する多義性も，地域空間ブランディングの特徴とみなすことができる。

(2) ブランドとしての地域の公共性

地域空間ブランディングの第2の特徴は，ブランドとしての資質に関することである。というのも，地域ブランド研究において，「地域（名）はブランドになりうるか」という疑問が提起されていることからもわかるように，地域がブランドとしての資質を備えているかというきわめて基本的な問題が議論されているからである (Anholt [2010]；Cozmiuc [2011])。

確かに，地域名は境界を有する特定の地理的空間に付与された識別記号であり，その点において他のブランドと同じ役割を担っている。にもかかわらず，地域名をブランドとみなすことに疑問が生じるのは，識別記号としてのブランドの条件となる独占的使用権を地域名に設定できないからである（村山 [2005]；阿久津・天野 [2007]）[11]。地域名は，その地域に関わる多くの人々が使用するものであり，特定の者がその使用を独占することは他の人に不利益をもたらす。したがって，地域名は，公共の利益に反するという理由から独占的使用が認められていないのである。

ここに，地域空間ブランディングとビジネス・ブランディングの違いをみることができる。ビジネス・ブランディングの場合，その独占的使用が認められているため，ブランドに投資することで得られた利益を独占することが可能となる。一方，地域空間ブランディングでは，ブランド投資により生じた利益を独占することができず，また，他者の投資により生じた利益を対価なしに享受することができる。これは，たとえブランドに投資することが有効だと認識していたとしても，外部経済の発生により費用対効果が著しく低下するため，自ら率先してブランドに投資しようとする意欲が減少することを意味する。すなわち，地域空間ブランディングでは，ビジネス・ブランディングとは別の方法で，ブランドへの投資を促す何らかの仕掛けが必要となるのである。

(3) 地域空間ブランディング主体の多様性と不確定性

地域名に代表される識別記号として地域ブランドが，上述したような公共財

的性質を有するならば、他の公共財と同様、地方自治体などの公的機関が税金等の公的資金を投入して地域空間ブランディングを行えばよいと考える者もいるだろう。事実、青森県や仙台市のように、地域空間ブランディングに積極的に取り組む地方自治体も少なからず存在する[12]。

しかし、その数はけっして多いとはいえない[13]。その理由は、地域空間ブランディングに公的資金を投入する正当性にある。地域の公的機関が限られた資金をどの公共財に投入するかは、当然のことながら、その必要性に大きく依存する。この点において、地域空間ブランディングは、どちらかというと現状を改善するための施策であり、それをしないからといって何か問題が生じるような性質の施策ではない。また、顧客の心の中に良いブランド・イメージを形成することで生じる効果であることから、期待された成果が必ず得られるという保証もなく、公的資金の投入先としてはリスクが高いといえる。

そして、地域ブランドの公共財的性質がさらに事態を複雑にする。地域空間ブランディングは、上述したように自ら率先して関与するものではない一方、地域に関わるすべての人の共有物であるがゆえに、誰もがそれを行う権利を有している。事実、Kotler et al.［1993］が、地方自治体などの公的機関だけでなく企業や住民も地域マーケティングの主体としているのと同様に、地域空間ブランディングでも多種多様な主体がその担い手になることが指摘されている（久保田［2004］；生田ほか［2006］）。

ここで重要なのは、誰もが参加できるがゆえに複数の主体が存在し、地域空間ブランディングを行ううえで協力する必要があるにもかかわらず、誰がイニシアティブをとるか決まっていないため組織だった行動がとれないという点である[14]。ここに、企業という制度化された組織において、その任務（権利）を与えられたブランド・マネジャー（もしくは、ブランド・マネジメント・グループ）が行うビジネス・ブランディングと地域空間ブランディングの違いがある。

以上、①ブランド付与対象となる地域の多様性と多義性、②ブランドの公共財的性質、③ブランド主体の多様性と不確定性の少なくとも3つが、ビジネス・ブランディングとの比較における地域空間ブランディングの特徴としてあげられる。

3. 地域産品のブランド論──日本の地域ブランド研究の系譜

　ここまで，海外の地域ブランド研究を中心に考察してきたが，ほぼ同時期に始まった日本の地域ブランド研究は，海外のそれとは異なった展開をみせる。そこで，次に日本の地域ブランド研究についてみてみよう。

▶日本のマーケティングにおける地域への注目

　日本のマーケティング研究における地域への注目は，1970年代の「エリア・マーケティング」(area marketing) まで遡ることができる（米田［1977］；室井［1983］）。エリア・マーケティングとは，「企業の経営活動を地域という限定された環境と条件のうえで，風土性と歴史性によって培われた人びとの生活空間との統合化をはかり，地域特性を基盤としてマーケティング活動の効果と効率を追求するもの」（米田［1977］, 59頁）であり，地域的差異に注目したマーケット・セグメンテーションの一種とみなすことができる。したがって，その考え方自体はけっしてユニークなものではない[15]。

　それにもかかわらず，日本においてエリア・マーケティングが注目された背景には，当時のマス・マーケティングに対する限界や反動があったと思われる。戦後の高度経済成長の中で消費財メーカーの全国展開が進み，数多くの全国ブランド（national brand: NB）が登場する。そして，これに呼応するように，1960年代後半からチェーンストアが急速に発展し全国規模の量販店が誕生したことで，生産・流通両面における全国市場すなわち市場の画一化が進展する。

　しかし，全国市場の形成へと向かう市場拡大は，その地理的制約により限界に達し，大手消費財メーカーや量販店は，さらなる成長のための方法を模索し始める。その1つが，全国展開という画一化の過程で見過ごされてきた地域間の細かな差異への注目であり，この地域間で異なるニーズに対応することで売上をさらに伸ばそうというのがエリア・マーケティングである。このように，エリア・マーケティングは，全国展開している大手消費財メーカーや量販店が，標準化を前提としつつ地域間の差異に対応しようとするところに大きな特徴がある。

　一方，これとは逆に，地域に根ざした産業や企業が全国展開を目指す動きも

活発になる。たとえば，1979年に大分県知事だった平松守彦氏が提唱した「一村一品運動」がそれである。一村一品運動は，各市町村が特産品を1つ育てることで地域の活性化を図ることを目的としており，その後，大分県のみならず全国へと広がる（特産品流通研究会［1987］）。また，この動きは，上述した大手消費財メーカーや量販店による市場画一化に対する地方および中小企業からのアンチテーゼとみなすこともでき，地域経済政策や中小企業政策の主要手段として定着していくことになる。

▶日本における地域ブランド論の台頭

中嶋［2005］によると，日本で新聞等に「地域ブランド」という言葉が初めて登場したのは1982年だという[16]。ただし，ここでいう地域ブランドは，海外のそれと異なり，全国展開しているブランド（NB）に対する「地方ブランド」（local brand）すなわち特定地域内でのみ流通している製品を意味するものであり，市場規模の大小を別にすればNBと同じ製品ブランドだといえる。

この地方ブランドが，1980年代を通して大きく変化する。すなわち，地方ブランドの"ふるさと商品化"がそれである。1980年代，都市部を中心とする消費ブームが起こる中，地方の弱体化が進んだことで，政府は，ふるさと創生事業やリゾート法を制定し，そのテコ入れを試みる[17]。こうして，人々の関心が地方に向けられる中，民間部門でも郵便局の「ふるさと小包」などを通して地方ブランドが注目されるようになる[18]。ここでいう"ふるさと"とは，都市に対する「一般化された地方」を意味し，豊かな自然や人情，憩いの場といったイメージと結びついた一種のブランドだと，城戸は主張する（城戸［1994］）。すなわち，地方ブランドに対して，「ふるさと」という新たな意味（価値）が付与されたのである。

そして，この地方ブランドが地域ブランドと名を変え，さらに注目を集める契機となったのが，序章でも述べた「地域団体商標制度」の導入である[19]。この地域団体商標制度は，法人格を有する事業協同組合またはその他法律により設立された組合に限り，「地域名」と「一般商品（役務）名」からなる名称を商標として登録できるようにしたものであり，2006年4月に出願受付が開始され，同年10月に第一弾として52件が登録される[20]。

特定地域の中で長い年月をかけて育まれ定着した製品には，仙台味噌や堺刃

物など「地域名」と「一般商品（役務）名」で構成される名称で呼ばれるものが多数存在する。しかし，従来の商標法において，この種の名称は，出所が特定できなかったり，多くの人が使用するため公共の利益に反するという理由から，一部の例外を除き商標として認められていなかった。ところが，この種の商品が「ふるさと」商品化等により注目されたことで，偽物が出回るようになり，商標が認められないがゆえに法的に保護できないという問題が発生する。そこで，地域に根づいた製品の育成や保護を目的に導入されたのが地域団体商標制度である。こうして，ブランドの基本条件となる独占的使用権を確保できる対象が広がったことで，地域ブランドは一躍脚光を浴びることになる[21]。

　以上，日本において地域ブランドが注目されるに至る経緯についてみてきた。これをみてもわかるように，日本の地域ブランド研究の関心は，海外のそれと異なり，地域に根ざした財やサービスのブランド力を高めることで地域経済の活性化を図ることにある。もちろん，海外同様，日本にも地域空間ブランディングに関する議論は存在する（東北開発研究センター［2005］；久保田［2004］；陶山・妹尾［2006］；阿久津・天野［2007］；和田ほか［2009］）[22]。しかし，日本の地域ブランド研究者の多くは，地域空間のみならず，上述した地域産品のブランディングも地域ブランド研究の範疇としており，後者のみを地域ブランド研究とする者も少なくない[23]。

　これは，日本の地域ブランド研究の特徴が，地域空間ではなく地域産品を対象としたブランディングにあることを示している。そこで，本書では，製品を特定の地域と関連づけてブランディングすることで，その製品価値を高めようとするマーケティングを「地域産品ブランディング」と呼ぶことにする。

▶地域産品ブランディングの特徴

　次に，地域産品ブランディングの特徴を，地域空間と同様，ビジネス・ブランディングと比較しながらみてみよう。

(1) ブランド・アイデンティティの中核要素としての地域性

　地域産品ブランディングの特徴としてまずあげられるのが，特定地域との関係である。地域産品ブランディングでは，地域団体商標制度で登録された商標に代表されるように，地域名をブランド名の一部に使用するなど，当該ブランドと特定地域との関係を強調する。もちろん，ビジネス・ブランディングにお

いても，地域は，主要なブランド連想候補の1つであり，特定地域との関係を有するブランドは存在する[24]。しかし，ビジネス・ブランディングの場合，地域は複数存在するブランド連想の1つにすぎず，それをブランド・アイデンティティの中核とするものは少ない。

なお，地域産品ブランディングでは，都道府県や市町村名以外にも，「讃岐」や「丹波」といった旧国名，島や山，川，海といった特定の地域を連想させるものも，地域との関係を示す名称として使用される[25]。また，「ほうとう」（山梨県）や「大内塗」（山口県）など，地域名を冠していなくても特定地域と強く結びついたものも存在することから，特定地域との関係性をブランド・アイデンティティの中核とするものは，地域名を冠しているか否かにかかわらず，地域産品ブランディングとみなすことができる。

(2) ブランディングにおける地域性の役割

地域産品ブランディングにおいて，特定地域との関係性がブランド・アイデンティティの中核となることを示したが，地域はその中でどのような役割を担うのだろうか。

地域は，その地理的空間が直面する自然環境や，その地理的空間で形成される文化等により，他の地理的空間と異なる特性を有する。たとえば，『世界大百科事典（第2版）』は，地域を「一定の意味を有する空間的まとまりとして区画された地球表面の一部であって，その周辺の土地空間とは異なる特徴，すなわち一定の指標に則して全体として等質性（均等性）あるいは統一性といった特性が識別される範囲」と規定している。これは，地域がブランドの成立条件であるブランド（地域）間の差異性とブランド（地域）内の同質性を有していることを示している。したがって，特定の地域と結びつくことで，その地域が有するイメージを製品に付与することができるとともに，他の地域の類似製品との差別化を図ることが可能となる。

しかし，たとえブランド・アイデンティティの中核となる地域が他の地域と異なるイメージを有していても，ブランドとしてその名を冠するだけで差別化が実現するわけではない。第1章で述べたように，ブランドにリアリティをもたせるには，原材料にその地域のものを使用したり，その地域の製法にこだわったり，その地域のみで販売するなど，製品にもその地域との関連性が求められる。これは，地域ブランディングが何らかの形で地域の制約を受けることを

意味する。

　ただ，この地域がもたらす制約は悪いことだけではない。たとえば，地域が限定された原材料の使用は供給量の制約をもたらし，需要がそれを上回れば「希少性」という価値を生みだす。したがって，地域ブランディングでは，この地域制約をいかにブランド価値に変換するかがポイントとなる。

(3) 一次産品のブランディング

　地域産品ブランディングのもう1つの特徴として，ブランド付与対象に一次産品もしくはそれに少し手を加えた加工品が多い点があげられる。たとえば，城戸［1994］がふるさと商品の典型例として取り上げた大分県の一村一品運動でも，そのほとんどはその地でとれる一次産品もしくはその加工品であり，地域団体商標制度の出願状況をみても，半数近くが一次産品となっており，工業製品を大きく上回っている[26]。

　一次産品は，ビジネス・ブランドの主な付与対象である工業製品と比較して，品質が安定しないという特徴を有している。工業製品の場合，工場内の安定した環境のもとで生産が行われることや生産管理のノウハウが蓄積されているため，設計図や仕様書通りに製品をつくることが比較的容易であり，製品間の品質差はほとんど存在しない。一方，一次産品の場合は，自然環境が製品の品質に関与する割合が大きく，同じ方法で生産したとしてもなかなか品質が安定しない。

　そして，この品質のばらつきが地域産品のブランディングに大きな影響をもたらす。なぜなら，ブランドが識別記号として機能するためには，第1章で述べたとおり，製品がブランド間で異なるだけでなく，ブランド内での製品の同質性が求められるからである。たとえ同じブランドが付与されていたとしても，製品の品質が異なれば，ブランドを品質の手がかりとすることはできない。したがって，一次産品にブランドを付与する場合は，この品質の不安定性に対する何らかの対処が必要となる。ここに一次産品を付与対象とする地域産品ブランディングの特徴がある。

4. 地域ブランディングの統合モデル

▶ 2つの地域ブランド論

以上,海外および日本の地域ブランド研究を概観し,地域ブランド研究の中に地域空間ブランディングと地域産品ブランディングの2つの地域ブランド論が存在することを示した。

海外で主に議論されている地域空間ブランディングは,地域自体を製品すなわちブランド付与対象とみなし,ビジネスにおけるブランド研究の成果を地域マーケティングに適用することを目的としており,ブランドに相当する地域名に独占的使用権が設定できないなど,明らかにビジネスのそれとは異なるブランド構造を有する。一方,日本で主に議論されている地域産品ブランディングは,製品を特定の地域と関連づけてブランディングするものであり,ブランドの付与対象は基本的に私的財である。また,付与するブランドも地域団体商標制度等により一定の独占的使用権が認められるようになったため,そのブランド構造はビジネスにおけるそれに比較的近い[27]。

以上の理由から,地域ブランドの議論を,ビジネスと明らかにブランド構造が異なる地域空間ブランディングに限定しうるかというと必ずしもそうではない。なぜなら,地域空間ブランディングの直接の目標はブランドとしての地域イメージの向上であり,それだけではアンホルトのいう地域空間ブランディングの目的が達成できないからである。

海外の地域ブランド研究者の中にも同様の考えをもつ者は多く,彼らは,地域空間ブランディングを,それ自体が直接利益をもたらす製品ではなく,利益をもたらす製品を支援する企業のブランディングにたとえて議論している(Dinnie [2004a]; Kavaratzis [2005]; Dooley and Bowie [2005]; Kerr [2006]; Hankinson [2007]; Iversen and Hem [2008]; Kavaratzis [2009])。そして,地域空間ブランディングを企業のブランディングにたとえるならば,企業が提供する製品のブランディングにあたるのが日本で主に議論されている地域産品ブランディングである。すなわち,地域ブランド研究の2つのブランド論は,支援する側(地域空間ブランディング)とその支援を受けて目的を達成する側(地域産品ブランディング)という相互に関連した,1つのブランディング・システムとみ

なすことができる[28]。

そこで，以下では，地域ブランド研究の2つのブランド論をビジネスにおける企業と製品のブランディングの視点からとらえ直し，2つのブランド論の統合を試みることにしよう。

▶企業ブランディングとしての地域空間ブランディング

ブランドの一般的な定義に従うならば，企業ブランドは企業という組織に付与される識別記号を意味する。しかし，Kavaratzis [2009] は，地域空間ブランディングにおいて企業ブランディングが注目されているのは，企業ブランドが企業の識別記号だからではなく，企業レベル・マーケティング (corporate-level marketing) の中核要素だからだという。同様に，Hatch and Schultz [2003] は，企業ブランドと製品ブランドにおいて，①付与対象（企業 − 製品），②担当責任者（最高経営責任者 − マーケティング部門の中間管理職），③計画期間（長期 − 短期），④対象顧客（多様なステークホルダー − 製品購入者）といった違いがみられるとともに，企業ブランドは社会的責任を伴う哲学的なものであり，単に複数の製品ブランドを束ねたものではないと主張する。すなわち，企業ブランドは「ある組織に固有なビジネスモデルの可視的，言語的および行動的表現であり，企業のミッション，核となる価値，信念，コミュニケーション，文化および全体的なデザインを通して表現される」(Kavaratzis [2009], p. 27) コーポレート・アイデンティティなのである[29]。

そして，Kavaratzis [2009] は，これら企業レベル・マーケティングにおける企業ブランディングを分析し，地域空間ブランディングを構成するものとして，以下に示す8つの要素が必要だと指摘する。すなわち，①ビジョンと戦略 (vision and strategy)：地域の将来ビジョンの選択とその実現に向けた戦略の策定，②内部文化 (internal culture)：地域空間ブランディングを重視する文化，③地域コミュニティ (local communities)：地域空間ブランディングに関わる住民，起業家および企業の育成，④シナジー (synergies)：関係するステークホルダーの合意や支援の獲得およびステークホルダー間の調整，⑤基盤整備 (infrastructure)：地域空間ブランディングを行ううえで必要な環境整備，⑥景観 (cityscape and gateways)：地域を象徴するまたは地域空間ブランディングに影響を及ぼす景観の整備，⑦機会 (opportunities)：地域空間ブランディングの

標的となる人々や企業を惹きつけるインセンティブの提供，⑧コミュニケーション（communication）：地域空間ブランディングの標的となる人々や企業との的確なコミュニケーションがそれである。

しかし，上述した8つの構成要素をみてもわかるように，地域空間ブランディングは，アンホルトのいう地域ブランディングの目的を達成するための環境整備にとどまり，それが直接目的を達成するわけではない。地域ブランディングの目的を達成するには，企業における製品すなわち地域産品ブランディングを組み込む必要がある。

▶地域ブランディングの政策モデルと組織モデル
(1) **地域ブランディングの政策モデル**
　ここで，これまでの議論に基づき，地域ブランディングに関する主要概念を整理しておこう。
　「地域ブランド」は，特定の地理的空間に付与された地域名に代表される識別記号であり，「地域ブランディング」は，地域の経済的・社会的・政治的・文化的発展のために，ビジネスにおいて培われたブランドの知識や技法を地域マーケティングに適用することをいう。そして，地域ブランディングは，地域空間ブランディングと地域産品ブランディングの大きく2つのブランディング活動から構成される。
　「地域空間ブランディング」は，地域自体をブランドの付与対象とみなし，そのブランド力を高めることで地域ブランディングの目的，すなわち当該地域の経済的・社会的・政治的・文化的発展を支援する活動であり，具体的には「地域ビジョンの策定」と「地域基盤の整備」の2つから構成される。そして，目的の違いから，後者の地域基盤の整備は，地域産品ブランディングを支援する「地域産品のブランディング基盤」と，地域空間・地域産品を問わず地域ブランディング主体の育成および彼らの関係構築を支援する「地域ブランディング主体の育成・関係構築基盤」の2つに分けられる。先ほど述べたKavaratzis[2009]の地域空間ブランディングに関する8つの構成要素をこの分類に当てはめるならば，①が地域ビジョンの策定，②③④が地域ブランディング主体の育成・関係構築基盤の整備，⑥⑦⑧が地域産品のブランディング基盤の整備，そして，⑤がその両方の地域基盤の整備に該当する[30]。

図 3-2　地域ブランディングの政策モデル

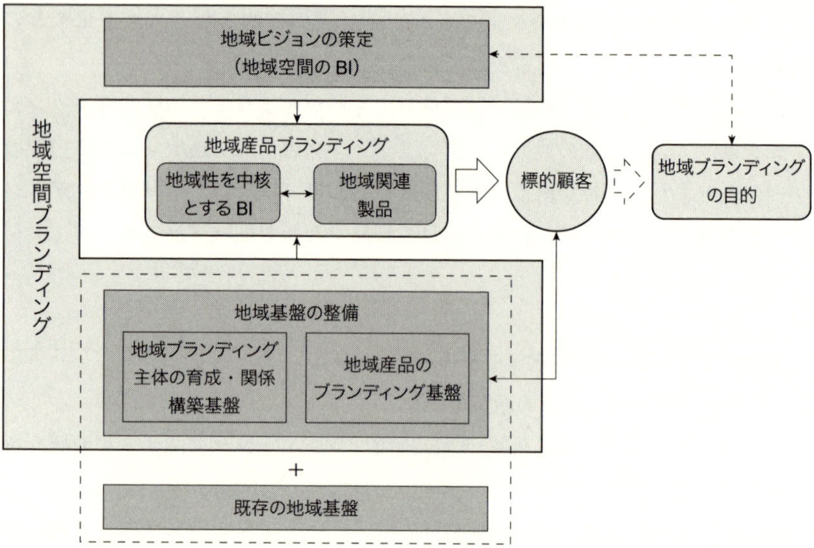

注：BI＝ブランド・アイデンティティの略。
出所：小林［2014］，153 頁を一部修正。

　一方，「地域産品ブランディング」は，製品を特定の地域と関連づけてブランディングすることで，その製品の価値を高め，地域の経済的・社会的・政治的・文化的発展に直接寄与する活動を指す。したがって，地域産品ブランディングは，地域空間ブランディングにおいて策定された地域ビジョンの影響を強く受けるとともに，その地域ビジョンを実現するために整備された地域基盤を有効に活用できるかどうかで，その成果が大きく左右されることになる。
　ここに，地域ブランディングにおける地域空間ブランディングと地域産品ブランディングの補完関係が存在し，両者は役割こそ異なるものの，地域ブランディングという同じ目的を目指すものとして有機的に結びつく[31]。
　また，この統合モデルは，地域ビジョンという地域の理想的な姿，すなわち地域空間のブランド・アイデンティティを設定し，それを標的顧客となるさまざまなステークホルダーの心の中に移転することで，地域産品のマーケティング成果を高めようとするものであり，今日のブランド・エクイティを中核とするブランド・マネジメントに沿ったモデルだといえる。そこで，本書では，こ

の統合モデルを，ブランド・マネジメントの政策的観点から地域ブランディングをとらえるという意味で「地域ブランディングの政策モデル」と呼ぶことにする（図3-2）。

(2) 地域ブランディングの組織モデル

ところで，上述した政策モデルにおいて，地域空間ブランディングと地域産品ブランディングを統合したものの，これだけで地域ブランディングの全体像をとらえることはできない。なぜなら，本章で議論した地域ブランディングの特徴がこの政策モデルの中に十分に反映されていないからである。

すでに議論したとおり，地域空間ブランディングは，①ブランド付与対象となる地域の多様性と多義性，②ブランドとしての地域の公共性，③地域空間ブランディング主体の多様性と不確定性といった特徴を有している。そして，これらの特徴は，地域ブランディングに複数のブランディング主体が介在するにもかかわらず，ビジネス・ブランディングのように，彼らを有機的に結びつけ全体最適を図る仕組みが存在しないという組織的な問題を有することを示している[32]。

これは，地域空間ブランディングに地域産品ブランディングを組み込んだ政策モデルでも同じである。確かに，地域産品ブランディングは，ビジネス・ブランディングと同様，特定の組織が単独で行うものも多く，その意味では上述した組織的な問題は少ない。しかし，政策モデルが示すように，地域産品ブランディングは，地域ブランディングの一部にすぎず，地域ブランディング主体の1つとして，他の地域ブランディング主体との有機的な連携が求められる。

図3-3は，このような地域ブランディングの組織的な特性を図示したものである。ここでも，企業という制度化された組織において，完全とはいえないながら，共通の目的のもと互いの活動が有機的に結びつき調整されるビジネス・ブランディングと，地域ブランディングの違いをみることができる。そこで，本書では，図3-3をブランド・マネジメントの組織的な観点から地域ブランディングをとらえるという意味で「地域ブランディングの組織モデル」と呼ぶことにする。

図 3-3　地域ブランディングの組織モデル

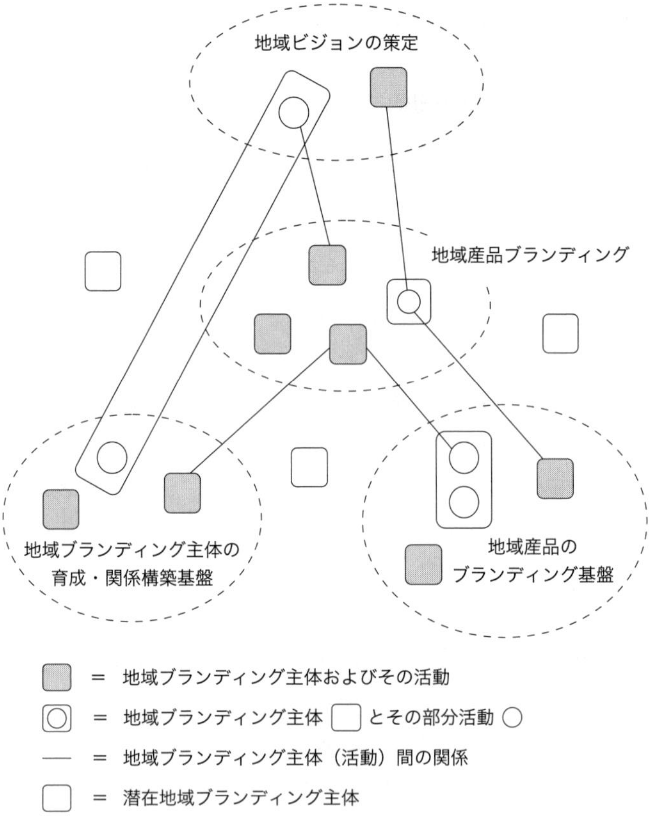

■ ＝ 地域ブランディング主体およびその活動
◎ ＝ 地域ブランディング主体 □ とその部分活動 ○
— ＝ 地域ブランディング主体（活動）間の関係
□ ＝ 潜在地域ブランディング主体

出所：小林［2014］，155 頁を一部修正。

結　び

　本章では，最初に海外における地域ブランド研究を概観し，地域ブランディングが特定地域の経済的・社会的・政治的・文化的発展のためにビジネスにおいて培われたブランドの知識や技法を地域マーケティングに適用することを目的としていることを示した。これは，地域ブランディングが新たな地域マーケティングすなわち地域マーケティングの発展形であることを意味している。また，地域ブランディングは，ビジネスにおいて培われたブランドの知識や技法の適用を目指していることから，先行するビジネス・ブランディングの応用領

域として位置づけることができる。

　だからといって，ビジネスにおけるブランドの知識や技法が，そのまますべて地域ブランディングに移転できるわけではない。なぜなら，地域ブランディングは，ビジネス・ブランディングにはない特徴をいくつか有しているからである。たとえば，地域ブランディングのブランド要素である地域名は公共性を有しており，ビジネス・ブランディングの基本条件となる独占的使用権を設定することができない。また，ブランドの付与対象となる地域も，異なるニーズへの同時対応が求められるため，セグメントごとにニーズを分割し，異なる製品やマーケティング活動によってそれに対応するというビジネス・ブランディングの一般的な手法を適用することはできない。

　そして，地域ブランド研究者は，この地域ブランディングの特徴が，ビジネス・ブランディングの地域ブランディングへの適用を難しくし，地域ブランディングの発展を妨げる要因になっていると指摘する。したがって，地域ブランド研究を進展させるには，上述した地域ブランディングの基本特性も含め，ビジネス・ブランディングと地域ブランディングとの違いに注目しながら，ビジネスにおいて培われたブランドの知識や技法の何が適用できるのか，もし適用できないならば，新たにどのようなブランディングが必要か議論する必要がある。

　また，本章では，日本における地域ブランド研究も概観し，海外におけるそれと異なる展開がみられることを示した。すなわち，海外の地域ブランド研究が，地域空間自体をブランドの付与対象とみなし，ビジネスにおけるブランド研究の成果を適用しようとするのに対し，日本における地域ブランド研究の多くは，特定地域が生み出すモノやサービスをブランド付与対象とし，これらを地域と関連づけてブランディングすることで，その製品価値を高めることを目的としているのである。

　この地域産品ブランディングは，そのブランド構造がビジネス・ブランディングのそれと類似しており，ブランド構造が明らかに異なる地域空間ブランディングよりも，ビジネス・ブランディングの知識や技法の適用は容易だといえる。しかし，特定地域との関係性をブランド・アイデンティティの中核とすることや，地域との関係性に基づく制約，ブランド付与対象としての一次産品の多さなど，通常のビジネス・ブランディングと異なる特性を有するのもまた事

実である。

　以上の議論は，地域ブランド研究の名のもとに2つの異なる地域ブランド論が存在することを意味する。もちろん，2つの地域ブランド論が存在することは，すでに多くの研究者が指摘しており，そのこと自体は新たな発見ではない。しかし，両者の違いを明確にし，その関係について議論したものは少なく，これら2つのブランド論をどう扱うかが，地域ブランド研究を行ううえでまず解決すべき課題としてあげられる。

　そこで，本章では，これら2つのブランド論を関連づけて分析しうる枠組みとして統合モデルの構築を試みた。すなわち，海外で主に議論されている地域ブランド論を地域空間ブランディング，日本で主に議論されている地域ブランド論を地域産品ブランディングとし，両者をビジネスにおける企業ブランディングと製品ブランディングに置き換えることで統合を図ったのである。この地域ブランディングの政策モデルにより，地域空間ブランディングの手段と目的とのミッシング・リンクが解消されるとともに，地域産品ブランディングを地域空間ブランディングと関連づけることで，地域ブランディングにおける地域産品ブランディングの役割がより明確になったといえる。

　しかし，これだけで地域ブランディングを語るのは不十分である。なぜなら，地域ブランディングは，その方法のみならず，それを実践する組織体制も，ビジネスのそれと大きく異なるからである。たとえば，地域ブランディングは，単独で行うことができず，複数の地域ブランディング主体が関与するにもかかわらず，必要な要素（主体）がすべて揃っているとは限らない。また，たとえ揃っていたとしても，ビジネス・ブランディングのように，地域ブランディング主体間に共通目標や相互調整機能が存在するとは限らず，自らパートナーを見つけ出し，相互に関係を構築しながら地域ブランディングを行う必要がある。そこで本章では，地域ブランディングの政策モデルの他に，地域ブランディングの組織モデルも提示した。

　以上，地域ブランディングは，政策的側面のみならず組織的側面においてもビジネス・ブランディングと異なる特徴を有している。そこで，次章以降では，これら2つの特徴を示した地域ブランディングの政策モデルと組織モデルを分析視角とし，具体的な事例に基づき，地域ブランディングの主要課題について考察することにする。

注
1 本章は、小林［2014］を加筆修正したものである。
2 観光マーケティングの定義は、必ずしも確定しておらず論者によってまちまちだが、本章では、その中で具体的かつ最大公約数的なものを定義として採用した。なお、観光マーケティングのその他の定義に関しては、西脇［1996］および塙［2007］等を参照。
3 観光マーケティングにおいて「目的地」という概念が登場するのは、1970年代に入ってからである（Pike［2002］）。
4 本章では、Lumsdon［1997］の考え方に基づき目的地を規定しているが、観光マーケティング自体の定義と同様、目的地に関してもさまざまな定義が存在する。なお、観光学における目的地概念の詳細な検討に関しては、真田［2006］等を参照。
5 地域財政に関するデータは、Standerd & Poor'sが調査し1991年に公表されたものである（Kotler et al.［1993］, p. 1）。
6 海外において、地域ブランド（place brand）という言葉を用いる場合は、その後にmanagementやidentityといった言葉が続くことが多く、place brandを単独で用いることは少ない。
7 ブランド・エクイティ概念の詳しい説明に関しては第1章第3節を参照。
8 前者の研究者として、Kotler and Gertner［2002］, Dinnie［2004a］, Ashworth and Kavaratzis［2009］, Kaplan et al.［2010］等が、後者の研究者としてParkerson and Saunders［2005］, Freire［2005］, Blichfeldt［2005］, Cozmiuc［2011］等があげられる。
9 Caldwell and Freire［2004］など、地域間の差異が地域ブランディングに及ぼす影響に関する研究がまったくないわけではないが、その数はきわめて少なく、いまだ十分に議論されていないのが実情である。
10 Hankinson［2007］は、本論で述べた3つの特性の他に、地域境界の法的定義（legal definition of place boundaries）、管理の重複性（administrative overlap）、そして、政治的説明責任（political accountability）を加えた6つを地域ブランディングの特徴としてあげている。
11 ここでの議論は、地域空間ブランディングの場合であり、次節で述べる地域産品ブランディングでは、識別記号のタイプにもよるが、ブランドの独占的使用権が設定できる場合が多い。
12 青森県や仙台市の地域空間ブランディングの取り組みに関しては序章を参照。
13 富士通総研の調査によると、2005年11月時点で、すべての都道府県が地域産品ブランディングに取り組んでいるのに対し、地域空間ブランディングに取り組んでいる都道府県は、検討中のものも含め47都道府県中9地域とかなり少なくなっている（生田ほか［2006］）。
14 久保田［2004］は、地域空間ブランディング主体を、中核メンバー、主要メンバー、周辺メンバーの3つに分類してマネジメント問題を議論しているが、この分類自体は理論的に意味があるものの、各々のタイプとして例示している自治体・地域の振興会（＝中核メンバー）、特産品メーカー・商店主（＝主要メンバー）、一般企業・一般住民（＝周辺メンバー）という説明は誤解を招く危険性がある。というのは、第8章で取り上げる富士宮やきそば学会のように、市民団体が中核メンバーとなり、自治体が周辺メンバーになる可能性もあるからである。したがって、ここで重視すべきは、複数の主体が存在すること、そして、誰もがイニシアティブをとろうとしないがゆえに誰でもイニシアティブをとれる可能性があること、すなわち地域空間ブランディングの主体および主体間の構造が不確定であるということである。
15 地域性はマーケット・セグメンテーション変数の1つであり、海外では特定市場向けマーケティングの一種として扱われるのが一般である。そのため、エリア・マーケティングという言い方は存在せず、日本独自の表現だといえる。
16 「日経テレコン21」の日経4紙（『日本経済新聞』、『日経産業新聞』、『日経流通新聞』〔日経MJ〕、『日経金融新聞』〔日経ヴェリタス〕）を対象とした調査。

17 「ふるさと創生事業」は，1988年から1989年に実施された公共事業で，その内容は地方交付税として地方村に一律1億円を交付し，その使途に関して国は関与しないというもの。当時の首相竹下登の発案で，「自ら考え自ら行う地域づくり事業」がその正式名称である。また，リゾート法（正式名称「総合保養地域整備法」）は，リゾート産業の振興と国民経済の均衡的発展のため，多様な余暇活動が楽しめる場を総合的に整備することを目的に1987年に制定された法律である。

18 ちなみに，ふるさと小包が始まったのは1983年である。

19 地域団体商標制度が施行されたのは2006年だが，地域ブランドの保護育成に関しては，2003年5月に内閣に設置された知的財産戦略本部の重要課題の1つにあげられており，2000年代初頭からすでに注目されていた。

20 ちなみに，2015年12月31日現在での地域団体商標の登録件数は587件（国外の3件を含む）。なお，2014年8から登録主体の制限が緩和され，従来の団体に加え，設立根拠法において加入の自由が認められている商工会，商工会議所，特定非営利活動法人（NPO法人）も申請できるようになった。

21 また，序章で述べたとおり，地域団体商標制度に先立ち，中小企業庁が2004年に創設した「JAPANブランド育成支援事業」も，地域ブランドが注目されるようになった要因の1つにあげられる。

22 陶山・妹尾は，日本でも地域空間ブランディングに対する関心が高まっているとし，その背景として，①1988年の竹下内閣時に「ふるさとづくり特別対策事業」および「自ら考え自ら行う地域づくり事業」の2つの柱からなる「ふるさと創生事業」が始まり，地域の魅力発見や魅力開発が全国的な規模で展開されたこと，②1990年代に入って「官から民へ」「国から地方へ」というスローガンのもと，行政改革の一環として地方分権の推進が叫ばれたこと，③地方分権の担い手となる基礎自治体にふさわしい行財政基盤を確立することを目的とした「市町村の合併の特例に関する法律（「旧合併特例法」）に基づき，1999年から2005年にかけて市町村の合併が相次いだことで，地域のアイデンティティが見直されたこと，④2001年6月に閣議決定された「今後の経済財政運営及び経済社会の構造改革に関する基本方針」（骨太の方針）において，地方の個性ある活性化やまちづくり，都市の再生によるその魅力と国際競争力の向上がうたわれたことの4つをあげている（陶山・妹尾［2006］，17-20頁）。

23 地域空間ブランディングと地域産品ブランディングの両方を地域ブランド研究とみなす研究として，青木［2004］，内田［2004］，中嶋［2005］，生田ほか［2006］，村山［2007］等があげられる。また，内閣に設置された知的財産戦略本部コンテンツ専門委員会の日本ブランド・ワーキンググループにおいて，経済産業省は，地域ブランド化を「地域発の商品・サービスのブランド化と地域イメージのブランド化を結びつけ，好循環を生み出し，地域外の資金・人材を呼び込むという持続的な地域経済の活性化を図ること」としており，地域空間ブランディングと地域産品ブランディングの両方が含まれている（https://www.kantei.go.jp/jp/singi/titeki2/tyousakai/contents/brand1/1siryou5.pdf［2015-10-1参照］）。ただし，序章で示した「地域ブランド」をタイトルに含む論文では，地域産品ブランディングをテーマとするものが大多数を占めており，日本では，地域産品ブランディングが地域ブランド研究の主流となっている。

24 アーカーは，11の代表的なブランド連想の1つとして，「国および地理的空間」（country/geographic area）をあげている（Aaker［1991］訳，174-175頁）。

25 地名の考え方については，産業構造審議会知的財産政策部会［2005］の意見を参考にしている。

26 2013年3月末までの累積出願数1035件のうち，農水産一次産品は479件（46%），陶器などの工業製品の252件（24%）を大きく上回っている。なお，これら2つ以外の産品別内訳は以下

のとおり。加工食品 138 件（13%），菓子 33 件（3%），麺類 37 件（4%），酒類 20 件（2%），温泉 49 件（5%），その他 27 件（3%）。(http://www.jpo.go.jp/shiryou/toushin/nenji/nenpou2013/honpen/3-4.pdf［2015-10-1 参照］）また，農林水産物の地域ブランド化に関する研究も早くからなされている（農林水産省構造改善局構造事業課［1990］）。

27　もちろん，これは，地域産品ブランディングのブランド構造がビジネスのそれとまったく同じであることを意味するものではない。本章で示したように，地域産品ブランディングは，ビジネス・ブランディングと異なる特徴を有しており，そのすべてをビジネス・ブランディングに還元できるとは必ずしも限らない。

28　海外の研究者の中にも，以上の視点に立ち地域産品ブランディングに言及している者がわずかだが存在する（Dooley and Bowie［2005］；Iversen and Hem［2008］）。

29　このカバラチスの企業ブランドの定義は，Knox and Bickerton［2003］と Simões and Dibb［2001］に基づき作成されたものである。

30　⑦⑧は，地域空間ブランディングの標的顧客に向けた活動だが，その結果得られた地域の知名度やイメージの向上が地域産品ブランディングに活用できることから，これらを地域産品のブランディング基盤に分類した。また，Kavaratzis［2009］のいう⑤の「基盤整備」には，地域マーケティング主体の育成や関係構築支援と地域産品のブランディング支援の両方が含まれることから，あえてどちらかに分類せず，両方の地域基盤に関わるものとした。

31　この統合モデルは，青木［2004］が提示した「地域ブランド構築の基本構図」と表現は異なるものの類似した構造になっている。青木は，地域ブランド研究の初期の段階で，地域空間（青木の表現では「地域全体」）のブランディングを企業ブランディング，地域産品（青木の表現では「地域資源」）のブランディングを製品ブランディングとみなし，企業ブランドと製品ブランドの関係として両者を論じている。本書の統合モデルが青木［2004］以降の研究成果も踏まえて導き出されたことを考えると，その先見性は高く評価できるといえよう。

32　Kavaratzis［2009］は，本文で示した地域空間ブランディングの 8 つの要請要素を示した後，地域空間ブランディングを成功させるには，これらすべての要素に関わる綿密な調査分析と強力なリーダーシップが必要であると主張する。これは，地域空間ブランディングに必要な組織すなわち活動を統合的にマネジメントする仕組みが希薄もしくは存在しないことを示唆している。

第II部
事例編

第4章　地域ブランドの付与条件────事例：あきたこまち
第5章　地域ブランドの製品選定────事例：仙台牛たん焼き
第6章　地域ブランドの市場選択────事例：関あじ・関さば
第7章　地域ブランドのダイナミズム────事例：大阪産（もん）
第8章　地域ブランド資源としての地域産品────事例：富士宮やきそば学会
第9章　地域ブランドのマネジメント────事例：食の都・大阪推進会議
第10章　地域ブランドの競争と共創────事例：B-1グランプリ

第4章 地域ブランドの付与条件
―― 事例：あきたこまち ――

はじめに

　本章は，地域ブランディングの政策モデルにおける地域産品ブランディングについて，とくに地域産品のブランド付与問題に焦点を当てながら考察する。

　第3章で述べたとおり，地域産品ブランディングの特徴は，製品を特定の地域と関連づけることで，その製品価値を高めることにある。しかし，地域産品にとって"地域性"は，多くのブランド連想の1つにすぎず，必ずしもブランド・アイデンティティの中核とする必要はない。したがって，地域産品ブランディングでは，地域産品に地域ブランドを付与するか，すなわち地域性をブランド・アイデンティティの中核とするか否かが大きな課題となる。

　ところで，ブランドにおいて地域性を活用しようとする動きは，地域ブランドに限らず，ビジネス・ブランドにおいても存在する。ブランドの原産国（地）すなわちカントリー・オブ・オリジンがそれである。ビジネス・ブランドにおいて，このカントリー・オブ・オリジンが注目されるようになったのは古く，1960年代にはそれに関わる研究が登場する。

　そこで，本章では，地域産品ブランディングの一例として「あきたこまち」のブランド確立期を取り上げ，ビジネス・ブランドにおけるカントリー・オブ・オリジン研究を参考にしながら，地域産品に地域ブランドを付与することでどのような利点が得られるのか，また，それを享受するにはどうしたらよいか考察する。

1. 事例：あきたこまち[1]

▶米ブランドの歴史

「あきたこまち」の話に入る前に，米ブランドの歴史について簡単に触れておこう。日本における米ブランドの歴史は古く，江戸時代にはすでに「讃岐米」や「近江米」といった国（地域）の名前を冠したブランドが存在していたという[2]。そして，明治に入り廃藩置県が実施され，米の流通が広域化するに伴い，府県名や郡名を冠した米が市場に出回るようになる[3]。この生産地を冠した米は，一般に「産地銘柄」と呼ばれており，米のブランド付与としてはもっとも古いものだといえる[4]。しかし，これらのブランドは，1939年に米穀配給統制法が施行され米取引が停止したのに伴い，いったん消滅することになる。

そして，1969年，米ブランドが再び登場する。第二次世界大戦後しばらくの間はブランドどころではなかったが，需給関係が逆転し供給過剰になったことで様相が一変する。政府が供給過剰を解消するため，それまでの全量買い取りから一部自らの責任のもと販売する自主流通米制度を導入したのである[5]。米ブランドは，この自主流通米で復活する。良味米として高い評価を受けながら，政府米ゆえに他の米と同じように扱われていた「コシヒカリ」や「ササニシキ」がそれである[6]。

その後，この2大ブランドが米市場を牽引することになるが，1980年代に入り，この2大ブランドを脅かすブランドが次々登場し，人々の注目を再び集めるようになる。そして，この米ブランド・ブームの口火を切ったのが「あきたこまち」である[7]。

▶「あきたこまち」の誕生
(1) 誕生の経緯

「あきたこまち」は，秋田県農業試験場が育成した品種であり，1984年，秋田県の推奨品種に採用された。この新品種は，良味米として定評のあるコシヒカリと，いもち病に強く寒冷地栽培に適した奥羽292号を親とし，コシヒカリ並みの味の良さと栽培のしやすさを特徴とする（表4-1参照）。米の主要産地でありながら独自の良味米をもたなかった秋田県にとって，「あきたこまち」は

表 4-1 あきたこまちの概要

○育成年：1984 年
○育成地：秋田県農業試験場
○系統名：秋田 31 号
○系　譜：コシヒカリ×奥羽 292 号
○特　徴：①品　質：光沢が良く，胴割れの発生も少ない　特に腹白がないのが特徴
②食　味：食味はコシヒカリ型で粘りの強い味
③収　穫：極めて多収とは言えないが安定している
④熟　期：早生種の晩
⑤耐冷性：冷害に強く，高冷地を除く平用地で好成績
⑥耐障害：白葉枯病以外は強い
⑦倒　状：わらの長さは中位でやや太いが強度は不十分

出所：秋田県経済連パンフレット『美人を育てる秋田米（平成10年版）』より抜粋。

待望の良味米誕生だった。

　この「あきたこまち」の育種は1975年まで遡る。将来大幅な減反政策が実施されると予想した秋田県農業協同組合中央会が，良質の自主流通米の育種を目的とする水稲育種事業の実施を県に申請し，1975年，その実施が決定される[8]。翌1976年から秋田県農業試験場にて本格的な育種が始まり，後に「あきたこまち」となる新品種の系統選抜が開始されたのが1978年。1982年には，2群12系統栽培した中から1系統選抜し，県内17か所で現地試験を行うまでに至る。そして，1984年，県農作物品種対策協議会で，この新品種を「あきたこまち」と命名し，県の推奨品種とすることが決定される。「あきたこまち」の誕生である。

(2)「あきたこまち」の命名

　秋田県農業試験場が育成した品種の名前は，県の農業関係者が用意した候補案の中から知事が1つ選び，それを県農作物品種対策協議会が承認するという形で決定される[9]。

　新品種の命名に際し，知事に示された候補案は表4–2の5つ。その中で，知事が当初選んだのは「あきたこまち」ではなく「あきこまち」だった。その理由は，以下のとおりである。まず，ソフトなイメージをもたせるためひらがなとすることと，郷土の秋田県雄勝町（現在の湯沢市）で生まれたとされ，平安時代の美女として全国的に知られている小野小町にあやかり「こまち」の名を

表4-2 あきたこまちのネーミング候補

候補名	別称（または別字）
あきたわせ	秋田早生
あきはなみ	秋穂波
あきみよし	秋味良（三吉）
あきたこまち	秋田小町
あきこまち	秋小町

出所：秋田県農業試験場「あきたこまち」育成グループ [1992]，32頁。

入れることを決め，5つの中から「あきたこまち」と「あきこまち」を選択。そして，「あきた（秋田）」という産地をイメージさせる名前は，新品種を全国展開する際の障害になりうることと，5文字のほうが語感が良いというのが，「あきたこまち」ではなく「あきこまち」を選んだ理由だった（読売新聞秋田支局 [1989]，24頁）。

しかし，これを知った秋田県経済農業協同組合連合会（現JA全農あきた。以降，秋田県経済連）は，知事が選んだ最終候補案に異を唱える。米の銘柄には，「アキヒカリ」「アキユタカ」「アキニシキ」などカタカナとひらがな表記の差はあるものの「アキ（秋）」を使用したものが多数存在し，せっかくの良味米がこれらに埋もれて目立たなくなるというのがその理由だった[10]。そして，もう1つ秋田県が育成したリンゴ「千秋（せんしゅう）」に対する苦い経験も，「あきこまち」に反対した理由の1つにあげられる。

秋田県果樹試験場で育成された「千秋」は，適度の酸味と果汁の多さ，歯触りの良さが特徴で，「ふじ」の早生ものとして人気がある。しかし，誕生から10年経った1988年の秋田県の栽培面積が301haなのに対し，長野県のそれは400haと秋田県を上回り，「千秋といえば長野」というイメージが定着してしまった。「千秋」という名前は，秋田県民にとって馴染みのある秋田市の千秋公園（久保田城跡）からとったものだが，リンゴが秋の味覚であることを考えると，全国のどこで作っても違和感のない名前であり，「あきこまち」もこれと同じ途を辿るのではないかと危惧したのである（読売新聞秋田支局 [1989]，24-25頁）。

そこで，県議として知事と親交のあった農協5連会長（当時）の佐藤秀一氏（以下，敬称略）が，知事に会って説得を試み，県農作物品種対策協議会におい

第4章 地域ブランドの付与条件 107

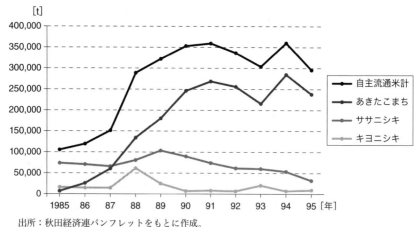

図 4-1　秋田県の自主流通米の品種別出荷実績（1985 〜 1995 年）

出所：秋田経済連パンフレットをもとに作成。

て，新品種の名称を「あきたこまち」とすることが満場一致で採択されたのである[11]。

(3) 全国ブランドへの飛躍

1984 年に秋田県の推奨品種に採用され，1985 年から本格生産に入った「あきたこまち」は，その後，急速に出荷数を伸ばし，4 年後の 1988 年にはササニシキを上回り，自主流通米で 1 位となる（図 4-1 参照）[12]。また，政府米の格付けでも異例の早さで昇格し，1985 年に新品種として 3 類に格付けされた「あきたこまち（秋田県産）」は，1987 年に 2 類，1990 年に 1 類に昇格する[13]。

また，「あきたこまち」は，その人気により県内にとどまらず全国各地で作付けされるようになる。1989 年には 22 都道府県が「あきたこまち」を栽培。その後，一度減少するものの 1997 年には 21 県と再び増加する[14]。作付面積もこれに呼応するかたちで伸びており，1988 年にトップ 10 入りし，1997 年には全国 2 位になるまで作付面積を増やしている（表 4-3 参照）。

▶「あきたこまち」のブランディング
(1)「あきたこまち」の成功要因

上述したように，1984 年に誕生した「あきたこまち」は，発売直後から売上を伸ばし，戦後の自主流通米市場を牽引してきたコシヒカリやササニシキと

表4-3　品種別全国作付面積（1997年）

順位	品種名	作付面積（ha）	作付比率(%)
1位	コシヒカリ	543,300	31.5
2位	あきたこまち	137,100	7.9
3位	ひとめぼれ	125,600	7.3
4位	ヒノヒカリ	124,200	7.2
5位	きらら397	91,800	5.3
6位	ササニシキ	60,500	3.5
7位	キヌヒカリ	53,900	3.1
8位	日本晴	49,300	2.9
9位	むつほまれ	44,500	2.6
10位	はえぬき	32,600	1.9
	10品種計	1,262,800	73.2
	総作付面積	1,726,500	100.0

出所：「米穀の品種別作付状況」瑞穂協会。

肩を並べるまでに至った。事実，1992年に実施された『日経流通新聞』（現『日経MJ』）の全国主要米飯店に対する調査において，「あきたこまち」（秋田県産）はササニシキ（宮城県産）を抜き全売れ筋2位になっている（表4-4）。

この『日経流通新聞』の調査によると，「あきたこまち」が消費者に支持されている理由は，1位「ネーミング」，2位「知名度」，3位「美味しさ」にあるという。そこで，これら3点に注目して「あきたこまち」の成功理由を探ってみよう。

①**ネーミングの良さ**：「あきたこまち」が成功した第1の理由は，その名前のユニークさにある。当時，主要な自主流通米はカタカナか漢字で，ひらがなを使用したものはほとんどなかった[15]。また，米の品種名は，相撲の力士を連想させるような男性的なものが多く，「あきたこまち」のような女性的なものは珍しく，ひらがなの使用とともに他の米との差別化ポイントになっている。秋田県経済連東京事務所が首都圏を対象に行った調査（回答数580）でも，名前が「親しみやすい」（35.4%），「しゃれている」（31.4%），「覚えやすい」（22.7%）という意見が多数寄せられており，「あきたこまち」のネーミングが高く評価されていることがわかる（読売新聞秋田支局［1989］，25頁）。

②**美味しさ（製品の良さ）**：「あきたこまち」の成功要因として忘れてならないのが，その美味しさすなわち製品の良さである。これまで，東北地方の良味

表 4-4 米の全国売れ筋トップ 10（1992 年）

順位	銘柄（産地）	総合得点	売れ行きが良い理由（対総合得点比率）			平均価格（円）
			第1の理由	第2の理由	第3の理由	
1	コシヒカリ（新潟）	1,663	・美味しい(87.4)	・知名度(74.0)	・希少価値(14.9)	3,212
2	あきたこまち（秋田）	1,144	・ネーミング(80.0)	・知名度(59.2)	・美味しい(49.8)	2,808
3	ササニシキ（宮城）	591	・知名度(75.0)	・美味しい(50.4)	・値ごろ感(28.9)	2,824
4	きらら397（北海道）	445	・ネーミング(57.8)	・知名度(47.4)	・値ごろ感(47.0)	2,395
5	コシヒカリ（富山）	257	・美味しい(68.1)	・知名度(65.0)	・値ごろ感(34.2)	3,012
6	ササニシキ（山形庄内）	156	・知名度(76.3)	・美味しい(41.0)	・値ごろ感(32.7)	2,795
7	コシヒカリ（福島）	144	・美味しい(94.4)	・知名度(56.3)	・値ごろ感(44.4)	2,914
8	ひとめぼれ（宮城）	108	・希少価値(68.5)	・ネーミング(63.9)	・宣伝広告(59.3)	2,713
9	ミネアサヒ（福岡）	99	・宣伝広告(42.4)	・美味しい(37.4)	・知名度(36.4)	2,648
10	ゆきひかり（北海道）	96	・低価格(60.4)	・値ごろ感(44.8)	・知名度(27.1)	2,188

注1：「平均価格」は，5kg の各店の販売価格を単純平均したもの。
 2：調査期間：1991 年 12 月中旬から 1992 年 1 月下旬。
 3：調査対象：北海道，東京，神奈川，愛知，大阪，福岡の 6 都道府県にある有力米飯店 2860 店を対象とし，有効回答数は 431 店。
 4：調査内容：各銘柄の総合得点は，各小売店にもっともよく売れている上位 5 銘柄あげてもらい，1 位 5 点，2 位 4 点，3 位 3 点，4 位 2 点，5 位 1 点の割合でウェイト付けして集計。また，売れ行きが良い理由は，「食べてみて本当においしい（表中＝美味しい）」「ネーミングがよい（＝ネーミング）」「品種名が浸透している（＝知名度）」「価格に値ごろ感がある（＝値ごろ感）」「価格がとにかく安い（＝低価格）」「生産者の宣伝広告がうまい（＝宣伝広告）」「生産量が少なく希少価値が高い（＝希少価値）」「有機・低農薬栽培で安全性が高い（＝安全性）」などの選択肢から複数選び，それを「売れ筋」と同様 1 位 5 点〜 5 位 1 点でウェイト付けしたものを総合得点で割り表示。
 5：複数銘柄をブレンドして販売している場合（ブレンド米）でも，単一産地品種の含まれる比率が 50% を超えるものは単一銘柄として扱っている。
出所：『日経流通新聞』 1992 年 2 月 15 日より抜粋。

品種はすべてササニシキあるいはそれを引き継ぐもので，最良の良味米とされるコシヒカリを親とするものは「あきたこまち」が初めてだった[16]。コシヒカリを親にもつこと，これが良味米である理由だが，その味の良さを証明し，世間に広く知らしめたのが，日本米穀物検査協会が行っている食味試験である[17]。1984 年産の「あきたこまち」が初めて食味試験を受けたときの総合評価は 0.994。この数値は 10 人中 9 人が基準米より「あきたこまち」のほうが美味しいと評価したことを示している。味覚には個人差があり，食味が優れているといわれる新潟県産コシヒカリや宮城県産ササニシキでも，通常，0.6 〜 0.7 の評価しか得られないことを考えると，異例に高い評価であることがわかる[18]。この食味試験の結果が評判となり，「あきたこまち」は市場で本格的に販売さ

れる前に"幻の米"として関係者の注目を集めることになる。

　③**知名度の高さ**：幻の米としての「あきたこまち」の評判は，関係者にとどまらず一般消費者まで広がる。その際，大きな役割を担ったのがマスメディアである。1986年，フジテレビが情報番組の中で「あきたこまち」を取り上げ，1987年には，『週刊プレイボーイ』や『週刊文春』といった一般誌でも「あきたこまち」が取り上げられるようになる[19]。

　以上，コシヒカリを親とする新品種，食味試験での高評価，今までにないネーミングというニュースバリューをもった「あきたこまち」は，人々の関心を集め，一種の社会現象とでもいうべきブームを生み出す。その結果，秋田県の奨励品種に採用された1985年産の収穫量が1万7262tだったのに対し，その3倍以上の注文が殺到し，翌1986年には収穫量を5万46tと大幅に増やしたにもかかわらず注文に追いつかないという嬉しい悲鳴をあげることになる（読売新聞秋田支局［1989］，12頁）。

(2) 秋田県経済連の役割

　「あきたこまち」が消費者の手にわたるまでには，「あきたこまち」の生産農家のみならず，それを集荷し販売する農協関係者，そこから仕入れて販売する卸売業や小売業，その生産を支援する農業試験場など多くの人たちが関わっている。そして，彼らは「あきたこまち」のブランディングに大きな影響を与える立場にありながら社会的に独立しており，その全体をマネジメントする仕組みは存在しない。

　そうした状況の中で，あえて核となるブランディング主体をあげるとすれば，それは秋田県経済連であろう。秋田県経済連は，農協を組合員とする都道府県単位の組織で，農協が集荷した農作物の販売と農家への資材提供を主な業務としている。また，農協の戦略策定部門としての役割を有しており，すでに説明したとおり「あきたこまち」の命名にも深く関わっている。そこで，秋田県経済連の「あきたこまち」のブランディングに関わる活動の一部を紹介しよう。

　①**品質の平準化**：「あきたこまち」が県の奨励品種に採用されて，秋田県経済連がまず取り組んだのが，品質の平準化である。政府米を栽培していた農家にとって，自主流通米として高値で取引される「あきたこまち」は待ち望んだ品種であったが，慣れ親しんだ品種から新たな品種に切り替えることはけっして容易ではない。いかに優れた品種であっても，その品質は栽培に負うところ

が大きく，栽培の失敗は収穫量の減少を招き農家の経営を圧迫するだけでなく，せっかく高評価を得た「あきたこまち」の評価を下げる要因にもなる。

　そこで，秋田県経済連は，新品種に対する農家の不安を取り除き品質を安定させるため，県内各地で栽培講習会を開催し，地域の状況に合わせた栽培マニュアル「あきたこまち栽培のポイント」を各農家に配布した[20]。また，県，農協中央，農協が費用を負担し，1985年から3年計画で「あきたこまち生産安定対策事業」を実施。重点栽培地区20か所に見学・研修用展示圃を作るとともに，栽培者名簿を作成し「こまち栽培研究会」を組織して，生産指導の拠点としたのである（読売新聞秋田支局［1989］，39-40頁）[21]。さらに，1987年には，県内55か所の「あきたこまち」を対象に食味試験を実施し，土壌条件や栽培方法の違いによる品質のばらつきを調査するなど，品質の平準化に向けてさまざまな活動を展開する（読売新聞秋田支局［1989］，84-85頁）。

　②こまち娘キャンペーン：「あきたこまち」ブランドを確立するため，秋田県経済連が品質の平準化とともに力を入れたのがプロモーションである。中でも「こまち娘」による全国キャンペーンは特筆に値する。このキャンペーンは，1979年に作成された秋田米のイメージポスターでモデルが着用した秋田県雄勝町の「小町まつり」の衣装を着て「あきたこまち」のPRをするというものである。1985年に4名の農協職員で始め，1996年から公募に変わり，年間のキャンペーン回数も，1985年の9回から1986年には36回に増え，1990年代に入ると100回を超えるまでになった[22]。

　このようなキャンペーン・ガールを使用したプロモーションは，他の業界ではそれほど珍しいものではないが，当時，ポスターの掲示やしゃもじ等の景品プレゼント，農協青年部の街頭宣伝といった方法しか米の宣伝方法がなかったことを考えると，いかに画期的だったかがわかる。事実，こまち娘によるキャンペーンは，各地で好意的に受け止められ，先に示した『日経流通新聞』の調査でも，「あきたこまち」の知名度を高めるうえで大いに貢献したことが指摘されている[23]。

　③斬新なパッケージ・デザイン：そして，米袋（パッケージ）も，「あきたこまち」のブランディングを行ううえで大きな役割を果たしている（読売新聞秋田支局［1989］，26-28頁）。それまで，米袋といえば，単に品種名と必要事項を記した味気ないものがほとんどだったが，「あきたこまち」の米袋は，こまち

娘の衣装を着た女性がカラー印刷されており，他の米袋と違い華やかさが際立っていた。これが店頭での視認を向上させ，そのデザイン性が話題になったことで，「あきたこまち」の知名度が一層高まったのである。なお，この米袋は秋田県経済連が半年かけて作成したものであり，ここでも秋田県経済連が「あきたこまち」のブランディングに大きな役割を果たしている。

出所：秋田県農業試験場提供。

▶ブランド確立期の課題

以上，「あきたこまち」は，品種の良さや名前のユニークさだけではなく，生産段階における品質の平準化努力や斬新なパッケージ・デザイン，効果的なプロモーションなどのブランディング活動によりブランドの確立に成功した。しかし，その過程でいくつかの課題にも直面している。

(1) 偽ブランド問題

秋田県経済連が，「あきたこまち」の発売当初から頭を悩ましていたのが偽ブランド問題である。偽ブランド問題が表面化したのは早く，1985年，能代食糧販売組合が「あきたこまち」にキヨニシキを混ぜて販売し，購入した顧客から「まずい」という苦情が相次ぎ問題が発覚している[24]。また，首都圏で開催された秋田県羽後町会で1987年に販売された「あきたこまち」にも同様の苦情があり，他の品種を混ぜて販売していたことがわかった[25]。このときは，県外，とくに大消費地である首都圏で問題が起こったこと，また，誕生して3年目という市場での評判が確立する大事な時期だったこともあり，購入者全員に町長名で詫び状を送り，秋田県経済連が産地で精米した「あきたこまち」を無償で提供するなどすばやい対応をみせた。しかし，これらの事件は氷山の一角にすぎず，当時，生産量の3倍から5倍の「あきたこまち」と称する米が市場に出回っており，秋田県経済連にも偽ブランドに対する問い合わせが月に1回程度あったという[26]。

そこで秋田県経済連は，偽ブランドに対抗するため，いくつかの施策を実施しているが，どれも決定打に欠き，有効な方法を見出せないでいた。

たとえば，顧客が米袋によってブランドを判断することから，秋田県経済連は，こまち娘が印刷された米袋を商標登録し，特定の印刷業者と専属契約を結び提供している。しかし，米袋は容易に複製することができ，コピーが数多く出回っている。また，精米した米をどの袋に詰めて販売するかは精米業者の専決事項であり，秋田県経済連が指定した米袋で売ることを強制できないのも，偽ブランド問題を大きくする要因となっている。

偽ブランド対策として，もう1つあげられるのが産地精米である。産地精米とは，秋田県経済連が精米し袋詰めするものであり，少なくとも正規の袋に「あきたこまち」以外の米が詰められるのを回避することができる。しかし，産地精米を増やすことは，自らの取引先である卸売業者の仕事を奪うことになり，彼らとの関係が悪化する可能性がある。また，消費地での精米に比べてリードタイムが長くなるため，鮮度を求める小売業者のニーズに応えられないという課題も有している[27]。

同様の理由で，販売業者の系列化にも限界がある。確かに，特約店制度等により販売業者を系列化することで，顧客は正規の「あきたこまち」を確実に購入することができる。しかし，生産量に見合う販売を確保しなければならない秋田県経済連にとって，販路の絞り込みを伴う系列化は勇気のいる選択だといえる。また，「あきたこまち」の3分の1が，資格があれば誰でも参加でき，誰が購入したかわからない入札取引で販売されていることを考えると，系列化による偽ブランド対策にも限界があると思われる[28]。

(2) 他県産あきたこまちとの関係

これまで議論してきた「あきたこまち」は，秋田県産の「あきたこまち」に関するものだが，冒頭で述べたとおり「あきたこまち」には秋田県産以外のものも存在する。

発売当初，秋田県産と他県産では，品質にかなりの差があった（表4-5）[29]。したがって，産地間競争で秋田県産は優位な立場にあり，競争上，とくに問題がないように思われるが，事はそれほど単純ではない。なぜなら，他県産の品質が「あきたこまち」全体のイメージに影響を与え，秋田県産が過小評価される可能性があるからである。

表 4-5 「あきたこまち」の産地別食味ランキング（1997 年）

ランク	産地	備考
特A	秋田県（南）	
A	秋田県（北） 岩手県（中） 山形県（内陸） 愛媛県	前年，特A 前年，A′
A′	茨城県 長野県	

注：ランキングは，特A（基準米よりとくに良好），A（基準米より良好），A′（基準米と同等），B（基準米よりやや劣る），B′（基準米より劣る）の5段階評価。
出所：日本穀物検査協会「食味ランキング」。

そこで，秋田県経済連は，岩手県が「あきたこまち」を推奨品種に採用したとき，適した地域でのみ栽培することや出荷基準を秋田県産に合わせることを条件に種子を提供するなど，他県産の「あきたこまち」の品質向上に努めている（読売新聞秋田支局［1989］，55-56 頁）。このように他県産の「あきたこまち」との関係は，競争相手であるとともに「あきたこまち」という同じブランドの確立を目指す同志でもあり，彼らとの関係をどのように調整するかも課題の1つにあげられる。

(3) ブランド戦略の転換

秋田県経済連は，1990 年，「地域別水稲作付品種ガイドライン」を作成し，「あきたこまち」の作付面積の上限を 7 万 ha とすることを決定した[30]。このガイドラインは，1984 年に奨励品種に採用されて以降，驚異的な速さで作付面積を伸ばした「あきたこまち」に歯止めをかけ，供給量を一定範囲に保つことで価格を維持すること，また，特定品種に過度に依存するリスクを回避することを目的としている。そして，1991 年，秋田県農業試験場は新たに育成した「あきたこまち39」を推奨品種に採用するとともに，「あきたこまち」の上位ブランドとして特選有機農法米「天印あきたこまち」を販売するなど，作付け品種の分散化を図っている[31]。

この政策転換は，「あきたこまち」が量的拡大という初期の目的を達成し，次の段階に入ったこと。そして「あきたこまち」のブランディングが，単一ブランドの確立から，「あきたこまち」を核とする複数ブランド体制に移行しつ

つあることを示している。

2. 問題の所在

▶需給の質的マッチングとブランド

　本章の目的は，地域産品ブランディングにおいて地域ブランドを付与する意味やそれを活かすブランディングの方法を考察することにあるが，その前にブランド一般の付与についてまず整理しておこう。

　本来，ブランドは製品にとって必ず必要なものではない。たとえば，野菜や魚などの生鮮食品の多くは，ブランドをもたずキャベツやサンマなどの品種名で販売されている。こうした状況の中でブランドが有用となるのは，それが識別記号として機能する場合である。

　ブランドの定義が「特定の製品を他と異なるものとして識別するための名称や言葉，デザイン，シンボルまたはその他の特徴」であることからもわかるように，その基本機能は，自らの製品を他と識別することにある[32]。もちろん，製品自体が他と明確に識別できるのであれば，あえてブランドという識別記号を製品に付与する必要はない。ブランドは，類似した製品の中で自らを識別するのが難しい場合に，その識別記号としての効力を最大限に発揮する（Shaw［1915］訳，44頁）。

　本章で取り上げた米の場合もそうである。米は，その品種や栽培地の違いにより，同じようにみえても，その食味（品質）は異なる。したがって，ブランドは，米のように一見しただけではなかなかその違いを識別できない製品にこそ付与すべきものだといえる。しかし，政府米しかなかった時代，米のブランドは存在しなかった。ブランドが注目されるようになったのは，自主流通米制度が発足し，顧客が複数の米の中から自分が欲しいものを選べるようになってからである。

　ここで重要なことは，自主流通米として最初に注目されたコシヒカリやササニシキが，自主流通米制度が発足する前から存在していたということである。しかし，政府米としてコシヒカリやササニシキを識別することはなかった。というのも，政府米はさまざまな品種や産地の米を混ぜて販売しており，コシヒカリやササニシキが美味しいと思っても，それを選択することができなかった。

コシヒカリやササニシキがブランドとして顧客に認識されるようになったのは、自主流通米制度が発足し、品種別に袋詰めされた米が買えるようになってからである。同じ米でありながら、それを品種という品質識別基準で分類し、選択可能にすることで、米のブランディングが可能となった。これは、米市場が、需要と供給の量的マッチングから、異なる品質を有する製品の選択すなわち質的マッチングへと移行したことを意味する。

▶ブランド付与と製品品質

ブランドは識別記号として製品選択の手助けになるものの、ブランドを付与することはその製品の選択を保証するものではない。確かに、ブランドを付与するという行為自体が信頼のシグナルとなることから、ブランドを付与したものとしないものが混在する場合は、ブランドを付与するという行為自体が製品選択を促す1つの要因となりうる[33]。しかし、顧客が選択するのはブランドそのものではなく、ブランドが付与された製品であり、その製品が顧客の期待に見合ったものでなければ、当然ながらその評価は悪くなる。そうなると、ブランドが付与されているがゆえに選択の対象外となり、売れなくなるといった状況も起こりうる。したがって、ブランドを付与する際は、それによって得られるメリットとともに、それによって生じるリスクも考慮する必要がある。

ここで興味深いのは、最良の品質を有する製品だけがブランドの付与対象ではないということである。ショウは、たとえその製品の品質が他の製品より劣っている場合でも、それが価格に見合うものであれば、ブランドを付与し、製品の違いを強調すべきだと主張する（Shaw [1915] 訳, 45-46頁）。重要なのは、品質の優劣ではなく、顧客の選択対象となるか否かであり、製品がそのような差異を有していれば十分ブランド付与の対象となりうる。事実、「あきたこまち」は最良の品質米としてではなく、"手頃な良味米"として自らを中位に位置づけることで、ブランドの確立に成功している。

▶地域ブランド付与の恣意性

さて、話を地域ブランドの付与問題に戻そう。

「あきたこまち」というブランド名は、「地名（秋田）＋人物名（小野小町）」から構成されており、その中に地域名を内包している。また、このブランド名

は，秋田県で育成された品種という地域との関係を意識したものであり，製品を特定の地域と関連づけてブランディングする地域産品ブランディングの典型例とみなすことができる。

しかし，新品種のブランド名を決める際，「あきたこまち」か「あきこまち」かで悩んだように，秋田県で育成された品種だからといって必ずしも秋田県と関連づけてブランディングする必要はない。今回は残念ながら採用されなかった「あきこまち」も，語感がよく親しみやすい名前であり，こちらが採用されたとしてもけっして不思議ではない。これは，たとえ製品が地域と密接な関係にあるとしても，それに地域ブランドを付与する必然性はなく，地域産品ブランディングを行うか否かは恣意的であることを意味する。

もちろん，「あきたこまち」というブランドは思いつきで付与されたものではない。同じく秋田県で育成されたという理由で，秋田県とゆかりのある千秋公園からその名をとって命名したものの，その名から秋田を連想することができず，産地の主役を長野県に奪われたリンゴ「千秋」の苦い経験を考えると，「あきたこまち」というブランドを付与することは，きわめて理屈の通った判断だといえる。しかし，これは，地域産品ブランディングが選択肢の1つであることを示すものであり，他の選択肢も存在しうるという意味で，その恣意性が消えたわけではない。

そこで，以下では地域ブランドの付与が恣意的であることを前提とし，どのような場合に地域ブランドを付与すべきか，また，地域ブランドを付与することで，どのような効果が得られるのか，さらに，地域ブランド付与の効果を引き出すには，どのようなブランディングが必要なのか，ビジネス・ブランディングの研究を参考にしながら考察してみよう。

3. 地域ブランド付与の意味

▶カントリー・オブ・オリジン研究

ビジネス・ブランディングにおいて，地域性が製品に及ぼす影響に古くから注目していたのがカントリー・オブ・オリジン研究である。カントリー・オブ・オリジン（country-of-origin：以下COO）とは「製品やブランドの本社が位置する国であり，製品を設計したり，製造や組立を行う国」(Saran and Gupta

[2012], p. 67) を意味する。

　COO が注目されるようになったのは 1960 年代のアメリカで，海外からの輸入品が増え，顧客が国産製品と輸入製品をどのように認識しているかが意識されだしたのがきっかけだった（恩蔵 [1997]；Dinnie [2004b]）。そして，調査の結果，どの国の製品であるかがその製品に対する信念や態度および購買意図に影響を与えることがわかり，COO が注目されるようになる（Schooler [1965]；Reierson [1966]；Nagashima [1970]；Nagashima [1977]）。

　しかし，研究が進むにつれて，COO に対する反応が顧客にとって異なることが明らかになってくる。たとえば，Schooler [1971] は，性別や年齢，教育水準，人種などの顧客のデモグラフィック要因によって，COO に対する反応が異なることを示した。また，パーソナリティや世代の違いも，COO に対する反応に影響を与えることが明らかになった（Anderson and Cunningham [1972]；Dornoff et al. [1974]）。

　このような顧客による COO 効果の違いは，顧客と国との関係によってもたらされる。たとえば，Schooler [1971] は，白人がアメリカやカナダの製品を好意的に評価するのに対し，白人以外はインド，ナイジェリア，ラテン・アメリカの製品を好意的に評価することを調査により明らかにした。また，Peris et al. [1993] は，顧客が自らの出身国もしくは同一文化圏の製品を高く評価する傾向にあると指摘しており，顧客特性のみならず，顧客と国との関係性も COO 効果に影響を与える。

　一方，COO が顧客に与える影響は，製品によっても異なる。(Etzel and Walker [1974]；Kaynak and Cavusgil [1983]；Han and Terpstra [1988]；Roth and Romeo [1992]）。たとえば，Kaynak and Cavusgil [1983] は，日本の家電製品は高く評価されているものの，食品に対する評価は低く，同じ国でも製品によって COO に対する反応が異なることを指摘している。また，Johansson et al. [1985] は，COO 効果分析に多属性態度モデルを適用し，「アメリカ車は，燃費は劣るが馬力は勝る」といったように，同じ製品でも属性によって COO 効果が異なることを示している。

　以上，COO 効果は顧客特性と製品特性の両方の影響を受けるが，Roth and Romeo [1992] は，顧客の COO に対する反応がポジティブかネガティブか，製品評価において COO が重要か否かによって，国別製品を 4 つのタイプに分

表 4-6　COO 効果の 4 類型

		国家イメージ（COO）に対する反応が	
		ポジティブ	ネガティブ
製品評価において国家イメージ（COO）が	重要	I.　有利な関係 〈例〉 ・日本製の乗用車 ・ドイツ製の時計 〈戦略的示唆〉 ・COO を反映したブランド名 ・COO 情報を含むパッケージ ・ブランドの COO をプロモーション ・魅力的な潜在生産拠点	II.　不利な関係 〈例〉 ・ハンガリー製の乗用車 ・メキシコ製の時計 〈戦略的示唆〉 ・COO 以外の便益を強調 ・無国籍なブランディング ・有利な関係を有するパートナーとのジョイントベンチャー ・国家イメージを高めるコミュニケーション・キャンペーン
	重要ではない	III.　有利だが無関係 〈例〉 ・日本製のビール 〈戦略的示唆〉 ・製品イメージにおける COO の重要性向上 ・代償型選択ならば，COO を副次的な便益としてプロモーション	IV.　不利で無関係 〈例〉 ・ハンガリー製のビール 〈戦略的示唆〉 ・効果のない情報として COO を無視

出所：Roth and Romeo ［1992］, p. 495.

類し，各セルにどのような国別製品が該当するか分析している（表4-6）。そして，顧客の COO に対する反応がポジティブで，製品評価において COO が重視される場合は，ブランド名やパッケージに COO 情報を入れるなど積極的に PR し，逆に，COO に対する反応がネガティブで製品評価において重要でない場合は，COO を無視するなど，各セルの COO に対する基本戦略について言及している。

▶ COO 研究の地域ブランドへの適用

COO 研究は，その名が示すとおり，製品の原産国に関する研究であり，国は地域の主要集計水準の１つである。事実，地域ブランド研究においても，国を対象とする国家ブランディング（nation branding）が存在し，一方，COO 研

究においても，国を越えて地域一般にその研究成果を適用しようとする試みも存在する（Askegaard and Ger［1998］）。

　このCOO研究の課題の1つに，原産国の規定問題がある。COO研究が始まった当初，製品の開発から生産に至る活動はすべて1つの国で行われるのが一般的だった。しかし，グローバル化の進展に伴い，製品の開発拠点と生産拠点が異なるなど国際分業が進むにつれて，COOのいう"原産国"がどこの国を指すのか問題となってくる[34]。

　この点に関し，パパドプーロスらは，国際分業が進展している中で，COOを本社の所在地や活動拠点で規定するのは難しく，顧客がそれをどこの国の製品だと認識しているかという「製品の国家イメージ」(product-country image)でとらえるべきだと主張する（Papadopoulos and Heslop［1993］, p. 8）。これは，COOが製品にアプリオリに設定される内在的特性から，顧客がどのようにそれを認識するかという外在的特性に変化したことを意味する[35]。

　また，COOは，一般に製品カテゴリー・レベルで議論されることが多いが，ブランド・レベルでCOOをとらえようとするのが「ブランド・オリジン」(brand origin：以下BO) である。BOは，「標的となる顧客が，当該ブランドが属するであろうと思う地域，地方または国 (the place, region, or country to which the brand is perceived to belong by its target consumers)」(Thakor and Kohli［1996］, p. 27) を指し，国という集計水準を越えて，顧客がブランドに対して抱く「地域性」とみなすことができる[36]。ここまでくると，COOのブランド版であるBOと地域産品ブランディングの地域概念は，ともに顧客が有するブランド・イメージの地域性に焦点を当てるという意味で，ほぼ同じものと考えることができる。

　ここで，COO研究に基づき，顧客がブランドに対して抱く地域性がどのような効果をもたらすか整理しておこう。COO研究では，ブランドの有する地域性が，以下の2つの効果により，顧客のブランドに対する態度や購入意向に影響を与えると考えている。すなわち，ブランドの有する地域性が，他の評価要因に影響を及ぼし，それがブランドに対する態度形成や購入意向に間接的に影響を与えるという「ハロー効果」(halo effect) と，ブランドのさまざまな要因に対する評価が地域性に対する評価に集約され，それがブランドに対する態度形成や購入意向に直接影響を与えるという「要約効果」(summary effect) が

それである。そして，どちらの効果が強く影響するかは顧客の製品知識によって異なり，顧客がその地域の製品に精通している場合は要約効果，逆に精通していない場合はハロー効果の影響が高まるという（Han［1989］）。

また，要約効果は，特定の地域に対するイメージが先行知識となり，ブランドに対する態度形成や購入意向に影響を与えることを示すものであり，ブランド・エクイティが有する知覚矯正機能と同じ役割をCOOが果たすことを意味する。事実，COOにおける国家が有する効果を「カントリー・エクイティ」(country equity) と呼ぶ者もおり，ここにも地域産品ブランディングの地域性とCOO研究との類似性を見出すことができる（Shimp et al. ［1993］; Papadopoulos and Heslop［2002］)。

以上，COO研究が地域産品ブランディングの地域性と密接な関係にあることを示したが，上述したように，COO効果は製品カテゴリーや顧客特性によって異なる。そこで，COOと製品の関係を手がかりに，どのような製品に地域ブランドを付与するのが効果的か考えてみよう。

COO研究では，地域性が製品に与える効果の違いが製品と地域との適合度 (matching) によって生じると考えられている。たとえば，Han and Terpstra ［1988］は，COOのイメージが「技術的先進性」(technical advancements)，「職人技」(workmanship)，「有用性」(serviceability)，「名声」(prestige)，「経済性」(economy) の5つの要素から構成されているとし，製品によってどの構成要素が影響するか異なることを示した。また，前述したRoth and Romeo［1992］は，製品によって地域イメージが重視されるものとされないものが存在すると指摘する。以上のことから，製品に地域ブランドを付与するか否かは，①製品において地域イメージが重視される程度，②製品と地域イメージの適合度，③地域イメージに対する顧客の反応（ポジティブ-ネガティブ）に規定されると考えることができる。

▶地域性自体が有する効果

前項において，COO研究に基づき，地域産品ブランディングにおける地域性の効果が，地域ブランドを付与する製品特性，地域ブランドの中核となる地域特性，そして，地域ブランドの対象となる顧客特性によって異なることを示した。これは，地域産品だからといって地域ブランドを付与することが必ずし

も効果的でない場合があることを示唆している。事実，COO 研究でも，COO が製品評価にまったく影響しなかったり，マイナスの影響を与える場合もあることが指摘されている (Reierson [1967])。

しかし，地域産品ブランディングにおける地域性の効果はこれだけではない。COO 研究では，地域性の効果が「製品」「地域」「顧客」という三者間の相対的関係によって規定されるとしているが，地域性はそれ自体が 1 つの価値を有している。

たとえば，Zhang and Khare [2009] は，「ローカル製品」(local product) という言葉を用いて，地域ブランドの有する価値について論じている。彼らは，ローカル製品を「特定の地域市場に合わせて製造したり，パッケージ化された製品 (the products are made with specifications and packaging tailored for local markets)」(Zhang and Khare [2009], p. 524) としており，市場を特定地域に限定しないグローバル製品との対比においてローカル製品を位置づけている[37]。そして，顧客は，地域の伝統や習慣に対する信仰や敬意の象徴としてこれらローカル製品をとらえる傾向にあると主張する。これは，地域特性や製品特性の違いにかかわらず，ローカル製品であれば共通して有する価値であり，上述した三者間の相対的関係に基づくものとは別に，地域性自体が地域産品ブランディングの価値になりうることを示している。

そして，グローバル製品と対比して，ローカル製品が共通して有するもう 1 つの価値が「希少性」である。たとえば，地域産品ブランディングは，製品の原材料を当該地域のものに限るなど，その供給において何らかの地理的制約を受ける。その結果，供給が需要を下回る可能性が高まり，製品の希少性が高まることになる。

それだけではない。供給が制限されることで需要が高まり，それが希少性をさらに高めることになる。鈴木 [2008] は，希少性は製品の入手困難性から生じるとし，限定販売等により製品の入手困難性を認知した顧客は，その製品を魅力的に感じ，購買意欲が高まると主張する。すなわち，地理的制約は，供給のみならず需要にも影響を与えるのである。

もちろん，入手困難性以外の要因も需要に影響を与える。たとえば，地域ブランドの有する情報の希少性もその 1 つである。ここでいう情報の希少性とは，知っている人と知りたい人の差，あるいは入手している情報量と入手したい情

報量の差であり,前者が後者を下回るほど情報の希少性が高まり,情報価値は増加する。

　本章で取り上げた「あきたこまち」は,その存在がほとんど知られていなかった1984年の食味試験で高評価を得たことで情報の希少性が高まり,"幻の米"として注目されたことが,その知名度の向上や売上拡大に大きく寄与した。もし,コシヒカリなどすでに全国的に名の通ったブランドであれば,たとえ同じように食味試験で高評価を得たとしても情報の希少性は低く,「あきたこまち」のようなことにはならなかったであろう。

　他の地域ブランドも同様である。地域ブランドは,Zhang and Khare［2009］のいうグローバル製品に比べて流通している情報量が少なく,一般に情報の希少性は高い。もちろん,情報の質にも影響されるが,もしそれが備わっていれば,情報の希少性ゆえに,その地域ブランドについて知ろうとしたり,それを知らない人に伝えたいという気持ちが高まるであろう。そして,これら一連の行為が話題性を生み,製品の魅力を高めるとともに,潜在顧客を掘り起こし需要を拡大する。したがって,地域ブランドを付与するか否かは,製品と地域との関係のみならず,地域ブランドの有する情報価値をどの程度活用しうるかに影響される。

4. 地域性を活かす地域産品ブランディング

▶良い製品と良いブランド

　「あきたこまち」の事例は,良い製品をつくることと良いブランドをつくることが同義ではないことを私たちに教えてくれる。もちろん,良い製品をつくるための努力は,識別記号としてのブランドの成立条件であるブランド間の製品差異性やブランド内の製品同質性と密接に関わっており,良いブランドづくりに必要不可欠である。

　しかし,これだけで良いブランドができるわけではない。事実,「あきたこまち」の場合,その品質は高いものの,最上級の米は魚沼産コシヒカリであり,飛び抜けて良いというわけではない。また,品質の平準化努力も,新品種の場合は当然のことであり,「あきたこまち」だけが特別というわけではない。したがって,良い製品づくりは良いブランドづくりにとって必要条件であるもの

の十分条件とはいえず，良いブランドをつくるためのプラスアルファの努力が必要となる。

　その努力の1つが，ブランド名に代表されるブランド要素の選定である。ブランド要素とは，識別記号としてのブランドを構成する要素であり，「あきたこまち」の場合も，当時としては珍しかったひらがなのブランド名や女性らしさを強調した米袋などが，その成功に大きく貢献している。また，こまち娘を活用した全国キャンペーンなどのブランディング活動も，「あきたこまち」の知名度を高めるうえで有効に機能している。

　ただし，これだけでは，良い製品に良いブランドを付与し，適切なブランディング活動を行えば成功するといっているにすぎず，地域ブランドに限った話ではない。そこで，地域産品ブランディングの中核となる特定地域との関係を活かすにはどうしたらよいのか，「あきたこまち」を例にもう少し考えてみよう。

▶「あきたこまち」における小野小町の役割

　地域産品に地域ブランドを付与する。この行為自体は，地域産品が文字どおり特定の地域の製品であることを示すものであり，ブランド付与方法としてとくに問題があるわけではない。しかし，これだけでは，ブランドの有する機能のうち識別機能しか活用しておらず，けっして効果的なブランディングとはいえない。地域ブランドの効果を高めるには，少なくともブランドの有するもう1つの機能である意味付与機能を活かす工夫が必要となる。

　「あきたこまち」の場合，識別記号であるブランド名自体が大きな意味を有している。すでに述べたように，「あきたこまち」は「あきた（秋田県）」と「こまち（小野小町）」の2つの言葉を合わせたものだが，秋田県は，米の収穫量が全国第3位で，古くから米と密接な関係にあった。しかし，「あきたこまち」が生まれる前は，その多くが政府米だったため，米の生産地としては知られているものの，品質に関してはこれといったイメージが存在しなかった。

　一方，小野小町は，平安時代前期の女流歌人であり，六歌仙，三十六歌仙の1人として知られている。また，クレオパトラ，楊貴妃とともに世界三大美女にたとえられるなど，美人の代名詞にもなっている。この小野小町の出生地が，現在の秋田県湯沢市小野（旧雄勝郡雄勝町）だといわれており，これが秋田県と

小野小町を結びつける理由となっているが、他を出生地とする説もあり、本当のところはよくわかっていない。ただし、秋田県は美人の里として古くから知られており、小野小町の出生の話と相まって互いの信憑性を高める要因になっている[38]。

そして、この小野小町が「あきたこまち」の品質イメージを向上させるうえで大きな役割を担う。たとえば、「あきたこまち」の女性的なイメージは、ひらがな表記とともに小野小町を連想させる"こまち"から来るものであり、当時、力士を連想させる男性的な名前が多かった中で独自のポジションを確立するのに役立った。また、小野小町から連想される"美人"というイメージが「あきたこまち」の見た目の良さ（色の白さやツヤの良さ）に対する注目を促し、品質の良さをアピールするのに役立っている。

なお、この"美人"という言葉を使って秋田県経済連が興味深い販促活動を行っている。「あきたこまち」の誕生とほぼ同じ時期に始めた「美人を育てる秋田米」というキャッチフレーズを用いたキャンペーンがそれである（児玉[2005]）。ここでいう秋田米は、「あきたこまち」を含む秋田県産のすべての米を指し、これによって、"美人の里"としての秋田県と「あきたこまち」、そして、「あきたこまち」を"食べること"と"美人になること"がイメージのうえで結びつけられ、"美人"が製品の見た目のみならず中身の良さにも及ぶよう工夫されている。

▶地域産品ブランディングの基本構造

以上の議論は、地域産品に地域ブランドを付与する効果を高めるうえで、その地域性が製品の品質とどのように関係しているか考える必要があることを示唆している。

この点に関し、田村[2011]が興味深い分析を行っている。田村は、日経リサーチが行っている「地域ブランド戦略サーベイ（名産品編）」で収集されたデータを利用し、"風土依存品質"や"歴史伝統性"が名産品の購買や満足度にどのような影響を与えるか考察した。その概要は以下のとおりである。

日経リサーチは、17の指標を用いて名産品の魅力度を測定しているが、田村は、まず因子分析を用いて、これらの指標を3つの要因に集約する。すなわち「著名度（ブランド名やロゴマークの認知およびコンテストの受賞歴など評判の高

図4-2 「あきたこまち」の地域ブランド構造

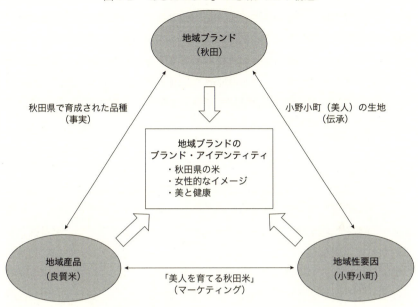

出所：小林［1999b］，197頁を一部修正。

さ）」「風土依存品質（品質・鮮度・効能・成分といった製品の本質的特徴と地域自然環境との関連の強さ）」「歴史伝統性（製品の歴史や独自性と地域の歴史や伝統との関連の強さ）」がそれである。そして，これら3つの要因を説明変数とし，製品に対する試買率と満足度を従属変数として回帰分析を行ったところ，試買率には「歴史伝統性」が，満足度には「風土依存品質」がもっとも影響することが示された[39]。

この田村の分析は，一言に地域性といっても，それが地域の自然環境なのか文化的要因なのかによって成果に与える影響が異なり，試買には地域の文化的要因が，満足度には地域の自然環境が大きく影響している。また，この分析結果は，地域産品に地域ブランドを付与する際，単に"地域的"であることを強調するだけでは不十分で，その製品の独自性や本質機能が，その地域の自然環境や文化とどのように関係しているか示す必要があることを示唆している。

図4-2を見てほしい。「あきたこまち」のブランド構造を示したものである。製品とブランドとの関係を見る限り，「あきたこまち」というブランドは秋田

県で育成された品種という事実を示すにすぎない。しかし、そこに地域性要因として"小野小町"が加わることで、秋田県の有する自然環境や文化と製品が関連づけられ、上述したように製品のユニークさが高まり、品質イメージが向上する。すなわち、田村のいう風土依存品質や歴史伝統性を高める役割を小野小町が担っているのである[40]。この地域的要因を含むブランドと製品の関係をいかに構築するかが地域産品に地域ブランドを付与し、その効果を高める地域産品ブランディングの課題となる[41]。

結　び

　本章は、地域ブランディングの地域産品ブランディングに焦点を当て、地域産品に対する地域ブランドの付与条件について、「あきたこまち」を事例として取り上げ考察した。

　地域産品にとって地域ブランドを付与することは、ブランディング政策の1つにすぎず、地域ブランドを付与する必然性は存在しない。したがって、地域ブランドを付与するかどうかは、地域産品がそれによってどのようなメリットを得ることができるかに依存する。

　地域産品に地域ブランドを付与する効果は、地域産品と地域ブランドのマッチング、すなわち①地域産品において地域イメージが重視される程度、②地域産品と地域イメージの適合度、③地域イメージに対する顧客の反応（ポジティブ-ネガティブ）に影響される。また、何らかのかたちで地域の制約を受ける地域産品ブランディングは、地域的制約がないグローバル・ブランドとの比較において希少性を有しており、これを活かすことができるか否かも地域ブランドを付与する条件になることを示した。

　しかし、地域ブランドの付与条件が整っているからといって、地域産品ブランディングが成功するわけではない。地域産品ブランディングの効果を高めるには、地域産品と地域ブランドを地域性要因によって有機的に結びつける努力が必要となる。「あきたこまち」の場合、秋田県産の良味米と「あきたこまち」という地域ブランドに、"小野小町"という地域性要素が加わったことで、地域ブランドが製品のユニークさや品質イメージを高めることに成功した。

　以上、地域産品に地域ブランドを付与する意味について考察してきたが、ブ

ランドの有する地域性やそれがもたらす効果に関しては，COO研究に代表されるビジネス・ブランディングにおいてすでに研究されており，その成果を活用できることが明らかになった。とくに，本章でも取り上げたRoth and Romeo [1992] のCOO効果の4類型や，Han and Terpstra [1988] のCOOイメージの5要素は，地域産品ブランディングにおける地域性の効果やその特徴を考察するうえで有益な示唆を与えてくれる。

しかし，ビジネス・ブランディングの議論だけで地域ブランドを付与する効果が十分語れるわけではない。その1つが，希少性の源泉としての地域性である。地域産品ブランディングは，何らかのかたちで地理的制約を受けるため，製品の希少性が高まる。もちろん，希少性は，本来，需要と供給の相対的関係から生じるものであり，供給の制約のみによって生じるものではない。しかし，地域ブランドの入手困難性や情報の希少性は製品価値を高め需要を押し上げる効果を有しており，地域産品ブランディングは供給のみならず需要にも影響を与え希少性を高める要因となる。

したがって，地域産品ブランディングでは，当該地域との関係のみならず，地域性の有する潜在的特性である希少性をいかに効果的に活用するかが重要となる。この点に関して，生産量を調整することで需要への迅速かつ柔軟な適応を図るビジネス・ブランドは，それほど重視しておらず，地域産品ブランディングに固有な特徴の1つとみなすことができる。

また，「あきたこまち」を例に説明した地域産品ブランディングにおける「地域ブランド」「地域産品」「地域性要因」の三者間構造は，製品とブランドという一般のブランド構造に内在する関係を明確にする作業とみなすこともでき，ブランディング効果を高めるうえで，地域産品ブランディングのみならず，ビジネス・ブランディングにおいても有効な分析視角だといえよう。

注
1 本事例は，「あきたこまち」が発売された当時のブランド確立期に焦点を当てている。なお，本事例の記述は，小林 [1999b] を一部加筆修正したものである。
2 米ブランドの歴史は，横尾 [1989] および日本作物学会北陸支部 [1995] を参照。
3 昭和に入り，大阪堂島の米市場で，大単位の府県銘柄と中単位の郡銘柄に整理されたが，東京市場ではまだ旧国銘柄での取引も行われていたという（横尾 [1989]，13頁）。
4 なお，米のブランドには，「産地銘柄」の他に品種名を冠した「品種銘柄」がある。品種銘柄は，産地を問わず米の品種名をブランド名の一部として使用するものであり，最初に登場したの

は 1935（昭和 10）年頃で，当時の対象的な品種銘柄として「旭」や「陸羽 132 号」などがあげられる（横尾 [1989]，13 頁）。なお，1999 年の JAS 法の改正により，2000 年 7 月から生鮮食品の原産地表示が義務づけられており，ブランドに地域名が入っているか否かにかかわらず，消費者は現在地の確認ができるようになっている。

5 自主流通米制度は，1969 年，食糧管理制度の枠内で市場メカニズムを導入し消費者の選好に応じた米流通を行うことを目的に発足した制度である。具体的には，指定法人である全国集荷団体（全農，全集連）が，生産者から米の売渡委託を受け自主流通計画にしたがって卸売業者に販売する。自主流通計画は，指定法人と需要者である卸売業者によって構成される自主流通協議会が集荷見込量と都道府県別の購入希望量の調整を行ったうえで農林水産大臣が許可するという形式をとって決定される。なお，指定法人から卸売業者への売渡価格に関しては，基本的に政府は関与せず両者間の交渉で決めることができる。さらに，自主流通制度の導入に伴い農作物検査法に基づく銘柄検査が実施されることになり，初年度 23 品種（水稲うるち米のみ）が銘柄として指定された。この自主流通米制度は，1989 年，市場取引により米価格が形成される自主流通米市場が設立するまで続いた。なお，自主流通米制度に関しては，農林水産省農蚕園芸局農産課 [1984]，68-71 頁および全国農業協同組合連合会自主流通部 [1983]，3-32 頁等を参照。

6 自主流通米として取引される米は，政府米と異なり，指定法人自ら販売経費を負担しなければならず，高価格で販売可能な良味米が対象となった。

7 実は，コシヒカリ（1956 年福井県農業試験場育成）やササニシキ（1963 年宮城県古川農業試験場育成）以降，「あきたこまち」が誕生する前も多くの新品種が育成されている。それにもかかわらず，これらの新品種がほとんど注目されなかった理由は，育種の目的が味よりも収量に置かれており，良味米として評判にならなかったからである。

8 良味米の育種が本格的に行われるようになったのは，1979 年の第 2 次米過剰期以降のことで，政府米の購入価格やそれまで一律に行っていた減反に銘柄格差を導入することになり，自主流通米に限らず政府米でも銘柄を意識するようになってからである。当時，米の育種は異なる品種を何世代にもわたって交配して行うため 10 年近くの歳月を要し，1980 年代後半になって新種の良味米が次々誕生するのもそのためである。秋田県が，他県より早く良味米の育成に着手したのは先見の明があったといえよう。

9 通常，米の品種は 3 つの名前（識別記号）を有する。第 1 は「系統名」と呼ばれるもので，品種を育成した試験場の地域名と番号で表記される（「あきたこまち」の系統名は「秋田 31 号」）。第 2 は「農林番号名」と呼ばれるものであり，国立農業試験場または国の指定試験場された品種を農林水産省に登録する際に与えられる番号である（「あきたこまち」は県農業試験場での育成された品種のため，農林水産番号はなし）。そして，第 3 が「通称名」で，「あきたこまち」は，この通称名にあたる。通称名は，育成した農業試験場がある地域の農業関係者が付けるいわば品種の愛称であり，地域特性や稲の特徴，育成者が稲に託す希望などがこめられている。また，通称名にはカタカナとひらがな（または漢字）があり，カタカナは国立農業試験場または国の指定試験場で育成された品種，ひらがな（または漢字）は県の農業試験場あるいは農林水産省以外の事業で育成された品種に付けられる。「あきたこまち」は，県の農業試験場で育成された品種であり，したがって，ひらがなの通称名が付けられている。しかし，この規制は，1980 年代に入って緩和されており，たとえば，「ひとめぼれ」は国の指定試験場である宮城県古川農業試験場で育成された品種であるにもかかわらず，カタカナではなくひらがなの通称名が付けられている。

10 「あきたこまち」の少し前に青森県で育成された品種が「むつこまち」と命名されており，それほど食味が良くない「むつこまち」と同じものとしてイメージされかねないというのも「あきこまち」に反対する理由の 1 つだったといわれている（読売新聞秋田支局 [1989]，26 頁）。

11 佐藤が「タヌキ（"た"抜き）はいけない。人を騙す」と言って知事を説得したことが，この

時の逸話として残されている（秋田県総合政策審議会平成18年度第1回企画部会議事録：https://www.pref.akita.lg.jp/www/contents/1166584083319/files/kikaku18-1.pdf［2015-10-1参照］）。

12 1988年の「あきたこまち」の作付面積は，3万4678haで県全体の34.1%を占めている。

13 ここでいう格付けとは政府米の購入価格の基準となる銘柄区分のことであり，1979年より適用されている。銘柄の区分方法は以下のとおり（日本作物学会北陸支部［1995］，583頁）。

1類：過去3か年平均（以下同様）で自主流通米の数量・比率が，3000t以上，30%以上の1等または2等の産地品種で都道府県の奨励品種であること

2類：自主流通米の数量・比率が，1000t以上，10%以上の1等または2等の産地品種で都道府県の奨励品種であること

3類：1類，2類，4類および5類以外のもの

4類：1類および2類に該当しない米穀で，青森県の一部および西南暖地の早期栽培米

5類：1類，2類および4類に該当しない米穀で，北海道全市町村で生産されたもの

以上の区分方法からもわかるように，この銘柄区分は自主流通米の流通量が上位になるよう格付けされているが，1998年産からは備蓄のより円滑な運営に資するよう自主流通米市場での取引価格が高いものが上位に格付けされるよう銘柄の区分方法が変更された。「あきたこまち（秋田県産）」は，この新たな銘柄区分で2類に格付けされた。なお，この格付けは，2004年に廃止されている。

14 「あきたこまち」の生産県は，1993年に13県まで減少した。

15 下の表は，「あきたこまち」が命名された1984（昭和59）年の作付面積上位20位の品種名を

表　品種別全国作付面積状況（1984年）

順位	品種名	作付面積 (ha)	作付比率 (%)
1	コシヒカリ	349,977	16.8
2	日本晴	210,126	10.1
3	ササニシキ	195,542	9.4
4	アキヒカリ	116,004	5.6
5	キヨニシキ	84,909	4.1
6	トヨニシキ	62,719	3.0
7	ニシホマレ	48,835	2.4
8	トドロキワセ	42,450	2.0
9	黄金晴	41,664	2.0
10	コガネマサリ	35,369	1.7
上位10位計		1,187,595	52.2
11	キタヒカリ	34,032	1.6
12	初星	32,278	1.6
13	アキニシキ	32,212	1.6
14	むさしこがね	31,384	1.5
15	ミナミニシキ	31,107	1.5
16	ともゆたか	30,676	1.5
17	中生新千本	30,559	1.5
18	みちこがね	25,232	1.2
19	新潟早生	25,123	1.2
20	越後早生	23,280	1.1
上位20位計		1,483,478	71.4

出所：「米穀の品種別作付状況」瑞穂協会。

示したものである。この表から明らかなように，作付面積の57.2%を占める上位10品種の中にひらがなの品種は存在せず，上位20位（作付面積の71.4%）の中にわずかに3品種存在するだけである。

　一方，1997年の作付面積上位10位の品種を見ると（本文中の表4-3を参照），「あきたこまち」以外にひらがなの品種が4品種存在している。これらはすべて「あきたこまち」以降に育成されたものであり（「ひとめぼれ」は1991年宮城県古川農試育成，「きらら397」は1988年北海道立上川農試育成，「むつほまれ」は1986年青森県農試黒石本場育成，「はえぬき」は1992年山形県農試庄内支場育成），ここにも「あきたこまち」が品種のネーミングに与えた影響の大きさを垣間見ることができる。また，従来，米の名称には米の品質の良さを示す「マサリ（勝・優）」「ヒカリ（光）」「ユキ（雪）」，豊作を願った「ミノリ（稔・実）」「コガネ（黄金）」，品種の特性を示す「ワセ（早生）」などを組み合わせたものや，ササニシキなど親の品種名を組み合わせたもの（ササシグレ＋ハツニシキ）が多かったが，「あきたこまち」以降，「ひとめぼれ」や「きらら397」など消費者へのイメージ訴求を重視する名前が多くなったことも，「あきたこまち」の功績の1つとみなすことができよう。

16　コシヒカリは，味が良い反面，いもち病に弱く倒れやすいという欠点を有しており，育種の際，味の良さをとると欠点が際立ち，一方，いもち病や倒伏に強いものは味が悪くなるという性質をもっている。これが，長い間，コシヒカリを親とする品種が育成できなかった理由である（酒井［1997］，172-173頁）。「あきたこまち」がこうした特性を有するコシヒカリを親にもつことができたのは，まさに幸運だったといえよう。

17　米の品質を表す主な指標として，①市場での評価に基づく政府の銘柄区分（注13参照），②整粒歩合，容積当たり重量，含有水分，異物の含有比率など米の客観的な品質基準に基づいて決められる検査規格の等級，そして③食味試験での評価の3つがあげられる。食味試験はさまざまなところで実施されているが，財団法人日本穀物検査協会が行う食味試験は，日本で唯一の第三者機関による全国的な試験であり，もっとも権威ある試験として1971年産米から毎年実施されている。

　食味試験の内容は以下のとおり。

〈対象品種〉
・各道府県の主要品種で一定の作付面積を有するもの（1997年の場合は，銘柄区分が1と2類に該当するものは1000ha［北海道は3000ha］以上，3から5類に該当するものは3000ha［北海道は1万ha］以上）。
・対象品種の中で流通等の事情から同一道府県内を2つ以上の地区に区分するほうが望ましいと思われる場合は，地区ごとに食味試験を実施。
・対象とする米は，原則として検査規格1等のものを使用。

〈試験内容〉
・方　　法：専用の試食皿を使って基準米と食べ比べて評価する相対法（なお，基準米には滋賀県湖南地区産の日本晴を使用）。
・試験米：定温倉庫に保管してある玄米を試験直前に精米し家庭用炊飯器を炊いたものを使用。
・被験者：協会が選抜訓練した20名のエキスパートパネラー。
・評　　価：各パネラーが，「外観」「香り」「味」「粘り」「硬さ」「総合」の6項目に関して基準米より良か不良かで採点した値を集計してランキング。

18　実は，「あきたこまち」のデビュー以降3年間の食味試験での平均値は0.6程度で，この値は，新潟産コシヒカリや宮城産ササニシキより若干低く，庄内産ササニシキと同程度である（読売新聞秋田支局［1989］，22頁）。0.6という数値はけっして悪いわけではないが，後の影響の大きさを考えると，初年度に0.944という異例に高い評価を得たことは幸運だったといえよう。

19　たとえば,『週刊プレイボーイ』(1987年1月20日号)では「コシヒカリ,ササニシキをしのぐ幻の米発見あきたこまちは本当にうまいか」,また,『週刊文春』(1987年10月22日号)では「幻の米あきたこまちは本当に美味しいか」といった少しセンセーショナルなタイトルとともに「あきたこまち」が紹介されている。

20　「あきたこまち栽培のポイント」は,8郡市単位(鹿角,北秋田,山本,秋田,由利,仙北,平鹿,雄勝)ごとに作成され各農家に配布された。この中には,「あきたこまち」の生育目標,収量目標,育成の特徴,土作り,水管理,育成時期ごとの注意点,障害対策,収穫・乾燥・調製方法などが記されている。

21　研究会の組織化は,仲間との競争意識を生み生産意欲や技術を向上させるだけでなく,継続してモニタリングすることで品質がばらつく原因を追究できるというメリットも有している。

22　ちなみに,1998年度のこまち娘の募集要項は以下のとおり。

　　人数：10名
　　任期：1年
　　資格：満18歳以上26歳以下(高校生は除く)で,秋田県在住または秋田県出身者で東京近郊在住者。県内外でのキャンペーン,イベントに参加可能な者
　　審査：書類審査(1次審査)と面接(2次審査)
　　副賞：アメリカ西海岸の旅,10年産あきたこまち20kg

23　『日経流通新聞』の調査では,こまち娘による全国キャンペーンを展開した「あきたこまち」がほぼ全域で高い評価を得ているのに対し,北海道を中心に地域限定的なプロモーション活動を展開した「きらら397」は活動を行った地域と行わなかった地域とで評価に差がみられることから,こまち娘による全国キャンペーンが「あきたこまち」のヒットを押し上げたと指摘している。

24　『秋田魁新報』1985年12月11日付を参照。

25　『秋田魁新報』1987年11月25日付,および読売新聞秋田支局[1989],41-42頁を参照。

26　秋田県経済連による1999年当時の推計値。なお,偽ブランド問題は「あきたこまち」だけでなく有名ブランド米すべてが直面しており,たとえば,魚沼産コシヒカリでは,推定で生産量の10倍程度の魚沼産コシヒカリと称する米が市場に出回っているという(『日本経済新聞』1997年5月22日付夕刊)。しかし,魚沼産コシヒカリの場合は,販売店にとってその良し悪しが店全体の評価に影響を及ぼすフラッグシップ・ブランドであるため偽物でもかなり品質の良いものを使用していること,またコシヒカリは混米しても味がそれほど落ちないという性質を有する等の理由により,消費者からの不満が少ないのに対して,「あきたこまち」の場合は,もともと手頃な価格帯のブランドであることから,かなり品質の劣るものが偽物に使用されること,また,コシヒカリとは異なり混米に適さない品種であることが災いし,本物に比べて偽ブランドの食味がかなり劣ることが,偽ブランド問題をより深刻なものにしている。

27　秋田県経済連では,以下の方法で産地精米を行っている。まず,玄米の段階で卸売業者と取引契約を結び,契約した玄米を秋田県経済連が保管する。卸売業者は精米が必要なとき必要な量を経済連に連絡。注文を受けた秋田県経済連は,保管してある玄米を自社の精米所で精米し卸売業者に配送する。以上が産地精米の基本的な流れであり,小売業者との直接取引は行っていない。

28　本文で示した偽ブランド対策は,流通過程の操作性を高めることで偽ブランドを抑制することを目指している。というのも,米は精米すると専門家でも品種を特定するのが難しく,米自体によって「あきたこまち」か否か判断するのが難しいからである。
　　ところが,近年,DNAによる品種鑑定法が開発され,精米した後でも,その品種を特定することができるようになった(『日本経済新聞』1997年6月14日付,および同年8月9日付夕刊

参照)。しかし，DNA 鑑定はそれが偽ブランドか否か判断することはできても，偽ブランドを直接抑制することはできず，偽ブランドを排除するにはいまだ多くの問題が残されている。

29　事実，秋田県経済連に寄せられる苦情の中には，他県産のあきたこまちを秋田県産だと勘違いしたものもあったという。

30　この作付面積の上限は系統農家を対象としたものであり，非計画流通米農家は含まれていない。ちなみに，1997年の系統農家の作付面積は 6 万 6678ha である。

31　しかし，この試みは必ずしもうまくいったとはいえない。なぜなら，「あきた 39」は多収性に優れているものの，食味では「あきたこまち」に劣り，自主流通米よりも政府米に適した品種だったからである。また，「天印あきたこまち」も有機農法米自体の市場が小さいこともあり，思うように浸透しなかった。

32　ブランドの識別機能に関しては第 1 章第 1 節を参照。

33　ブランドを付与するという行為自体が信頼のシグナルとなることに関しては，第 1 章第 1 節を参照。

34　COO 研究をレビューした恩蔵［1997］は，COO のいう原産国ととらえる次元として，少なくとも次の 5 つが存在するとしている。①ブランドを有する会社の本社機能が置かれている国，②デザインが行われる国，③製品や原材料が調達される国，④最終的な生産（アセンブリング）が行われる国，⑤製品が消費される国がそれである（恩蔵［1997］，429-430 頁）。

35　同様に，ナラヤナは，国家イメージを「顧客によって知覚された特定の国の製品に対するイメージの集合体であり，そのイメージとは，特定の国が製品を提供することに関係するすべての領域を含むものである」（Narayana［1981］, p. 32）と規定している。

36　COO と BO の違いは，分析対象が製品カテゴリーかブランドかにあり，BO は，同じ製品カテゴリーでもブランドによって COO 効果が異なることや，複数の製品カテゴリーに展開しているブランドの場合，製品カテゴリーごとではなくブランド単位で COO が形成されることを示唆している。

37　ここでいう"グローバル"は，特定の地域に合わせたものではないことを意味するものであり，必ずしも全世界で展開していることを示すものではない。

38　民謡の秋田音頭の中に「秋田の女ご　何どしてきれだと　聞くだけ野暮だんす　小野小町の生まれ在所を　お前はん知らねのげ（秋田の女性がなぜ綺麗か聞くのは野暮なこと。[美人で有名な]小野小町の生まれ故郷をあなたは知らないの)」という歌詞があることからもわかるように，古くから秋田は，美人の里，小野小町の出生地として知られており，互いに，一方がもう一方をその根拠としていたことがわかる（http://www.worldfolksong.com/songbook/japan/minyo/akita-ondo.htm［2015-10-1 参照]）。

39　ここでいう試買率とは，過去に購入したことのある人の比率であり，"試買"の上に，「よく購入している」「たまに購入している」という"常用"がある。

40　もちろん，単に地域性要因を示すだけではなく，地域ブランドや地域産品とそれを関連づける努力が必要となる。たとえば，「あきたこまち」の場合，"こまち"を含むブランド名やひらがな表記は，地域ブランドと地域性要因を，「美人を育てる秋田米」というキャッチフレーズは，地域産品と地域性要因を結びつけている。また，米袋（パッケージ）の"あきたこまち"の字体に，名古屋在住のデザイナーである味岡伸太郎氏が小野小町をイメージして創作した「小町書体」を使用したり，その文字の色に秋田県の県旗と同じ"朱茶"を使用するなど，さまざまなところでこれらを関連づける努力を行っている（読売新聞秋田支局［1989］, 26-28 頁）。

41　本文でも述べたとおり，小野小町の出生地が秋田県である確証はなく，また，出生地以外にも小野小町とゆかりのある地域は全国に存在する。したがって，小野小町は秋田県に固有のものではなく，多くの地域が利用可能な地域性要因だといえる。にもかかわらず，他の地域が

「あきたこまち」のようにそれを活用していないのは，何らかの方法でそれを資源化する必要があることを示唆している。そして，地域性要因が，いったん地域ブランド資源化されると，それは同じ地域の他の地域ブランドへも転用可能となる。事実，「あきたこまち」のブランディングにより，地域ブランド資源化した小野小町（こまち）は，首都圏と秋田を結ぶ新幹線の名称に使用されるなど，秋田県のさまざまな地域ブランドに利用されている。

第5章

地域ブランドの製品選択
――事例：仙台牛たん焼き――

はじめに

　本章では，地域ブランドにふさわしい地域産品の選択方法について考察する。地域産品と地域ブランドによって構成される地域産品ブランディングは，地域産品を起点に地域ブランドを付与するか否かを考える場合と，地域ブランドを起点にそれにふさわしい地域産品を選定する場合の2つのアプローチが存在する。一般的には，第4章で示した「あきたこまち」のように，地域産品を起点に地域ブランドの付与を考える場合が多いが，地域ブランディングが注目されるようになって以降，地域ブランドを付与することを前提として，それにふさわしい地域産品を発掘したり，新たに開発しようとする動きが高まっている。

　そこで，本章では，「仙台牛たん焼き」を事例に，地域ブランドにふさわしい地域産品の特徴は何か，地域ブランドにふさわしい地域産品を選択あるいは開発するにはどうしたらよいか考察する。地域ブランディングは，地域産品を起点に行う場合と地域ブランドを起点に行う場合とで，そのブランド構造が異なる。なぜなら，どちらを起点にするかで，ブランディングにおける地域の意味するところが異なるからである。

　また，本章では，地域ブランドの付与対象となることが多い一次産品の特徴およびそれに地域ブランドを付与する際の注意点に関しても考察する。

1. 事例：仙台牛たん焼き

▶牛たん焼きの誕生
(1) 仙台の名物料理「牛たん焼き」
　仙台の名物料理として最初に浮かぶのは，牛たん焼きだろう。仙台市の歓楽街を中心に80店舗以上の専門店が存在し，土産物売場にも数多くの製品が並ぶ[1]。また，2007年に選定された「農山漁村の郷土料理百選」とともに選定された宮城の御当地人気料理特選にも選ばれるなど，牛たん焼きは地域を代表する料理として全国的に知られている[2]。

(2) 牛たん焼きの誕生
　「仙台牛たん焼き」は，第二次世界大戦後，仙台市の歓楽街にあった焼鳥屋「太助」の店主・佐野啓四郎氏（以下，敬称略）によって開発されたという[3]。
　山形県出身の佐野は，戦前，料理人を志し東京の割烹料理店で修行した後，仙台の割烹料理屋や仕出し屋で働いていた。その縁もあって，戦後，現在の仙台市青葉区一番地に「グリル番丁」という喫茶店と焼鳥屋を兼ねた小さな店を構えることになる。そして1948年，店を国分町に移し，店名を「太助」と名乗るようになる[4]。
　店の移転に伴い何か新しい料理を提供したいと考えた佐野は，料理人の経験を活かし新たなメニューの開発を始める。そして，東京で修行していた頃，知り合いのコックがいった「牛の舌ほど美味しいものはない」という言葉を思い出し，ためしに焼いて食べたところ思いのほか美味しく，牛たん焼き料理の開発に本格的に取り組むことになる。太助は焼鳥屋だったが，戦後間もない当時は食材が手に入りにくかったこともあり，鶏のみならず豚や牛の臓物なども扱っていたため，牛たん焼きをメニューに加えることは，とくに問題はなかった。
　その後，味噌やタレをつけて焼くなど試行錯誤を繰り返し，塩胡椒で下味をつけて炭火で焼くのが美味しいことを発見し，1950年，太助のメニューに牛たん焼きが加わることになる[5]。

(3) 料理としての牛たん焼き
　佐野が開発した牛たん焼きは，塩胡椒で下味をつけ炭火で焼くというシンプルなものだが，シンプルであるがゆえに奥が深い。下処理の方法から，包丁の

牛たん焼きの生みの親，佐野啓四郎

出所：仙台牛タウン・ホームページ。

入れ方，肉の厚み，塩胡椒の量やふり方，ねかせる時間，炭火の火力や炊き方に至るまで，多くの過程を丁寧に行わなければ美味しい牛たん焼きはできない。とくに佐野は，割烹料理店で修行した経験や，生来の生真面目な性格により，料理に厳しく，下処理から焼く際の塩のふり方まで細かく指示したという[6]。

ところで，佐野が牛たん焼きを提供するにあたって，当初から頭を悩ませていたのが牛たんの調達である。牛たんは牛1頭から1本しかとれず，開発当初から宮城県内だけでは足りず，自ら山形県のと畜場に連絡し，牛たんを集めていたという。それでも集められる牛たんは1週間10本程度で，1本の牛たんからとれる牛たん焼き用肉片も25枚程度と限られていた[7]。そこで，佐野はできるだけ多くの人に牛たん焼きを食べてもらうため，1人3枚までとし，これが今日の牛たん1人前の基準になっている[8]。

そして佐野は，当初，酒の肴として出していた牛たん焼きを，定食として提供することを思いつく。牛たん焼き，麦飯，テールスープ，漬物をセットにした「牛たん焼き定食」がそれである。牛たんを使用した料理には，タンシチューのような高級料理も存在するが，戦後の貧しい環境の中で美味しいものを手軽に食べてほしいと思った佐野は，牛たん焼きを庶民の料理としてとらえていた。牛たん焼き定食もそうである。テールスープの材料となる牛の尻尾は，ステーキ用の肉をとった後の残り物であり，麦飯も白米が高級だった頃の庶民の食べ物で，比較的安価で提供可能な食材だといえる[9]。この牛たん焼き定食が好評を得て，1952年，佐野は仙台市の稲荷小路の一角（通称，東一連鎖街）に店を移し，牛たん焼き専門店を始めることになる。

▶牛たん焼きの普及
(1)「喜助」の開業

 こうして牛たん焼きが誕生したわけだが、仙台出身の郷土史家・逸見英夫によると、当初、牛たん焼きの顧客は特定の人に限られていたという。確かに、東北大学医学部の研修医らが「牛たんは、脂肪分が少なく、高タンパクで低カロリー。味もいい」と好んで食べ、それが評判となって店の客も徐々に増えていった（井上 [2001]、19-20 頁）。しかし、牛たん焼きは、太助という店のオリジナル・メニューで、珍しい料理として一部の愛好家が食べるものだと思われていたのである[10]。

 このような状況にあった牛たん焼きが仙台名物になる過程で大きな役割を果たしたのが、牛たん焼き専門店「喜助」の創業者・大川原要氏（以下、敬称略、要）である。1975 年に創業し、現在、仙台市内に 7 店、関東・東海・関西地域に 8 店、計 15 店を有する喜助は、要が 50 歳を過ぎ、脱サラして始めた牛たん焼き専門店である[11]。

 要が牛たん焼きを始めたのは、会社を辞めて何か商売をしようと思っていたとき、以前勤めていた会社の得意先に太助に連れて行ってもらい牛たん焼きを勧められたからだが、脱サラしての開業だったため、飲食店の経営ノウハウもなく、開業資金も銀行に融資を仰ぐなど厳しい状況でのスタートだった[12]。その中でももっとも大変だったのが牛たんの調理である。そして、このとき要を助けてくれたのが太助の佐野だった。

 佐野は、料理経験のない要が牛たん焼き専門店を始めることを知り、新店の職人を太助で修行させることを提案する。しかし、佐野の教えが厳しく、その職人は修行に耐えられず辞めてしまう。そこで、若くして父の事業を手伝うことになった息子の大川原潔氏（以下、敬称略、潔）が、佐野から牛たん焼きを直接教わるものの開店に間に合わず、太助で以前働いていた職人を紹介してもらい何とか開店にこぎつけたという。要が太助の"助"の字をもらい店名を喜助としたのも、商売敵になるかもしれないのに助けてくれた佐野に恩義を感じたからである。

(2) 喜助の改革

 喜助は、脱サラした要が始めたこともあって、牛たん焼きに新たな風を吹き込んだ。その 1 つが女性客の開拓である。喜助が開業した 1975 年頃、牛たん

牛たん焼き定食

出所：喜助ホームページ。

焼き専門店は，ランチメニューとして牛たん焼き定食を提供していたが，居酒屋のイメージが強く，女性客は近づきにくかった。

　また，牛たん焼きの肉片の大きさも問題だった。佐野が開発した牛たん焼きは，大きく輪切りした牛たんを歯で嚙み切りながら食べるもので，その野性味が牛たん焼きの魅力の1つだった。しかし，牛たんは弾力があり，上品に食べるのが難しく，女性が食べにくそうにしている姿を，牛たんを調理しながら見ていた潔は，焼いた牛たんを女性向けに半分に切って提供することを思いつく。この半分に切って提供するサービスは評判となり，女性客のみならず男性客からもリクエストがあったという[13]。

　喜助が行った工夫はこれだけではない。佐野が開発した牛たん焼きは，塩胡椒だけのシンプルな味付けで，牛たん本来の味を最大限に引き出すという意味で，いまだこれを超える調理法は見つかっていない。しかし，牛たん特有の乳

臭さが残り，それを苦手とする客が女性のみならず男性にも少なからずいた。そこで，喜助は，独自のタレを開発し，それに漬け込んで臭みを消した牛たん焼きを顧客に提供したのである[14]。結果は上々で，牛たん焼きが苦手だった人だけではなく，これまで牛たん焼きを好んで食べていた客も興味を示し，味の変化を楽しむようになったという[15]。

このように，喜助は，佐野から教わった伝統の味を守りつつさまざまな工夫を凝らし，新規顧客を開拓するが，牛たん焼きの全国的な知名度向上にも一役買っている。喜助は，要が脱サラして始めた店だが，それを応援したのが要の若い頃の仲間だった。要は早稲田大学在学中に学徒動員で海軍航空隊に入隊しており，当時の仲間が要を励まそうと店を訪れたのである。その中には，建設大臣を務め

仙台名物と銘打った「喜助」の看板

た地元代議士の内海英男や茶道の裏千家家元15代千宗室，エーザイ株式会社2代目社長の内藤祐次などの著名人もいた（井上［2001］，31頁）。そして，店を訪れた多くの仲間が，東京をはじめ各地で喜助を宣伝したことで，牛たん焼きは仙台以外でも知られるようになる。

こうした人々の協力もあって喜助の経営は軌道に乗り，1980年，仙台駅前の日之出ビルに2号店を出店する。その際，要は人通りの多い仙台駅前の地の利を活かすため，「仙台名物・牛たん焼き」と書いた看板を表通りに掲げる。これが，他の店を含め，牛たん焼きが仙台名物を名乗った最初である（井上［2001］，30-31頁）。この看板は，駅前通りの看板規制により，残念ながらその後撤去されることになるが，その効果は絶大で日乃出店には店に客が入りきらず行列ができたという[16]。そして，1988年，喜助の3号店としてエスパル店を出店したとき，「牛たん焼きを仙台名物として全国に広める」という決意を込めて，喜助の看板に"仙台名物"と書いて店頭に掲げる。その後，他の牛たん焼き専門店も仙台名物を名乗るようになり，牛たん焼きが仙台名物として仙台内

外に定着していく。

(3) 土産物の誕生

　牛たん焼きを仙台名物に定着させたのは飲食店だけではない。仙台駅などで売られている土産物も仙台名物としての定着に一役買っている。

　この牛たん焼きの土産物に真っ先に取り組んだのが「べこ正宗」の店主・古川嘉幸氏（以下，敬称略）である[17]。古川は，仙台の料理として知名度が高まっていた牛たん焼きを土産物にしようと考え，牛たん焼きを仙台味噌で漬けることで保存性を高めること思いつく。そして試行錯誤の結果，家庭でも美味しく焼ける牛たんの味噌漬けを開発し，1987年，仙台で最初に牛たん焼きを土産物として売り出す。

　また，「伊達の牛たん本舗」の創業者である吉田憲明氏も，牛たん焼きの土産物の開発に取り掛かる[18]。伊達の牛たん本舗の創業は1991年。現在は，10店舗以上の飲食店を運営しているが，もともと牛たんの贈答用や土産物用の物販から始まった会社である。当初，牛たん焼きは塩胡椒が基本ということで試作を行ったが，肉汁が出て見た目が悪くなるなどなかなかうまく行かず，試行錯誤を重ねて西京味噌に漬け込んだ土産物用牛たんを開発する。これを試食販売したところ大変好評で，1991年，「牛たん焼き定食を日本中の食卓へ」を合言葉に本格的に事業化し，お中元用として仙台市内のデパートで販売を始め，その後，仙台駅の売店でも土産物として牛たん焼きを販売するようになる。

　一方，牛たん焼き専門店でも新たな動きが起こる。店で提供していた料理の土産物化がそれである。たとえば，喜助では，近所の常連客が病気で食欲がないときに鍋持参で店を訪れ，温めたテールスープを鍋に入れ，白髭ネギとテール肉を別々に包んで持ち帰り，家で温め直して食べていた[19]。これを土産物にすることを考えた喜助は，テールスープのレトルト商品の開発に取り掛かる。しかし，その開発は思いのほか難しく，1年近く試行錯誤を重ね，1992年にレトルトの持ち帰り用テールスープが完成する。その後，喜助は，牛たん焼きの真空パックの商品化にも着手し，1993年，持ち帰り用牛たん焼きの販売を始める。

▶牛たん焼きの試練と地域としての結束
(1) 牛たん焼き需要の拡大
　上述したように，牛たん焼き専門店が土産物用製品の開発に着手する一方，土産物用牛たん焼き販売店としてスタートしたべこ正宗や伊達の牛たん本舗が飲食店事業を始めるようになり，両者が相互に乗り入れるようになる。
　中でも，伊達の牛たん本舗が展開した店舗は興味深い。牛たん焼き専門店は，初めて牛たん焼きを提供した太助と同様，和風な店構えがほとんどだが，伊達の牛たん本舗は，これらの店とは一線を画す洋風な店を展開したのである。また，一般の牛たん焼き専門店は，客の前で調理することで，牛たんの焼ける音や香りを楽しむことができたが，客室が煙っぽくなり，衣服に臭いがつくことを嫌がる客もいた。そこで，伊達の牛たん本舗では，客室と調理場を分離し，あえてシズル感を犠牲にする代わりに，BGMとして店内にジャズを流すなど，別の意味で居心地の良い空間づくりを心掛けた。そして，牛たん焼き以外の料理やドリンクを充実させることで，これまで牛たん焼きに馴染みのなかった若いカップルやファミリー層の獲得に成功したのである。
　こうした多くの人々の努力によって，牛たん焼きは，幅広い顧客層に広がっていく。また，これに呼応するように牛たん焼きを提供する飲食店や土産物の販売店も増加し，牛たん焼きが特定の店の料理から仙台の料理へと変化していく。

(2) 牛たんの調達とBSE問題
　牛たん焼きの需要拡大に伴い問題となったのが，食材となる牛たんの調達である。太助の創業者である佐野も苦労したように，宮城県が牛肉の飼育に本格的に取り組むようになったのは戦後からであり，牛1頭から1本しかとれない牛たんを地元で調達するのは最初から無理だった。この難しさは，仕入先を日本全体に広げてもさほど変わらず，牛たん焼き専門店は，その仕入先を海外に求めるようになる。
　そして，彼らが牛たん焼きに適したものとして最終的に行き着いたのが，アメリカ産のアバディーン・アンガスの牛たんである（井上［2001］, 55-61頁）。アバティーン・アンガスは，アンガス種の中でもイギリスのアバティーン地方原産のものを指すが，アメリカ産のそれを使用するのは，供給量が多く，品質も良い（柔らかい）からであり，牛たん焼き専門店の約8割がこの牛たんを使

用している（井上［2001］，56 頁）。この海外からの仕入れは，1991 年の輸入自由化により価格が下がったことで急速に増加する。

しかし，その後，仙台の牛たん焼きは大きな試練に直面する。2001 年に国内で発生した BSE（牛海綿状脳症）問題がそれである。この BSE 問題は，海外から牛たんを調達している牛たん焼き専門店にとって直接関係なかったものの，その風評被害は大きく，店舗の売上が 5 割まで落ち，10 店近くが店を閉めるなど大きなダメージを受けた[20]。また，2003 年にアメリカで発生した BSE 問題が，それをさらに悪化させた[21]。上述したように，仙台の牛たん焼き専門店の多くがアメリカ産の牛たんを使用しており，輸入が禁止されたことで，仕入先の変更を迫られたり，仕入価格の高騰により値上げせざるをえなくなったのである。

(3) 地域としての結束

しかし，悪いことばかりではない。国内で BSE 問題が発生した直後の 2002 年 2 月，仙台の牛たん焼きを守るにはライバル同士が協力する必要があるという思いから，仙台を代表する牛たん焼き専門店 5 社が集まり「仙台牛たん振興会」を設立する[22]。そして，公式サイト「仙台牛タウン」を立ち上げ，牛たん焼きの歴史や各専門店の紹介，牛たん焼き専門店マップの作成など牛たん焼きの普及活動を開始する[23]。

また，行政も牛たん焼きの普及を支援する。行政が牛たん焼きに注目し始めたのは 1982 年頃で，「牛たんを仙台名物として広めたいので協力してほしい」との要請が仙台市観光課と仙台商工会議所から太助にあったという（井上［2001］，32 頁）。そして，仙台の牛たん焼きは，2007 年に農林水産省の郷土料理百選選定委員会により御当地人気料理に選定され，2012 年には，宮城県の地域産業資源として認定されるなど，仙台の一飲食店で生まれた牛たん焼きは，いまや仙台を代表する料理ブランドとなっている。

2. 問題の所在

▶個別主体ブランドと地域ブランド

第 1 節の事例で紹介したとおり，今日，仙台名物として知られる牛たん焼きは，太助の店主だった佐野が開発した料理である。このように，特定の店の料

理が地域に広まり地域ブランド化したものは他にも存在する。たとえば，秋田県横手市でお好み焼き屋の屋台を営んでいた「元祖神谷焼きそば屋」の店主が，お好み焼き用鉄板を利用した新メニューとして地元の麺業者と一緒に開発した「横手焼きそば」や，三重県四日市市の中華料理店「來來憲（らいらいけん）」を発祥とする分厚い豚肉をニンニクと一緒に黒く濃いタレでソテーした「四日市とんてき」などがそうである[24]。

しかし，これらの料理は，個店のそれとして地域ブランドになったわけではない。地域ブランドとして認知されるようになったのは，仙台牛たん焼きで示したように，これら発祥の店以外でも同様の料理が提供されるようになってからである。これは，その料理が地域の複数店で提供されて初めて地域ブランドになることを示唆している。

ここで重要なのは，地域ブランドになるには，複数の店舗で提供する必要があるという点である。

第1章で示したように，ブランドが識別記号として機能するには，単にブランドが識別可能なだけでなく，そのブランドが付与された製品が識別可能であること，すなわちブランド間の製品差異性とブランド内の製品同質性が必要となる。なぜなら，もしブランドが付与された製品が他と同じならば，それを他と異なるものとして識別する必要はなく，逆にブランドが付与された製品同士が異なるならば，それを同じものと識別できず，ブランドが識別記号として用をなさないからである。

このブランドの識別機能から，太助のみで牛たん焼きを提供しているときのことを考えてみよう。太助が提供している牛たん焼きは，仙台以外の地域には存在せず，その意味で他地域すなわちブランド間の差異性を有している。しかし，識別機能のもう1つの条件であるブランド内の同質性に関しては，太助という店舗内での同質性であり，仙台という地域内のそれではない。もちろん，太助は仙台に立地しており，その意味で，牛たん焼きは仙台という地域内のものである。しかし，太助という店舗でのみ提供されている状態では，「仙台（地域ブランド）⊃ 太助（店舗ブランド）⊃ 牛たん焼き（製品）」となり，太助という店舗レベルで識別するのが妥当で，あえて地域レベルで識別する必要はない。

一方，今日のように太助を含む複数の店舗で牛たん焼きが提供されている場合は，牛たん焼きが太助という店舗レベルを超えて存在するため，「仙台（地

域ブランド）⊃ 牛たん焼き（製品）⊃ 太助（店舗ブランド）」となり，牛たん焼きを地域レベルで識別するほうが適切だといえる。つまり，地域ブランド化するには，そのブランドを付与した製品が，地域レベルで識別される必要がある。

　太助の店主である佐野は，喜助の要が脱サラして牛たん焼きを始めるとき，その作り方を伝授するだけでなく，開業当初に自分の店で働いていた職人を紹介し支援したという。この種の行為は，自らの優位性を希薄化させるため，通常のビジネスではなかなか起こらない。しかし，佐野の牛たん焼きを広めたいという気持ちがそれを可能にしたのである[25]。

▶地域ブランドと地域産品関係の非対称性

　地域名物の中には，石屋製菓の「白い恋人」のように個別主体のブランドながら特定地域と強い関係を有するものも存在する[26]。この個別主体のブランドながら地域ブランドとみなすことができる「白い恋人」と，複数主体が提供することで地域ブランド化した「仙台牛たん焼き」は何が違うのだろうか。

　石屋製菓が「白い恋人」を発売したのは1976年[27]。1947年，政府委託のでんぷん加工業を始めた石水幸安氏（以下，敬称略）は，その後，菓子製造業へと移行し，1959年に石屋製菓株式会社を設立する。そして，1972年の札幌オリンピックを契機に観光地として北海道の人気が高まったのを受け，観光客向けの土産物銘菓の開発に取り組み完成したのが「白い恋人」である。「白い恋人」は，当時，人気のあったホワイト・チョコレートを手を汚さずに食べることができるようラング・ド・シャ（クッキー）で挟んだ洋菓子で，「白い恋人」というブランド名は，詩を書くのが好きだった創業者の石水がスキー場で降る雪を表現したものだという。

　その「白い恋人」の売上が大きく増加したのが，発売1年後の1977年。全日空の機内食に採用されたのがきっかけだった[28]。もちろん，発売当初からテレビや雑誌，空港の看板等で宣伝しており，少しずつではあるが売上を伸ばしていた。そのうえ機内食に採用されたことで，北海道に出張で来たビジネスパーソンや観光客が機内で食べた「白い恋人」を帰りに土産物として買い，それをもらって食べた人が北海道に来たときに買うという好循環が生まれ，「白い恋人」の知名度や売上が飛躍的に増加したのである。

　しかし，どれだけ売上が上がっても石屋製菓は北海道の外で出店することは

なかった。事実，札幌店に売場をもっていた縁で，三越百貨店に本州での出店を誘われたときも，北海道限定にこだわりたいという理由で断ったという。現在，「白い恋人」を販売している店舗は，特約店を含めると500店に達するが，店舗はすべて北海道内にあり，北海道以外では，百貨店などで年に数回開催される北海道物産展やオンライン・ショップで売っているだけである。

　ここで注目すべきことは，「白い恋人」は自らの製品価値を高めるために北海道という地域と自らを意図的に関係づけているという点である。そもそもブランドの付与対象となる製品，すなわちホワイト・チョコレートをラング・ド・シャで挟んだ菓子自体は，北海道と何ら関係がない。しかし，北海道土産というポジショニングや雪を連想させるネーミング，北海道限定販売などのブランディングを通して北海道と関連づけることで，実際の製品以上の価値がそこに付加される。

　一方，喜助が牛たん焼きを仙台名物と名乗ったのは，自らの製品価値を高めるためだけではない。同様に，牛たん焼きの生みの親である佐野が地域との関係を深めていったのも，仙台市観光課や商工会議所から「牛たん焼きを仙台名物にしたいので協力してほしい」と言われたからであり，自らの製品価値を高めるためではない。

　以上の議論は，同じ地域産品ブランディングでありながら，地域産品が自らの価値を高めるために地域ブランドを付与する場合と，地域ブランドがそれにふさわしい地域産品を選択する場合では，地域産品と地域ブランドの関係が異なることを示唆している。その相違点の1つが，地域ブランドを付与する製品が単一主体か複数主体かであり，地域産品を起点にする地域産品ブランディングでは，「白い恋人」のように単一主体でもブランディングが可能だが，地域ブランドを起点とする地域産品ブランディングでは，「仙台牛たん焼き」のように複数主体でのブランディングが求められるのである。

▶地域ブランドに適した製品の選択

　以上，同じ地域産品ブランディングでも，地域産品を起点に行う場合と地域ブランドを起点に行う場合とで，その方法が異なることを示した。このうち，前者の地域産品を起点にしたブランディングに関しては，すでに第4章で議論しており，本章では後者の地域ブランドを規定にしたブランディングについて

議論する。

　さて，地域ブランドを起点にしたブランディングの対象となる製品にはさまざまなものが存在する。その中でも多いのが，農産物などの一次産品もしくはそれを使用した加工品である。事実，第3章で示したとおり，地域団体商標の出願状況をみても，その半数近くが農水産物などの一次産品となっている[29]。これは，一次産品が土壌や気候などの地理的影響を受けやすく，地域間の差異が生まれやすいことに起因している。そこで，本章では地域ブランドの付与候補となる一次産品についてまず考察することにする。

　地域ブランドが識別記号として機能するためには，地域ブランドを付与する製品が，地域間で差異性を有する必要がある。一次産品が地域ブランドの付与候補となる理由は，上述したように地域間で差異性を有するからだが，その地域で産出されたものだけが地域間の差異性を有するわけではない。たとえば，「仙台牛たん焼き」は，仙台で消費する牛たんを地域内で賄うことができず，開発当初から全国さらには海外からそれを調達している。にもかかわらず，牛たん焼きが仙台名物になったのは，その調理法や提供の仕方が他の地域と異なっていたからである。これは，製品において他の地域との差異性を示す次元が複数存在することを示している。

　また，地域ブランドの付与候補となる製品は，地域内で同質性を有する必要がある。しかし，「仙台牛たん焼き」のように，地域ブランドを構成する製品は，複数企業から提供されることが多く，同じブランド名ながら提供している製品が異なることが多い。これは，第1章で示したビジネス・ブランディングが想定しているブランド内の同質性とは明らかに異なる。そこで，本章では，地域ブランドの付与候補となる一次産品について考察した後，識別記号としてのブランドの成立条件であるブランド間の製品差異性とブランド内の製品同質性について，地域ブランド付与対象の選択という観点からあらためて議論する。

3. 地域ブランド付与候補としての一次産品

▶一次産品の特徴

　一般に，一次産品（primary product）とは「自然の中で採取され，加工されていない生産物で，農林水産業や鉱業などの一次産業の製品」を指すが，本書

では，鉱業製品を除く農林水産業の産出物を一次産品という[30]。

　一次産品に付与されるブランドは，「米沢牛」「宇治茶」「越前がに」など地域を識別単位とするもの，「コシヒカリ」（米），「とちおとめ」（イチゴ），「桃太郎」（トマト）など品種を識別単位とするもの，そして，「サンキスト（Sunkist）」「ドール（Dole）」など組織を識別単位とする3つのタイプに分けられる[31]。地域ブランドは，この中の地域を識別単位とするものに該当するが，その歴史は古く，「川口蜆（しじみ）」（埼玉県川口市），「西条柿」（広島県広島市），「朝倉山椒」（兵庫県秩父市）など，1638（寛永15）年に京都の旅館の主人・松江維舟重頼が著した『毛吹草』第4巻「諸国名物」にも，地域名を冠した一次産品が掲載されている。

　地域が一次産品の識別単位となるのは，農林水産物の生産物が土壌や気候等の地理的要因の影響を受けやすいからであり，これが地域ブランドの付与候補として一次産品が選択される理由となる。しかし，一次産品は，一般的なビジネス・ブランドの付与対象である工業製品と異なり，それが地域産品ブランディングを難しくしているという意見も存在する。そこで，地域ブランドを付与する際の一次産品の課題をあらためて考えてみよう。

　表5-1は，農林水産省が2007年に設置した「地域ブランドワーキンググループ」で配布された資料である[32]。これは，工業製品との比較における一次産品のブランディングの難しさを示したものであり，たとえば，①の「品質の不安定さ」は，一次産品の品質が自然環境に影響される部分が多く，ブランド内の製品同質性を必要とするブランディングにおいてマイナスとなることを示している。

　しかし，②の「供給主体の零細性」や③の「供給量確保の難しさ」は，必ずしも地域産品ブランディングの妨げとはならない。事実，初競りの際，高値で取引されることで有名な「大間まぐろ」は，日本の生まぐろ漁獲量の5.4％にすぎず，冷凍も含めた日本の刺身まぐろ消費量でみると，わずか0.065％しかない[33]。この「大間まぐろ」の漁獲量が多いか少ないか客観的に判断するのは難しいが，少なくとも供給量が少ないからブランドが確立できないという論理はおかしい。むしろ，第4章で示したように，供給量の少なさは希少性の源泉となり，ブランド価値を高めるうえでプラスに作用する可能性がある。

　④の「新製品開発の難しさ」や⑥の「模倣の容易さ」も同様である。この2

表5-1 一次産品（農林水産物）の特徴——工業製品との比較において

① 品質が安定しない
　自然条件に左右される部分が大きく，一定の品質のものとすることに困難な面がある。
② 供給主体が零細
　農林水産業は家族経営が主体であるため，1経営体当たりの生産量が零細であることが通常（このため，供給量の確保のためには，「産地」としてまとまりを作る必要）。
③ 供給量の確保が難しい
　①，②とも関連して，産品の品質のばらつきが避けがたいことから，「ブランド」として確立するために必要な規格化及び量の確保に困難な面がある。
④ 新商品が生まれにくい
　産品自体は自然から産み出されるものであることから，その機能，品質等が大きく変化した新品種等は生まれにくい。一方，消費側においては，「食」は一般に保守的であることから，大きな変化は受け入れられにくい。
⑤ 価値の見える化が難しい
　食品の本来的価値である食味，栄養等は外見からはわからず，また，数値化も難しい。
⑥ 模倣されやすい
　農林水産業の現場では技術を共有することが通常の意識であること，外部から見やすい場所（ほ場など）で生産されること等から，品種の管理，栽培技術の秘匿等が適切に行われ難く，容易に模倣され，後発組が出やすい。
⑦ 流通ルート
　生鮮食品において卸売流通が主体であった中では，生産・出荷と流通が切り離され，生産側において消費地からの評判に対する意識が不十分になりがち。
⑧ 新しい取組の開始に当たっての機動性に欠ける
　農産物においては1年1作が基本であるため，機動的な参入・撤退が難しい。また，農山漁村の意識が一般に保守的であるため，新しい取組への着手が行われにくい。

出所：農林水産省知的財産戦略チーム「地域ブランドワーキンググループ」第1回参考資料4（2007年11月）から抜粋。

つの要因はどちらも品種レベルでの製品差別化を示すものだが，地域産品ブランディングは品種レベルでの製品差別化を必ずしも必要としない。Shaw[1915]は，製品自体が明確に異なるならば，あえてブランドを付与する必要はなく，むしろ類似した製品の中で自らが異なることを識別させるためにブランディングが必要だという。事実，魚沼産コシヒカリに象徴される米ブランドは，同じ品種ながら地域によって製品評価が異なり，実際に異なるブランドとして認知されている。

　⑤の「価値の見える化の難しさ」と⑧の「機動性の欠如」に関しては，工業製品においても同様の特徴を有するものが数多く存在し，どちらも一次産品固有の特徴とはいえない。前者の価値の見える化は，技術の高度化により工業製品でもその必要性が指摘されており，一次産品に限らず工業製品においても重

要な課題となっている。また，後者の機動力に関しても，消費財の多くが春と秋の年2回，耐久消費財で年1回，自動車に至っては，2年に1度のマイナー・チェンジと4年に1度のフルモデル・チェンジが一般的であり，必ずしも自由に新製品が投入できるわけではない。

そして，⑦の「流通ルートの分断」に関しても，生産者と消費者の間に流通業者が介在するのは，工業製品でも一般的に見られる傾向であり，一次産品に限ったことではない。さらにいえば，生産者が自らの製品にブランドを付与するようになったのは，その支配権を流通業者から取り戻すためである（小林［2003a］）。製品にブランドが付与されていなかったとき，消費者は製品の良し悪しを店舗で識別しており，店舗が製品の識別記号すなわちブランドだった。しかし，生産者が自らの製品にブランドを付与することで，消費者は店舗が違っていても同じ製品だと識別できるようになり，製品に対する支配権を自らの手に引き寄せることができる。したがって，流通ルートの分断は，地域産品ブランディングの阻害要因ではなく，むしろ促進要因とみなすこともできる。

以上，地域ブランドの付与候補となる一次産品の特徴について，農林水産省の「地域ブランドワーキンググループ」の資料に基づき考察した。考察の結果，ブランド内の製品同質性の観点から問題となる「品質の不安定性」以外の要因は，一次産品に固有の問題ではなく，逆に一次産品のブランディングを促進する要因にもなりうることを示した。そこで，次項では，一次産品の品質不安定性に焦点を当て，地域産品ブランディングの方法について考えてみよう。

▶一次産品の品質不安性に対する対応

一次産品の品質不安定性に対する対応策として第1にあげられるのが，生産段階での品質安定化である。これは，品質不安定性の原因そのものを排除しようとするものであり，たとえば，第4章で取り上げた「あきたこまち」の栽培講習会の開催や栽培マニュアル「あきたこまち栽培のポイント」の配布，「こまち栽培研究会」の組織化などが，その取り組みの一例としてあげられる。

しかし，これらの活動は，人為的要因による品質のばらつきを可能な限り抑えるという意味で一定の効力を有するものの，これで一次産品の品質不安定性が解決できるわけではない。というのも，一次産品の品質は，天候等のコントロール不可能な自然環境に依存する部分が大きく，人為的な品質安定化に限界

があるからである。

　そこで第2にあげられるのが，選別による品質の安定である。これは，品質のばらつきのある製品の中から，一定の品質基準を満たすものだけ抜き取ることで品質の安定を図るものであり，一次産品の品質安定化策として，今日もっとも採用されている方法だといえる。

　ところで，今日の一次産品の選別を地域産品ブランディングの観点からみたとき，そこに1つの問題が存在する。それは，選別のために設定された品質基準が誰のためのものかという点である。この点に関し，波積［2002］は，一次産品の規格化（選別）が浸透した理由として，同一製品を大量販売するスーパーマーケットの台頭と，彼らへの製品提供を可能にした産地における大量生産体制の確立をあげている[34]。これは，一次産品の規格化が，最終消費者ではなくスーパーマーケットを対象としていることを意味する。

　では，スーパーマーケットが求める一次産品の規格化とは，具体的にどのようなものだろうか。波積は，それを同じような金額になるよう容量やサイズ，数量を合わせ，トレイ等に載せて簡易包装し，1つの製品として販売する「プレパッケージ」を目的とした規格化だという[35]。ここに，今日の一次産品の選別の問題がある。というのも，スーパーマーケットが求める選別は，あくまでプレパッケージのための同種製品を集めることであり，どちらかというとブランディング（差異化）ではなくコモディティ化（同質化）を促進するための選別だからである。したがって，ブランド付与候補の一次産品の選別には，他との差異性を意識した選別基準の設定が求められる[36]。

　そして，一次産品の品質不安定性に対する対応策として第3にあげられるのが，品質不安定性を肯定することでそれを克服する方法である。たとえば，一次産品そのものではないが，その加工品であるワインがそうである。ヨーロッパのワインは使用するブドウの産地や品種が細かく定められており，ワインの出来は収穫したブドウの質に大きく左右される。そこで，ヴィンテージ（収穫年）を明確にすることで，同じブランドのワインでも質が異なることを示す。こうすることで，顧客は，ブランドの有する通時的な共通性とヴィンテージ間の差異性の両方を楽しむことができるのである。

　以上，一次産品の品質不安定性に対する3つの対応方法を示したが，この中でもっともよく使用されるのが第2の選別による品質安定化である[37]。しかし，

今日の一次産品の選別の多くは，プレパッケージのためのそれであり，地域産品ブランディングにおいて有効に機能しているとはいえない。そこで，地域産品ブランディングに有効な選別を「戦略的製品選別」と呼び，その方法について考察してみよう。

▶戦略的製品選別によるブランドの確立

　戦略的製品選別とは，「ブランドを確立するために，同種の製品集合の中から有意味な差異を有する製品を抜き取ること」であり，ブランド間の差異性とブランド内の同質性を同時に満たす製品選別を意味する。この戦略的製品選別の例としてあげられるのが「夕張メロン」である[38]。

　夕張メロンは，夕張市農業協同組合（以下，夕張市農協）の夕張メロン組合（生産農家）が生産する夕張キングメロンという品種を指すとともに，夕張市農協が有する登録商標でもある。夕張キングメロンは，夕張市で大正時代から栽培されてきたスパイシーカンタロープと，通称マスクメロンと呼ばれるアールスフェボリットとを交配させた一代雑種であり，赤みを帯びたオレンジ色の果肉で，甘さ，香り，舌触りに優れ，表面に網目模様を有する[39]。

　夕張メロンのブランド力は高く，日経リサーチが行っている「地域ブランド戦略サーベイ」の名産品ブランド力ランキングでは，「讃岐うどん」「博多辛子明太子」「白い恋人」に次ぐ第4位[40]。毎年5月に行われる初競りでは，ご祝儀相場の意味合いもあって，2玉100万円以上の値が付く高級メロンとなっている[41]。

　この夕張メロンが誕生したのが1960年。山間地のため利用できる農地が限られていた夕張の農家は，収益性の高い作物としてメロンに注目する。しかし，当時，夕張で栽培されていたメロンは，赤みがかった果実で芳醇な香りがするものの甘さに欠けるスパイシーカンタロープで，市場性に乏しく自家用として細々と栽培されているだけだった。

　そこで，新たなメロン作りのため，有志が集まり1957年頃から交配種の育成を開始する。その際，スパイシーカンタロープの交配相手として選んだのが抜群の甘さを有するアールスフェボリットである。彼らは，自ら頼み込んでその種を譲り受け，専門家の助けを借りて交配試験を始め，1960年6月，10個のメロンを収穫する。夕張メロンの誕生である。

翌年収穫したメロンを第3回全道園芸作物共進会に出品。育成初年度ということもあってあまり期待していなかったが，北海道という寒冷地の路地物でありながら，マスクメロンとほぼ同じ外観を有し，しかもマスクメロンにはない芳醇な香りを有するということで高い評価を受け，農林大臣賞を受賞し一躍注目を集めることになる[42]。

その後，夕張メロンは，その品質を維持しながら，ブランドを確立していくが，そこで大きな役割を担ったのが，夕張市農協によるF1（雑種第一代）種子の管理と共撰体制の確立である。

夕張メロン用の種は一代限りのF1種で，農家は，この種を夕張市農協から毎年購入し，夕張メロンを生産する。夕張メロンの種子情報は農協内の秘密事項になっており，それを知っている農協職員は2～3名しかおらず，種子と種子情報は耐火金庫に入れて厳重に管理されている。この種を使用できるのは，生産者団体である夕張メロン組合に所属している農家のみであり，これが夕張メロンの品質の守るうえで大きな役割を担っている。

そして，夕張メロンの品質を支えるもう1つの仕組みが「共撰」である。共撰とは，共同で出荷可能な製品を選別することをいい，共撰された夕張メロンは，個々の農家ではなく，夕張市農協の夕張メロンとなる。共撰の規格は「特秀」「秀」「優」「良」の4段階で，たとえば，「特秀」は，糖度13％以上，重量1.5～1.8kg／玉，ネット（網目）90％以上など厳しい条件が課せられ，1日2万ケース扱っていても「特秀」の数はごくわずかだという[43]。

ここで重要なのは，夕張メロンの誕生当初から，このような厳しい規格を適用していることである。夕張メロンの共撰が行われるようになったのは，夕張メロンが誕生してわずか3年後の1963年。当時は，生産技術が確立しておらず品質のばらつきも大きかったため，厳しい基準に適合できず捨てられたメロンの山ができたという。しかし，その甲斐あって品質の良さが浸透し，今日のブランドが形成されたのである。夕張メロンは畑で作られるのではなく，共撰によって作られる。良い製品だけを抜き取るという戦略的製品選別が今日の夕張メロン・ブランドをつくったのである[44]。

▶規格外製品への対応

しかし，上述した戦略的製品選別はけっして容易なことではない。というの

も，基準を厳しくすることで出荷可能な製品が減り，生産者の収入が減少するからである。もちろん，夕張メロンのように高値で取引されることがわかっていれば，戦略的製品選択により製品を厳選するという者もいるだろう。ここで注意してほしいのは，高値で取引されるから製品を厳選したのではなく，製品を厳選したから高値で取引されるようになったということである。夕張メロンが共撰を始めたときは，まだ知名度も低く，今日のように高値で取引されるブランドではなかった。共撰により高い品質を維持し続けたことで，今日の夕張メロン・ブランドが確立したのである。

　ところで戦略的製品選別を行うには，選別からもれた規格外製品をどうするか考える必要がある。そのもっとも単純な方法は廃棄することだが，廃棄はまったく収入にならないばかりか，廃棄するのに費用がかかる場合もあり，けっして得策とはいえない。また，「規格外ながら味は同じ。訳ありのお買い得商品」などと称して規格外の製品を安く販売するのも問題である。というのも，顧客は，規格品と規格外品を同じものと認識するため，結果として，規格品のイメージを損ねる可能性があるからである。事実，夕張メロンも，このような危険性を回避するため，農協一元出荷としており，庭先販売を禁止している（川島［2002］）。

　そこで考えられるのが，規格外品に別ブランドを付与し，セカンド・ラインとして販売する方法である。たとえば，夕張メロンの場合，共撰からもれたメロンを個撰の夕張メロンとして販売している。ここでいう「個撰」とは，共撰にもれたものの，それが一定水準の品質を有することを個別農家が保証するものである。そのため，個撰の夕張メロンには，同じ夕張メロンながら，共撰と異なる図形商標に「個撰保証」の文字と保証した個別農家の氏名が記されたシールが貼られて販売される。ただし，個撰といっても各農家が勝手に販売するのではなく，夕張市農協を通して販売しており，顧客はこれらの夕張メロンを異なるブランドとして認識し，自らのニーズに合ったものを選択することができる。

　規格外製品に対するもう1つの対応は，形態を変えて販売することである。夕張市農協では，農協が50％出資し，第三セクター方式で夕張メロンを果汁に加工する工場を有しており，ここで一次加工された果汁を菓子メーカーなどに販売している。これにより規格外品を収益に変えることができるだけでなく，

果汁として年間を通して販売できるため，ブランドの知名度を高めるという効果も期待することができる。

4. 地域性を有する地域ブランド付与対象の選択

▶地域ブランド間の製品差異性

前節では，地域ブランドの付与候補となる一次産品の特性と，それをブランディングする際の留意点について述べてきたが，ここで地域ブランドの付与対象を製品一般に広げ，その選択方法について考察してみよう。

地域ブランドの付与対象となる製品は，何らかの意味で当該地域と関係があるものでなければならない。しかし，単に当該地域と関係があるというだけで地域ブランドの付与対象になるわけではない。地域ブランドの付与対象になるには，ブランドが識別記号として機能するための条件であるブランド間の製品差異性が必要となる。そして，ブランド間の製品差異性は，さまざまな側面からとらえることができる（図5-1）。

第1は，使用する原材料の差異性である。原材料の種類（品種）はもちろんのこと，その採取地，採取時期，採取方法や選別方法に至るまで，原材料に関わるあらゆる要素が製品の差別化要因になりうる。地域ブランドを付与する製品においてもっとも多いのが，この原材料の差異性に基づくものだといえる。

第2は，原材料の調達方法の差異性である。地域ブランドの付与対象となる製品は，使用する原材料の性質だけでなく，その調達方法によって識別することも可能である。たとえば，第6章で取り上げる関あじ・関さばは，釣り上げた魚をそのまま陸揚げし販売するのではなく，沖の生簀(いけす)でいったん休ませることで，その品質を維持するとともに，他との差異化を図っている。

第3は，生産（製造）地点の差異性である。「メイド・イン・○○」という表現があるように，生産や加工は，さまざまな要因が関係する複合システムであり，その全体を示す生産（製造）地点も，製品を差異化する要因となる。

第4は，生産（製造）技術の差異性である。たとえば，本章で取り上げた「仙台牛たん焼き」は，同じ原材料を使用していても，肉のカット方法や味付け等において，他の地域と異なっており，生産（製造）技術において他と差異化しているといえる。

図5-1 地域ブランド間の製品差異性を示す7つの側面

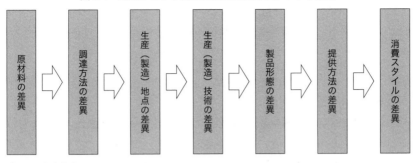

出所：筆者作成。

　第5は，製品形態の差異性である。これは，製品の見た目等の差異化を意味し，製品の違いを示すうえで非常にわかりやすい要因だといえる。たとえば，夕張メロンの外観のネットや赤みがかったオレンジ色の果肉は，夕張メロンを他と識別する重要な要素となっている。

　第6は，提供方法の差異性である。この提供方法には，製品の販売方法や配送方法，さらには，より良く消費するためのサービスなど，顧客が製品を消費するのに関わるすべての要因が含まれる。たとえば，「仙台牛たん焼き」は，麦飯やテールスープとともに定食として提供されることが多いが，この提供方法の違いも，他の牛たん焼きと「仙台牛たん焼き」を識別する要因の1つになっている。

　第7は，消費スタイルの差異性である。これは，消費の仕方によって製品を差別化しようとするものであり，焼き魚や味噌煮として食べることが多いサバを刺身として食べる「関さば」や，一般的にはお菓子とみなされる南部せんべいを鍋の具材とする「八戸せんべい汁」などが，その例としてあげられる[45]。

　以上，地域ブランド間の製品差異性を示す7つの側面について述べてきたが，これらの側面は，原材料の選定から，生産（製造），製品提供，消費という製品が顧客に至る一連のプロセスを表しているともいえる。したがって，生産（製造）技術が製品形態に影響を及ぼすなど相互に関連する部分もあり，必ずしも7つの側面が独立して存在するわけではない。また，これら7つの側面は，製品が顧客に至るプロセスを一定の水準で分割したものであり，さらに細かく分割することも可能である。これは，地域ブランド間の製品差異性を示す側面

図5-2 地域ブランドの付与対象に求められる製品差異性

$$\text{地域同定性} \times \text{製品固有性} = \text{地域固有性}$$

出所：筆者作成。

がいまだ多く存在することを示している。

　また，地域ブランド間の製品差異性を考えるとき，その差異性は2つの特徴を有することが求められる。1つは「地域同定性」であり，当該地域ブランドが付与された製品が当該地域のもの，すなわち他の地域のものではないことを示す差異性である。たとえば，夕張メロンの生産が夕張市農協の夕張メロン組合の農家に限定されていることなどが，地域同定性を示す製品差異性だといえる。そして，もう1つが「製品固有性」であり，地域ブランドの付与対象となる製品が有する差異性を表す。たとえば，夕張メロンの品種特性や，それに基づく製品形態の特徴などがこれに該当する（図5-2）。

　1つの差異性要因が，地域同定性と製品固有性の両方を有する必要はない。複数の差異性を組み合わせて，その両方を満たせばよい。しかし，どちらか一方だけでは，真の意味で地域ブランド間の製品差異性を確保することはできない。地域同定性と製品固有性の2つが合わさって，初めて製品は"地域固有性"を有することができ，地域ブランド間の製品差異性が達成されるのである。

▶地域ブランド内の製品同質性

　ブランドが識別記号としての機能するための条件として，上述したブランド間の製品差異性とともに重要となるのがブランド内の製品同質性である。製品同質性とは，一般的に仕様がまったく同じ製品を指すが，地域ブランドにおける製品同質性は，一般的なブランドのそれと少し異なる。

　大阪府寝屋川市に地域名産の和菓子「鉢かづきちゃん物語」がある[46]。鉢かづきちゃんは，寝屋川市に古くから伝わる民話「鉢かづき姫」をモチーフとする寝屋川市のマスコット・キャラクターで，「鉢かづきちゃん物語」は，なみはや国体が開催されるのに際して，土産物になるような名産品がなかったことから，そのマスコット・キャラクターをヒントに寝屋川市生菓子組合に加盟する和菓子店が共同で開発した和菓子である。

当時，組合に加盟していた32店のうち23店が集まり，郷土銘菓開発協議会が発足されたが，興味深いのはその開発ポリシーで，どの店でも同じ製品が購入できることを目標に製品開発が行われた。そのため，和菓子の原材料から製法，パッケージ・デザインに至るまで，すべて同じものに統一されたのである。
　この「鉢かづきちゃん物語」は，1997年に発売されて以降，一定の成果を上げ寝屋川市の地域銘菓として定着しているが，地域ブランドの観点からみるとき，何かしら寂しさを感じる。というのも，「鉢かづきちゃん物語」は寝屋川市の複数の和菓子店で販売されているものの，どの店舗のものも同じであることから，単一店で提供しているのと何ら変わらないからである。
　これは，地域ブランドとして製品を展開する際，単に地域の複数店で提供するだけでなく，差異を内包した同質性すなわち一定の制約条件のもとでの多様性が求められることを意味する。事実，「仙台牛たん焼き」も，太助が開発したオリジナルな牛たん焼き以外に，タレ味の牛たん焼きがあったり，半分の大きさに切って食べやすくしたり，牛たんを焼く煙が立ちこめる居酒屋風の店だけでなくBGMが流れるおしゃれなレストランで牛たん焼きを提供するなど，多様な方法で仙台牛たん焼きを提供することで，顧客に選ぶ楽しさを与え，地域内の広がりを形成している。
　ここで問題となるのは，差異を内包した同質性とは具体的に何を意味するのかという点である。差異性と同質性は，本来，相反する概念であり，両方が同時に成立することはない。しかし，製品を属性の束とみなすならば様相は異なる。異質な属性と同質な属性を組み合わせることで，同質であり異質な製品をつくり出すことができるからである。
　そこで，次に問題となるのが，何を同質にすれば，地域ブランドとしての同質性を確保できるかという点である。この点に関しては，基本的に2つのアプローチが存在する。1つは，最大公約数的な同質性である。ここでいう最大公約数的とは，主要な要素がいくつか一致していれば，その他が異なっていても同質的だとみなす。もう1つは最小公倍数的な同質性であり，有する属性は違うものの，個々の属性はすべて同質的でなければならないとするものである。一般的には，同質性を求められる要素が少ない前者のほうが，マネジメントしやすいといえる。また，前者のほうが新たな差異を取り込むことができるため，多様性が生まれやすく，地域ブランドの広がりという観点からも優れた方法だ

といえる。

▶差異を内包した同質性

　以上，地域ブランドの差異を内包した同質性は，異なる複数の主体による地域ブランドの使用を促し，それが同質性のもとでの多様性を生み，地域ブランドに広がりを与えること示した。差異を内包した同質性がもたらす効果はこれだけではない。それは競争的関係の中での協調，すなわち独立した複数主体による協業的な地域ブランドの確立を促す。この点に関し，石原 [2000] の商業集積の議論に基づき説明してみよう。

　石原は，商業における売買集中の観点から商業集積に関して論じる。石原の問題意識は，以下のとおりである。売買集中が単一売場での無限の商品集中を論理的に求めているにもかかわらず，現実世界において，物理的制約に関係なく，同種商品を限定的に扱う部分業種店が商業集積を形成している[47]。

　ここで，石原は，部分業種店間の「競争を含んだ依存関係」に注目する（石原 [2000]，142頁）。商業集積内の部分業種店は，同一商圏内顧客の類似ニーズをめぐって競争する。ここでいう競争とは，マーケティング競争，すなわち顧客ニーズの充足をめぐる競争であり，競争の結果，顧客ニーズの充足度が高まる。ここで重要なのは，部分業種店であるがゆえに商圏内のすべての顧客ニーズに単独で対応することはできず，その一部を競争相手である部分業種店に委ねていることである。彼らが競争を含んだ依存関係にあるという理由はここにある。

　それだけではない。この顧客ニーズへの不完全な対応が，彼らの顧客ニーズ充足欲求を刺激し，品揃えの改変を促す。すなわち，彼らが競争を含む依存関係にあることで，顧客ニーズ充足欲求が高まり，商品の品揃えが改善される。その結果，顧客満足度が高まり，商圏全体の売上が拡大する。

　これは，競争を含む依存関係の中で，部分業種店が有する品揃えが変化していくことを示している。石原は，部分業種店が有する品揃えは，部分業種店と顧客との間に存在する一種の分類コードのようなものだという（石原 [2000]，113-116頁）[48]。したがって，分類コードすなわち部分業種店の品揃えの範囲と内容は，外から与えられるものではなく，部分業種店と顧客との相互了解のもと形成され，両者の関係の中で変化していく。

石原のいう同一商圏内に存在する部分業種店は，本章の議論に置き換えると，同じ地域ブランドを展開するブランディング主体であり，部分業種店が有する品揃えは，各ブランディング主体の製品に他ならない。なぜなら，部分業種店が有する品揃えも，地域ブランドが付与された製品と同様，同質な部分と異質な部分の両方を兼ね備えているからである。

　そして，部分業種店は，競争しながら互いに依存し合うことで，業種店としての一定の分類コードを保ちながら，自らの品揃えを改善し，顧客ニーズの充足力を高めていく。この分類コードに相当するのが，本章でいうところの地域ブランドそのものである。たとえば，「仙台牛たん焼き」を例にとると，各店の提供する牛たん焼きは，厳密にいえば各々異なっている。しかし，私たちがそれらを「仙台牛たん焼き」という1つの括りでとらえることができるのは，牛たん焼きを提供している店と私たち顧客との間で，それを「仙台牛たん焼き」と呼ぶことに対する相互了解が成立しているからである。

　したがって，石原の部分業種店に関する議論は，地域ブランドにおいても成立する。すなわち，地域内に複数の地域ブランディング主体が存在し，彼らが提供する製品が多少異なっていても，ブランディング主体と顧客が，それらに同一地域ブランドを付与することを相互に了解できれば，地域ブランドとして成立するのである。そして，各ブランディング主体が相互に依存し合いながら競争することで，顧客ニーズのさらなる充足を促し，地域ブランドが進化する。これは，差異を内包した地域ブランディング主体が複数存在することによってもたらされるものであり，その意義は大きい。

結　び

　本章では，地域ブランドを起点にそれにふさわしい地域産品を選択する方法について，「仙台牛たん焼き」を事例として取り上げ考察した。

　地域ブランドを起点に地域産品ブランディングを考えるとき，その付与候補として第1にあげられるのが，その地で産出した一次産品である。しかし，一次産品は，その生産において気候等の影響を受けやすく，品質が安定しないという問題を有している。そこで重要となるのが，製品の選別である。製品自体はブランドではない。ブランドが求める価値に合致して初めて，それはブラン

ド（正確にはブランドを付与するに値する製品）となる。すなわち，一次産品を地域ブランドの付与候補とする場合，いかに製品を選別するかがその成否に大きな影響を与えるのである。

　この一次産品の選別は，規格化と称しふつうに行われており，とくに珍しいわけではない。しかし，この種の選別は，スーパーマーケットのプレパッケージのためであり，地域産品ブランディングにおいて必ずしも効果的だとはいえない。なぜなら，プレパッケージでの製品選別は，同質的な製品の分類を目的としたものであり，地域産品ブランディングにおいて重要なブランド間の差異性を意識したものではないからである。そこで，本章では，「戦略的製品選別」という概念を提示し，夕張メロンを例にあげながら，地域産品ブランディングにとって有効な製品選別方法について議論した。

　次に，一次産品を離れ，地域ブランドの付与対象となる製品一般の選択に関して，ブランド間の製品差異性とブランド内の製品同質性の観点から考察した。そして，ブランド間の製品差異性に関しては，製品をプロセスとしてとらえ，原材料から消費スタイルに至る多くの側面で，ブランド間の製品差異化を図ることが可能であることを示した。

　また，ブランド内の製品同質性に関しては，「仙台牛たん焼き」を例にあげ，複数の主体によって地域ブランドが提供されており，各主体が提供する製品は同質的な部分も有しながら一部異なる部分も存在することを示した。そして，この差異を内包した同質性が地域ブランドの地域としての広がりをもたらすとともに，顧客ニーズの充足を促し，地域ブランド自体を進化させることを指摘した。

　以上，本章で議論した内容を大まかに述べたが，本章で用いた理論枠組みは，一次産品の考察を含め，識別記号としてのブランドの成立条件となるブランド間の製品差異性とブランド内の製品同質性というブランドの基本的考え方である。すなわち，ブランドを起点としてブランディングを考える場合は，そのブランドを成立させる製品を選択する必要があり，その基本となる条件が，地域産品ブランディングに対しても適用される。

　しかし，地域産品ブランディングに固有な特徴も存在する。その1つがブランド間の製品差異性を示す「地域同定性」と「製品固有性」である。一般に，ビジネス・ブランディングでは，ブランド間の製品差異性は後者の製品固有性

のことをいうが,地域産品ブランディングでは,前者の地域同定性と製品固有性の両方が備わって,初めて地域ブランド間の製品差異性が確保される。

　また,地域ブランドにおける差異を内包した同質性も,地域産品ブランディングに固有な特徴としてあげられる。ビジネス・ブランディングでは,単純にブランド内の同質性が強調されているが,上述したように,地域産品ブランディングでは,単純に同質であるよりは,何らかの基準で同質性を担保したうえで,あえて異質なものを取り込んだほうが,地域ブランドとしての広がりを確保できるだけでなく,地域ブランドの顧客満足度も高めることができる。

　そして,この差異を内包した同質性は,ビジネス・ブランディングに対しても有益な示唆をもたらす。なぜなら,ブランド内に差異を取り込むことで,ブランドの顧客適応力を高め,ブランド全体の需要を増加させることができるとともに,顧客との相互作用を促し,ブランド自体を進化させることができるからである。

　もちろん,地域ブランディングの場合は,それを実現するための仕組みとして,複数主体による競争を含んだ依存関係が存在しており,単一主体が行うビジネス・ブランディングに,地域ブランディングの議論をそのまま適用するのは難しい。しかし,ブランドのダイナミズムを生み出す方法として,このブランド内の差異を内包した同質性の議論は,十分考慮するに値すると思われる。

注
1　店舗数は,「仙台牛たん焼マップ」を参考にしている (http://www.innerbrain.co.jp/gyutantop.htm [2015-10-1参照])。
2　農山漁村の郷土料理百選は,農林水産省の主催のもと,農村開発企画委員会を事務局として設置された郷土料理百選選定委員会 (服部学園理事長・服部幸應委員長) が選定した郷土料理。ここでいう郷土料理とは「それぞれの地域独自の自然風土・食材・歴史文化等を背景として,地域の人々の暮らしの中での創意工夫により必然的に生まれたものであり,家族への愛情や地域への誇りをもちながら作り続けられ,かつ地域の伝統として受け継がれた調理・加工方法による料理」を指し,2007年12月に99品が選定された。なお,99品にとどめたのは,自分にとっての郷土料理を最後の1品として加えてほしいという思いからだという。その際,委員会は,地域との関連性が薄く,上記の定義の郷土料理とはいえないものの,ご当地の自慢料理として地元住民に広く愛されている料理を「御当地人気料理特選」として23品選定しており,仙台牛たん焼きは,その1つとして選定されている (「農林水産省認定・郷土料理百選®」公式ホームページ：http://www.rdpc.or.jp/kyoudoryouri100/ [2015-10-1参照])。
3　以下,仙台牛たん焼きの歴史に関しては,井上 [2001],逸見 [1995],仙台牛タウンのホームページ (http://www.gyutown.com/index.html [2015-10-1参照]) を参考にしている。
4　太助という店名は,出店する際に届け出先の保健所から店名を聞かれたとき,佐野がとくに考

えていなかったため，窓口の職員が「一心太助」はどうかと提案したことがきっかけだという。戦後間もない当時は治安も悪く，佐野が飲み屋を経営する女将から客同士の喧嘩の仲裁を頼まれるなど人情に厚かったことが，その理由だった。そこで，一心太助の一心をとって「太助」としたというのが店名の由来とされている（井上［2001］, 13-14頁）。

5 佐野は非常に研究熱心で，本業の焼鳥は妻に任せ，自分は牛たん料理の開発に専念したという。その努力は凄まじく，牛たんの仕入額が本業の鶏肉の仕入額を上回ることもあったという（井上［2001］, 14-15頁）。

6 井上［2001］, 16頁および27-28頁を参照。また，佐野は店員に酒の匂いをさせて店に出させないなど，料理やお客さんに対する姿勢においても厳しかったという。

7 仙台牛タウン・ホームページ「仙台牛タンの歴史」を参照（http://www.gyutown.com/about/history.htm［2015-10-1参照］）。また，仙台牛タウン・ホームページ「仙台牛タン 美味しさの秘密」」によると，現在，牛たん専門店の多くが使用するのは，原木と呼ばれるビール瓶大ほどの柔らかい部分で，牛たん全体の約半分，人数にして3～4人分だという（http://www.gyutown.com/about/himitsu.htm［2015-10-1参照］）。

8 1枚を半分に切って提供する店もあるため，1人前6枚の場合もある。

9 佐野は，「うまくて，ボリュームのある料理を安く出せ。そうすれば，宣伝しなくてもお客さんは来る。どんぶりでいっぱい食べさせるんだ」といっている（井上［2001］, 19頁）。

10 太助の創業以降，昭和40年代までは，牛たん焼きの専門店は，太助とそこで働いていた職人が独立して始めた店がある程度で，「牛たんといえば太助」という一部の愛好家向けの料理だったという（井上［2001］, 21頁）。

11 店舗数は2016年3月末現在のもの。なお，喜助は，本文で示した15店の飲食店の他に2店の土産物専門店を有する。

12 以下，喜助に関する記述は井上［2001］, 20-34頁を参照。

13 なお，牛たんの食べにくさの原因は，そもそも肉の硬さにあるが，喜助では，これを解消するため，隠し包丁を入れるなど調理方法を工夫するとともに，牛たんの仕入れ先も見直している。もともと品薄状態にあった牛たんは，当時でも国内産だけでは賄いきれず，オーストラリア産のものを使用していた。それをアメリカ産に変えることにしたのである。アメリカ産の牛は，ある程度発育するとあまり運動させずフィードロット（肥育場）の中で育てられるため，広い牧場の中に放牧され牧草を餌に育つオーストラリア産に比べて肉質が柔らかいというのがその理由である。また，オーストラリア産の牛たんが，舌の根元に骨が付いたまま届くため，それを取り除くのに手間がかかるというのも，アメリカ産に変えた理由の1つだという（井上［2001］, 71-76頁）。

14 タレ味の牛たん焼きを発売したのは，開店後2年ほど経ってからのことである。

15 お客さんの中には，タレ味で牛たんに慣れ，塩胡椒で味付けたものも食べられるようになった人も少なくないという。

16 もちろん，看板だけで行列ができるわけではなく，牛たん焼きの珍しさや味の良さが大きく寄与していることはいうまでもない。

17 べこ正宗の土産物用の牛たん焼きの開発に関しては，べこ正宗ホームページ「べこ正宗の歩み」を参照（http://www.bekomasamune.com/history［2015-10-1参照］）。

18 以下，伊達の牛たん本舗に関する記述は，井上［2001］, 106-108頁を参照。

19 以下，喜助に関する記述は，井上［2001］, 108-117頁を参照。

20 『河北新報』2004年1月26日付。

21 2003年12月に始まったアメリカからの輸入禁止措置は，20か月齢以下に限り，2005年12月に解除された。

22　会長は，喜助の大川原潔。なお，現在の加盟店は 16 社（http://www.gyutown.com/shinkoukai/sinkoukai.htm［2015-10-1 参照］）。
23　もともと「仙台牛たんマップ」は，観光客から美味しい牛たん焼きのお店を聞かれることが増えた観光案内所の職員や警察官が困っているのを見て，仙台観光コンベンション協会の女性職員が，その一助になればと自ら食べ歩き，作成したのが始まりだという（井上［2001］，122-124 頁）。
24　横手やきそばの発祥に関しては，「横手やきそば暖簾会」のホームページ（http://www.yokotekamakura.com/yokoteyakisoba/03_roots/index.html［2015-10-1 参照］），四日市とんてきの発祥に関しては，まつもとの來來憲ホームページの「これがとんてきのルーツ!!」（http://matumoto-rairaiken.com/daitonteki［2015-10-1 参照］）を参照。
25　当然のことながら，喜助をはじめ，その後に続いた多くの牛たん焼き専門店も，牛たん焼きの地域ブランド化に貢献したことはいうまでもない。
26　たとえば，日経リサーチが行っている「地域ブランド戦略サーベイ 2013」の名産品ブランド力ランキングで「白い恋人」は 3 位となっている（http://www.nikkei-r.co.jp/domestic/branding/area/index.html［2015-10-1 参照］）。
27　石屋製菓の白い恋人に関する記述は，内田［2008］および独立行政法人中小企業基盤整備機構の中小企業ビジネス支援サイト『J-Net21』の記事「北海道にこだわる全国区の土産菓子「白い恋人」【石屋製菓】」（2013 年 2 月 12 日）（http://j-net21.smrj.go.jp/well/sells/entry/201302121203.html［2015-10-1 参照］）等を参考にしている。
28　全日空の機内食として採用されたのは，1977 年 10 月の 2 週間だけだったが，問い合わせが殺到するなど大きな反響があったという（内田［2008］，54 頁）。
29　第 3 章第 3 節を参照。
30　括弧内の一次産品の定義は，『大辞林』等の記述をもとに筆者が作成。
31　直売所等で販売されている農家や漁師の個人名が記載されている一次産品は，ここでいう組織を識別単位とするブランドに該当する。また，第 4 章で紹介した「あきたこまち」や本章で紹介する「夕張メロン」は，地域として識別されるブランドであると同時に品種として識別されるブランドでもあり，両方の性質を有しているといえる。
32　資料は，農林水産省知的財産戦略チームが作成した「農林水産物・地域食品の地域ブランドの現状と課題」（http://www.maff.go.jp/j/kanbo/tizai/brand/b_senryaku/wg/02/pdf/ref_data04.pdf［2015-10-1 参照］）。
33　大間まぐろの漁獲量は 194t。なお，母数となる日本の漁獲量は生まぐろに関するもので 3577t（ともに「水産物流通調査（2013 年）」に基づく）。また，日本における刺身まぐろの消費量は 2011 年のデータで約 30 万 t である（『日本経済新聞』2012 年 2 月 23 日付）。
34　日本でスーパーマーケットが登場したのは 1950 年代後半で，1960 年代に急成長した業態だが，当初，一次産品（生鮮食品）に関しては自ら扱わず，その品揃えを専門店に任せるテナント方式を採用していた。しかし，一次産品の規格化が進むとともに徐々に直営方式に入れ替わり，1970 年頃には有力スーパーの 7 割がテナント方式から直営方式に転換したという。その影響もあって，1970 年代後半からそれまで食料品（非生鮮を含む）販売の主流を占めていた専門小売店の減少が目立つようになり，1990 年代にはスーパーマーケットに逆転され，一次産品の主要販路が専門店からスーパーマーケットへ移行する（波積［2002］，111-113 頁）。
35　波積は，松浦［1985］を参照しながら，スーパーマーケットがプレパッケージングを行うメリットとして，①買物時間の短縮，②販売員数の削減，③ロスの減少，④鮮度維持の容易さ，⑤品痛みの減少，⑥会計の迅速化をあげている（波積［2002］，114-115 頁）。
36　現在，形やサイズ，色味にばらつきがあるものの製品の中身自体は通常販売されている規格

品と変わらないにもかかわらず，一般の流通ルートへは流せないため安く入手できるという理由で，規格外の一次産品が人気を集めている。これは，規格品がコモディティ化しており，規格外品がそれと識別され，かつ付加価値が高いということで，ある意味ブランドになっている。
37 一方，工業製品においてもっとも重視されるのが，第1の生産段階での品質安定化である。もちろん，工業製品においても，検品等，選別による品質安定化も存在するが，あくまで補助的な位置づけであり，品質安定化の主要部分は生産段階で行われる。
38 夕張メロンの概要および歴史に関しては，政氏［1990］および「夕張メロン誕生物語」（http://www.ja-yubari-shop.jp/hpgen/HPB/entries/2.html［2015-10-1 参照］）を参照。
39 ちなみに，赤みを帯びたオレンジ色の果肉は父方スパイシーカンタロープ，表面の網目模様は母方のアールスフェボリットの特徴である。
40 ランキングは「地域ブランド戦略サーベイ 2013」の結果。なお，名産品ブランド力ランキングのスコアは，「独自性」「愛着度」「プレミアム」「推奨意向」という4つの項目に関するインターネット調査に基づき集計されたものである（http://www.nikkei-r.co.jp/domestic/branding/area/index.html［2015-10-1 参照］）。
41 2015年5月22日に札幌市中央卸売市場で行われた初競りの最高額は，2玉150万円。過去最高だった2014年より100万円安いが，それでも過去4番目の高値だった（『日本経済新聞』電子版［2015年5月22日付］http://www.nikkei.com/article/DGXNASFC2300E_T20C14A5000000/）。
42 共進会には2名の農家が出品し，1名が農林水産省，もう1名が1等賞と，ともに高い評価を得ている。
43 重量や糖度，ネットの状況以外にも，音を使用した果肉の状態やメロンの形状，細かな傷など細部にわたりチェックしている（川島［2002］）。
44 もちろん，夕張メロンのブランディングには，製品の品質以外の要因も大きく寄与している。たとえば，航空便を使用した首都圏への販路拡大や，偽物を排除するための商標登録などがそれである（「夕張メロン誕生物語」〔http://www.ja-yubari-shop.jp/hpgen/HPB/entries/2.html〕［2015-10-1 参照］）。
45 「関さば」に関しては第6章，「八戸せんべい汁」に関しては第10章を参照。
46 「鉢かづきちゃん物語」に関しては，亀岡［2013］，153–155頁等を参照。
47 商品の品揃えには，同じような機能を有し互いに代替関係にある同類代替集合と，異なる機能を有し補完関係にある異種補完集合の2つが存在するが，石原が問題としているのは，前者の同種代替集合を有する部分業種店間の関係である。なお，同種代替集合と異種補完集合に関しては，上原［1999］，162–163頁を参照。
48 石原の製品の品揃え（集合）を分類コードとみなす考え方に関しては，第6章第3節の説明も参照。

第6章

地域ブランドの市場選択
──事例：関あじ・関さば──

はじめに

　従来，地域ブランドは，当該地域を市場とするものが多く，その中のいくつかが地域を越えて評判となり，全国的な知名度を得るパターンが一般的だった。しかし，今日の地域ブランドは，最初から地域外すなわち全国展開を目的としたものが増えている。

　この地域産品ブランディングにおける新たな展開は，地域ブランドの市場選択問題としてとらえることができる。地域ブランドを，それが付与された地域のみで展開するのか。反対に，地域外の顧客を対象とするのか。あるいは，当該地域とそれ以外の地域の両方を含む市場を対象とするのか。地域ブランドにとって，この市場選択は，自らのアイデンティティに関わる重要な意思決定である。というのも，地域ブランドが対象とする市場自体も，特定地域との関係を強調する地域ブランドのブランド連想になるからである[1]。

　そこで，本章では「関あじ・関さば」を事例として取り上げ，地域ブランドが地域外市場を対象とすることが何を意味するのか考察する。また，それとは逆に，地域ブランドがホームグランドである地元市場（地域的市場）を対象とする際に留意すべき点についても考察する。

1. 事例：関あじ・関さば[2]

▶佐賀関町漁協の買取販売事業への参入
(1) 関あじ・関さば誕生のきっかけ

　桜が咲く頃から美味しさが増し，梅雨が過ぎた頃から本格的な漁が始まるアジや，秋が終わり寒くなるほど脂がのり美味しくなるサバは，その味覚もさることながら価格の安さから大衆魚として古くから親しまれている[3]。しかし，中には同じアジやサバながら，その10倍以上の値をつける高級ブランド魚が存在する。「関あじ・関さば」がそれである。

　「関あじ・関さば」が注目されるようになったのは1980年代中頃からで，1984年10月28日に放映されたNHKの「時事放談」で，出演者の藤原弘達氏が，佐賀関ライオンズクラブに招かれたときに食した魚として紹介したのが，マスコミに登場した最初だといわれている（姫野[1999]）。ただし，そのときは"関のあじ"や"関のさば"と呼ばれており，「関あじ」「関さば」という名称（ブランド）が本格的に使われるようになったのは，1988年，佐賀関町漁業協同組合（現，大分県漁業協同組合佐賀関支部）が買取販売事業に参入する際，PR用ポスターにその名を記してからである[4]。

　もちろん，ブランドを付与したからといって魚自体が変わったわけではない。大分県佐賀関半島の先端に位置する佐賀関町漁業協同組合（以下，佐賀関町漁協）は，豊後水道という良質な漁場を有し，そこで丁寧に釣り上げられた魚は，昔から"関もの"と呼ばれ，地元大分でも人気が高かった[5]。それが，1980年代に大分以外の人々に知られるようになり，トップクラスの高級ブランド魚になったのは，佐賀関町漁協が買取販売事業に参入したのがきっかけだった。

(2) 産地仲買人への不満

　買取販売事業に参入する前，佐賀関町漁協では，伝統的に産地仲買人を通して組合員（漁師）の捕獲した魚を販売していた[6]。佐賀関町漁協では，組合員が漁協に魚の販売を委託するかたちをとっていたが，実際の取引は個々の組合員と産地仲買人との間で行われる。その方法は以下のとおりである[7]。

　産地仲買人は，魚を購入する際，佐賀関町漁協が用意した伝票をもって組合員に直接会い，取引を行い，その内容を記載した伝票を佐賀関町漁協にわたす。

図6-1 大分県佐賀関町

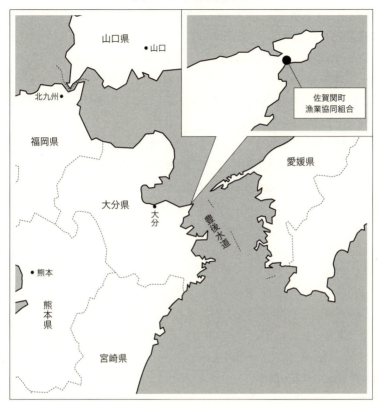

　その後,産地仲買人は,購入代金を佐賀関町漁協に支払い,佐賀関町漁協は,そこから一定の手数料を差し引き,各組合員の口座に振り込む[8]。取引価格は,佐賀関町漁協,組合員,産地仲買人の代表によって構成される「値立て委員会」で魚種ごとに決められており,取引量は,魚が傷みやすいこともあって,生簀で泳ぐ魚の大きさや数を目視で決める「面買い」と呼ばれる伝統的な方法で決定する(野村［1998］,47頁)[9]。

　佐賀関町漁協が買取販売事業に参入したのは,組合員がこの産地仲買人との取引に不満を抱いたことによる。本来,産地仲買人との取引は,値立て委員会が決めた価格で行われることになっていたが,実際には両者の力関係により値立て委員会が決めた価格と異なることが多々みられた。また,取引量の決定に

第6章　地域ブランドの市場選択　169

対しても不満があった。取引量を決定する際に用いられる面買いは，目視により魚の大きさや数量を決めるため，両者の信頼関係が前提となる。しかし，産地仲買人が儲けすぎている等の理由から，数量をごまかしているのではないかという不信感が高まったのである[10]。そこで，組合員の状況を把握するためアンケート調査を実施したところ，彼らの9割以上が産地仲買人に不満を抱いていることを知り，1988年，佐賀関町漁協は，自ら買取販売事業に参入することを決定する（姫野［1999］）[11]。

佐賀関町漁協の買取販売事業への参入は，組合員にとって産地仲買人が1人増えたことを意味する[12]。事実，佐賀関町漁協は，買取販売事業に参入する際，既存の産地仲買人を排除することはせず，組合員には，佐賀関町漁協も含め，魚をもっとも高く買い取ってくれる者と取引することを奨励している[13]。すなわち，佐賀関町漁協は，自ら産地仲買人になることで競争を促進し，取引の健全化を図ろうとしたのである。

一方，既存の産地仲買人も，佐賀関町漁協の参入に対しとくに反対しなかった。その理由は，佐賀関町漁協が彼らを排除しなかったこともあるが，産地仲買人の仕事は市況の判断など専門能力を必要とするため，長続きしないと思ったからである。しかし，彼らの予想に反し，佐賀関町漁協の買取販売事業は軌道にのり，組合員との取引を増やしていく。

(3) 買取販売事業の概要

ここで，佐賀関町漁協の買取販売事業をもう少し詳しく見てみよう。買取販売事業は，文字どおり買取業務と販売業務の大きく2つに分けられ，販売業務は販売先および販売形態の違いから，①近隣消費地卸売市場での販売，②遠方消費地卸売市場での販売，③直接注文販売，④佐賀関町漁協での販売の4つに分けられる。

買取業務は，組合員が漁を終え，港に帰った直後に行われる[14]。その際，取引量は，従来と同じく面買いによって決めるが，取引価格は，佐賀関町漁協が設定する[15]。そして，買い取った魚は出荷されるまで，生かしたまま沖の生簀で保管される。

一方，販売業務に関しては，大分など近隣消費地卸売市場に出荷する場合，出荷前日に市況を確認し，どの魚種をどれだけ出荷するかを決める。そして，出荷当日の午前1時に起床し，沖の生簀に向かい，当日出荷分を取り，午前3

時頃港に戻る。仕分けや箱詰めを行い，午前5時の競りに間に合うよう午前4時に漁協を出発する。競りが終わって漁協に戻るのが午前6時。仮眠をとった後，営業時間が始まってから市況報告というのが一連の作業となる。

　東京や福岡など遠方消費地卸売市場へ出荷する場合は，出荷当日の午前9時に沖の生簀に向かう。その後，近隣消費地卸売業と同じ作業を行い，午後6時に翌朝の競りに向け漁協を出発する。なお，魚は鮮度維持のため活け締めにして出荷される。

　また，佐賀関町漁協は，卸売市場を通さない直接注文販売も行っている。直接注文販売の場合は，前日にその日の注文を整理し，翌朝9時に沖の生簀に向かい，活け締めし梱包した後，午後2時の集配トラックに載せ出荷する。この他にも，地元業者向けに，佐賀関町漁協で買い取った魚を午後2時から午後4時まで販売しており，これも販売業務の1つにあげられる。

　このように，ひと口に買取販売事業といっても，その内容は多岐にわたり，勤務時間も通常の業務と大きく異なる。そして，重要なことは，タチウオやサザエなどの一部の例外を除き，組合員が水揚げする30種以上の魚介類すべてが買取販売事業の対象になっている点である[16]。以上のことからも，この事業がいかに大変かがわかる。事実，佐賀関町漁協も最初からすべてを買取販売事業の対象とすることはできず，徐々に種類を増やしていく。

　そして，買取販売事業の難しさは，買うことよりも売ることにある。もちろん，買取業務も簡単ではないが，相手は気心の知れた組合員であり，その内容もある程度理解できた。しかし，販売業務はほとんど経験がなく，取引相手も新たに見つけなければならなかった。また，漁協は，組合員の生活の安定と向上を目的としており，買値を下げて利益を確保することは許されず，組合員からいかに高く買い取るかが課題となる。しかも，佐賀関町漁協の買取販売事業は，販売価格より買取価格が先に決まる仕組みになっており，逆ザヤのリスクを佐賀関町漁協が負うことになる。市況により取引価格が日々変化する中で，逆ザヤが発生しないよう買取価格を設定するのは難しく，既存の産地仲卸が長く続かないといった理由もここにある。

　当然ながら，佐賀関町漁協もその難しさを十分に理解しており，買取販売事業への参入と同時に積極的なプロモーション活動を展開する。

▶佐賀関町漁協のプロモーション活動
(1) 買取販売事業用PRポスターの作製

買取販売事業のために，佐賀関町漁協がまず行ったのはPRポスターの作製である。その目的は，佐賀関町漁協が買取販売事業を始めたこと，そして，彼らが扱う魚を知ってもらうことにあった。そこで，PRポスターを1000部作り，消費地の卸売市場を中心に全国の関係者に配布することになったが，そこには，「関あじ」「関さば」の名前とともにアジとサバが描かれていた。冒頭で述べた「関あじ・関さば」の名称を最初に使用したPRポスターがこれである。

佐賀関町漁協が扱う多くの魚種の中で，アジとサバが選ばれたのはけっして偶然ではない。佐賀関町漁協は，PRポスターを作製する段階で，この2種を売り出すことを明確に意識していた。アジを選んだのは，当時，一部の瀬付きアジが高級魚として市場に出回っており，これらと同じ特性を有する佐賀関のアジも相応の需要が期待できると考えたからである[17]。一方，サバを選んだ理由は，それが刺身で食べられるというユニークな特性を有していたことによる。サバは，「生き腐れ」といわれるほど傷みが早く，酢じめにしたり，塩焼きや味噌煮にして食べるのが一般的である。しかし，佐賀関のサバは，脂肪分が少なく日持ちもよいため，地元では昔から刺身でそれを食べていた。これがユニークであることを教えてくれたのが地元の漁師である。下田や沼津など他の漁港も利用する地元漁師が，他の地域で水揚げされたサバを刺身で食べないことを知り，佐賀関の食べ方がユニークであることを伝えたのである。ユニークな魚は売りやすい。こうして，アジとサバが買取販売事業の戦略商品として選ばれ，PRポスターを飾ることになる[18]。

(2) 販促キャンペーンの実施

佐賀関町漁協は，買取販売事業に参入した翌年の1989年，地元産業の育成を目的とする佐賀関町の支援を受け，「関あじ・関さば」を知ってもらうための販促キャンペーンを実施する。その内容は，消費地に「関あじ・関さば」を持ち込み，消費地仲卸業者などの市場関係者にそれを試食してもらうというものだった[19]。

この販促キャンペーンは，近隣の大分ではなく，福岡の市場関係者を対象に行われた。当時，佐賀関町漁協で水揚げされた魚の主要取引先は，大分市中央卸売市場であり，買取販売事業を行うにあたり，まずは取引量の多い市場から

買取販売事業用PRポスター

始めるという考え方もある。しかし，大分市中央卸売市場は，佐賀関町漁協の既存の産地仲買人の主要取引先であり，新参者の佐賀関町漁協は不利な立場にあった。また，組合員の利益確保の観点からも，同じ組合員の魚を扱う者同士が競争するのは，けっして好ましいことではない。そこで，既存の産地仲買人がいる大分を避け，新たな市場を求め福岡で販促キャンペーンを行ったのである[20]。

福岡での販促キャンペーンの後，同様の販促キャンペーンを北九州（1990年），東京（1991年），大阪（1992年）と年1回のペースで行った。その中で興味深いのが，東京での販促キャンペーンである。東京では，中央卸売市場内にキャンペーンのスペースを確保できず，ホテルでの開催を試みたが，衛生管理上の理由から「サバの刺身は出せない」ということで，使用許可が下りなかった。最終的に，佐賀関町の隣町出身の調理人に頼んで会場を確保することができたが，このエピソードからも，当時，サバを刺身で食べることがいかに特別

なことだったかがわかる（姫野［1999］）[21]。

(3) 高級ブランド魚への躍進

以上，佐賀関町漁協の買取販売事業への参入に伴うプロモーション活動を見てきたが，佐賀関町漁協は，1992年の大阪キャンペーン以降，とくに目立ったプロモーションを行っていない。というのも，1991年から92年にかけてグルメ・ブームが起こり，雑誌やテレビで「関あじ・関さば」が大きく取り上げられるようになったからである。

このグルメ・ブームの影響をもっともよく表しているのが，「関さば」の価格である。図6-2は，「関あじ・関さば」の浜値（組合員からの買取価格）を，通常のアジ（真あじ）やサバ（さば類）とともに示したものである。「関さば」の価格は，1991年頃までなだらかに推移していたものの1992年から急速に上昇し出し，2000年には，「関さば」として販売した当初の3倍近くまで跳ね上がったのである[22]。

図6-2は浜値から「関あじ・関さば」の価格の推移を示しているが，もう1つ魚の価格を議論するうえで重要となるのが，消費地での販売価格である。しかし，消費地販売価格は，その製品の形態や販売方法が異なるため，一般的な傾向を把握するのは難しい。ただ，この頃，都内のある百貨店で「関さば」が1尾8000円で売られていたという話もあり，消費地でも高級ブランド魚として高値で取引されていたことがわかる（野村［1998］，45頁）。

▶ブランドとしての「関あじ・関さば」

(1) 「関あじ・関さば」の特徴

「関あじ・関さば」の特徴は，何といっても刺身で食べたときの美味しさにある。刺身は魚本来の持ち味がもっとも出る食べ方であり，魚自体の美味しさはもとより鮮度の良さが要求される。しかし，顧客が魚の美味しさや鮮度の良さを客観的に判断するのは難しい。そこで，その美味しさや鮮度の良さをどう説明するかが問題となる。

表6-1は，パンフレット等を参考に，「関あじ・関さば」の特徴をまとめたものである。第1の特徴は，漁場の良さである。佐賀関町漁協の組合員が漁場とする豊後水道は，潮の流れが速く，餌も豊富なため，よく太り身が引き締まった良質の魚が獲れる漁場として知られている。第2の特徴は，魚自体の性質

図 6-2 関あじ・関さばの浜値の推移

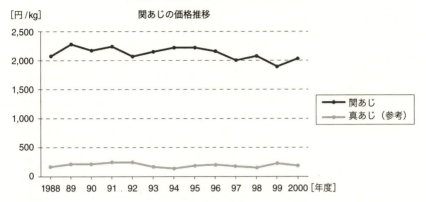

注1：関あじ・関さばは浜値（漁師からの買取価格）、真あじ・さば類は主要産地卸売市場の卸売価格の推移を示す。
　2：関あじ・関さばは年度別集計（当年4月〜翌年3月）、真あじ・さば類は年別集計（当年1月〜当年12月）。
　3：真あじ・さば類に関して、1988〜89年は1991年版（主要51漁港）、1990〜99年は1999年版（主要33漁港）、2000年は2002年2月（主要49漁港）のデータを使用。したがって、調査対象漁港の相異によりデータに若干の齟齬がある。
出所：関あじ・関さばは、佐賀関町漁業協同組合提供データ。真あじ・さば類は、『水産物流通統計年報（1991年・2000年）』『農林水産統計速報（2002年2月）』から抜粋。

である。本来、アジやサバは、群れをなして広域を移動する回遊魚だが、例外として、一部、特定の場所に住みつくものが存在する。これらの魚は、品質が高く希少であることから瀬付き魚と呼ばれ珍重されることが多い。「関あじ・関さば」も、こうした瀬付き魚の一種だといわれている。そして、第3の特徴

第6章　地域ブランドの市場選択　175

表 6-1 関あじ・関さばの特徴

● 良質の魚を育てる豊後水道
　佐賀関町漁協の組合員が漁場とする豊後水道は，海底が起伏にとみ，「瀬」と呼ばれる絶好の釣りポイントが多数存在する。豊後水道は，別名「速水瀬戸」と呼ばれるほど潮の流れが速く，しかも餌が豊富なため，よく太り身が引き締まった魚がとれる。また，豊後水道は，冬は黒潮により，夏は深い海底から冷たい水がわき上がるため1年を通して水温が安定していることから，四季を通して程良く脂ののった良質のアジやサバがとれるといわれている。

● 豊後水道にしかいない瀬付き魚
　アジやサバは，本来，群をなして広域を移動する回遊魚であるが，一部これらの群を離れ1か所に住みつく「瀬付き魚」が存在する。瀬付き魚は，一般に質が高く数も少ないため高級魚として扱われることが多い。豊後水道に生息するアジやサバも瀬付き魚の一種といわれており，他の地域のアジやサバにはない特徴を有している。

● 魚を傷めず生きたまま捕獲する一本釣り漁法
　通常，アジやサバは「巻き網」と呼ばれる漁法で捕獲される。これは，群をなして回遊する魚を大量かつ効率的に捕獲する方法であり，価格が安く漁獲量の多い大衆魚に適した漁法だといえる。しかし，巻き網漁法は，魚を1時間以上追い回すうえ，網の中で他の魚あるいは網とこすれ，魚が傷つく可能性が高い。一方，佐賀関町漁協の組合員は，一本釣り漁法を伝統としており，本来，大衆魚であるアジやサバも同様の方法で捕獲される。一本釣り漁法は，漁獲量が限られるという問題はあるものの，魚に与えるストレスが少なく傷つける危険性も低いため，魚本来の質を保ちながら捕獲するという意味では最良の漁法だといえる。

● 自然に近い状態で取引する面買い
　魚にできるだけ負担をかけないよう一本釣りで丁寧に釣り上げられたアジやサバは，漁船の生簀に入れられ生きたまま港に運ばれる。港に着くとただちに取引が始まるが，その際とられる方法が面買いである。面買いとは，魚を直に触って品質を確かめたり秤にのせて目方を測る等のことは一切せず，漁船の生簀で泳いでいる魚を目で見てその品質や目方を判断し価格と数量を決定する取引方法をいう。この方法によりアジやサバは泳いでいる状態で取引を終え，そのままただちに一時保管用の沖生簀に移される。

● 徹底した鮮度管理
　沖生簀での一時保管は，腹の物を消化させるなど魚の調子を整える効果をもつとともに，出荷ぎりぎりまで生かしておくことで鮮度を保つという効果も有している。沖生簀では，その日に水揚げされ興奮状態にある魚と前日までに水揚げされ落ち着いている魚を別の生簀に入れて管理するなど細心の注意が払われている。また，漁協では，遠方の卸売市場や直接注文を受けた顧客に配送する際，沖生簀からすくい上げた魚の脊髄を即座に切り，血抜きした後に氷で冷やすという活け締め処理を行っており，最善の状態で顧客に届くよう工夫をしている。

出所：パンフレット等を参考に筆者作成。

は，魚の取り扱いに関することである。魚を傷めず生かしたまま捕獲する1本釣り漁法，自然に近い状態で取引する面買い，沖生簀で捕獲してから顧客に届くまでの徹底した鮮度管理など，単に漁場や魚の性質のみならず，捕獲してか

ら顧客の手にわたるまでの丁寧な取り扱いも,「関あじ・関さば」の特徴の1つにあげている。

(2)「関あじ・関さば」の商標登録

「関あじ・関さば」が世間の注目を集めるにつれて,「関あじ・関さば」と記したポスターやのぼりを作り,それを扱う魚屋や飲食店が増えてきた。しかし,それらの中には,他のアジやサバを「関あじ・関さば」と偽り販売する者も少なからず存在した。いわゆる偽ブランドの出現である。偽ブランドの実態を把握するのは難しいが,佐賀関町漁協の話では,当時,産地買取価格に比べて販売価格が安すぎるなど,本物を売っているとは思えない状況が多々見られたという。また,中にはかなり粗悪なものも存在し,それを購入した顧客が佐賀関町漁協に苦情をいうこともあったという[23]。

このような事態に,本物の「関あじ・関さば」のブランド・イメージが低下することを恐れた佐賀関町漁協は,1992年10月,その対策として商標登録の申請を行う。佐賀関の「関」の字を魚の開きに見立てたシンボルマークがそれである。この商標登録が認可されたのが1996年10月。申請してから認可されるまで4年かかったのは,これが鮮魚として初めての商標登録の申請で,認可するにあたり現地調査を行うなど慎重な審査が必要だったからだと思われる[24]。

この商標登録されたシンボルマークは,厳密にいうと「関あじ・関さば」のものではない。シンボルマークの下に「佐賀関町漁業協同組合」と記載されており,「関あじ・関さば」を含む佐賀関町漁協が扱う魚すべてが,そのシンボルマークの対象となる[25]。あえて「関あじ・関さば」で商標登録しなかったのは,組合員が佐賀関町漁協以外の産地仲買人もそれを扱っており,「私のところ(佐賀関町漁協——筆者注)が本家であることは水産庁でもよく知られていたけれど,すでに全国的に売られている物に対して『特定の物に許可を与えると多くの皆様に迷惑』ということから審査段階で没になることを危惧」(姫野[1999],32頁)したからだという。

そこで,商標登録の認可が下りた後,「関あじ・関さば」の名前とシンボルマークが入ったタグシールを作り,1997年10月の出荷分から1尾ずつ魚にそれを付けて販売することにした[26]。ただし,タグシールを付けるのは,東京および大阪の中央卸売市場に出荷するもの,直接注文販売するもの,そして,後で述べる特約店に出荷するものであり,大分や福岡の中央卸売市場に出荷する

佐賀関町漁協の登録商標および関あじ・関さばのタグシール

登録商標　　　　　　　　　　　タグシール

注：このタグシールは改組後のものである。現在は新たなデザインに変更されている。
出所：大分県漁業協同組合佐賀関支店ホームページ。

ものには付けられていない[27]。出荷量の多さや作業時間の関係から，これらの市場に出荷するものにタグシールを付けるのは物理的に難しいというのが，その理由である。また，一部の組合員から産地仲買人が扱うアジやサバにもタグシールを付けてほしいという要望があったが，タグシールが組合員の釣り上げたアジやサバに確実に付与される保証がないという理由で断っている[28]。

(3) 特約店制度の導入

商標登録の申請とともに，佐賀関町漁協が偽ブランド対策としてもう1つ行ったのが特約店制度の導入である。その仕組みは，「関あじ・関さば」の取り扱いを希望する小売店や飲食店から申請を受け，特約店として認可した者に佐賀関町漁協が直接魚を配送するというものである。特約店には，写真（次頁）に示す看板が無償で配布される[29]。もちろん，特約店でなくても，「関あじ・関さば」を売ることはできる。しかし，本物の「関あじ・関さば」を扱っていることの証となること，そして，厳選された「関あじ・関さば」が最善の方法で直接佐賀関町漁協から届けられることが，特約店になる何よりの魅力だという。

特約店への販売価格は，「関あじ・関さば」とも定価で5000円/kg（飲食店の場合は500円引きの4500円/kg）。市場価格より若干安い程度で，価格面でのメリットはほとんどない[30]。なお，佐賀関町漁協では，特約店以外にも，直接注文があった業者や消費者に「関あじ・関さば」を販売しているが，その際の価格も特約店と同じである。

関あじ・関さばの特約店の看板

出所：大分市ホームページ（http://www.city.oita.lg.jp/www/contents/1101701087546/html/common/4b69597f003.htm）。

　特約店になるには，店の概要や看板の設置場所等を記入した看板交付申請書を提出しなければならないが，それを許可するにあたって，佐賀関町漁協が魚の扱いとともに重視しているのが取引の継続性である[31]。ただし，購入量はとくに定めていない。「関あじ・関さば」の漁獲量が減少しており，特約店が望むだけの供給を保証できないというのがその理由である。特約店制度は，「関あじ・関さば」を最終顧客に確実に届ける仕組みであり，偽ブランドを直接排除することはできないものの，その有効な対応策の1つにあげられる。

2. 問題の所在

▶複合的なブランド規定

　「関あじ・関さば」の事例で興味深いのは，そのブランド付与の対象である。佐賀関町漁協が商標登録を申請したのは，有名になった「関あじ・関さば」を偽ブランドから守るためであり，その意味でブランドの付与対象は製品としての関あじ・関さばである。しかし，実際に申請し認可された登録商標が付与対象としているのは，関あじ・関さばを含む佐賀関町漁協の魚すべてである（図6-3）。

　これは，一般的なブランディングと以下の2つの点で異なっている。1つは，

図6-3 関あじ・関さばのブランド規定

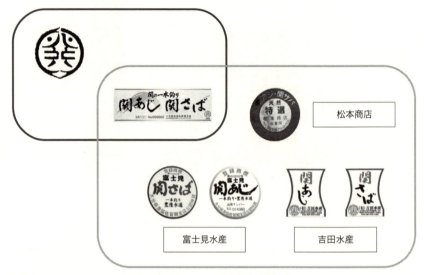

関あじ・関さば

出所：大分県漁協佐賀関支店ホームページ（http://www.sekiajisekisaba.or.jp/）。

　上述したように，関あじ・関さばに限らず，佐賀関町漁協が扱う魚がすべてブランドの付与対象になっている点である。そして，もう1つは，佐賀関町漁協以外の者も関あじ・関さばという名称を使用することができるという点である。したがって，佐賀関町漁協は，「関あじ・関さば」という名称の独占的使用権を有しておらず，厳密には「関あじ・関さば」をブランドとみなすことはできない。

　ここに，地域ブランド固有の難しさがある。一般に，「関あじ・関さば」は佐賀関町漁協で水揚げされたアジやサバを指すが，第1節の事例で示したとおり，佐賀関町漁協がそのすべてを買取販売しているわけではない。そして，佐賀関町漁協以外の産地仲買人を通して販売されるアジやサバも佐賀関町漁協の組合員が捕獲したものであり，組合員の利益確保の観点から，これらの取引に不利になるようなことはできない。その一方で，「関あじ・関さば」のブランディングを積極的に行ったのは佐賀関町漁協であり，偽ブランド問題にみられるように，責任の所在を明らかにするという意味で，何らかの対応が必要とな

る。

　そこで，佐賀関町漁協は，買取販売事業で扱う魚介類を付与対象とするシンボルマークを商標登録し，そのシンボルマークと「関あじ・関さば」という名称を組み合わせることで，関あじ・関さばという名称の共同利用と，自らの「関あじ・関さば」のブランディングの両方を可能にしたのである。複数の主体が介在する地域ブランドの課題は，それを付与する対象と責任を負う対象が異なることにあるが，佐賀関町漁協の対応は，この課題に対する対応策の1つといえよう。

▶偽ブランドへの対応

　上述したとおり，佐賀関町漁協が商標登録を申請するきっかけとなったのが偽ブランドの出現である。偽ブランドは，ラグジュアリー・ブランドによく見られるが，地域ブランドが偽ブランド問題に直面するケースもけっして少なくない。事実，第4章で取り上げた「あきたこまち」も偽ブランドに悩まされている。地域ブランドにおいて，このような偽ブランドが出現しやすい理由として，以下の要因があげられる。

　第1は，識別困難性である。地域ブランドの付与対象は，一次産品のように，製品を識別するのに"目利き"と呼ばれる専門的な能力や知識を必要とすることが多く，一見しただけで，そのブランドを識別するのは難しい。また，地域ブランドは，生産量の少なさや販路の限定性から製品自体に接する機会が少なく，そもそも何が正規のブランドなのかわからない顧客が多いことも，偽ブランドを生む温床になっている。

　第2は，模倣容易性である。通常，偽ブランドを作るには，製品を模倣しなければならないが，地域ブランドはその必要がない。というのも，地域ブランドの付与対象となる製品は，上述したように識別困難なものが多く，本物と偽物を区別するのが難しい。そこで，シンボルマークやパッケージなどの外在的手がかりによって識別することになるが，その模倣はきわめて簡単なため，これが偽ブランドを増やす要因の1つになっている。

　第3は，投資収益性である。偽ブランドの生産はリスクを伴う行為であり，同じことを継続的に行うのは難しい。これは，投資が少なく短期間で利益が上げられるものほど偽ブランドが生まれやすいことを意味する。地域ブランドの

場合,一次産品や中小企業の製品が多いため初期投資が少なくて済み,また,有名ブランドであれば利幅も大きいことから,収益性の面からも偽ブランドの標的になりやすい。

ところで,一次産品等の地域ブランドに偽ブランドが多い理由として,「見せかけの付加価値」をあげる者がいる[32]。たとえば,他の製品より高額で売られているにもかかわらず,製品の品質はほぼ同じ(あるいはその差を識別できない)場合がそれである。すなわち,製品の違いを判断できないにもかかわらず,価格が高いブランドを購入する人々が存在することが,偽ブランドを生む温床となっているというのである。

しかし,この考え方は間違っている。なぜならば,人々が購入しているのは,製品ではなく,ブランドだからである。確かに,ブランドは製品に付与された識別記号であり,ブランドの価値は製品の価値によってもたらされる。しかし,ブランドの価値はこれだけではない。第1章で説明したように,ブランドは製品の識別機能のみならず,意味付与機能や知覚矯正機能を有しており,これらの機能がもたらす価値は製品に還元することができない。これが,製品の品質がほぼ同じである(あるいはその差を識別できない)にもかかわらず,価格の高いブランドを購入する根拠となる。すなわち,顧客は,製品を含むブランド全体の価値に対して対価を支払っているのであり,たとえ製品が同じであっても,その価値はブランドによって異なるのである。ここにブランドの本質があり,偽ブランドの根拠を製品の差異だけに求めることができない難しさがある。

では,偽ブランドに対し地域ブランドはどのような対応をすればよいのだろうか。まず,偽ブランドの発生そのものを根絶するのは不可能であることを認識しなければならない。もちろん,偽ブランドを見つけ次第,その製造元を摘発したり,その存在を顧客に知らせ,注意を促すことは必要である。しかし,偽ブランドをすべて見つけ出し排除することは,膨大な費用と労力を要することから,実質的に不可能だといえる。そこで重要となるのは,偽ブランドの存在を前提とした顧客への対応である。

偽ブランド問題において,地域ブランドがもっとも避けるべき事態は,労力を惜しまず正規のブランドを求める顧客が誤って偽ブランドを購入することである。このような事態が生じるのは,顧客が正規ブランドにアクセスできないからであり,したがって,それを回避するには,彼らが確実に正規ブランドを

購入できる場を提供することが必要となる。たとえば,「関あじ・関さば」の場合,佐賀関町漁協が行った直接注文販売や特約店制度がそれに該当する。これらの方法により,偽ブランドの発生そのものは抑えることはできないものの,顧客は確実に正規ブランドを購入できるようになり,また,正規ブランドと偽ブランドの識別も容易になるため,正規ブランド保有者に対する偽ブランドのクレームや正規ブランドのイメージの低下を抑えることができる[33]。

▶市場選択とブランド価値

「関あじ・関さば」の事例でもう1つ興味深いのは,佐賀関町漁協が買取販売事業に参入した後の価格の変化である。とくに,「関さば」の価格変化は興味深く,佐賀関町漁協が取り扱いを始めてから大きく価格が上昇している。ここで注目すべきは,販売している魚自体は,以前とまったく変わっていないという点である。これは,価格変化が供給サイドではなく,需要サイドの変化によって生じたことを意味する。

では,佐賀関町漁協が起こした需要サイドの変化とは何か。それは,従来の主要取引先だった大分市中央卸売市場ではなく,福岡・東京・大阪の中央卸売市場や顧客と取引を開始したことである。中央卸売市場の取引価格は,当然ながら,その背後にある需要の影響を受ける。したがって,地方の中央卸売市場よりも,高級料理店を数多く抱える大都市の中央卸売市場のほうが,高級魚を高く買ってくれる可能性は高まる。佐賀関町漁協は,買取販売事業への参入に際し,既存の産地仲買人との競争を避けるため,地元大分以外の大都市に市場を求めた。もちろん,大都市を狙ったのは,単に競争を回避するだけでなく,高値で取引できる可能性が高まると判断したからである。

この市場選択がもたらした影響は大きい。佐賀関で水揚げされた魚は昔から"関もの"と呼ばれ,地元大分でも高値で取引されていた。しかし,それでも2～3倍が上限であり,「関あじ」で10倍以上,「関さば」に至っては30倍以上の値を付けることは,地元大分では不可能だったからである[34]。

以上の議論は,地域産品ブランディングにおいて,どの市場を選択するかが,地域ブランドの価値や収益に大きな影響を及ぼすことを示している。そこで,本章では,この地域ブランドの市場選択問題に焦点を当て,地域ブランドに必要な市場認識や,それを意識した地域産品ブランディングの方法について考察

する。

3. 地域ブランドの市場認識

▶顧客の集合としての市場

　市場という言葉は,「関あじ・関さば」の事例に登場した中央卸売市場や証券取引所のように, 特定の製品や権利を売買する具体的な場を指す場合もあれば, 家電市場や労働市場のような何らかの取引の総称を指す場合もある[35]。本書では, とくに断りがない限り, 後者の抽象的な概念として市場という言葉を用いる。というのも, 取引主体にとって, 市場はあらかじめ用意されているものではなく, 自ら創り出すものだからである。これは, 前者のように具体的な取引の場が存在する場合でも基本的に同じである。たとえば, 佐賀関町漁協は,「関あじ・関さば」を販売するために各地の市場関係者に対し販促キャンペーンを行っているが, これは, 彼らにとって, 当該地域の中央卸売市場があらかじめ用意された市場でないことを示している。

　ところで, 本書が地域ブランディングの考察において依拠するマーケティング (marketing) は, この市場を意味する market という言葉と接尾語の ing から構成されており, マーケティングが, 市場化すなわち何らかの取引を生み出すことを目的とした学問であることを示している。したがって, 上述した「市場はあらかじめ用意されているのはなく, 自ら創り出すもの」という認識は, 正にマーケティングの市場認識そのものだといえる。

　そして, マーケティングのもう1つの特徴は, 取引当事者の視点から市場をとらえるという点である。一般に, 市場という言葉を使用するとき, そこには売り手と買い手がいて, 彼らが売買すなわち財やサービスと貨幣を交換する場を指すことが多い。これは, 取引当事者以外の第三者的立場から, 市場を俯瞰的にとらえているといえる。しかし, マーケティングでは取引当事者の視点から市場をとらえるため, 売り手にとっての市場は, 取引対象となる買い手すなわち顧客の集合となる[36]。

　取引相手となる買い手は, 自らのニーズを満たしてくれるブランドを購入する。ここでいうニーズとは「人間が感じる欠乏感」であり, この欠乏感を解消することが, 彼らが取引に参加する目的である。そして, 売り手は, 他者より

もより良く欠乏感を解消する方法を提供することで，取引を成立させようとする（Kotler and Armstrong［1989］訳，6頁）。

　買い手のニーズが意味する範囲は広く，抽象的なものから具体的なものまでさまざまなものが含まれる。たとえば，「お腹がすいた（から何か食べたい）」という，とくに充足手段を規定しない抽象的なものから，「（お腹がすいたから）魚が食べたい」という充足手段を特定の製品カテゴリーに限定したもの，そして，「（お腹がすいたから）関あじ・関さばを食べたい」という特定のブランドを充足手段とする具体的なものなどがそれである[37]。

　ここで注意しなければならないのは，ニーズの内容や程度およびそれを充足するための手段が，買い手によって異なることである[38]。たとえば，一言に「お腹がすいた」といっても，お腹のすき具合やそれがもつ意味は人によって異なり，それを充足するために欲する手段も人によってさまざまである。

　しかし，売り手が，このような買い手の多様なニーズに応えるのは容易なことではない。なぜなら，そのために費やすことのできる資源は限られており，1人の売り手が対応できるニーズが限定されるからである。また，それ以上に問題となるのが，買い手がニーズを充足するために支払う価格である。一般に，買い手のニーズを充足するには，それに必要な資材の確保や労働の投入，そして，設備投資等が必要となる。この費用を1人の買い手または1度のニーズ充足で回収しようとすると，その額は膨大なものとなり，買い手はそれを入手できず，取引自体が成立しなくなる。

　そこで，売り手は，買い手の多様なニーズを何らかの同質性によって集約し，同じ充足手段でそれに対応することで，買い手が入手可能な水準まで単位当たり費用を下げようとする。こうして集約された買い手の集合を市場セグメント（market segment）と呼び，売り手は，この市場セグメントに対し，より良いニーズ充足手段を提供することで，買い手との取引を成立させようとするのである[39]。

　この市場セグメントを規定するうえで有効なのが，市場セグメント変数である[40]。市場セグメント変数は，これまでの経験から導き出された市場を集約するうえで有用な顧客分類次元であり，市場セグメント変数において値が近ければニーズの同質性が高く，逆に遠ければニーズの異質性が高まることになる。

　そして，この市場セグメント変数において，その有用性が古くから指摘され

ているのが地理的変数である。地理的変数は，文字どおり，地理的距離の近さや，気候の類似性，人口規模などの地域特性を指すが，これらが市場セグメント変数になるということは，地理的に規定された地域がニーズの同質・異質を識別する要因になることを示している。

▶製品の集合としての市場

すでに述べたように，売り手にとって，市場は「顧客（買い手）の集合」だが，もう一方の取引当事者である買い手にとって，市場は「売り手もしくは売り手が提供する製品の集合」とみなすことができる。ここでいう製品とは，売り手が提供する買い手のニーズ充足手段であり，ブランドの付与対象でもある。したがって，製品の集合はブランドの集合とみなすこともできる。本書では，この製品（もしくはブランド）の集合を「製品カテゴリー」(product category) と呼ぶことにする。

ここで問題となるのが，製品カテゴリーの範囲である。製品カテゴリーは，買い手が自らのニーズを充足するための手段の候補としてリストアップした製品の集合であり，製品カテゴリーは本来買い手のニーズごとに存在する。一方，これら製品カテゴリーに沿うよう製品を品揃えし，買い手に提供するのが小売業である[41]。小売業は，複数の仕入れ先から製品を集め，買い手がその中から自らのニーズを充足するための製品を選択できるよう分類し，その選択を手助けする情報を添えて提供する[42]。しかし，上述したように，買い手の有する製品カテゴリーは個々別々であり，これら買い手の有する製品カテゴリーに個別に対応するのは，資源の制約や単位当たり費用の面から難しい。そこで，小売業は，製品の場合と同様，個々の買い手の製品カテゴリーを集約し，複数の買い手に対応しうる製品カテゴリーを形成することで，彼らのニーズに応えようとする。

こうして形成される製品（もしくはブランド）の集合が，石原 [2000] のいう「分類コード」としての製品カテゴリーである。特定の製品カテゴリーに，どの製品が含まれどの製品が含まれないかは，売り手と買い手の約束事であり，そこに明確なルールや根拠は存在しない。それにもかかわらず，製品カテゴリーが長期にわたり比較的安定して存在するのは，製品カテゴリーが複数の売り手と複数の買い手がコミュニケーションするための共通言語すなわち社会的分

類コードとしての役割を担っているからである(石原[2000], 113-116頁)。

そして，製品カテゴリーは，ブランドの参照枠組みとして，ブランド・ポジショニングを規定し，結果としてブランドの価値に影響を与える。ここでいう参照枠組みとは，ブランドを評価したり，他のブランドと比較する際の基盤となるものであり，一般的にそのブランドが属する市場すなわち製品カテゴリーによって規定される[43]。したがって，たとえ同じブランドであっても，どの製品カテゴリーに属するかによって，そのブランドの価値は異なることになる。

地域ブランドも同様である。製品カテゴリーは，地域ブランドの価値に影響を与える参照枠組みとして機能する。たとえば，本章の事例で取り上げた「関あじ」は，製品である魚自体を変えることなく，瀬付き魚という製品カテゴリーに位置づけることで，その価値を高め高価格で取引することに成功した。これは，「関あじ」の属する市場を，"関もの"という特定地域を参照枠組みとする製品カテゴリーから，"瀬付き魚"という希少かつ品質の優れた魚を参照枠組みとする製品カテゴリーに変更したことを意味する。

また，「関さば」は，サバという製品カテゴリーの中に「刺身で食べられるサバ」という新たなカテゴリーを創出することで高い評価を得ることに成功した。刺身で食べる魚は，サバに限らず鮮度や品質の良さを表す参照枠組みとなる。そして，「刺身で食べられるサバ」は，「関さば」が自ら創り出した製品カテゴリーであり，同一カテゴリーに競争相手は存在しない。したがって，その製品カテゴリーが評価されれば，そのメリットを最大限に享受することが可能となり，当該製品カテゴリーに後発で参入する地域ブランドよりも有利な立場を維持することができる。

Aaker[2011]は，以上のような理由から，既存の製品カテゴリーの中で自らにとって有利なポジションを狙うよりも，自らがパイオニアとなり新たな製品カテゴリーを創出するほうが，得られる成果が大きいと主張する。これも，ブランドの市場選択がもたらす効果の一種だといえよう。

▶地域ブランドの地理的市場拡大

「関あじ・関さば」が，ブランドとして大きく成長した理由の1つに，地元大分を離れ，大都市圏で販売したことがあげられる。多くの地域ブランドにおいて，販売エリアの拡大は，単に売上の増加のみならず，ブランド・エクイテ

表6-2 地域ブランドの地理的市場拡大

		地域文化	
		移転（不変）	適応（変更）
ブランド・コンセプト	移転（不変）	既存市場拡大	再ポジショニング
ブランド・コンセプト	適応（変更）	文化移転	新ブランド構築

出所：筆者作成。

ィ向上の観点からも重要な目標となる。そこで，特定の地域市場を対象としていた地域ブランドが，地理的に拡大する意味をあらためて考えてみよう。

上述したマーケティングの市場認識に従うならば，地域ブランドの市場は顧客すなわち買い手の集合であり，地域ブランドが対象とする地域市場は，何らかの異質性により他の地域と識別された市場セグメントとなる。ここで重要なのは，市場セグメントとして切り取られた地域は，恣意的に分割されたものではなく，そこに有意味な差異が存在するということである。もしそうでなければ，地域ブランドは，特定の地域を越えて自然に拡散していく[44]。

では，市場を地理的に分割する有意味な差異とは何か。それは，顧客が有するニーズ充足欲求の差異である。すなわち，顧客の有する地理的に同質あるいは異質なニーズ充足欲求が，地域ブランドを特定の地理的範囲にとどめているのである。そこで，特定地域の人々に共通し，他の地域の人々と異なるニーズ充足欲求の価値体系やそれに基づく行動を「地域文化」と呼ぶことにしよう[45]。特定地域を対象とする地域ブランドは，当該地域の地域文化に適応している。したがって，地域ブランドは，当該地域の地域文化と対になって存在しており，地域ブランドの地理的拡大を考える際は，ブランドのみならず地域文化も同時に考慮する必要がある。

表6-2は，地域ブランドの地理的市場拡大を，地域ブランドと地域文化の観点からとらえたものである。地域ブランドの地理的市場拡大は，ブランド・コンセプトおよびそれと対になっている地域文化をそのまま移転するか（変更しないか），それとも進出先の地域に適応するか（変更するか）によって4つのタ

イプに分けることができる。

　第1のタイプは，地域ブランドのブランド・コンセプトと地域文化のどちらも変えることなく，そのまま移転する「既存市場拡大」である。これは，基本的に進出先が地元と同じ地域文化を有し，また，進出先での地域ブランドの位置づけも地元のそれと同じ場合に有効な地理的拡大である。したがって，そのブランディング方法は地元のそれと変わらず，当該地域ブランドの既存市場が拡大したとみなすことができる。

　第2のタイプは，地域ブランドのブランド・コンセプトは変えず，その位置づけを変えることで進出先の地域文化に適応する「再ポジショニング」である。この場合，ブランド・コンセプトと対になる地域文化を持ち込まず，進出先の地域文化の中で自らを位置づける必要があるため，当該地域ブランドの再ポジショニングが必要となる。たとえば，地元大分で"関もの"として位置づけられていた「関あじ」を，"瀬付き魚"という位置づけに変えて東京や大阪の市場に定着させた例などが，この再ポジショニングに該当する[46]。

　第3のタイプは，地域ブランドのブランド・コンセプトを変えることで，それと対をなす地域文化の進出先への定着を図る「文化移転」である。たとえば，サバを刺身で食べるという佐賀関の食文化を東京や大阪の大都市圏に定着させるため，「刺身で食べられるサバ」というブランド・コンセプトを明確に打ち出した「関さば」などが，その例としてあげられる。また，日本の食文化を海外に広げるため，日本で提供しているものより日本的な部分を強調したり，エンターテイメント性を高めたりするのも，この文化移転による地理的市場拡大に該当する。

　第4のタイプは，進出先の地域文化への適応を図るため，地域ブランドのブランド・コンセプトを変更する「新ブランド構築」である。これは，地域ブランドが有するブランド・コンセプトおよびそれと対になっている地域文化の両方を変更することになるため，地域ブランドが有する既存資産を活用することができない。したがって，製品自体は同じであっても，拡大先の地域市場への適応を目指し，一からブランディングを行う新ブランド構築と基本的に同じだといえる。

　以上，地域ブランドの地理的市場拡大を行うには，ブランド・コンセプトのみならず，それと対をなす地域文化も考慮する必要があり，その両方またはど

ちらを進出先の市場に適応させるかによって，その方法は大きく異なる。

4. 地域ブランドの内部市場

▶地域内市場の特殊性

　前節では，地域ブランドの地理的市場拡大について考察した。そこで，次に地域ブランドの地域内市場への対応について考えてみよう。というのも，地域内と地域外では，当該地域の製品やサービスに求める人々のニーズが大きく異なるからである。

　地域内の人々にとって，地域とはまさに生活の場であり，住環境や就労環境の整備，生活用品の調達，公共サービスの提供など，日々の生活に必要なさまざまな機能が要求される。これらの機能は，基本的に誰にとっても等しく必要なものであり，特定の機能に特化するなど地域によって差がつくことはあまり望ましくない。したがって，地域内の人々は，当該地域に対し，他地域との差異よりも同質性を求めることになる。

　一方，地域外の人々にとって，当該地域は何らかの目的をもって訪れたり，関係をもつ相手であり，目的以外のことは，地域内の人々に比べて関心が低い。しかし，自らの目的に関わることは，地域内の人々よりも関心が高く，欲求水準も高くなるのが一般的である。したがって，地域外の人々は，当該地域に対し，他地域との同質性よりも，差異性や固有性を求めることになる。

　この地域内の人々と地域外の人々が当該地域に求める差異は，前述した地理的な市場セグメントが有する差異ではなく，当該地域の内か外かによって生じるものであり，地域の違いにかかわらず，人々が共通して有するものだといえる。

　そして，地域内の人々が当該地域に対して抱く固有な感情の1つに「郷土愛」がある。郷土愛は，自ら生まれ育った地域に対する愛着を意味するが，哲学者のハイデガーは，故郷を「その人自身を（つまり自身のもっとも固有なるものを）育みそだてて，その人をその人たらしめる彼自身の根源」（市倉 [1997]，37頁）とみなしており，故郷が自らの存在根拠あるいは自己そのものであることが，生まれ育った地域に愛着を抱く理由だといえる[47]。

　また，地域に対する愛着度に影響を与える要因を調査した渡邊 [2006] は，

公的な近隣関係を表す「町内会」，非公式な近隣関係を表す「立ち話」，地域行政の「福祉」，そして「居住年数」が愛着度に強く影響していることを明らかにした。これは，愛着心が，近隣住民との良好な関係や福祉という日常生活の中で形成されることを意味している。

したがって，郷土愛はけっして特別なものではない。実際，多くの人々が自ら生まれ育った地域に愛着を抱いており，ブランド総合研究所が2010年に行った調査によると，生まれ育った地域に愛着を抱いている人は，沖縄県が89.3%ともっとも多く，もっとも少ない埼玉県でも68.0%が愛着を抱いているという[48]。

そして，郷土愛は，地域内の人々に対し，郷土への誇りや自慢といった当該地域に対する肯定的な態度を形成する。同じくブランド総合研究所が行った調査によると，出身都道府県に対する愛着度と自慢度の相関は0.90で，強い正の相関関係にあることがわかる[49]。また，郷土で誇りに思う（自慢できる）要素として，「海・山・川・湖などの自然が豊かなこと」(51.1%)，「食事がおいしいこと」(43.4%)，「道路や交通の便がよいこと」(32.8%)が上位にあげられており，自然環境とともに，地域の食関連要素が，郷土への誇りを高めるうえで大きな役割を担っている。

以上の議論は，地域内の人々が当該地域に対して抱く郷土愛に，いかに訴えかけるかが，地域内市場を対象とする地域ブランドにおいて重要となることを示している[50]。

▶地産地消

地域内市場を対象とする地域産品ブランディングは，その地で生産されたものをその地で消費する「地産地消」という性質を有することが多い。

地産地消は，農林水産省農蚕園芸局生活改善課が，1981年度計画で進めた地域内食生活向上対策事業で使用された「地場生産・地場消費」が変じたものだといわれている（伊東［2009］）。しかし，仏教用語に「身土不二」（体と土は一体という意味）という言葉があるように，その考え方自体は古く，地域主義的思想や有機農業の分野で，似たような考え方が以前から存在していた（野見山［2006］）。

中村［2005］によると，学術文献で「地産地消」という言葉が最初に登場す

るのは，梅野［1983］の論文で，大規模な系統農協の広域農産加工事業と異なり，地元の評価を高めながら自然なかたちで広域化を図る方法として地産地消に注目している。また，篠原［1990］は，身土不二の考えに基づき地元のものを食する有用性を説いている。

　このように，どちらかというと特定分野の言葉として使用されていた地産地消が，広く一般に知られるようになったのは，2001年のBSE問題や2002年の食品表示の偽装問題が大きく影響している。事実，新聞に登場する地産地消に関する記事が急速に増加するのは，上述した問題等により，食の安心・安全に対する関心が高まった2001年以降である（野見山［2006］）[51]。もちろん，地産地消は，食の安心・安全を直接保証するものではない。ただ，地産地消は，生産者と消費者の距離が近く，間に介在する者が少ない。そのため，誰がどのような方法でそれを生産流通しているかが把握しやすく，それが安心・安全を高める要素の1つになっている。

　その後，政府は，2005年の閣議決定した『食料・農業・農村基本計画』の中で地産地消を取り上げる。そして，農林水産省が，地産地消を「地域の消費者ニーズに即応した農業生産と，生産された農産物を地域で消費しようとする活動を通じて，生産者と消費者を結び付ける」取組と定義し，国家政策として地産地消の推進を試みる（伊東［2009］）[52]。また，地方自治体も，食の安心・安全の確保や地域経済の活性化を目指し，地産地消に力を入れるようになる（内藤ほか［2005］）。

　この地産地消の代表的な取り組みの1つが，学校給食を中心とする食育である。2005年，国民が健全な心身を培い，豊かな人間性を育むため，統合的かつ計画的に食育を推進することを目的とする食育基本法が制定され，2006年に食育推進基本計画が策定される。この食育基本計画の中で，生産者と消費者の交流促進と環境と調和のとれた農林漁業の活性化が謳われており，その具体的な施策の1つとして地産地消の促進があげられている[53]。そして，それを行ううえで学校給食が有効な手段となっており，2004年に全国平均で21％だった学校給食における地産地消の割合（食材料ベース）を，2010年までに30％に引き上げることを目的としている[54]。

　また，地産地消を促進するもう1つの代表的な取り組みが農産物直売所である。伊東［2009］によると，農産物直売所には，開設者と運営者の相違から①

農協開設・農協運営型，②農協開設・組合員運営型，③行政等開設・農協運営型，④行政等開設型・農協組合員運営型の4つのタイプが存在するが，生産，出荷，価格設定を出荷者の自己責任で行うことが，これらの農産物直売所に共通した特徴である（伊東［2009］）。そして，近隣の農家が作り直接納品したものを近隣の顧客が購入することで，地産地消が実現する。ちなみに，2009年度の農産物直売所の数は1万6816か所で，年間販売額は8767億円となっている[55]。

さて，地産地消の効果は，それを享受する対象の違いにより，以下の3つに分けてとらえることができる。

第1は，消費者に対する効果である。消費者にとって，地産地消は，すでに述べたように，食の安心・安全を確保する方法の1つであり，作り手と直接接し交流する機会を提供する。また，消費者は，地産地消によって鮮度の高い製品が入手可能となり，品質的にも優れた製品を手に入れることができる。

第2は，生産者に対する効果である。地産地消により，生産者は需要を安定的に確保することができる（下平尾［2009］）。また，販売エリアを特定地域に限定することで，希少性が高まり付加価値向上につながる。事実，農産物直売所では，地元の顧客のみならず，そこにしかない製品を求めて，遠方からも多くの顧客が訪れている。

第3は，地域全体にもたらす効果である。地産地消は，地域経済の活性化という経済的効果，生産者と消費者の交流という社会的効果，食育促進という教育的効果，そして，自給率向上という安全保障における効果など，多方面にわたる効果を地域にもたらす（伊東［2012］；上中［2013］；野見山［2005］）。

もちろん，地産地消にも問題はある。野見山［2005］は，地産地消には，上述したようなさまざまな長所がある一方で，①生産量と消費量が限られているため需給調整が難しい，②取引可能な品目数が限られているため品揃えが難しい，③収穫時期が限られているため周年取引が難しい，④気象変動による出荷量の増減が大きく価格が乱高下しやすいなどの問題を有することを指摘している。そして，規範的に地産地消を推進するのではなく，広域流通と併用しながら，地域の特性に応じた柔軟な地産地消の実施を提案している（野見山［2012］）。

地産地消は地域産品ブランディングにも大きな影響を与える。岩本・前川

［2011］は，食材の産地表示が消費者の支払い意欲（willingness to pay）に与える影響を調査し，産地表示が支払い意欲を増加させることを明らかにした。そして，彼らは，食材の産地表示に対する関心が高いほど，地域に対するイメージが肯定的なほど，比較対象となる製品を安いと感じるほど，その傾向が強まることを示した。同様に，他の研究でも，安心・安全に関心が高く，品質が良ければ価格にこだわらない消費者ほど，地産地消を選択することが示されている（半杭［2008］）。これは，価格よりも品質を重視する顧客に対し，地産地消型の地域ブランドがプレミアム感を有することを意味する。

このプレミアム感の源泉となるのが，スローフードやロハス（LOHAS）などの食に関する価値観である。スローフードは，地域の伝統的な文化を尊重しながら食を中心とする生活の質的向上を目指すもので，1986年にイタリア人のカルロ・ペトリーニによって提唱された生活改善運動である。その後，スローフードは世界に広がり，イタリアのブラに本部を置きながら，世界150か国に1300以上の支部を有する大規模な運動となっている[56]。一方，ロハスは，Lifestyles of Health and Sustainability の略語で，健康と環境を意識しながら持続可能な社会の実現を目指すライフスタイルを意味する[57]。Ray and Anderson［2000］は，ロハス的価値を有する人は全米で5000万人（全人口の約26％）存在し，その消費市場は30兆円に達すると試算している。地産地消型の地域ブランドは，このような価値観と親和性が高く，これらの価値観と結びつくことで，特定のニーズをもつ顧客に強くアピールすることができる[58]。

また，地産地消が地域産品ブランディングに与えるもう1つの影響として，観光客すなわち当該地域を訪れる顧客に対する価値がある。これまで，本章では，地域内市場が基本的にその地域に住み，生活している人々によって構成されているものとして議論してきた。しかし，交通の発展等により地域間の人々の交流が盛んになった今日，地域内市場には，地域外に住み何らかの理由で当該地域を訪れる「入込客」（visitor）が一定比率存在する[59]。こうした入込客は，当該地域で消費する理由を重視するため，その地で生産されたものをその地で消費する地産地消は，大きな訴求ポイントとなる。

▶マーケターとしての地域内顧客

地域内市場を構成する顧客は，単なる地域ブランドの買い手以上の役割を有

する。すなわち，地域ブランディング主体としての役割がそれである。第3章で述べたように，地域ブランディングは，公的機関のみならず企業や住民など多種多様な主体によって行われる（久保田［2004］；生田ほか［2006］）。したがって，彼らは，地域ブランドの買い手としてだけでなく，地域ブランドのマーケターとしての役割も担うことができる。

　Gummesson［1991］は，マーケティングを主な業務とする部門以外で，顧客を意識し活動する者を「パートタイム・マーケター」と呼び，彼らの活動がマーケティング部門と同じく顧客満足に大きな影響を与えることを指摘している。そこで，地域内市場の顧客を地域産品ブランディングのパートタイム・マーケターとみなすとき，彼らがどのような役割を担うことができるか考えてみよう。

　まず，地域ブランドを購入するという行為自体が，パートタイム・マーケターとしての役割を担う場合がある。たとえば，ギフトとしての購入がそれである。ギフトは製品の購入者と使用者が異なり，ギフトとして手渡されることで，地域ブランドの知名度が高まり，直接消費してもらうことが可能となる。これは，マーケターが行うプロモーション活動そのものだといえる。

　また，地域住民による口コミも，パートタイム・マーケターとしての重要な役割となる。口コミは，ブランドの購入者が，ブランドに関する自らの使用経験や評価を他者に伝えることを意味するが，自分と同じ消費する側の意見であることや，利害関係のない第三者の意見であることから，他者の購買行動に大きな影響を与えることが古くから指摘されている（Dichter［1966］；Arndt［1967］）。そして，昨今のインターネットの普及により，直接関係のない人たちの口コミを容易に参照できるようになり，近年，マーケティング手段としての有用性がますます高まっている（Rosen［2000］；濱岡・里村［2009］）。地域ブランドも例外ではなく，ブランディングにおける口コミの有用性が指摘されており，地域住民が地域ブランドの使用経験や評価を口コミとして発信することで，パートタイム・マーケターとしての役割を果たすことができる（清水［2007］）。

　しかし，口コミの内容は，当該地域ブランドにとって必ずしも良いものだけとは限らない。中には否定的なものも存在し，肯定的なものと同様あるいはそれ以上に人々の購買行動に影響を与える[60]。そこで，いかに否定的な口コミを減らし，肯定的な口コミを増やすかが課題となるが，口コミを行う動機について調査したサンダラムらによると，肯定的な口コミは，利他性や製品関与の高

さが動機となっており，製品のパフォーマンスや従業員の行動に関する内容が多い。一方，否定的な口コミは，不安を取り除くことや後悔させないことを動機としている場合が多く，トラブルやコスト・パフォーマンスに関する内容が多くなっている (Sundaram et al. [1998])。この調査結果は，肯定的な口コミと否定的なそれでは，動機や内容が異なることを示しており，両者の違いを意識しながら地域産品ブランディングを行うことが重要となることを示している。

結　び

本章では，「関あじ・関さば」を事例に，地域ブランドの市場選択について考察した。

マーケティングにおいて，市場は取引当事者から見た取引相手であり，売り手にとっての市場は買い手すなわち顧客の集合，買い手にとっての市場は売り手もしくは売り手が提供する製品の集合を意味する。そして，売り手にとっての市場を構成する顧客は，彼らの有するニーズの同質性および異質性によりグルーピングされる。すなわち，市場セグメントがそれである。

この市場セグメントを規定する要因として，古くからその有用性を指摘されているのが地域である。地域は，人々のニーズに大きな影響を与える自然および社会的特性を有しており，地域ごとに異なる市場セグメントを形成する。そして，この種のニーズの違いをもたらす価値体系およびそれに基づく行動を「地域文化」と呼んだ。

この地域文化は，地域ブランドと密接な関係を有している。というのも，地域産品ブランディングでは，特定地域との関係性がブランド・アイデンティティの中核となるため，地域文化とセットでブランドを考える必要があるからである。地域ブランドは，地域文化との関係の中で初めて成立する。したがって，地域ブランドの地理的市場拡大を行う際は，ブランドのみならず，地域文化の移転可能性も同時に考慮する必要がある。

以上の理由から，本章では，地域ブランドの地域外市場への拡大を，ブランド・コンセプトと地域文化の移転可能性から，4つのタイプに分けて考察した。すなわち，ブランド・コンセプトと地域ブランドの両方をセットで移転する「既存市場拡大」，ブランド・コンセプトのみ移転し，進出先の地域文化に適応

させる「再ポジショニング」，地域文化を移転することで進出先の地域に新たな価値を創出し，それにブランド・コンセプトを適応させる「文化移転」，そして，進出先の市場に適応するようブランド・コンセプトを新たにつくり変える「新ブランド構築」がそれである。

一方，地域ブランドが拠点とする地域内市場は，当該地域の地域ブランドに対して地域外顧客と異なるニーズを有している。

その1つが「郷土愛」である。郷土愛とは，自ら生まれ育った地域に対する愛着であり，地域を問わず，地域内の顧客が当該地域に対して共通して有するニーズである。したがって，地域内の顧客を対象とする際，この郷土愛をいかに引き出し，自らのブランドと関連づけるかが，地域ブランディングにおいて重要な課題となる。

また，地域内の顧客を対象とする地域ブランドが活用しうるブランディング手法として「地産地消」を取り上げ考察した。その地で生産されたものをその地で消費する地産地消は，当該製品が地域と密接な関係にあることを示す要素となる。さらに，地産地消は，①消費者の観点から食の安心・安全や鮮度の高い良質な製品の確保，②生産者の観点から"限定生産"や"限定販売"といった希少性に基づく付加価値の付与，③地域社会の観点から，循環型経済の促進という経済的効果，生産者と消費者の交流という社会的効果，食育の推進という教育的効果など，さまざまな効果を有しており，地域ブランドにとって有益な構成要素となる。

そして，地域内の顧客は，単なる買い手としてではなく，地域ブランディングの一部を担うパートタイム・マーケターとしての役割も担っている。ここで強調したいのは，ギフトのように，地域ブランドを購入するという行為自体も，パートタイム・マーケターとしての役割となりうるという点である。したがって，地域内の顧客を対象とする際は，彼らが自らのパートタイム・マーケターになりうることを常に意識しながら，地域ブランディングを行う必要がある。

以上，地域ブランドの市場を当該地域ブランドが拠点とする地域内市場と，それ以外の地域外市場に分け，各々の市場の特性やその市場で地域ブランディングを行う際の注意点について考察した。その際，地域ブランドの対象とする市場が，地理的に分割されることを前提に議論した。しかし，全国市場やグローバル市場という言葉があるように，複数の地域市場を統合し，1つの市場と

みなす場合もありうる。そこで最後に，地域内市場と地域外市場を総合した市場を選択する場合を考えてみよう[61]。

　地域ブランドにとって地域内市場と地域外市場の統合は，ブランド・アイデンティティの中核をなす地域性概念の再考を促す。すなわち，既存の地域性概念のまま統合市場に適応するか，それとも，統合市場を自らの地域性概念とするかがそれである。前者の場合，既存の地域性概念が統合市場の一部となるため，ブランド・アイデンティティの中核概念としての地位が相対的に低下する。一方，後者の場合も，地理的拡大に伴い郷土愛や地産地消の効果が低下するため，地域ブランドのブランド・アイデンティティの中核をなす地域性は希薄化する。いずれにしろ，地域内市場と地域外市場を統合するかたちでの市場拡大は，地域ブランドの根幹をなす地域性を希薄化させ，結果として全国ブランドやグローバル・ブランドへの転身を促す。したがって，この種の市場選択には長期的視点に立った慎重な判断が求められるといえよう[62]。

注
1　たとえば，浜松餃子や宇都宮餃子は，当該地域での消費量の多さがブランド・アイデンティティの中核的要素となっている。
2　ここでの「関あじ・関さば」に関する記述は，小林［2003b］を加筆修正したものである。
3　ちなみに，消費地中央卸売市場での価格は，アジが1kg当たり424円，サバが1kg当たり298円（ともに，「消費地水産物流通統計」に基づく2006年の生鮮価格）。
4　佐賀関町漁業協同組合は，県下27組合の合併により，2002年4月，大分県漁業協同組合佐賀関支店に改組。しかし，本章では「関あじ・関さば」のブランド化が改組前だったこともあり，当時の名称をそのまま使用することにする。
5　佐賀関で水揚げされる魚の主要集積地である大分市中央卸売市場では，「関あじ・関さば」が注目される以前から，「関ものコーナー」と呼ばれるセリ場を設け，他の魚と区別して販売していた（野村［1998］, 46頁）。
6　この仲買人制度の歴史は古く，1902（明治35）年，佐賀関町漁協の前身である漁業会が設立されて以来，90年にわたって続けられていた。
7　ここで示した産地仲買人との取引形態は「関あじ・関さば」がブランド化された当時のものである。
8　仲買人制度は，佐賀関町漁協が組合員の販売業務を代行する受託販売であり，したがって，買い手である産地仲買人からは手数料を取らない。
9　値立て委員会では，市況を参考に1週間から10日先までの単位重量当たり価格が魚種ごとに決められる。
10　産地仲買人が儲けすぎというのはあくまで憶測の域を脱しないが，佐賀関に出入りしている産地仲買人が4名と少なく，固定しており健全な競争が行われていないこと，消費地市場で関ものと呼ばれ，高値で取引されているにもかかわらず，それが産地取引価格に反映されていないことなどが，不信感を高める要因になったといわれている。

11　アンケートでは，仲買人制度に代わる方法として共同出荷という案も出たが，共同出荷は経費がかさみ，また，価格が決定するまで日数を要するため，今日獲った魚の価格を参考に明日の漁を決める漁師の習慣に合わず，話し合いの結果，佐賀関町漁協が組合員から魚を買い取る買取販売方式を採用することにした（姫野［1999］）。

12　通常の仲買人との違いは，佐賀関町漁協が仲買人となるため手数料を差し引かないこと，すなわち佐賀関町漁協の買取価格がそのまま組合員の収入となる点である。しかし，買取販売事業には相応の費用がかかるため，手数料分がそのまま組合員の収入増となるわけではない。

13　佐賀関町漁協が買取仲買事業に参入した後も，組合員の水揚げの約半分は他の産地仲買人を通して取引されている（「登録商標が決め手　海峡を挟んでサバ・アジ販売競争（全解明 売上げ・利益を伸ばすブランド価値）」『週刊ダイヤモンド』1999年11月6日号，64頁）。

14　漁は通常午前5時から正午に行われるが，漁の時間は季節や天候により異なる。買取業務は漁獲量等で異なるが，通常1隻当たり20分程度要する。

15　佐賀関町漁協の買取販売事業への進出に伴い，従来の価格決定機関である値立て委員会は廃止され，既存の産地仲買人を含め，買取業者が独自の判断で価格を設定する方式に変更された。なお，価格の設定は自由に行うものの，組合員と産地仲買人との取引は佐賀関町漁協への販売委託となるため，従来と同様，組合員から販売手数料を徴収している。

16　タチウオが漁協の買取販売事業から外れているのは，その取り扱いの特殊性にある。タチウオはその魚体の大きさから通常の箱に入らず，取り扱いの際に魚を傷つける等の問題が以前から発生していた。そこでタチウオを扱う仲買人が，協議のうえ，一定のルールを定めた。以上の経緯から，タチウオは通常とは異なる方法で取引されており，取り扱いも専業の仲買人に限られていることが，買取販売事業の対象外となっている理由である。サザエもタチウオと同様，専業の仲買人が存在することがその理由となっている。

17　一般にアジは回遊魚だが，一部特定の瀬に住み着くものがあり，これらの瀬付きアジは品質も良く，また数も少ないため高級魚として通っている。佐賀関のアジもこれらと同様，瀬付きアジの一種だといわれている。

18　これらの理由の他に，アジとサバの水揚げ量が多く，これらの需要を確保することが買取販売事業全体の安定化につながることも，アジとサバを選んだ理由としてあげられる。

19　佐賀関町は「関あじ・関さば」の販促キャンペーン費用として200万円の援助を行った。

20　産地仲買人が大分県内を，佐賀関町漁協が県外の市場を主に担当するという棲み分けは現在も続いている。なお，最初のキャンペーン地として福岡中央卸売市場を選んだのは，市場規模が大きくかつ近いこと，タチウオの取引を通してすでに関係があり，協力が得やすかったことによるものである。

21　東京の販促キャンペーンでは，「関あじ・関さば」の他に刺身やオードブルも用意し，仲卸売業者など市場関係者を招いた昼の部と，料理家，マスコミ，地元出身者を招いた夜の部の2回に分けて行われた。昼の部に参加した市場関係者たちも刺身でサバを食べるのは初めてという者がほとんどで，驚きをもって迎えられたという。

22　一方，「関あじ」は，販売当初から価格はほとんど変わっていないが，それでも「関さば」と同様，通常のアジに比べて10倍以上の価格で取引されている。

23　たとえば，別府のあるホテルで「関あじ・関さば」を購入した泊まり客が，その品質のあまりの悪さに怒り，佐賀関町漁協にそれを送りつけたこともあったという。

24　魚でも加工品や養殖魚の商標登録は以前から存在するが，自然の中に生息する魚を対象としたものは「関あじ・関さば」が初めてである。

25　2002年4月の改組以降，「佐賀関町漁協協同組合」の文字は「大分県漁協佐賀関支店」に変更されている。

26 佐賀関町漁協では，1996年10月に認可が下りた後，1997年7月に登録商標の発表会を行い，1997年秋から本格的な展開を開始した。
27 タグシールを付けて販売を開始した当時の状況。
28 タグシールの提供を断ったのは，共存共栄の思想のもと，産地仲買人が独自にブランド化を図り，組合員の収入の安定および向上に貢献することを願ったからだという。なお，「関あじ・関さば」は，その後地域団体商標を取得しており，地域団体商標取得後は，他の産地仲買人が扱うものも，付与するシンボルマーク等は異なるものの，同じく「関あじ・関さば」とみなし，地域としての「関あじ・関さば」のブランド力向上に努めている。
29 看板の作製には当然費用がかかるが，特約店にはあえて無料で配布している。看板を売ってしまうと所有権が相手に移り，取引が継続できないなどの理由で看板を引き取る際に揉めるのを避けるためだという。
30 これは2000年頃の価格。特約店制度を導入した当初は，もう少し安く3500〜4000円/kgで販売していた。なお，条例で漁業協同組合が出荷する魚は競りにかけることになっており，定価で販売することが問題になったこともあったが，この場合は注文を受けて配送するものであり，条例でいうところの"出荷"にはあたらないということで，許可を得たとのことである（姫野［1999］）。
31 佐賀関町漁協では，特約店制度を導入するにあたり，「関あじ関さば取扱看板交付要綱」「関あじ関さば取扱看板交付細則」「関あじ関さば取扱看板交付申請書」「関あじ関さば取扱看板交付決定通知書」という要綱および申請等書類を作成している。
32 たとえば，田川［1999］等を参照。
33 これは，直接注文販売や特約店以外で流通している「関あじ・関さば」が，すべて偽ブランドであることを意味するものではない。本文で説明したように，「関あじ・関さば」は，直接注文販売や特約店以外でも流通しており，そこでも正規ブランドを購入することができる。しかし，それらがすべて正規ブランドである保証はない。したがって，顧客は，正規ブランドを確実に購入できる直接注文販売や特約店を利用するか，偽ブランドかもしれないリスクを負ってそれ以外の販路を使用するかを選択する。これは，ブランド購入の選択権を顧客に委ねることで，正規ブランドの供給責任を一定範囲に止め，偽ブランドによって生じる正規ブランド保有者のリスクを回避する方法だといえる。
34 倍率は，図6-2に示した「関あじ」と真あじ，「関さば」とさば類の2000年の価格差を表す。
35 たとえば，『大辞泉』では，市場を「①売り手と買い手が特定の商品や証券などを取引する場所，②財貨・サービスが売買される場についての抽象的な概念，③商品の販路，マーケット」と定義している。
36 Kotler and Armstrong［1989］訳，255頁。なお，顧客には，既存顧客のみならず，潜在顧客も含まれる。
37 ニーズ充足手段のさまざまなレベルは，欠乏感の解消に向けた手段目的連鎖の各段階とみなすこともできる。すなわち，「お腹を満たす」←「魚を食べる」←「関あじ・関さばを食べる」といった具合である。ニーズ充足手段を，このように手段目的連鎖としてとらえる利点は，「お腹を満たす」の上にさらに抽象的な目的が存在すること，そして，「関あじ・関さばを食べる」の下にさらに具体的な手段が存在することを示唆しており，多様な次元でニーズ充足をとらえることができる点にある。また，手段目的連鎖は1対1の一義的なものではなく，1つの目的や手段が互いに複数の手段や目的を有するという多対多の関係になっていることも，ニーズ充足の視野を広げる意味で有益である。
38 オルダースンは，分化された供給単位と需要細分が正しく整合する市場を「完全異質市場と呼び，同質性を前提とする経済学とは異なるマーケティング固有の市場認識だと主張している

（Alderson［1965］訳，32 頁および 35-38 頁）．

39　この集約化プロセスは，一定の段階で停止する。というのも，買い手が入手可能な水準まで単位当たり費用が下がれば，買い手は，それが自らのニーズを充足する程度と，そのために支払う対価との相対的な関係によって，取引の有無を決定するからである。したがって，ニーズの異質性を前提とし，その集約化が個々のニーズとの乖離を生む限り，数量確保による単位当たり費用の低下（対価の引き下げ）とニーズ充足欲求はトレードオフの関係にあり，ニーズの集約化は一定水準で停止することになる。

40　市場セグメント変数に関しては，たとえば，Kotler and Armstrong［2012］訳，88-94 頁を参照。

41　ここでいう小売業には，店舗を有するもののみならず，無店舗のものや，小さな小売業の集積であるモールや商店街なども含まれる。

42　Alderson［1957］は，このような小売業の活動を品揃え形成過程の一部とみなし，以下の表の4つの活動の組み合わせによって実現されるとしている（石原［2000］，49 頁）。

	分　散	収　集
異　質	仕分け	取揃え
同　質	配分	収益

43　ブランド・ポジショニングおよび参照枠組みに関する議論は，第2章第2節を参照。

44　もちろん，地域ブランドの地理的拡大に，ブランド認知の向上や販路の確保などのブランディング努力が大きく影響することはいうまでもない。しかし，市場セグメントとして切り取られた地域が恣意的なものならば，隣接する地域との間に大きな差異は存在せず，当該地域で欲せられるものは，隣接する地域に自然に拡大していくと考えられる。

45　たとえば，日本の食文化研究の第一人者である石毛直道は，文化を「生物としての人間に遺伝的に組み込まれた行動ではなく，人間の集団の中で後天的に習得された行動」であり，食欲，性欲，睡眠欲などすべての人間に共通する欲求でも，それを充足する方法は，その人間が属する集団によって異なるという（石毛・鄭［1995］，2-20 頁）。

46　また，「○○の特産品」という売り方も，このタイプすなわち進出先の地域の人々が有する「特産品」という製品カテゴリーに自らの地域ブランドを再ポジショニングする方法だといえる。ただし，特産品という製品カテゴリーの有する価値は人によって異なり，瀬付き魚のような一定の評価を得ていないため，このような再ポジショニングが有効かどうかは吟味する必要がある。

47　郷土愛に関するハイデガーの概念の援用は，平宮［2011］の議論を参考にしている。

48　ブランド総合研究所プレスリリース「都道府県出身者による郷土愛ランキング」2010 年 10 月 21 日（http://www.tiiki.jp/corp_new/pressrelease/2010/20101021.html ［2015-10-1 参照］）。なお，愛着度の測定は 5 段階評価で，本文の数値は，「とても愛着がある」と「やや愛着がある」と答えた上位 2 項目を合計したものの比率である。また，調査方法は，インターネット調査で，有効回答数は 3 万 4257 人（各都道府県出身者数は，東京都が最多で 3588 人，最少が福井県で 162 人）となっている。

49　調査は，前出の「都道府県出身者による郷土愛ランキング」と同じ。なお，愛着度は，5 段階評価の「とても愛着がある」の回答者割合，自慢度は「とても誇りに思う」の回答者割合を使用している。

50　ここでは地域内市場へのアプローチという視点から郷土愛に注目したが，郷土愛は，当該地

域を離れても継続する性質を有している。これは、地域ブランドが地域外市場にアプローチする際も、郷土愛が有効に機能することを示すものであり、都市部で郷土料理を売りにする居酒屋などがこれに該当する。表6-2に従うならば、これは、地域外の当該地域出身者を対象とした既存市場拡大とみなすことができる。

51 BSE（牛海綿状脳症）に感染した乳牛が日本で初めて確認されたのが2001年9月。また、2002年には、このBSE問題に関連して、雪印食品が国外産の牛肉を国内牛と偽って農林水産省に買取費用を不正請求した雪印牛肉偽装事件や、協和香料化学の無認可香料使用事件（2002年5月）、中国産冷凍ホウレンソウの残留農薬問題（2002年5月）など、食の安心・安全に関わる事件が起き、人々の関心を高めることになった。
52 地産地消に対する国の支援に関しては、伊東[2009]、81-90頁を参照。
53 地産地消の促進以外に、生産者と消費者の交流促進および環境と調和のとれた農林漁業の活性化策として「都市と農山漁村の共生・交流の促進」「子どもを中心とした農林漁業体験活動の促進と消費者への情報提供」「農林漁業者等による食育促進」「バイオマス利用と食品リサイクルの推進」があげられている。
54 この学校給食における地場産品の利用率向上目標は、第1次食育推進基本計画中に達成することができず、第2次食育推進基本計画で2015年度の達成目標として再度設定されている。
55 農林水産省『平成21年度農産物地産地消等実態調査報告』（2012年2月10日公表）。
56 スローフードの説明は、スローフード・ジャパンのホームページに基づく（http://www.lowfoodjapan.net/［2015-10-1参照］）。
57 以下、ロハスの説明は、ローハスクラブのホームページに基づく（http://www.lohasclub.org/100.html［2015-10-1参照］）。
58 また、この他にも、イギリスの消費運動家ティム・ラングが提唱したフードマイルズ運動（なるべく身近でとれた食料を消費することで、食糧輸送に伴う環境負荷を低減しようとする市民運動）なども、地産地消と親和性のある価値観だといえる（パクストン[2001]；谷口・長谷川[2002]；中田[2005]；根本[2006]）。
59 入込客は、観光入込客ともいい、「日常生活圏以外の場所へ旅行し、そこでの滞在が報酬を得ることを目的としない者」を指す（国土交通省観光庁[2013]『観光入込客統計に関する共通基準』http://www.mlit.go.jp/common/000995211.pdf［2015-10-1参照］）。
60 たとえば、ウェブメディアのリスク対策を支援する各種サービスを開発・販売しているエルテスが、20～60代の男女を対象に行ったインターネット調査「インターネットの購買活動に与える影響調査」（調査期間：2015年1月15～27日、有効回答数：1083サンプル）によると、回答者の87.5%が、商品を購入する前にインターネットで検索すると答え、そのうち91.5%がネガティブな情報を気にし、79.6%がそれを理由に購入を取りやめることがあるとしている（https://eltes.co.jp/wp-content/uploads/2015/02/report 20150205.pdf［参照2015-6-26］）。
61 ここで問題となるのは、地域内と地域外の市場統合だけである。なぜなら、地域外市場同士の統合は、あくまで集計水準が異なる地域外市場であり、その基本特性は本章で述べた地域外市場と変わらないからである。
62 これは、地域ブランドが全国ブランドやグローバル・ブランドになることを否定するものではない。ただし、全国ブランドやグローバル・ブランドとして生存していくには、地域ブランドと異なる特性を有する必要があり、それをもたずに地域ブランドとしての強み（特定地域との関係の強さ）を失った状態で市場拡大するのは非常にリスクが高いというのが、ここでの主張である。

第7章 地域ブランドのダイナミズム
―― 事例：大阪産（もん）――

はじめに

　ビジネス・ブランディングにおいて，新規ブランドを立ち上げるには多大な費用を要する。たとえば，資生堂は，TSUBAKI（ツバキ）というヘアケア・ブランドを立ち上げるため，広告宣伝費として初年度に50億円投入し，ヘアケア市場のトップ・ブランドに押し上げた[1]。もちろん，広告宣伝だけがTSUBAKIをトップ・ブランドに導いた要因ではない。しかし，ブランドを確立するには，一定水準の知名度やブランド・イメージの形成が不可欠であり，そのための費用がどうしても必要となる[2]。

　一方，地域ブランドの場合は，ブランディング主体となる企業の規模が小さかったり，公的機関が推進母体となるため，ブランド導入時に大きな投資を行い，垂直的にブランドを立ち上げ，確立するのは難しい。そこで重要となるのが，小さく生み，時間をかけて大きく育てる，長期的な視点に立ったブランディングである。

　以上の認識のもと，本章では，大阪の地域産品ブランドである「大阪産（もん）」を取り上げ，ブランドと製品および他のブランドとの相互作用に焦点をあてながら，地域ブランドの育成方法について考察する。

1. 事例：大阪産（もん）

▶「大阪産（もん）」の誕生

(1)「大阪産（もん）」とは

大阪産（もん）のロゴマーク

出所：大阪府。

「大阪産（もん）」は，大阪府で栽培・生産される農作物，畜産物，林産物，大阪湾で採取され大阪府内の港に水揚げされる魚介類，そして，これら大阪府産の一次産品を原材料とする加工食品に付与されるブランドである。そのロゴマークは，大阪産（もん）の"もの"を意味する「品」の字をモチーフとしており，品の各部分は，農産物や林産物などの陸関連産物をイメージさせる「萌葱色」，魚介類などの海（川・池を含む）関連産品をイメージさせる「孔雀青」，そして，大阪産（もん）を支える人々をイメージした「金茶色」の3つの色で表される。また，品の口の部分が丸く書かれているのは，大阪産（もん）に関わる活動や連携の「輪」が広がることを願ったものである。

「大阪産（もん）」のロゴマークは，その使用を希望する者が大阪府知事宛に申請し，許可されると無償で使用することができる。また，使用期間は2年間とし，使用継続を希望する者は，再度申請し，許可を得る必要がある。2015年3月末現在，「大阪産（もん）」のロゴマーク使用許可事業者は710者となっており，その内訳は，生産者・食品加工業者が295（42％），販売店が215（30％），料理店が156（22％），サポーターが44（6％）となっている[3]。

(2)「大阪産（もん）」の誕生

「大阪産（もん）」の誕生は，2006年3月に制定された「大阪府環境農林水産部観光戦略アクションプラン」まで遡る。2000年代に入り，グローバル化が急速に進展する中，日本政府は，日本経済の活性化を図る新たな手段として観光に注目し，2003年4月，「ビジット・ジャパン事業」を開始する。この政府の動きに連動するかたちで，大阪府も2005年4月に「大阪府観光戦略プログラム」を策定し，アジアにおける魅力向上と存在感のある都市を目指し，観光による地域活性化と地域間交流の促進に取り組むことになる。「大阪府環境農

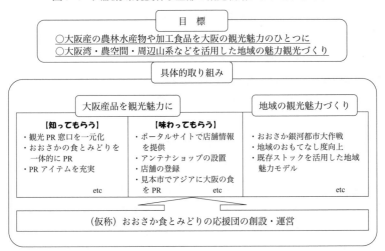

図7-1 大阪府環境農林水産部の観光戦略アクションプラン

出所：大阪府。

林水産部観光戦略アクションプラン」は，この大阪府の全体計画を環境農林水産部の活動として具体化したものであり，大阪府の農林水産物やそれを生み出す人々および自然環境を観光資源とみなし，その魅力を高めるとともに，農林水産業の振興に資する行動計画を示している[4]。

図7-1は，その大阪府環境農林水産部観光戦略アクションプランの全体イメージを図示したものだが，「大阪産（もん）」は，この中の「知ってもらう」ためのツールとして作成された。というのも，農林水産物等を観光資源化するには，まずその存在を知ってもらう必要があるが，当時，大阪府の農林水産物で全国的に知られていたのは「水なす」くらいで，大阪府の農林水産物は，府内も含め知名度が低かった。また，大阪府は，変化に富んだ自然環境を有し，海・里・山から多種多様な農林水産物がとれるものの，都市周辺のため個々の産出量は少なく，これも知名度が上がらない要因となっていた。そこで，大阪府産の農林水産物をまとめてPRするために作成されたのが「大阪産（もん）」である。

こうしてロゴマークが完成するが，「大阪産（もん）」が当初の目論見通り使用されたかというと必ずしもそうではない[5]。なぜなら，大阪府には，以前から大阪府の農林水産物に付与するブランドとして，「なにわ特産品」（大阪の食

文化に根ざし農作物で，独自の栽培技術を有し，府内でまとまった生産量があるものに付与。1993年にスタート），「大阪府Eマーク食品」（素材・製法ともに地元"大阪"にこだわって作られたものに付与。1994年スタート），「大阪エコ農産物」（安心できる農産物を求める府民の声に応え，環境に優しい農業に取り組む農業者を支援するため，農薬の使用回数および化学肥料〔チッソ・リン酸〕の使用量が府内の標準的な使用回数・量の半分以下に抑えたものに付与。2001年にスタート），「なにわの伝統野菜」（おおむね100年以上前から大阪府内で栽培されていた野菜で，大阪独自の品目・品種であり，大阪府内で生産されたものに付与。2005年スタート）などがすでに存在し，あらためて「大阪産（もん）」を付与する意義が見出せなかったからである[6]。

その結果，「大阪産（もん）」は，大阪府産の農林水産物やその加工品を「味わってもらう」ことで，そのイメージアップと消費拡大を図り，地域の魅力を高めることを目的に設立された「おおさか食べ歩き推進協議会」の活動の中で使用されることになる。

(3)「大阪産（もん）」の転機

「おおさか食べ歩き推進協議会」の活動でのみ使用されていた「大阪（もん）」は，2008年，大きな転機を迎える。そのきっかけとなったのが，同年2月に大阪府知事に就任した橋下徹氏の一言だった。橋下知事は，大阪府が保有する農産物関連のブランドが多いことを指摘し，それらを集約することを提案する。そして，「大阪産（もん）」をその候補にあげたのである。もともと「大阪産（もん）」は，大阪府産の農林水産物をまとめてPRするために作成されたブランドであり，環境農林水産部としても異論はなく，これを機会に「大阪産（もん）」の利用促進を図ることになる。

そこで，環境農林水産部は，2009年1月，大阪産（もん）推進連絡会を設置し，ロゴマークの使用要項を策定。2009年3月より，届出制による「大阪産（もん）」のロゴマーク使用を開始する[7]。そして，2009年11月，「大阪産（もん）」の商標登録が認められ，ブランドとしての一定要件を満たすことになる。

また，大阪府は，「大阪産（もん）」のロゴマーク使用要項が策定されたのを機に，2009年4月から積極的なプロモーション活動を開始する。その1つが，大阪府職員によって結成されたキャラバン隊である。彼らは，百貨店やホテル，飲食店などの関係者に「大阪産（もん）」の取り扱いを増やしPRしてもらうよう依頼して回った[8]。さらに，11月3日を"11（もん）03（もん）"というこ

「大阪産(もん)」以前に大阪府が有する農林水産物関係のブランド

なにわ特産品

大阪Eマーク食品

大阪エコ農産物

なにわの伝統野菜

出所：大阪府。

とで「大阪産(もん)の日」と定め，11月を「大阪産(もん)地産地消推進月間」とし，府内各地のイベント会場等で「大阪産(もん)」のPR活動を行った。

　ここで，2009年度の主な取り組みとして，サークルKサンクスと連携した活動を紹介しよう。「地産地消」「地元商品の消費向上」「地域活性化」を経営テーマに掲げていたサークルKサンクスは，大阪府と連携し「大阪産(もん)こだわり弁当コンテスト」を開催する(サークルKサンクス主催・大阪府共催)[9]。このコンテストは，大阪府内の管理栄養士養成を行う大学や専門学校の学生を対象としたもので，67作品の応募があり，2009年10月11日に最優秀賞の「大阪府知事賞」を含む5作品を表彰した[10]。そして，大阪府知事賞を受賞したレシピを商品化し，「大阪のうまいもん再発掘弁当」(税込498円)として，2010年1月14日から2週間限定で，関西地区2府4県のサークルKサンク

「大阪のうまいもん再発掘弁当」のポスター

出所：株式会社サークルKサンクス。

スで販売したのである[11]。

　サークルKサンクスとの連携はこれにとどまらない。「大阪産（もん）こだわり弁当コンテスト」で受賞した5作品を応募した学生8名と「大阪産（もん）応援プロジェクト」を結成。彼らと「いいもん大阪もん弁当」（税込460円），「いいもん大阪もんパスタ」（税込238円），「いいもん大阪もんサラダ」（税込298円），「レモンジャム＆ホイップサンド」（税込126円）の4商品を共同開発し，2010年4月22日から数量限定で，関西2府4県で発売した[12]。また，同年7月には，大阪産（もん）応援プロジェクトによる共同開発商品第2弾として「夏野菜と豆腐ハンバーグ弁当」（税込498円）を発売するなど，年間を通して「大阪産（もん）」を使用したこだわり弁当を販売し，「大阪産（もん）」のPRに努めた[13]。

▶大阪産(もん)名品

(1) 「大阪産(もん)」の拡張

大阪府の努力により,2009年度末のロゴマーク使用届出件数は,2008年度末の5件から212件に大幅に増加する。また,大阪府民の「大阪産(もん)」に対する認知率も,29.2%(2009年6月)から45.7%(2010年4月)と大幅に増加した[14]。

しかし,「大阪産(もん)」の認知度向上には限界があることも当初から想定されていた。というのも,「大阪産(もん)」は,大阪府内で生産あるいは水揚げされた農林水産物およびその加工品に付与されるブランドであり,大阪府の農地(経営農作地)は6747ha(府面積の3.6%)と小さく,域内自給率も,カロリーベースで2%,生産額ベースで5%と,東京都に次いで低いからである[15]。これでは,「大阪産(もん)」の対象となるすべての農林水産物にブランドを付与できたとしても,売場での露出は5%程度にしかならない。

そこで,大阪府は,2010年,大阪府産の農林水産物およびそれを使用した加工品以外にも「大阪産(もん)」の付与を可能にする「大阪産(もん)名品」事業を開始する[16]。「大阪産(もん)名品」とは,「大阪府内に主たる事業所を有する者が,大阪府内に存在する製造所等で製造した加工食品で,『大阪産(もん)名品』にふさわしいと知事が認めたもの」をいう。すなわち,大阪府内で生産あるいは水揚げされた原材料は使用していないものの,大阪府内に本社があり,大阪府内で生産された製品に「大阪産(もん)」を付与することで,ブランドの露出を高め,「大阪産(もん)」のさらなる認知率向上を図ろうとしたのである。

(2) 「大阪産(もん)名品」の付与対象

しかしブランドの露出を高めるために,大阪の企業が大阪で生産したものすべてに「大阪産(もん)」を付与することはできない。なぜなら,付与対象となる製品が多岐にわたり,ブランドの成立条件であるブランド内の同質性を確保するのが困難だからである。また,ブランド付与対象の無秩序な拡大は,既存の「大阪産(もん)」ブランドに悪影響を与えかねない。

そこで,まず「大阪産(もん)」を新たに付与する対象を加工食品に限定し,農林水産物を付与対象とする従来の「大阪産(もん)」との類似性を確保した。しかし,既存の「大阪産(もん)」にも加工食品が存在する。こちらは,大阪

府内で生産あるいは水揚げされた農林水産物を原材料とするものであり，それを使用しない加工食品に同じブランドを付与することは，顧客の混乱を招く恐れがある。

　以上の理由から，大阪府は，新たな製品に「大阪産（もん）」を直接付与するのではなく，「大阪産（もん）名品」という「大阪産（もん）」の派生ブランドを付与することで，この問題を解決することにした。すなわち，「大阪産（もん）」と同じロゴマーク・デザインを用いることで「大阪産（もん）」の露出を高める一方，大阪産（もん）に"名品"を加えてブランド名を少し変え，ロゴマークの色も3色ではなく深緋色（こきひ）の1色にすることで，同じ「大阪産（もん）」でありながら両者が異なることを示したのである[17]。

大阪産（もん）名品のロゴマーク

出所：大阪府。

(3)「大阪産（もん）名品」の立ち上げ

　先ほど「大阪産（もん）名品」の付与対象を加工食品に絞るといったが，それでも製品は多岐にわたり，絞り込みは不十分である。そこで，大阪との関係の深さによって，「大阪産（もん）名品」の付与対象をさらに絞ることにした。その際，大阪との関係の深さを示す要因として以下の3つが候補としてあげられた[18]。1つめは「大阪における伝統」であり，大阪の地で人々に愛され，長きにわたって販売されている製品は，大阪と深い関係にあるといえる。2つめは「大阪らしい物語性」であり，誕生の経緯や製法等が大阪の歴史や文化と密接に関わっている製品も，大阪と深い関係にあるといえる。3つめは「地域の取り組み」であり，大阪府内の自治体や商工会議所等の公的機関が，地域特産品として生産振興や販売支援している製品も，大阪と深い関係にある。

　議論の結果，これらの候補の中で，1つめの「大阪における伝統」が大阪との関係の深さを示す要因として選ばれた。その理由は，第1に，多くの人が納得しうるものであること。第2に，販売年数を伝統とみなすことで客観的かつ公平な評価が可能であること。第3に，伝統のある製品は，自らブランドを確立しており，すでに一定の評価を得ているものが多く，そのブランド力を活用することで，新たに展開する「大阪産（もん）名品」のブランド力も高めるこ

とができるからである。また，何年をもって伝統とするかは，業界によってライフサイクルが異なり一概に何年とはいえないものの，戦火により第二次世界大戦以降，産業の担い手が大きく変化したことを踏まえ，大阪の地で販売してからおおむね 50 年以上の製品を伝統ある製品と定義した[19]。

そして，上記の規定のもと，広く「大阪産（もん）名品」のロゴマーク使用者を募り，2010 年 11 月，66 業者 183 品目を「大阪産（もん）名品」として選定した。内訳は，菓子 47 業者（106 品目），昆布 8 業者（35 品目），大阪寿司 3 業者（16 品目），中華 2 業者（5 品目），その他加工食品が 6 業者（21 品目）である。その後も継続してロゴマーク使用者を募集し，2015 年 3 月時点で「大阪産（もん）名品」のロゴマーク使用者は，109 業者 287 製品となっている[20]。

また，「大阪産（もん）名品」に認定された製品を有する企業が有志で集まり，2010 年 12 月に「大阪産（もん）名品の会」を発足。共同で「大阪産（もん）名品」のイベントを開催したり，ホームページを開設し情報発信を行うなど，大阪府と連携をとりながら独自の活動を展開している[21]。

▶大阪産（もん）五つの星大賞
(1)「大阪産（もん）」の新たな展開

大阪府は，2011 年，「大阪産（もん）」に関わる新たな取り組みとして「大阪産（もん）五つの星大賞」表彰事業を開始した[22]。「大阪産（もん）五つの星大賞」（以下，五つの星大賞）は，「大阪産（もん）」の普及・啓発やブランド・イメージ向上に貢献した 5 組の活動を，輝く星にたとえ表彰するもので，表彰を通して「大阪産（もん）」の普及に努めている人たちを支援するとともに，彼らの取り組みを広く府民に伝え，「大阪産（もん）」をさらに発展させることを目的としている。

通常，この種の地域ブランドの表彰は，ブランドを付与する製品を対象とするものが多いが，五つの星大賞は，ブランドが付与された製品ではなく，ブランドの普及・啓発やブランド・イメージの向上に貢献した活動すなわちブランディング主体を表彰するものであり，その点において非常にユニークな表彰制度だといえる。また，活動に焦点を当てているため，「大阪産（もん）」および「大阪産（もん）名品」を付与した製品を有するものだけでなく，それらを扱う小売店や飲食店，市民団体等も表彰の対象となることも，五つの星大賞の特

徴だといえる。

(2) 大阪産（もん）五つの星大賞の概要

　五つの星大賞は、「大阪産（もん）」のブランド力および認知率向上に寄与する取り組みや仕組みづくりにおいて、秀でた活動を行っているかどうかで評価されるが、審査においては、五つの星にちなみ、5つの評価基準を設けている[23]。①新規性（活動内容の新しさやユニークさ）、②継続性（長期にわたる活動の実施や活動内容の一貫性）、③規範性（多くの人々または将来のモデルとなるような活動内容）、④市場性（活動内容の経済的あるいは社会的インパクト）、⑤共感性（大阪らしい活動や大阪府民が親しみやすい活動内容）がそれであり、これら5つの評価基準を総合的に判断し、五つの星大賞が決定される。

　具体的な審査方法は以下のとおりである。まず、自薦・他薦を問わず表彰希望者を一般公募し、書類審査により一次選考を行う。その後、一次選考を通過した対象者の活動を公表し、府民にどの活動が五つの星大賞にふさわしいか公開投票を実施する。そして、これらの投票結果を参考にしながら、運営委員会が最終的に五つの星大賞を決定する[24]。なお、タレントのハイヒール・モモコ氏が「大阪産（もん）」のPR大使に就任したこともあり、PR大使賞を特別賞として設けるとともに、一次選考を通過した者にも、今後のさらなる貢献を期待して優良賞を授与している[25]。

　第1回目の2011年度の応募は52組。書類審査の結果、18組が一次選考を通過し、最終的に5組の五つの星大賞と3組のPR大使賞が選ばれた（一次選考を通過した残りの10組が優良賞を受賞）。そして、10月9日、御堂筋kappo会場内の特設会場で、橋下知事（当時）やハイヒール・モモコPR大使も参加し、表彰式が盛大に行われた[26]。なお、五つの星大賞の表彰は、その後継続して行われており、2015年度に5回目が実施されている[27]。

　また、大阪府は、五つの星大賞表彰事業と同時に、大阪産（もん）チャレンジ支援事業を始める。この事業は、「大阪産（もん）」および「大阪産（もん）名品」のロゴマークを使用する製品の開発・改良、流通の改善、新たなサービスの提供などに関する事業者の取り組みを、大阪府環境農林水産総合研究所が技術面で支援し、「大阪産（もん）」を通した府内の農林水産業および食品産業の振興を図ることを目的としている[28]。具体的には、「大阪産（もん）」および「大阪産（もん）名品」を付与する製品が抱える課題を募集し、その中から5

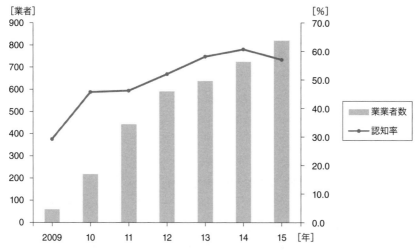

図7-2 「大阪産(もん)」のロゴマーク使用許可事業者数と認知率の推移

注1:ロゴマーク使用許可事業者数は,2009年のみ8月で,その他は3月の数値。また,認知率は,2009年は6月,2010年は4月,その他は3月の数値。
 2:「大阪産(もん)」には派生ブランドの「大阪産(もん)名品」も含まれる。
出所:大阪府の内部資料をもとに筆者作成。

件程度を選定,課題解決のための調査研究の費用を負担する。ただし,調査研究は大阪府環境農林水産総合研究所が行うことが条件となっている。したがって,大阪産(もん)チャレンジ支援事業は,応募者と大阪府環境農林水産総合研究所との共同研究プロジェクトとみなすこともできる。これも,方法は異なるものの,五つの星大賞と同様,「大阪産(もん)」や「大阪産(もん)名品」のブランド力および認知率向上に寄与する活動だといえる。

(3) ブランディングの成果と課題

以上,「大阪産(もん)」のロゴマーク誕生の経緯から,「大阪産(もん)名品」という派生ブランドの追加,そして大阪産(もん)五つの星大賞表彰事業など,「大阪産(もん)」に関わる一連の活動についてみてきた。これらの活動が功を奏し,「大阪産(もん)」のロゴマーク使用は,「大阪産(もん)名品」を合わせ820業者に達し,「大阪産(もん)」の認知率も57%に増加している(図7-2)[29]。

しかし,課題がないわけではない。たとえば,「大阪産(もん)」の2015年の認知率は2014年より下がっており,認知率を調査して以来,初めて減少し

た。これをもって認知率が減少傾向に転じたとみるのは早計だが，これまで順調に推移してきた「大阪産（もん）」の認知率が伸び悩んでいることは確かである。また，これまで順調に認定数を増やしてきた「大阪産（もん）名品」も300品目に近づきつつあり，これ以上増やすとブランド価値が低下するのではないかという声も上がっている[30]。さらに，大阪府内のみならず，大阪府外での認知率向上も，課題の1つにあげられており，今後の展開が注目される[31]。

2. 問題の所在

▶汎用型地域ブランドとしての「大阪産（もん）」

「大阪産（もん）」は，地域ブランドの一種であるが，通常の地域ブランドとは異なる特性を有する。一般に，地域ブランドの名称は，「夕張メロン」「米沢牛」のように地域名と一般製品名で構成されるものや，「京漬物」「越前がに」のように特定の地域を連想させる言葉と一般製品名で構成される場合が多い。しかし，「大阪（もん）」は，"大阪で産出されたもの"を意味するものであり，一般製品名に相当するものが存在しない。したがって，「大阪産（もん）」は，特定の製品カテゴリーを越えて当該地域の幅広い製品群に付与できる地域ブランドとみなすことができる。そこで，本章では，この種の地域ブランドを「汎用型地域ブランド」と呼ぶことにする。

ちなみに，汎用型地域ブランドは，「大阪産（もん）」以外にも存在する。表7-1は，都道府県が商標登録しているブランドの中で，「大阪産（もん）」と同様，特定の製品カテゴリーを越えて幅広い製品群に付与できる地域ブランドの一例を示したものである。これをみると，47都道府県の約4分の1にあたる12県が汎用型地域ブランドを保有していることがわかる。なお，この数字は，あくまで都道府県が商標登録しているものであり，市町村や商工会議所など他の公的機関を含めると，その数はさらに増えると思われる[32]。

もちろん，汎用型といっても無制限にブランドを付与できるわけではない。「大阪産（もん）」の場合は，大阪府下で生産あるいは水揚げされる農林水産物およびその加工品が付与対象で，一部，木材など例外があるものの，そのほとんどが食品となっている。また，「徳島伝統的特産品」は，主に日常生活に使用されるもので，長期間にわたり伝統的な技術と材料を用いて製造されている

表7-1　県が所有する汎用型地域ブランドの一例

都道府県名	商標名
宮城県	「食材大国みやぎ」
茨城県	「茨城うまいもんどころ」
群馬県	「群馬県推奨優良県産品」
富山県	「富山県推奨とやまブランド」
福井県	「海の幸・山の幸　福井の味」
三重県	「三重ブランド」
大阪産	「大阪産（もん）」
和歌山県	「プレミア和歌山」
徳島県	「徳島伝統的特産品」
島根県	「ゴックン、しまね。神々の贈り物」
長崎県	「長崎県認証農産加工品」
沖縄県	「沖縄産のびのび島育ち。」

注：2015年9月末現在の状況。
出所：「特許情報プラットフォーム」(https://www.j-platpat.inpit.go.jp/web/all/top/BTmTopPage) をもとに筆者作成。

地場産品を付与対象としており，一部，阿波和三盆糖など食品が含まれるものの，そのほとんどは，鏡台，仏壇，織物，焼物，和傘，刃物などの日用品となっている[33]。さらに，付与対象の選定段階で製品を制限する場合もあり，群馬県の「群馬県推奨優良県産品」や和歌山県の「プレミア和歌山」など汎用型地域ブランドの多くは，「大阪産（もん）名品」と同様，対象者から申請を受け審査し，一定の選定基準を満たしたものに付与する方法をとっている[34]。

▶「大阪産（もん）」と都市型農業

以上，汎用型地域ブランドは，地域ブランドの特殊形態ではあるものの，一定数存在することを示した。では，なぜこのような汎用型地域ブランドが存在するのだろうか。

「大阪産（もん）」の場合，その理由を都市型農業に求めることができる。すでに述べたように，大阪府の農地（経営耕作地）は府全体の3.6%にすぎず，水産物等を含めた域内自給率をみても，カロリーベースで2%，生産額ベースでみても5%しかない。これは，大阪府が1899km^{2}という面積の狭さにもかかわらず，約886万人の人口を有する大都市だからである。

都市型農業の特徴は，何といっても隣接する市場の大きさにある。市場の大

第7章　地域ブランドのダイナミズム

きさは，需要量だけでなく価格にも反映される。第6章で取り上げた「関あじ・関さば」が，東京や大阪などの都市圏を市場とすることで価格を引き上げることに成功したように，需要量の多い都市は，高付加価値製品を受け入れる土壌を有している。また，市場の大きさは，需要の多様性をもたらす。都市の需要量の多さは人口の多さに支えられており，人口の多さは需要の異質性を高める。この傾向は，異質な文化的背景を有する人が集まる都市ほど強くなり，異質な部分市場からなる大規模な都市市場が形成される。

一方，都市型農業の供給に目を向けると，農地の集約が難しく，1農家当たりの耕地面積は小さい。事実，大阪府の農家（農業経営主体）当たりの耕地（経営耕作地）面積は0.63haで，全国平均（2.16ha）の3割に満たない[35]。したがって，都市型農業は少ない生産量で高い収益が見込める高付加価値製品を志向するとともに，需要の多様性を背景に他者との差異化を目指そうとする。

以上の都市型農業の特性により，「大阪産（もん）」の付与対象となる農林水産物は，多品種少量化し，高付加価値製品ではあるものの，個々の製品ごとにブランドを確立するには生産量が少なく投資効率が低い[36]。そこで，地域という共通項でこれらの製品を集約し，ブランディング効果を高めようとしたのが「大阪産（もん）」という汎用型地域ブランドである。

しかし，汎用型地域ブランドを有するのは都市部だけではない。どちらかというと大量少品種型の製品が多い地方でも，汎用型地域ブランドは存在する。その理由は，汎用型地域ブランドが有するもう1つの特徴である公共性にある。「大阪産（もん）」がそうであるように，汎用型地域ブランドの保有者は，地方自治体や商工会議所など公的機関が多い。彼らは，公的立場からブランドの付与対象となる製品を支援することを目的としており，その際に重要となるのが「網羅性」と「公平性」である。すなわち，地域の製品を可能な限り多くかつ分け隔てなく支援することが，公的立場にある者として求められるのである。汎用型地域ブランドは，このような公的機関が求める「網羅性」と「公平性」を担保するものとして注目されている。

▶汎用型地域ブランドの難しさ

汎用型地域ブランドは，地域ブランドが先に存在するという点で，第4章で示した地域ブランドを起点とし，それにふさわしい製品を選択する地域産品ブ

ランディングと似ている。しかし，「大阪産（もん）」がそうであるように，汎用型地域ブランドの多くは，付与する製品をもたず，その付与を希望する製品を広く募る点が，地域ブランドを起点とする一般的な地域産品ブランディングと異なっている。

したがって，汎用型地域ブランドは，ブランドを付与する製品を有する側と，ブランドを付与した製品を消費する側の両方にブランドを訴求する必要がある。これがなかなか難しい。なぜなら，汎用型地域ブランドを付与する製品を有する側は，顧客にどのような影響を与えるかで，そのブランドを付与するか否か決めるのに対し，顧客への影響は，そのブランドがどのような製品に付与されているかによって決まるからである。

もちろん，このような相互依存関係を打破する方法がないわけではない。その典型的な方法は，ブランド立ち上げ時に大々的なプロモーションを展開し，ブランド認知を高め，人々の心の中に望ましいブランド・イメージを確立することである。しかし，汎用型地域ブランドを展開するのは，すでに述べたとおり，地方自治体等の公的機関であり，この種のブランド・プロモーションに大々的に投資するのは難しい。また，ブランド・イメージを明確にするには，ブランド・コンセプトやブランドを付与する製品を，ある程度絞り込む必要があり，幅広く多くの製品に付与してもらうことを目的とする汎用型地域ブランドにはそれも難しい。

そして，何より難しいのは，事後的にどのような製品が付与されるかで，汎用型地域ブランドの意味内容が大きく変わることである。ブランドは，製品に付与された識別記号であり，その意味内容は付与された製品に依存する。しかし，見方を変えれば，これは，付与する製品によってブランドの意味内容を変え，ブランド価値を高めることができることを示している。

そこで，以降では，汎用型地域ブランドを中心に，地域ブランドとその付与対象となる製品および地域ブランド同士の相互作用の2つの観点から，地域ブランドのダイナミズムについて考察する。

3. 地域ブランドと製品のダイナミズム

▶ブランドと製品の相互作用

　ビジネス・ブランド研究において，ブランドと製品との相互作用に言及しているのがブランド拡張論である。ブランド拡張は，第2章で示したとおり，ブランド活用の一種で，既存ブランドを新たに市場導入する製品に付与する行為を指す[37]。その目的は，既存ブランドを梃子として新製品導入を効果的・効率的に行うことにあるが，その影響は，単に新製品のみならず，新製品に付与する既存ブランドやそれが付与された既存製品にも及ぶ。

　ブランド拡張の第1の効果は，既存ブランドがそれを付与する新製品に及ぼす「対新製品ブランド効果」である。顧客は，既存ブランドおよびそのブランドが付与された既存製品に関わるマーケティング活動から当該ブランドに関わる知識を蓄積する。この蓄積された知識がブランド・エクイティとなり，新製品にさまざまな影響をもたらす。

　その影響の1つが，新製品導入費用の軽減である。ブランド拡張では，すでに確立している既存ブランドを付与することで，新ブランドを立ち上げる際に必要なブランド育成費用を大幅に軽減することができる（Tauber [1988]）。また，同一ブランドを付与した製品に対するマーケティング活動の効果が，ブランドを経由して新製品に及ぶこと（スピルオーバー効果）も，ブランディング費用を抑える要因となる（Smith and Park [1992]）。さらに，既存ブランドの知識を，新製品を評価する際の代用知識にすることで，情報探索努力や未知の製品購入に伴う知覚リスクを軽減することが可能となり，製品購入が促進される（Smith and Park [1992]）。

　第2の効果は，ブランドを付与した新製品が，既存ブランドおよびそれを経由して既存製品に及ぼす「間接フィードバック効果」である。市場導入された新製品は，ブランドが付与された製品として，他の既存製品と同様，既存ブランドに影響を及ぼす。すなわち，新製品に関わるマーケティング活動や，その購入経験から得られた知識が，既存ブランドや既存製品に影響を及ぼすのである。

　第3の効果は，新製品が既存製品に直接影響を及ぼす「直接フィードバック

効果」である。製品間には，一方が選択されると他方が選択されない代替関係や，一方が選択されると他方も選択される補完関係が存在する。同一ブランドの付与は，既存製品と新製品の間に何らかの関係があることを示すシグナルとなり，これらの関係を強める効果を有する。

以上，ブランド拡張におけるブランドと製品の関係について述べてきたが，汎用型地域ブランドは，付与する製品が増減するという意味で，ブランド拡張と類似した行為とみなすことができる。そこで，ブランド拡張におけるブランドと製品の関係を，汎用型地域ブランドに当てはめてみよう。

▶地域ブランドの対新製品効果の向上

汎用型地域ブランドの課題は，対象となる製品を有する者に，それを付与してもらうことにあるが，彼らが当該ブランドを付与するかどうかは，ブランドを付与することで得られる効果，すなわち対新製品ブランド効果に依存する。

そして，対新製品ブランド効果が有効に機能するかどうかは，製品の評価や選択において，どの程度ブランドを手がかりにするかに影響される。一般に，顧客にとって馴染みのない製品や，購入前に製品の良し悪しが判断できず，知覚リスクが高い製品ほど，外在的手がかりとしてブランドを使用する傾向が高まる (Smith [1992]; Smith and Park [1992])。

ただし，ブランドを手がかりとする場合でも，既存ブランドの知識が新製品に援用できなければ，対新製品ブランド効果は機能しない。なぜなら，新製品ブランド効果は，新製品の評価や選択において，どの程度ブランドを手がかりとするかとともに，そのブランドに関する知識が，新製品にとってどの程度有用かによって決まるからである。

このブランド知識の有用性は，既存ブランドと新製品の適合度，すなわち同じブランドが付与された既存製品と新製品の類似度や，ブランド・コンセプトと新製品との一致度に影響される[38]。そして，前者の既存製品と新製品の類似度は，①代替性 (substitute：同じ機能や特徴を有するか)，②補完性 (complement：互いに必要とし合うか)，③技術移転性 (transfer：生産や開発技術が共通しているか) の3つの次元で評価される (Aaker and Keller [1990])。また，後者のブランド・コンセプトと新製品との一致度は，ロレックスとセイコーのように，時計という同じ製品カテゴリーで製品展開しているにもかかわらず，対新製品ブランド

効果が異なる場合の適合度指標とみなされており，これも対新製品ブランド効果を有効に機能させる要因の1つにあげられる (Park et al. [1991])。

ここで注意しなければならないのは，ブランド拡張論は，確立されたブランドすなわち既存ブランドが一定のブランド力を有することを前提としている点である (Aaker and Keller [1990]; Aaker [1991]; Keller [1993])。ブランド力 (brand power) とは，ブランドがそれを付与した製品の評価や選択に与える影響の大きさを意味し，具体的には，同一価格で当該ブランドを付与した製品が選択される程度や，当該ブランドが付与された製品に対し，顧客が他の類似製品よりも余分に払ってもよいと思う価格（価格プレミアム）などによって表される。ブランド拡張は，もともとブランド力のある確立されたブランドの有効活用を目的としており，上述したように，その高いブランド力をいかに新製品に移転するかが議論の中心となっている。

ここに，ブランド拡張論を汎用型地域ブランドに適用する際の課題がある。確かに，ブランドを外在的手がかりとする程度や，既存ブランドと新製品の適合度は，汎用型地域ブランドにおいても，対象となる製品の保有者が，それを付与するか否か決定する際の重要な要因となる。しかし，それ以上に重要となるのが，汎用型地域ブランドの有するブランド力である。したがって，汎用型地域ブランドの対新製品ブランド効果を高めるには，ブランド力の移転可能性とともに，ブランド力そのものを高める必要がある。

汎用型地域ブランドのブランド力向上において，第1に求められるのがブランドの認知率向上である。ビジネス・ブランドの場合，その方法としてもっともよく用いられるのが広告プロモーションだが，広告プロモーションで認知率を上げるには短期間で多額の投資が必要となり，公的機関が保有する汎用型地域ブランドにおいて同様の手段を用いるのは難しい。

そこで注目されるのが，パブリシティや口コミを活用した認知率向上である。汎用型地域ブランドの立ち上げ時にイベント等を行うのは，イベント自体がプロモーション活動の一環であるとともに，それをマスコミやSNS等で取り上げてもらうことで，さらなる認知率向上を狙っている。また，パブリシティや口コミを誘発する人物を活用するのも一案である。「大阪産（もん）」の場合，その立ち上げ時に府民の認知率が29.2%から45.7%に大きく向上したが，これは事例で述べたイベント等の効果もさることながら，マスコミ等で注目され

ていた橋下知事（当時）が，自ら「大阪産（もん）」のプロモーションを行ったことが大きい。さらに，第8章で取り上げる富士宮やきそば学会のように，ブランディング活動自体に話題性をもたせることも，汎用型地域ブランドの認知率を高める方法の1つにあげられる。

　第2に，ブランド・コンセプトを明確にすることも，汎用型地域ブランドのブランド力を高めるうえで重要となる。というのも，ブランド・コンセプトが明確であれば，顧客のブランド・イメージの形成が容易になり，それを付与した製品がどのような特性を有するのか訴求しやすくなるからである。しかし，すでに述べたとおり，汎用型地域ブランドにとって，ブランド・コンセプトを明確にすることは，ブランドの付与対象を絞り込むことになり，ブランドを付与する製品を増やすという本来の目的に反することになる。

　そこで考えられるのが，ブランドの立ち上げ時は，ブランド付与対象を狭く定義し，ブランド・コンセプトを明確にするとともに，ブランドが浸透するに従い段階的に付与対象を拡大する方法である。たとえば，「大阪産（もん）」の派生ブランドである「大阪産（もん）名品」は，企画段階で，大阪との関係を「伝統」「物語」「取組」の3つの側面からとらえていたが，ブランド・コンセプトを明確にするため，初期の付与対象を「伝統」に絞り，その後の様子を見ながら段階的に付与対象を拡大する方法を模索している[39]。

　そして，第3にブランド力を高める方法として，ブランドを付与する製品の力を借りることも考えられる。たとえば，すでに顧客の評価を得ている製品に，汎用型地域ブランドを付与してもらい，その製品力をブランド力に移行させる方法などが，これに該当する。すなわち，対新製品ブランド効果の前提となるブランド力を獲得するため，間接フィードバック効果を利用するのである。「大阪産（もん）」の場合，それを付与した「水なすの浅漬け」が大阪のみならず東京等で注目されたことで，「大阪産（もん）」ブランドも注目されるようになった。これなども，間接フィードバック効果を利用したブランド力向上の一例だといえよう。

▶製品数増加に伴う希薄化の回避

　対新製品ブランド効果の向上に伴う新製品の増加は，間接フィードバック効果により既存ブランドに影響を及ぼすが，その影響は必ずしも望ましいものだ

けとは限らない。その1つが，新製品の失敗である。ブランド拡張によって市場参入した新製品の品質が劣っていたり，何か問題が発生した場合，その影響は，新製品だけにとどまらず，既存ブランドおよびそれが付与された既存製品にも悪影響を及ぼす（Romeo［1991］）。

そして，ブランド拡張の有する負の間接フィードバック効果として，もう1つあげられるのがブランドの希薄化である。ブランドの希薄化（dilution）とは，「新製品がもたらす連想と既存ブランド・イメージとの不一致による既存ブランド・イメージの弱体化」であり，新製品が失敗しなくても起こりうるところに特徴がある（洪［2010］）。また，ブランドの希薄化には，既存ブランド・イメージに反する連想がフィードバックされることで発生する「中和」と，既存ブランド・イメージと異なる連想がフィードバックされることで発生する「拡散」が存在し，後者の拡散は，ブランドが付与される製品数が多くなるほど，また，その製品が属する製品カテゴリーが多様化するほど高まる傾向にある（Loken and John［1993］；Dancin and Smith［1994］；Milberg et al.［1997］）。

このブランド拡張における希薄化の議論は，汎用型地域ブランドに1つの問題を提起する。すでに述べたように，汎用型地域ブランドは，特定の製品カテゴリーを越えて多くの製品に付与することを目的としており，その結果，ブランド・イメージが拡散し，希薄化しやすい状況にある。事実，「大阪産（もん）」の派生ブランドである「大阪産（もん）名品」においても，本章の事例で述べたとおり，ブランドを付与する製品が増えることでブランドが希薄化し，ブランド価値が低下するのではないかという懸念の声が上がっている。

したがって，汎用型地域ブランドでは，いかに希薄化を回避するかが重要な課題となるが，ここで参考になるのがカプフェレが示したブランド・コンセプトの階層による拡張可能性の違いである（Kapferer［1992］）。カプフェレは，図7-3のとおり，ブランド・コンセプトを，上から順に①哲学（理念：philosophy），②関心（こだわり：interest），③ノウハウ（know-how），④製法（formula），⑤製品（product）の5つの階層に分け，上位階層ほどブランド拡張の範囲が広がると主張した（Kapferer［1992］, pp. 91-94）。

これは，ブランド・コンセプトの階層が上位なほど，ブランドを付与する製品が増えても希薄化が起こる確率が低下することを意味する。なぜなら，カプフェレのいう拡張可能性とは，ブランド・コンセプトと新製品コンセプトとの

図7-3 ブランド・コンセプトの階層と拡張可能性

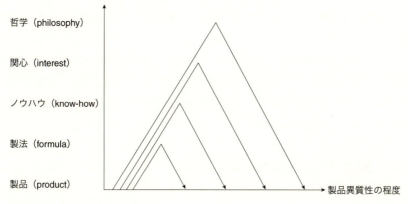

出所：Kapferer［1992］, p. 93.

一致度を示すものであり，結果として，両者の不一致から発生する希薄化を抑制することができるからである。たとえば，汎用型地域ブランドの場合，ブランド・コンセプトが「野菜」という製品カテゴリーよりも「有機農法」という製法のほうが，そして，製法よりも「地産地消」というこだわりのほうが，さらに，こだわりよりも「スローフード」といった理念のほうが，その付与対象となる製品範囲が広がるとともに，それにより発生する希薄化も抑えることができる。

　また，ビジネス・ブランドのブランド拡張は，一般にブランドが確立されていることを前提としており，希薄化を避け，そのブランド力を維持することが重視されるが，もともとブランド力に乏しい汎用型地域ブランドは，間接フィードバック効果を有効に活用しながらブランド力を高める必要がある。カプフェレのブランド・コンセプトの階層に関する議論は，この課題に対しても有効な示唆を与える。すなわち，汎用型地域ブランドを新製品に付与することで，ブランドを希薄化させることなくブランド力を高めるには，ブランド・コンセプトを上位階層に進化させる必要がある。こうすることで，希薄化という間接フィードバック効果のマイナスをゼロにするだけでなく，ブランド力の向上というプラスの効果を得ることができる。

　以上，ブランドと製品の相互作用に焦点をあて，ブランド拡張論を援用しな

がら，汎用型地域ブランドのブランディング方法について考察した。そして，ブランドの確立初期に十分な投資ができない汎用型地域ブランドでは，ブランドと製品の相互作用をうまく活用しながら，小さく生み大きく育てることが重要となることを示した。

　これら汎用型地域ブランドの考察から得られた示唆は，汎用型のみならず地域ブランド一般にも当てはまる。なぜなら，ブランドと製品のダイナミズムは，地域ブランド一般にも存在し，基本的に経営資源が乏しい地域ブランドにおいて，小さく生み大きく育てることは，共通した目標だからである。

4．地域ブランド間のダイナミズム

▶ビジネス・ブランディングにおける他ブランドの活用

　前節において，地域ブランドと製品との相互作用を利用してブランド力を高める方法を考察したが，もう1つ地域ブランドが自らのブランド力を高めるうえで利用しうるものに他の地域ブランドがある。この他ブランドを梃子として自らのブランド力を高めようとする行為は，ビジネス・ブランディングでもよく見られるものであり，その方法は，企業内の他ブランドを活用する場合と，企業間のそれを活用する場合の大きく2つに分けられる。

　企業内の他ブランド活用として，第1にあげられるのが「キリン一番搾り」や「トヨタ・カローラ」など，製品ブランドによる企業ブランドの活用である[40]。ブランドには異なる役割が存在し，主に"ドライバー"として顧客の購入を促す製品ブランドに，企業ブランドが"エンドーサー"として信頼感を与えることで，製品ブランドのブランド力を高めることができる（Aaker［1996］訳，321-339頁）[41]。

　第2に，製品ブランドにおけるサブブランドの活用も，企業内の他ブランド活用例の1つにあげられる。サブブランドは，製品ブランドに新たな意味を追加したり，その一部を他から識別するために付与するものであり，たとえば，「カローラ・アクシオ」や「カローラ・フィールダー」の「アクシオ」や「フィールダー」がそれに該当する（Aaker［2004］訳，56-57頁）。製品ブランドは，これらサブブランドを付加することで，製品ブランドとして共通した特性を有しながら，サブブランドとして異なる性質も有することができ，共通性と差異

性の両方を訴求することができる。

　第3に，企業内の他ブランド活用例としてあげられるのが，成分ブランドの活用である。成分ブランドとは，製品やサービスを構成する技術や素材，部品などに付与されたブランドであり，それ単独では製品となりえず，あくまで製品の一部を構成するものである。したがって，成分ブランドは，製品ブランドと併用されるのが一般的であり，製品の特定の機能や特徴を強調したり，それに信頼性を与えるものとして使用される。たとえば，独自の乳酸菌技術により機能強化されたヨーグルト・ブランドである「明治プロビオヨーグルト」は，「LG21」や「R-1」といった乳酸菌の種類を表す成分ブランドを付与することで効果の違いを示している[42]。

　ところで，上述した成分ブランドの活用は，企業内のみならず，企業間でもみられる。たとえば，アメリカのWLゴア＆アソシエイツ社が製造販売する防水透湿性素材の「ゴアテックス（Gore-Tex）」や，同じくアメリカのドルビーラボラトリーズが開発したノイズリダクション・システムの「ドルビー（DOLBY）」は，成分ブランドとして多くの企業の製品に付与されている。

　また，ダブルチョップ（double chop）と呼ばれるNBとPBの両方が付与された製品も，企業間のブランド活用の1つにあげられる。たとえば，セブン－イレブンの「セブンプレミアム・チーズ鱈」は，「セブンプレミアム」のブランドを有するセブン－イレブンと「チーズ鱈」のブランドを有するなとりが共同で開発したものであり，PBとNBが併記されたダブルチョップである。一般に，優れた製品開発力を有する製造業のブランドであるNBは，高品質・高価格なのに対し，高い販売力を有する流通業者のPBは，NBに比べ知覚品質は劣るものの，マーケティング費用を低く抑えられる分，安く提供できるという相反する特性を有している。したがって，両方を併記したダブルチョップは，NBとPBの良いところ，すなわち品質の高さと価格の安さの両方を有していることを示すシグナルとなる。

　そして，もう1つ企業間の他ブランド活用としてあげられるのが，コ・ブランディング（co-branding）である。ケラーは，コ・ブランディングを「2つ以上の既存ブランドを何らかの形で1つの製品に統合するか，併用して付与すること」（Keller［1998］訳，322頁）とし，企業内・企業間を問わず複数のブランドが併用されることをコ・ブランディングと呼んでいるが，一般的には異なる

企業間のそれを指す場合が多い[43]。また，ダブルチョップも，企業間での複数ブランドの併用といえるが，製造業と流通業という垂直的関係にある企業間のブランド活用をダブルチョップといい，製造業者間など水平的関係にある企業間のブランド活用をコ・ブランディングと呼ぶことが多い。

　コ・ブランディングを行う理由は，ダブルチョップと同様，互いの良さを持ち寄ることで，弱点を補ったり，魅力を高めることにある[44]。また，各ブランドの顧客に同時に訴求できるため，市場拡大も期待できる。ただし，複数ブランドを併用する必然性を示すことは必ずしも容易なことではなく，顧客が併用されたブランドすべてに好意を示すとも限らない。このような場合，コ・ブランディングの効果が生じないばかりか，単独で使用するよりもブランド力が低下することもありうる。なお，ひとくちにコ・ブランディングといっても，製品の共同販売 (product bundling) や共同広告 (advertising alliance)，共同販促 (joint sales promotions) などさまざまなタイプが存在し，これらタイプの違いによってコ・ブランディングの方法も異なる (Helmig et al. [2008])。

　以上，ビジネス・ブランディングにおける他ブランド活用を概観したが，これを地域ブランディングに当てはめるとどうなるだろうか。

　まず，ビジネス・ブランディングの製品ブランドによる企業ブランドの活用にあたるものとして，企業による地域ブランドの活用があげられる。たとえば，静岡県の竹茗堂の「茗峯」や小島茶店の「緑峰」はよく知られたお茶のブランドだが，お茶に馴染みのない人にとっては，地域ブランドである「静岡茶」と一緒に示されたほうが，ブランドに対する理解が深まる[45]。また，本章の事例で取り上げた「大阪産（もん）名品」は，「大阪産（もん）」という地域ブランドに「名品」というサブブランドを追加したものであり，サブブランドの活用例の1つだといえる。そして，成分ブランドに関しては，江崎グリコの「京都宇治抹茶コロン」や「ジャイアントプリッツ〈博多明太子〉」など，NBの品質の高さや地域限定性を表すものとして地域ブランドを活用することが多い[46]。

　このように，地域産品ブランディングにおける他ブランドの活用は，どちらかというとビジネス・ブランドが自らの価値を高めるために地域ブランドを活用する場合が多く，その方法や得られる効果も，ビジネス・ブランディングのそれと似ている。しかし，同じ地域ブランドでも，地域空間ブランディングにおける他ブランド活用は，ビジネス・ブランディングと少し様相が異なる。そ

こで，以降では地域空間ブランディングにおける他ブランド活用に焦点を当て議論してみよう。

▶地域空間ブランディングにおける垂直的ブランド活用

　地域空間ブランディングにおける他ブランド活用は，特定地域とその一部もしくはそれを含むより広範囲な地域という垂直的関係での活用と，異なる地域間での活用の大きく2つに分けられる。

　垂直的関係における他ブランド活用は，上位地域が下位地域を使用するか，または，下位地域が上位地域を利用するかで，さらに2つに分けられる[47]。その中でよく見られるのが，下位地域による上位地域の活用である。たとえば，先述した江崎グリコの「京都宇治抹茶コロン」は，上位地域の「京都」と下位地域の「宇治」の2つの地名から構成されており，「宇治」という地域をブランド力が高い「京都」と関連づけることで，「宇治」の魅力を高めることを目的としたブランド活用とみなすことができる。

　また，この垂直的関係における下位地域による上位地域の活用は，ビジネス・ブランディングにおける企業ブランドと製品ブランドの関係に似ている。すなわち，ドライバーとしての下位地域をエンドーサーとしての上位地域が支援するのである。事実，「京都宇治抹茶コロン」の「京都」と「宇治」の場合も，日本の象徴である「京都」が，「宇治」を他の日本茶産地から差異化し，日本茶の産地として信頼性を高めている。

　一方，垂直的関係における上位地域による下位地域の活用は思いのほか難しい。たとえば，三重県は，1999年から2002年の4年間，タレントの中尾ミエ氏をイメージ・キャラクターに起用し，観光キャンペーンを行った。彼女をイメージ・キャラクターに選んだのは，名前の「ミエ」が三重と同じという理由からで，「三重とあそんで！」というキャッチフレーズのもと，彼女が伊勢えびや相撲取りに扮したテレビCMは，関西限定ながら注目を浴び，6割の認知率を獲得した[48]。

　三重県がこのような観光キャンペーンを行ったのは，三重県の知名度を高めるためである。というのも，三重県は，伊勢神宮のある伊勢市や，鈴鹿サーキットを擁する鈴鹿市，松阪牛の産地である松阪市など，全国的に有名な地域を有するにもかかわらず，三重県自体の知名度はそれほど高くないからである。

事実，現在行っている観光キャンペーンのキャッチコピーは「実はそれ，ぜんぶ三重県なんです！」となっており，三重県が有名な観光地や特産品を有しているにもかかわらず，これらが三重県のものだと認識している人が少ないという理由から作成されたものだという[49]。

三重県の事例は，下位地域のブランド力が上位地域に簡単に波及しないことを示している。確かに，階層関係にあるブランド間の影響は非対称であり，一般に，下位が上位に与える影響よりも上位が下位に与える影響のほうが大きい[50]。そして，このブランド間の垂直的関係における影響の非対称性は，地域空間ブランディングにおいて，より顕著に表れる。なぜなら，地域空間ブランディングのブランド力の源泉は，地域そのものであり，それを上位地域に波及させるには，上位地域の他の部分も下位地域と同じ特性を有することを示す必要があるからである。ここに地域空間ブランディングにおける垂直的ブランド活用の特徴がある。

▶地域空間ブランディングにおける水平的ブランド活用

明治中期に紡績業の成功で全国一の産業都市となった大阪は，19世紀に綿工業でイギリス産業革命を先導したマンチェスターに倣い「東洋のマンチェスター」と呼ばれた。このように，すでにイメージの確立した地域の名を利用し自らを特徴づける方法は古くから存在しており，本章のいう地域空間ブランディングの水平的ブランド活用がこれに当たる。そして，今日，これを政策的に行おうとしている例として「全国京都会議」がある。

全国京都会議は，全国に点在する京都とゆかりのある地域や"小京都"と呼ばれる地域の自治体が連携し，その歴史や豊かな自然，文化の魅力を発信することで，各々の地域のイメージアップや観光客の誘致を目的としている[51]。全国京都会議が発足したのは1985年。そのきっかけは，1982年に高知県中村市（現四万十市中村地区）の2人の男性が京都市観光協会を表敬訪問し，京都市の関係者が，「一条神社の大祭」などを通し，中村市が現在も京都と深い関係にあることを知ったからだという。

全国京都会議の加盟基準は，①京都に似た自然景観，町並み，たたずまいがある，②京都と歴史的なつながりがある，③（京都のように）伝統的な産業，芸能がある，のいずれかに該当していることで，①の代表例として埼玉県比企

郡嵐山町や秋田県仙北市角館町，②の代表例として上述した高知県中村市や新潟県加茂市，そして，③の代表例として埼玉県比企郡小川町や富山県南砺市城端地区（旧城端町）などがあげられる[52]。なお，1985 年の発足当初の加盟数は26 都市，現在（2015 年 12 月時点）は 47 都市となっている。

　全国京都会議の主な活動は，パンフレットやポスターの作製およびインターネットでの情報発信で，年に 1 回，加盟自治体が持ち回りで総会を行い，情報交換など交流を深めるとともに，互いの地域を視察し合い，自らの活動に役立てている。また，2015 年には設立 30 周年記念事業として，全国京都会議のロゴマークを広く公募し決定している。

　以上，全国京都会議は，京都とゆかりのある地域が京都のブランド・イメージを活用して自らの地域のイメージアップや観光誘致を図るという意味で，地域空間ブランディングの水平的ブランド活用とみなすことができる。しかし，全国京都会議の恩恵を受けるのは彼らだけではない。京都にゆかりのある地域のイメージが向上することで，親元となる京都自身のイメージもまた高まることになる。この地域ブランド間の相乗効果をいかに高めるかが全国京都会議の課題であり，全国京都会議の一員として京都が参加している理由もここにある。

　地域空間ブランディングにおける水平的ブランド活用は，ビジネスにおけるコ・ブランディングに相当するが，そこでのブランド間の関係に若干の違いがみられる。ビジネスのコ・ブランディングでは，互いに補完関係にあるブランド同士が組むことが多いのに対し，地域空間ブランディングでは，全国京都会議のように，互いに代替関係にある地域同士が組んでブランディングすることが多い[53]。これは，異なる性質を有する他ブランドを利用することで自らの弱点を補うことより，同じ性質を有する他ブランドすなわち他地域と組むことで集積のメリットを発揮し，自らの性質を強化するとともに，その情報発信力を高めることを重視しているからだと思われる。ここに地域空間ブランディングにおける水平的ブランド活用の特徴がある。

結　び

　本章では，「大阪産（もん）」を事例に，地域ブランドのダイナミズムについて考察した。

「大阪産（もん）」は，地域ブランドの一種だが，「夕張メロン」や「米沢牛」といった通常のそれと異なり，地域名だけで構成されており，製品が特定されていない。これは，「大阪産（もん）」が特定の製品カテゴリーを越えて幅広い製品に付与することを目的としているからであり，本章では，この種の地域ブランドを汎用型地域ブランドと呼んだ。

　汎用型地域ブランドは，ブランドを付与する製品を公募等により広く募集するため，ブランドを消費する顧客のみならず，ブランド付与対象となる製品の保有者にもブランドを訴求する必要がある。また，付与する製品の数や内容によって，その意味内容が大きく変わる点も，汎用型地域ブランドの特徴としてあげられる。

　したがって，汎用型地域ブランドは，付与する製品やそれに伴うブランドの意味内容の変化をいかにコントロールするかが重要となるが，ブランドの意味内容が変化すること自体はけっして悪いことではない。なぜなら，地域産品ブランディングは，その主体となる企業の規模が小さかったり，公的機関が推進母体となるため，ビジネス・ブランディングのように，ブランドの立ち上げ時に大きな投資を行うことが難しく，長期的視点に立って，小さく生み大きく育てることが必要だからである。

　ブランドの意味内容が変わるということは，ブランド力が変わることを意味する。したがって，ブランドに製品を追加したり，他ブランドと連携することで，ブランドの意味内容を効果的に変えることができれば，ブランド力を高めることができる。ここに，ブランドと製品もしくはブランド間の相互作用を利用した地域ブランドの育成がある。

　このブランドと製品およびブランド間の相互作用に関しては，ビジネス・ブランディングにおいてすでに研究されており，ある程度の研究蓄積が存在する。たとえば，ブランド拡張におけるブランドと製品の関係や，ダブルチョップ，コ・ブランディングなどのブランド間関係の研究がそれである。本章で示したとおり，これらの研究を通して得られた知見は，地域ブランディングにも適用可能であり，ブランド付与製品の増加に伴う希薄化の回避方法など有用な示唆をもたらすものも多数存在する。

　その一方で，地域ブランディングに固有な特徴も存在する。たとえば，地域ブランディングにおける垂直的ブランド活用の非対称性がそれである。確かに，

企業ブランドと製品ブランドといった階層構造の上下関係における影響の非対称性は，ビジネス・ブランドにおいても存在する。しかし，地域という特殊なブランド資源に根ざす地域ブランドにおいて，その影響はより顕著となる。

　また，地域ブランディングにおける水平的ブランド活用も，ビジネス・ブランディングのそれとは異なる。たとえば，ビジネス・ブランディングでは，補完的関係にあるブランドを活用することで弱点を補おうとすることが多いが，地域ブランディングでは，代替的関係にあるブランドと協業することで集積のメリットを発揮し，ブランド力を高めようとする。

　このブランドと製品もしくはブランド間の相互作用を活用した地域ブランドの育成は，汎用型地域ブランドに限ったことではない。本章で議論したように，地域空間を含む地域ブランド全般に適用しうる育成方法だといえる。とくに，地域産品ブランドは単一製品の場合が多く，長期的視点に立ったブランド育成の観点から，複数製品の展開を考えてみるのも面白い[54]。いずれにしろ，地域ブランディングでは，ブランドと製品もしくはブランド間のダイナミズムを効果的に活用し，長期的視点に立ったブランド育成が求められる。

注
1　「資生堂──真のトップへ，すべてを壊す」『日経ビジネス』2006 年 6 月 5 日号，66–71 頁。
2　たとえば，Tauber［1988］は，製品に新たなブランドを付与する場合，既存ブランドを付与する場合の 3 倍近い費用が必要になると指摘している。
3　大阪府環境農林水産部・流通対策室・大阪産推進グループ内部資料。なお，ここでいうサポーターとは，「大阪産（もん）」を使用する生産者・食品加工業者，販売店，飲食店と協働で，「大阪産（もん）」を推進する商工会などの公的機関や，野菜ソムリエなどの民間団体をいう。
4　「大阪府環境農林水産部観光戦略アクションプラン」については，大阪府ホームページ（http://www.pref.osaka.lg.jp/kannosomu/kankousenryaku/［2015-8-18 参照］）を参考にしている。
5　「大阪産（もん）」のロゴマークは，2005 年度（2006 年 3 月）に策定された「大阪府環境農林水産部観光戦略アクションプランを受けて，2006 年度事業として外部のデザイン会社に委託し作成したものである。
6　これらのブランドは現在も存在する。ちなみに，2015 年 8 月現在，「なにわ特産品」は 21 品目，「大阪府 E マーク食品」は 6 品目 58 事業者，「大阪エコ農産物」は 77 品目 1139 事業者（年 2 回申請のため事業者の重複あり），「なにわの伝統野菜」は 17 品目となっている。また，大阪府とは直接関係ないが，大阪湾で漁獲され，府下の各漁協で水揚げされた水産物で，大阪府漁業協同組合連合会が取り扱う鮮魚介・加工品に付与されるものとして「魚庭物（なにわもん）」というブランドも存在していた。
7　「大阪産（もん）」のロゴマーク使用要項は，商標登録後，届出制を許可制に変更するなど全面改定し，2010 年 4 月にロゴマークの商標登録に伴う使用管理要項を策定し，今日に至る。
8　キャラバン隊は，百貨店，ホテル，料理店等を対象に 220 店以上，15 団体に働きかけを行った

(http://www.pref.osaka.lg.jp/attach/4956/00050765/21h_08kankyo.pdf［2015-10-1 参照］)。

9　サークル K サンクスでは、関西地区に限ったこの種の活動を「関西 MOT プロジェクト」と名づけており、大阪産（もん）に関する活動も、この関西 MOT プロジェクトの一環として行われた。

10　「サークル K サンクス・プレスリリース（2010 年 1 月 12 日）」(http://www.circleksunkus.jp/system/__upfile__/pressrelease/p3862.pdf［2015-10-1 参照］)。

11　サークル K サンクスは、大阪府と包括連携協定を締結し、それに合わせて「大阪産（もん）」を使用したパスタとお好み焼きも同時に発売している。なお、これらの商品パッケージにも、「大阪産（もん）」のロゴマークを記載し、「大阪産（もん）」の PR に努めている。

12　「サークル K サンクス・プレスリリース（2010 年 4 月 20 日）」(http://www.circleksunkus.jp/system/__upfile__/pressrelease/p5121.pdf［2015-10-1 参照］)。

13　サークル K サンクスは、2010 年 10 月に「第 2 回大阪産（もん）こだわり弁当コンテスト」を開催し、そこで大阪府知事賞を受賞したレシピをもとに「大阪もんきらきらお弁当」（税込 555 円）を商品化、2010 年 11 月 3 日から数量限定で発売した。なお、この発売開始日は、大阪産（もん）の日の 11 月 3 日に合わせたものである（「サークル K サンクス・プレスリリース〔2010 年 10 月 27 日〕」https://www.circleksunkus.jp/system/__upfile__/pressrelease/p7244.pdf［2015-10-1 参照］)。

14　数値は、「平成 21 年度環境農林水産部長マニフェスト評価・検証」に基づく（http://www.pref.osaka.lg.jp/attach/4956/00050765/21h_08kankyo.pdf［2015-10-1 参照］)。なお、認知率は、大阪府の登録モニター 1000 人に対する定期的インターネット調査において、「大阪産（もん）を知っているか」という質問に対し、「よく知っている」および「聞いたことがある」と答えた者の比率を集計したものである。また、「大阪産（もん）」の購入機会を増やすことも 2009 年度の事業目標にあげており、「大阪産（もん）コーナー」の設置店を 2008 年度の 17 店舗から 66 店舗に拡大するとともに、「大阪産（もん）」を使用した新たな加工食品の開発も、2008 年度の 50 品目から 57 品目に増加している。

15　経営耕作地は、『2010 年世界農林業センサス』に基づく（http://www.pref.osaka.lg.jp/toukei/nrcen/xlslist.html［2015-10-1 参照］)。また、自給率は、農林水産省が公表している 2012（平成 24）年度都道府県別自給率の確定値に基づいている（http://www.maff.go.jp/j/zyukyu/zikyu_ritu/pdf/26kritu.pdf［2015-10-1 参照］)。

16　「大阪産（もん）名品」のプロジェクト自体は、2009 年から始まっており、大阪府は「大阪産（もん）」のロゴマーク普及に力を入れ出した当初から農林水産物のみに依拠したブランドの確立に限界を感じ、新たな方法を模索していたことがうかがえる。

17　ただし、大阪府がその原材料の主要生産地で、「大阪産（もん）名品」のロゴマークを用いても、大阪府内の原材料を使用していると誤解される恐れがあるもの、また、大阪府が農林水産業政策の一環として府内の原材料を使用することを推奨しているものに関しては、「大阪産（もん）名品」の付与対象から外すことにした。具体的には「漬物類」「ジャム類」「みそ」「もち」「ワイン」「いかなごくぎ煮」「釜揚げしらす」「ちりめん」「板のり・焼のり・味付けのり」「厚焼・伊達巻」の 10 製品がそれである（2015 年 3 月現在)。

18　大阪府の「大阪産（もん）食品推進プロジェクト会議」の資料に基づく。

19　申請の際は、おおむね 50 年以上前に発売したことを示す客観的資料（発売当時の広告記事や伝票など）の提出を求めた。また、製品の中には、改善・改良を加え発売当時のものから変化しているものも少なくないが、その製品の骨格をなす特徴（ブランド名、製法、主な原材料など）に継続性が認められるものは、発売当時のものと多少異なっていても同じ製品として扱うことにした。なお、「大阪産（もん）名品」のロゴマーク使用に関しては、"名品" という名に

相応しい製品か否かを判断するため，「大阪における伝統」以外に，製品の外観，食味，価格等に関しても問題がないか，現物提出を求め確認している．

20　2015年3月時点の「大阪産（もん）名品」に関しては，「大阪産（もん）名品PRパンフレット」を参照（http://www.pref.osaka.lg.jp/attach/10670/00000000/meihin%20pamphlet.pdf ［2015-8-18参照］）．なお，第3回目の2014年度募集において，「大阪における伝統」に加えて「大阪らしい物語」を基準として募集が行われた．その結果，15業者29製品が，大阪らしい物語を有する製品として「大阪産（もん）名品」に認定された．

21　「大阪産（もん）名品」のホームページ（http://osakamon-meihin.com/ ［2015-10-1参照］）．

22　大阪府ホームページ「大阪産（もん）五つの星大賞表彰事業」を参照（http://www.pref.osaka.lg.jp/ryutai/osaka_mon/itsutsunohoshi.html ［2015-12-1参照］）．

23　以下，「大阪産（もん）五つの星大賞」の概要に関しては「「大阪産（もん）五つの星大賞」表彰事業募集要領」を参照（http://www.pref.osaka.lg.jp/hodo/attach/hodo-20680_4.pdf ［2015-10-1参照］）．

24　公開投票は，イベント会場での投票とインターネット投票の2つの方法で行われる（2015年度はインターネット投票のみ実施）．

25　PR大使賞は，一次選考通過者の中から「大阪産（もん）」に詳しいハイヒール・モモコ氏が候補としてリストアップした候補者を，運営委員会が最終的に判断し，選考している．

26　「御堂筋kappo」は，大阪のメインストリートを歩行者天国にして行われる市民参加型のイベントで，大阪府と大阪市が財政難により廃止した「御堂筋パレード」に代わるものとして開催された．なお，「御堂筋kappo」は，2014年，御堂筋で行われるもう1つのイベントである「御堂筋フェスタ」と統合され，「御堂筋ジョイふる」に名称変更している．

27　これまでの受賞者は，大阪府ホームページ「大阪産（もん）五つの星大賞表彰事業」を参照（http://www.pref.osaka.lg.jp/ryutai/osaka_mon/itsutsunohoshi.html ［2015-12-1参照］）．

28　大阪府環境農林水産総合研究所は，2012年4月に地方独立行政法人に改組．独立法人化移行後は，大阪府環境農林水産総合研究所が大阪産（もん）チャレンジ支援事業を大阪府から引き継ぎ，実施している．

29　ともに2015年3月時点の数字．

30　たとえば，『産経新聞』2014年12月22日付夕刊を参照．

31　たとえば，大阪府は，2014年2月6日，東京新橋の第一ホテル東京にて「大阪産（もん）食材検討会in東京」と称し，東京在住の料理人や流通業者，食関係の報道関係者などを招待し，試食形式で「大阪産（もん）」の紹介を行った．これは，「大阪産（もん）」の東京での認知を高め，全国的に知られたブランドにするための足がかりの意味もあるが，東京での評価をもとに大阪府下での「大阪産（もん）」の価値を高めることも目的としている．なお，「大阪産（もん）食材検討会in東京」は，その後も年に約1回のペースで何回か行われている（http://www.pref.osaka.lg.jp/ryutai/osaka_mon/dai2mizunasu.html ［2015-8-18参照］）．

32　たとえば，市町村が商標登録している汎用型地域ブランドの例として，宮城県登米市の「宮城登米ブランド」や大阪府河内長野市の「近里賛品かわちながの」などがある．

33　徳島県伝統的特産品の付与対象は2010年3月15日現在のもの．詳細は徳島県庁ホームページ（http://www.pref.tokushima.jp/docs/2006101900018/ ［2015-8-18参照］）を参照．

34　宮城県の「食材王国みやぎ」は，「大阪産（もん）」と同様，県内の農林水産物およびその加工品の生産者・製造業者やそれを扱う小売業・飲食店を対象とする汎用型地域ブランドだが，届出があったものは原則認めるものの，「食材王国みやぎ取組宣言」もしくは「食材王国みやぎ応援宣言」に賛同し，食材王国みやぎ推進パートナーシップ会議に参画することを条件としている（http://www.pref.miyagi.jp/uploaded/attachment/66192.pdf ［2015-10-1参照］）．

35 農林水産省『2010年世界農林業センサス報告書：第2巻　農林業経営体調査報告書――総括編』（http://www.e-stat.go.jp/SG1/estat/List.do?bid=000001034606&cycode=0［2015-8-18参照］）。

36 本文では，主に農業について説明したが，魚種が豊富な瀬戸内海に面するという地理的特性もあり，漁業についても同様のことがいえる。

37 第2章第5節を参照。

38 ここでは，ブランド拡張における適合性の基本部分のみ記述しているが，詳しくは洪［2009］を参照。

39 もちろん，選択肢の中には，ブランド・コンセプトを拡大せず「伝統」のみに絞るという現状維持も含まれる。

40 日本企業のビジネス・ブランディングの特徴として，この製品ブランドによる企業ブランドの活用をあげる研究者もいる（田中［1996］；小林［2001］；安［2003］）。

41 単一ブランドの場合は，1つのブランドがドライバーとエンドーサーの両方の役割を担うことになる。また，製品ブランドと企業ブランドを併用せず，製品ブランドのみで展開している場合でも，顧客が製品ブランドを企業ブランドと結びつけて認識することがある。アーカーは，このような企業ブランドを「シャドウ・エンドーサー」と呼び，エンドーサーの1つのタイプとみなしている（Aaker［2004］訳，65-66頁）。

42 P&Gの衣料用洗剤「アリエール」や柔軟剤の「レノア」のように，消臭剤「ファブリーズ」との共同開発を謳い，その消臭効果の高さを表すために製品ブランドの「ファブリーズ」を成分ブランドとして使用するといった例もある。

43 Aaker［2004］は，コ・ブランドを「異なる企業のブランドが結合して製品やサービスを生み出す際に生じるブランド」（Aaker［2004］訳，22頁）としており，同一企業内の場合は，明らかに異なる事業間のブランドの結合としている。また，ケラー自身も，コ・ブランディングの例にあげているのは，オートミールの「クエーカー」とオートミール・ワッフルの「アントジェミマ」など異なる企業間のものが多い。

44 以下，コ・ブランディングを行う理由やその際に考慮すべき課題に関しては，Keller［1998］，Aaker［2004］，Oeppen and Jamal［2014］等を参照。

45 竹茗堂およびその製品に関しては，http://www.rakuten.ne.jp/gold/chikumeido/［2015-10-1参照］，小島茶店およびその製品に関しては，http://www.e-cha.jp/［2015-10-1参照］を参照。

46 江崎グリコ「グリコネットショップ」（http://shop.glico.co.jp/gift-food/omiyage.html［2015-10-1参照］）。なお，地域限定製品は，期間限定の場合が多く，本文の製品は2015年9月現在のものである。

47 ここでいう地域空間ブランドの上位階層・下位階層は，空間の包含関係を表すものであり，ブランドの上下を表すものではないことに留意されたい。

48 「三重県観光連盟ニュースリリース」2002年度第4号を参照。なお，中尾ミエを起用したテレビCMは，関西限定ながら日本CM大賞銀賞を受賞するなど全国的にも話題となったという。

49 このキャンペーン期間は，2013年4月から2016年3月まで。なお，「実はそれ，ぜんぶ三重県なんです！」のキャッチコピーは，公募で集まった1,644件の中から選ばれたものである。本キャンペーンの概要は，「三重県観光キャンペーン事業概要」を参照（http://www.pref.mie.lg.jp/NYUSATSU/201504001427.pdf［2015-10-1参照］）。

50 アーカーは，ビジネス・ブランドにおいて，上位階層にあるブランドやそれを経由して他のブランドに影響を与えるブランドを「シルバーブレット・ブランド」（silver bullet brand）と呼び，戦略的に重要なブランドとして位置づけている（Aaker［2004］訳，30頁および198頁）。というのも，この種のブランドは数が少なく，企業にとって貴重な存在だからである。

51 全国京都会議に関する記述は，2010年9月22日に開催された全国京都会議における門川大作

京都市長の講演録「京都ゆかりのまちと全国京都会議――地域主権時代に果たす役割」を参考にしている（http://kyoto-daisakusen.jp/wp-content/uploads/2010/09/kyoto.pdf［2015-10.1 参照］）。

52 『日本経済新聞』【電子版】2015 年 5 月 30 日付（http://www.nikkei.com/article/DGXMZO87140120S5A520C1000000/［2015-10-1 参照］）。

53 第 8 章の事例で紹介する富士宮やきそば学会が行う「三者麺談」や「天下分け麺の戦い」も，同じ性質を有する地域が互いに他者を利用し合いながら共同で自らをブランディングする水平的ブランド活用とみなすことができる。なお，「三者麺談」や「天下分け麺の戦い」に関しては，第 8 章第 1 節を参照。

54 当然ながら，これは，単一製品よりも複数製品に付与するほうがブランド力が高まることを保証するものではない。あくまで，ブランドの意味内容を変える手段として，ブランドと製品もしくはブランド間の相互作用の利用可能性を示したものである。

第8章 地域ブランド資源としての地域産品
―― 事例：富士宮やきそば学会 ――

はじめに

　第3章の地域ブランディングの統合モデルで示したように，地域産品ブランディングと地域空間ブランディングは密接な関係にある。たとえば，地域産品は，それ自体が地域産品ブランディングの対象になるとともに，地域空間ブランディングの手段にもなる。すなわち，地域産品は，地域ブランド資源の1つとして，地域空間の価値向上に貢献しうるのである。

　本章で取り上げる「富士宮やきそば学会」は，この地域産品を地域ブランド資源として活用することで，地域空間ブランディングを試みる市民団体である。静岡県富士宮市の中心市街地活性化のために集まった人々を母体とする富士宮やきそば学会は，地域活性化に必要な地域産品を発掘するところから活動を始める。そこで目を付けたのが，富士宮市に古くから存在する"焼きそば"である。彼らは，それを「富士宮やきそば」と命名し，富士宮市の地域ブランド資源に育て上げる。

　そこで，本章では，富士宮やきそば学会を事例として，地域空間ブランディングに有用な地域産品について，①地域ブランド資源に適した地域産品の選択，②選択した地域産品の育成，③育成した地域産品の活用の3つの視点から考察する。

1. 事例：富士宮やきそば学会

▶富士宮やきそば学会の誕生
(1) 市民による中心市街地活性化ワークショップの開催

　富士宮やきそば学会の誕生は，1998 年の「まちづくり 3 法（改正都市計画法，大規模小売店舗立地法，中心市街地活性化法）」の制定を受けて，富士宮市と富士宮商工会議所が 1999 年から 2000 年にかけて行った「中心市街地活性化市民ワークショップ」まで遡ることができる[1]。このワークショップの目的は，富士宮市が「中心市街地活性化基本計画」を策定するのに先立ち，市民のアイデアや意見を広く収集し，その一助にすることだった。ワークショップに集まった市民は 60 人。年齢は中学生から 60 歳代までと幅広く，職業も多岐にわたっていた。

　このワークショップの参加者の 1 人が，後に富士宮やきそば学会の会長となる渡辺英彦氏（以下，敬称略）である。渡辺は，高校まで富士宮市で過ごした後，東京の大学に進学。外資系の損保会社に就職した後，1987 年に富士宮市に戻り，実家の保険代理店で仕事を始める。そして，1997 年に富士宮市青年会議所理事長に就任。1998 年に静岡県主催の「静岡・未来・人づくり塾」に参加するなど地域との関係を深めていく。渡辺は，こうした地域とのつながりの中で，一市民としてワークショップに参加する。

　ワークショップでは，市民が 6 つのグループに分かれて，グループ単位でアイデアを出し検討を行う。その中で，渡辺は，路地裏にある昔ながらの生活や文化に注目することを提案する。というのも，路地裏には秘めた魅力があるとともに，街全体が元気になるには点ではなく面として訴求する必要があると思ったからである。渡辺の秀逸なところは，それを論理的に説明し人々を説得するのではなく，面白く概念化し，人々の主体的参加を促す点にある。この路地裏の魅力探しも，路地裏にある昔からの生活や文化ということで「路地 CAL WALK-TOWN 富士宮」と銘打ち，その魅力を探るために路地裏活性化学会を立ち上げることを提案する（高橋［2013］，18-31 頁）。

　こうして路地裏の魅力を探索する中で，注目されたものの 1 つに焼きそばがある。富士宮で焼きそばを提供する店は数多く存在するが，その焼きそばが他

の地域のものと異なるという意見が,ワークショップのメンバーから出たのである。しかし,この時点で,焼きそばは数ある路地裏文化の1つにすぎず,焼きそばが主役になるのはもう少し後のこととなる。

(2) まちづくりサロン「宮っ」の開設

中心市街地活性化市民ワークショップは,2000年9月,各々のグループがそれまでの活動の総括と市街地活性化のための提言を行い,いったん終了する。しかし,ワークショップを通して形成された人々のネットワークは,その後も切れることなく続く。その継続に大きな役割を担ったのが,まちづくりサロン「宮っ」である。

まちづくりサロン「宮っ」は,市民が自由に集まって交流できる場が欲しいというワークショップ参加者からの要望に,富士宮商工会議所が応えるかたちで用意したものであり,2000年10月,浅間大社近くの空き店舗を利用しオープンする。空き店舗の改修は,ワークショップの参加者やその知り合いがボランティアで行った。そのため,手づくり感あふれる施設だったが,立地の良さから,市民の交流の場としてだけでなく,街の観光案内所としての役割も担っていた。いずれにしろ,このような施設の存在もあって,ワークショップに参加したメンバーは交流を深めていった。

渡辺も,こうしたメンバーの1人だった。そして,たまたま仲間と食事に行ったとき,自然に焼きそばの話になり,その美味しさや他の地域との違い,子どもの頃の思い出について語り,盛り上がったという。そして,もともと路地裏の生活や文化に注目していた渡辺は,焼きそばを利用した街の活性化を思いつく[2]。

こうして焼きそば話で盛り上がっている彼らに声をかけた人間がいた。偶然,同じ店に居合わせたNHKの記者である。当時,中心市街地活性化基本計画の策定に際し,広く市民に参加を呼びかけ,ワークショップを開催し,アイデアを集めるという富士宮市の試みは珍しく,マスコミの注目を集めていた。声をかけてきた記者も,富士宮市のそのような試みに興味を抱き,まちづくりの取材に来たという。その日は,挨拶程度で終わったが,翌日,渡辺は思い切った行動に出る。前日会った記者に,富士宮の焼きそばでまちおこしを始めるので,取材に来てほしいと申し入れたのである。ただし,その時点で具体的なことは,何も決まっていなかった。

まちづくりサロン「宮っ」

出所：富士宮やきそば学会ホームページ（http://www.umya-yakisoba.com/contents/siru/）。

　そこで，渡辺がまず考えたのが，まちづくり活動の団体名である[3]。ワークショップでの「路地 CUL WALK-TOWN 富士宮」や「路地裏活性化学会」など，人々の興味をひく名前を考えることが得意な渡辺は，言葉のもつ力を強く認識していた。そこで思いついたのが「富士宮やきそば学会」である。一緒に行動してくれるのはワークショップで交流を深めた人たち。一般の市民が"学会"を名乗り，焼きそばによるまちおこしを真面目に考える。ここにネーミングの面白さを感じたのである。そして，次に浮かんだ言葉が「やきそばG麺」。テレビ番組の「Gメン'75」をもじったものだが，富士宮やきそば学会のメンバーを「やきそばG麺」と呼び，刑事のように富士宮の焼きそばを調査するというのが，その名の由来である。こうして，渡辺は「富士宮やきそば学会のメンバーが，やきそばG麺として夜な夜な富士宮市の焼きそば店を調査する」というアイデアをひっさげ，記者の取材に応じる。取材日は2000年11月29日。富士宮やきそば学会が誕生した日である。

(3) 富士宮やきそばの特徴

　ここで，「富士宮やきそば」について少し触れておこう。
　「富士宮やきそば」の特徴は，コシの強い独特な麺にあるが，その麺は，現

表8-1　富士宮やきそばの特徴──12箇条

①市内にある4つの製麺業者の富士宮やきそば蒸し麺を使用している。
②炒めるための油としては，ラードを用いる。（天然素材の植物油を使う店もある）
③やきそばに加えるのが，ラードを絞った後の「肉かす」
④ふりかけるのは，イワシの「削り粉（だし粉）」
⑤キャベツは，富士宮の高原キャベツ。それも，水分が少なく歯ごたえのよい「秋キャベツ」が良とされる。（キャベツ以外にネギやもやしを入れる店もある。ネギが入っているのは，昔風）
⑥ソースの味や量については，各店でのこだわりがある。辛口ウスターソースの店が多い。（数種類をブレンドして独自の味を出している店が多く，その内容は企業秘密）
⑦添えるものは，紅ショウガが多いが，これも店それぞれ。
⑧トッピングは，イカ，タコ，エビ，卵，肉，ホルモンなど各店で工夫しており，好みに応じて対応。
⑨水は，富士山の湧水を用いる。調理の際の水加減が，コシの強さの重要なポイントである。
⑩厚くて大きい鉄板を用い，火力が強くなければおいしくない。
⑪焼き方は，店の主人が焼いて出す店，客が焼く店，どちらも可というところがある。初めての人は，焼いてもらうことをおすすめ。
⑫食べ方は，鉄板で焼いたやきそばを皿に盛って出すところや，熱い鉄板で温めながら直接食べるところがあり，これは好き好き！

出所：富士宮やきそば学会ホームページ（http://www.umya-yakisoba.com/contents/2009/09/post-25.html）。

在も「富士宮やきそば」専用の麺を製造しているマルモ食品工業の創業者である望月晟敏氏（以下，敬称略）が考案したものである[4]。富士宮出身の望月は，出兵中に現地で食べたビーフンの味が忘れられず，復員後に富士宮で再現を試みるが，戦後の物不足で原料となる米を仕入れることができなかった。そこで，配給の小麦粉を使用し，同じような食感が得られるよう試行錯誤を重ねて完成したのが「富士宮やきそば」の麺である。

　一般に流通している焼きそばの麺は，蒸した後，湯通し（ボイル）するが，「富士宮やきそば」の麺は，蒸した後，湯通しせず，表面に油をコーティングする。そのため，水分の含有量が少なく，硬い麺に仕上がるのだが，その硬さが「富士宮やきそば」の独特な食感となっている。

　その他にも，「肉かす」を使用したり，仕上げに「削り粉（主に鰯）」をふりかけるなどの特徴を有しており，富士宮やきそば学会では，「富士宮やきそば」の特徴を表8-1に示す12箇条にまとめている。

　また，富士宮市に焼きそばを提供する店が多いことも，その特徴の1つにあげられる。渡辺が電話帳を使って調べたところ，同じ静岡県の主要都市である静岡市や浜松市では，人口1万人当たり1～2軒なのに対し，富士宮市は7～

8軒あり，焼きそば店の数がかなり多いことがわかった（渡辺［2007］，29頁）。その理由として，富士宮市は，かつてオーミケンシをはじめとする製糸業で賑わっており，製糸工場で働く女性工員や地元の子どもたちを相手にした洋食屋が数多く存在していたことがあげられる[5]。ここでいう洋食屋とは，駄菓子屋の一角に鉄板を置き，ソースをかけたお好み焼きを提供する店のことで，西洋の調味料であるソースを使用していたことから洋食屋と呼ばれていたという。焼きそばは，ソース味の安価な食べ物として，この洋食屋で提供されるようになり，地元に根づいたと考えられる。いずれにしろ，焼きそばだけでなく，それを好む人が多いのも「富士宮やきそば」の大きな特徴だといえる。

▶富士宮やきそば学会の活動
(1) 富士宮やきそばマップと幟旗の作成

　先ほど述べたとおり，富士宮の焼きそばを利用したまちおこしは，その可能性に関して何度か話題に上がったことはあるものの，具体的な活動は行っておらず，2000年11月29日の取材が実質的に初めての活動となった。そこで，渡辺は，取材のために集まった仲間たちに，その場で富士宮やきそば学会の設立を提案し，提案者である渡辺が初代会長として選出される（髙橋［2013］，68-80頁）。設立時のメンバーは13人。中には，市役所や商工会議所の職員など公的立場で富士宮市のまちづくりに関わる者もいたが，彼らも一市民として富士宮やきそば学会に参加していた。

　富士宮やきそば学会が最初に行ったのは，やきそばG麺として「富士宮やきそば」を提供する店の状況を調べることである。富士宮市内で焼きそばを提供している店を訪問し，店名，住所，電話番号，営業時間，定休日，収容人数，駐車場の有無，焼き方（店側が焼くか，客が自分で焼くか），料金などを調べ，それに調査員のお薦めメニューや一言コメントを添えて，「富士宮やきそばマップ」を作成した。費用は，地元の富士宮信用金庫が地域貢献のために設立した地域振興協力基金が半分，残りの半分を市内の製麺所に協力してもらい捻出した。

　また，お店の場所がわかりにくいという市外からの顧客に対応するため，焼きそばのソース（オレンジ）色の生地に「富士宮やきそば」と「う宮」（うみゃ）の文字をあしらった幟旗を作成する。そして，2001年4月，富士宮やきそば

マップと幟旗によるPR活動を本格的に開始する[6]。なお，幟旗は，店のPRになるということで，希望する店舗に有料（作成実費相当）で配布することにした。

この富士宮やきそばマップと幟旗によるPR活動は，テレビの取材等により，すでに富士宮やきそば学会が注目されていたこともあって，すぐにマスコミに取り上げられることになり，まちづくりサロン「宮っ」に置いた富士宮やきそば学会の事務局には，ひっきりなしに問い合わせの電話がかかってきたという（高橋［2013］，128頁）。

(2) 継続的な話題作り

富士宮やきそば学会は，その後も，新たな話題を次々に提供する。

その1つが，2001年9月に行ったギネス記録への挑戦である。富士宮青年会議所の創立30周年イベントで，来訪者や市民に何か食べ物をふるまうことになり，元理事長として企画会議に参加していた渡辺は，焼きそばによるギネス記録への挑戦を思いつく。その内容は，6メートルの鉄板を用意し，富士山にちなみ3776人分の焼きそばを作り，来場者にふるまうというもので，富士宮市長や地元選出の国会議員も焼きそば作りに参加し，盛り上がったという[7]。

また，2002年6月には，富士宮市の市政60周年記念事業「歓麗喜楽座（かんれき）」の目玉イベントとして「三者麺談」を行った[8]。三者麺談とは，富士宮市と同じく，焼きそばによるまちおこしを考えていた秋田県横手市と群馬県太田市の関係者に富士宮市まで来てもらい，歓麗喜楽座の来場者に各地の焼きそばを食べ比べてもらうイベントである[9]。しかし，ただ食べるだけでは面白くない。そこで，三者面談にかけて「三者麺談」と名づけ，麺談の結果，今後も協力してまちづくりを推進するということで「三国同麺協定」を締結，3市の市長に署名してもらうなど工夫を凝らした。

さらに，2002年10月には，「天下分け麺の戦い」と称し，北九州市の「小倉焼うどん」に戦いを挑む（高橋［2013］，190-219頁）。きっかけは，富士宮市の焼きそばを通したまちおこしに興味をもったNPO法人北九州みらい塾の関係者が，富士宮やきそば学会に小倉城築城400周年イベントへの参加協力を求めてきたことにある。北九州小倉は焼きうどん発祥の地だが，ここでも単なる食べ比べでは面白くないということで，来場者の投票により勝ち負けを決する対決型のイベントを行うことにした。結果は，小倉で開催されたこともあって僅

差で敗れたが，上述したギネス記録への挑戦や三者麺談と同様，多くのマスコミの注目を浴び，「富士宮やきそば」の知名度はますます高まっていく。

ところで，この種のイベントに参加するには，「富士宮やきそば」の焼き手を派遣する必要がある。当初，富士宮やきそば学会のメンバーがその役割を担っていたが，イベントへの参加依頼が増えるにしたがい，自分たちだけでは依頼に対応しきれなくなる。そこで，2002年6月，イベント等で「富士宮やきそば」を焼く人を，広く市民に募ることにした[10]。ここでも，普通に焼き手を募集するのは面白くないということで，「富士宮やきそば」の良さを人々に伝えるという意味を込めて，焼き手を「やきそば伝道使節団」と名づけ，彼らを派遣することをトム・クルーズ主演の映画『ミッション：インポッシブル』をもじって「ミッション麺ポッシブル」と呼んだ（渡邉［2011］, 85-87頁）。

そして，「富士宮やきそば」の名声をより確実なものにしたのが，ご当地グルメでまちおこしの祭典「B-1グランプリ」での優勝（ゴールド・グランプリ）である[11]。B-1グランプリは，ご当地グルメでまちおこしをしている団体が集まり，来場者の箸による投票でグランプリを決するイベントで，富士宮やきそば学会は，青森県八戸市で2006年2月に開催された第1回大会と，地元富士宮市で2007年6月に開催された第2回大会で，連続してゴールド・グランプリを獲得する。ここでも，「富士宮やきそば」は，日本一のご当地グルメとして，多くのマスコミに取り上げられることになる。

さらに，富士宮やきそば学会は，海外のイベントにも参加する。香港の「香港フード・エキスポ2011」（2011年8月11～13日），ニューヨークの「デイトップ・マディソン・アベニュー・フェスティバル」（2011年8月21日）がそれである[12]。いずれも，「富士宮やきそば」を通して，自然豊かな富士宮の食材や観光地としての魅力を海外にも広めることを目的としたもので，これらの海外イベントへの参加も数多くマスコミに取り上げられており，常に話題を提供し続けている。

(3) 観光の促進

富士宮やきそば学会は，イベント等で「富士宮やきそば」をPRするだけでなく，自ら観光客の拡大に乗り出す。

その1つが，2004年4月にお宮横丁に開店したアンテナショップである。お宮横丁は，浅間神社の南側の目抜き通りに面した空地を，地元の飴問屋が買

お宮横丁内のアンテナショップ

出所：my旅しずおかホームページ (http://shizuoka.mytabi.net/fuji/archives/omiyayokocho.php)。

い取り，再開発したものだが，単に自社製品を売るだけでなく，富士宮市を訪れる人たちの憩いの場となることを目指した。そこで，富士宮やきそば学会に協力要請があり，アンテナショップを開店することにしたのである[13]。こうした富士宮やきそば学会やその他の店の協力もあって，お宮横丁は富士宮市の新たな観光スポットになっている。

また，2005年5月に実施されたJTBのモニターツアー「ヤキソバスツアー」にも，富士宮やきそば学会は大きく関与している[14]。富士宮市が富士宮観光協会とともに開催した「富士宮市観光誘客戦略会議」の委員の1人だった渡辺は，「富士宮やきそば」をテーマとするバスツアーを提案する[15]。内容は，ツアー客に麺財符（チケット）を配り，麺財符が使える焼きそば店の中から，自分で選んで食事をしてもらうというものである。JTBがこの企画をモニターツアーとして実施し，1000人以上の観光客が富士宮市を訪れた。そして，翌2006年，はとバスが同様のツアーを商品化し，2010年までに約5万人がバスツアーに参加したという[16]。

(4) 富士宮やきそば学会の貢献

以上，富士宮やきそば学会は，誕生したその日からマスコミに取り上げられ，

その後も次々と話題を提供し，人々の注目を集めていく。とくに，設立から1年間のマスコミの注目度は高く，新聞やテレビ・ラジオ放送で取り上げられた回数は175回に上る（渡辺［2007］，65頁）。

また，富士宮やきそば学会は，公益財団法人あしたの日本を創る協会が主催する「平成13年度ふるさとづくり賞」の振興奨励賞を設立後1年足らずで受賞する[17]。これをみても，彼らが設立当初から注目されていたことがわかる。その後も，富士宮やきそば学会に対する注目は続き，2002年に「第3回しずおか観光大賞」，2007年に「第3回日本イベント大賞・制作賞」や総務省主催の地方自治法施行60周年記念総務大臣表彰を受賞するなど，地域の食文化資源を活用したまちづくりの先駆者として高い評価を得ている。

さらに，「富士宮やきそば」がもたらした経済効果は大きく，地域デザイン研究所の試算では，富士宮やきそば学会が設立してからの経済効果は，6年間で217億円，9年間で439億円に達するという[18]。その内訳をみると，観光イベント関連の経済効果がもっとも大きく全体の56％を占め，次いで，「富士宮やきそば」の販売が34％，「富士宮やきそば」に使用する麺やキャベツなどの原材料の消費が7％，残り3％がマスコミによる宣伝効果となっている[19]。

▶ **富士宮やきそば学会の運営体制**

(1) まちづくり活動の組織化

富士宮やきそば学会は，中心市街地活性化市民ワークショップの参加者を母体とする市民ボランティア団体である。しかし，設立当初からマスコミ等で大きく取り上げられたこともあり，自治体や企業，他の市民団体から，業務提携や製品開発，視察等の依頼が数多く寄せられる。そこで，これらの依頼に応えるための体制を整える必要があると判断し，富士宮やきそば学会の活動を支えるNPO法人を設立する[20]。富士宮やきそば学会は，その活動内容から業界の支援を受けていると誤解されることも多く，まちづくりのための市民団体であることを明確にするという意味でも，NPO法人の設立は好都合だった。

NPO法人の設立に際しては，将来的なことも考え，まちおこしの手段を「富士宮やきそば」だけに限定するのではなく，富士宮市のまちづくりに総合的に関わることが必要だと判断し，ワークショップで活動をともにした他の市民団体にも参加を呼び掛けた。その結果，「富士宮ビオトープをつくろう会」

「宮ねっと」「グット來富21」「宮おこし工房」「秋まつりサポートクラブ」などの市民団体の賛同を得て，2002年1月，「NPO法人まちづくりトップランナーふじのみや本舗」（以下，NPO法人ふじのみや本舗）を共同で設立し，初代理事長に渡辺が就任する。

NPO法人を設立したことで，それまで難しかった自治体からの業務委託や資金援助が受けやすくなり，富士宮やきそば学会は，富士宮市役所からの委託で市街地整備のためのワークショップを開催したり，「富士宮やきそば」の他に富士宮に眠っている食をブランディングするためのワークショップを開催するなど，「富士宮やきそば」以外にも活動を広げていく。

そして，2008年12月，NPO法人ふじのみや本舗の「富士宮やきそば」に関する部門が，株式会社プロシューマーとして分離独立する。「富士宮やきそば」部門を分離したのは，アンテナショップの運営等により従業員を雇用する必要が生じたこと，また，収益構造が他の市民団体と大きく異なり，一緒に扱うことが難しくなったためである。

プロシューマーの主な仕事は，①テナントショップの運営，②イベント等への出展，③幟旗の提供，④富士宮やきそばアカデミーの運営，⑤「富士宮やきそば」のブランド管理の5つ。プロシューマーは，これらの活動を通して収入を得るわけだが，渡辺は，市民団体がこのような自主財源をもつ意義は大きいという[21]。なぜなら，行政や企業の支援に頼らず，市民団体が自ら望むことをできるようになるからである。全国に数多く存在するまちづくり組織の中で，このような自主財源を有するものは珍しい。

(2)「富士宮やきそば」の商標管理

富士宮やきそば学会の活躍により「富士宮やきそば」の人気が高まったことで，彼らは1つの問題に直面する。偽ブランド問題がそれである。「富士宮やきそば」の人気に乗じて，富士宮市の外で勝手に「富士宮やきそば」を名乗り，「富士宮やきそば」と異なる焼きそばを販売する者が現れるようになったのである。これは，「富士宮やきそば」の市場機会を奪うだけでなく，「富士宮やきそば」に対する誤解を招き，本来のイメージを損ねる危険性を有している。

そこで，富士宮やきそば学会は，2002年，「富士宮やきそば」の商標登録を申請する[22]。しかし，この申請は一度棄却される。というのも，当時，商標法では「地域名＋一般商品（役務）名」からなる商標は，原則として認められて

おらず，それが登録可能となるのは，商標法の一部改正により地域団体商標制度が導入された2006年以降である。

ただ，当時の商標法でも，「地域名＋一般商品（役務）名」からなる商標が例外的に認められる場合があった。その1つが，全国的な知名度を有しており，当該ブランドが特定の事業者のものであることが識別できる場合であり，「夕張メロン」や「信州味噌」などがそれに該当する。もう1つは，図形等と組み合わせて申請する場合で，「関あじ・関さば」や「小田原蒲鉾」などがその例としてあげられる。そこで，偽ブランドに対抗するため商標登録の必要性を強く感じていた富士宮やきそば学会は，前者に必要な書類を整え再度申請し，2004年9月に商標登録が認可される[23]。

商標登録が認可された理由の1つは，富士宮やきそば学会が「富士宮やきそば」の知名度を高めた主体であること示す資料を提出したことにある。富士宮やきそば学会は，設立以降のマスコミ等で報道された資料をすべて保管しており，これを提出することで，「富士宮やきそば」の知名度向上に自らが大きく寄与していることを証明することができた。そして，もう1つが「富士宮やきそば」という呼称である。「富士宮やきそば」は，富士宮やきそば学会がそれを活用してまちおこしを始めるまで，地元では単に「焼きそば」か，他の地域のそれと区別する場合でも「富士宮"の"焼きそば」と呼んでおり，「富士宮やきそば」という言い方をしたのは富士宮やきそば学会が初めてだった（高橋[2013]，236頁）。以上の理由により，全国的な知名度を有する「富士宮やきそば」という名称は，富士宮やきそば学会が広めたことが明らかとなり，商標登録が認可されたのである。

この商標登録の認可が，富士宮やきそば学会に大きな影響をもたらす。すなわち，ブランドの貸与がそれである。前述した「富士宮やきそば」の経済効果の15％は，即席麺メーカー等へのブランド貸与によるものであり，そこから得られるロイヤリティ収入も大きい。このロイヤリティ収入は，富士宮やきそば学会の自主財源となっており，富士宮やきそば学会が自律的な活動を行ううえで大きな役割を担なっている。

(3) 作り手の育成

「富士宮やきそば」の人気が高まるにつれて，「富士宮やきそば」の店を開業したり，「富士宮やきそば」を新たにメニューに加えたいという要望が寄せら

表 8-2 富士宮やきそばアカデミーの研修内容

＜目的＞
　富士宮やきそばの実技はもとより，広く富士宮やきそば文化を習得し，あわせて富士宮市の歴史や観光等の知識を深めることを目的とする研修制度。

＜概要＞
- 研修期間：毎年1回（11月頃）3日間の合宿形式
- 研修場所：富士宮市内各所
- 定　　員：20名
- 費　　用：3万5000～4万円（宿泊しない場合は，1万円程度割引）

＜内容＞
（1日目）
- 開校式　富士宮信用金庫神田支店
- 講義1　「富士宮やきそばとまちおこし」
　　　　　講師　富士宮やきそば学会会長　渡邊英彦
- 講義2　「富士宮の歴史と文化」
　　　　　講師　郷土史研究家　渡井正二
- 講義3　「富士宮市の現状」
　　　　　講師　富士宮市役所　食のまち推進室
- 実技1　「富士宮やきそばの焼き方」

（2日目）
- 市内観光　「富士山文化を学ぶ」
- 製麺会社
- やきそば店にて「富士宮やきそばの焼き方」実技

（3日目）
- 講義4　「富士宮やきそば総括」
- 最終麺談「実技及び筆記試験」
- 修了式

出所：富士宮やきそば学会ホームページより抜粋（http://www.umya-yakisoba.com/contents/2008/10/academy.html）。

れるようになる。そこで，富士宮やきそば学会は，正しい「富士宮やきそば」の作り方を教える「富士宮やきそばアカデミー」を，2002年10月に設立する[24]。まちづくりを目的とした市民団体である富士宮やきそば学会が，直接「富士宮やきそば」の作り手育成に着手したのは，そのような要望に応える場がなかったからだが，受講者は富士宮市内の者に限らず，全国誰でも受講できるようにした。というのも，全国の人々が「富士宮やきそば」に接することで，その認知をさらに高めることができるとともに，正しい「富士宮やきそば」を

知ってもらうことが，結果として偽物の排除につながると考えたからである。

　富士宮やきそばアカデミーの研修は，2泊3日の合宿形式になっており，焼きそばの作り方だけでなく，富士宮の歴史や文化を学ぶことで，「富士宮やきそば」を通して富士宮の魅力を理解してもらえるようなプログラムになっている（表8-2参照）。ここに，まちづくりの市民団体である富士宮やきそば学会が，「富士宮やきそば」の作り方を教える意義がある。

　そして，研修の最終日に実技試験と筆記試験があり，これに合格した者が晴れて麺許皆伝（免許皆伝）となる。なお，「富士宮やきそば」の名称を使用し焼きそばを提供するには，研修後に店舗登録し，富士宮市の指定業者の麺を使用するとともに，商標使用料（ロイヤリティ）契約を結ぶ必要がある[25]。

　なお，富士宮やきそばアカデミーは，これまで富士宮市以外の者も受け入れてきたが，今後は富士宮市以外の提供店を増やす予定はないという（渡邉[2011]，190頁）。というのも，すでに全国各地に登録店が存在しており，正しい「富士宮やきそば」を知ってもらうという意味では一定の成果を上げたと判断したからである。また，富士宮やきそば学会の本来の目的は，焼きそばを提供することではなく，「富士宮やきそば」を通して富士宮の魅力を伝え，富士宮市に来てもらうことにある。ここにも，まちおこし団体としての富士宮やきそば学会の首尾一貫した姿勢をみることができる。

2. 問題の所在

▶地域ブランド資源としての地域産品

　本章で取り上げた「富士宮やきそば」は，本書で取り上げた「仙台牛たん焼き」や「関あじ・関さば」などと同じ地域産品とみなすことができる。しかし，そのブランディング目的は大きく異なる。というのは，「仙台牛たん焼き」や「関あじ・関さば」は，それ自体のブランド力向上が目的なのに対し，「富士宮やきそば」は，まちおこしすなわち富士宮市という地域空間のブランド力向上が目的であり，「富士宮やきそば」のブランディングは，そのための手段として位置づけられるからである。もちろん，「仙台牛たん焼き」や「関あじ・関さば」も，地域産品のブランド力向上が地域空間のブランド力向上につながっている。しかし，それはあくまで結果としてのそれであり，最初からそれを目

的としていたわけではない。ここに，同じ地域産品ブランディングでありながら，「富士宮やきそば」と他との大きな違いがある。

ところで，地域産品ブランディングと地域空間ブランディングの関係は，第3章の地域ブランディングの統合モデルで取り上げた。そこでは，地域産品ブランディングと地域空間ブランディングを，ビジネスにおける製品レベルと企業レベルのブランディングに置き換え，地域空間ブランディングが地域産品ブランディングを支援することを示した[26]。というのも，私たちは地域空間を直接消費することはできず，地域空間がもたらす地域産品を通して，間接的にその価値を消費しているからである。

しかし，製品ブランドと企業ブランドの間には，上述した企業ブランドが製品ブランドを支援するという関係の他に，製品ブランドが企業ブランド力の向上に貢献するという逆の関係も存在する。たとえば，プリウスとトヨタ，iPhoneとアップルの関係がそうである[27]。そして，地域ブランドでも，ビジネス・ブランドと同様，地域産品が地域空間のブランド力向上に貢献する場合が存在する。「富士宮やきそば」が，まさにそれである。そこで，本章では，この地域ブランディングに有用な地域産品を「地域ブランド資源」と呼び，その育成や活用方法について考察する。

▶富士宮やきそば学会のまちおこし手法

ここで，富士宮やきそば学会のまちおこし手法を，地域ブランディングの観点から整理しておこう（図8-1）。すでに示したとおり，富士宮やきそば学会の特徴は，「富士宮やきそば」を単なる地域産品としてではなく，まちおこしすなわち地域空間ブランディングの手段と位置づけたことにある。

そのために，まず「富士宮やきそば」を通してまちおこしを行う市民ボランティア団体「富士宮やきそば学会」を設立する。市民団体は，地方自治体などの公的機関と異なり，政策の網羅性や平等性に縛られることなく，自ら行いたいことに特化した活動ができる。また，富士宮やきそば学会が，焼きそば業界から直接支援を受けておらず，利害関係のない市民団体であったことも，彼らの活動の自由度を高める要因となっている。なぜなら，ギネス記録への挑戦や三者麺談など，富士宮のまちおこしに役立つものであれば，焼きそばの売上に直接関係のないことでも積極的に取り組むことができるからである。

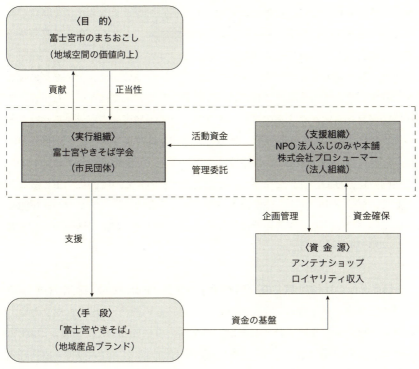

図 8-1　富士宮やきそば学会のまちおこしモデル

出所：筆者作成。

　しかし，市民団体によるまちづくりは，市民団体であるがゆえの問題も有している。その1つが，運営基盤の脆弱性である。市民団体は，一般に緩やかな権限構造に基づくフラットな組織となっており，個々の主体性が尊重されるものの，活動の継続性や社会的信用などの点で，公的機関や企業などの通常の組織に劣る。そこで，富士宮やきそば学会は，市民団体のかたちを維持しながら，その組織基盤の脆弱性を補うため，法人格を有するNPO法人を設立する。

　そして，市民団体の問題としてもう1つあげられるのが，資金力の乏しさである。まちづくりに関わる市民団体は，特定のスポンサーをもたず，公的な補助金やイベント等のわずかな収入に依存している場合が多い。事実，富士宮やきそば学会が最初に作成した「富士宮やきそばマップ」は，地元金融機関と「富士宮やきそば」の製麺業者の寄付によるものだった。しかし，このような

状態では，活動が量的に制限されるとともに，質的にも制約されることになる。富士宮やきそば学会は，この点に対しても，自らアンテナショップを経営し収入を得るとともに，「富士宮やきそば」を商標登録し，ロイヤリティ収入を得ることで自主財源の確保に成功している。

　以上，富士宮やきそば学会のまちおこしの方法を地域ブランディングの観点からみてきた。もちろん，これだけがまちおこしの方法ではない。しかし，地域空間ブランディングをそのブランド資源となる地域産品の育成から始めるという点で，十分な資源をもたない地域でも地域空間ブランディングが可能であること，また，市民団体が，地域空間ブランディングと地域産品ブランディングの両方に関与し，互いを結びつけることで，双方にとって利点が生じること，そして，ブランディング主体が自主財源をもつことで，自律的かつ持続可能な地域空間ブランディングを可能にしているという点で，非常に興味深いまちおこし手法だといえよう。

▶製品としての「富士宮"の"焼きそば」とブランドとしての「富士宮やきそば」

　富士宮やきそば学会は，富士宮市のまちおこしのため，「富士宮やきそば」のブランディングを行ったわけだが，第1節の事例で述べたとおり，「富士宮やきそば」の独特な麺は，富士宮市出身の望月が第二次世界大戦での出兵経験に基づき開発したものであり，富士宮市に古くから存在していた。

　ここで注意しなければならないのは，製品としての「富士宮"の"焼きそば」と，ブランドとしての「富士宮やきそば」は異なるという点である。もちろん，「富士宮やきそば」は，富士宮に古くからある焼きそば（製品）に付与された名称（ブランド）であり，その意味で両者は同じである。しかし，古くから存在する「富士宮"の"焼きそば」が「富士宮やきそば」として認知されるようになったのは，富士宮やきそば学会がまちおこしを始めた2000年以降のことである。すなわち，2000年以前は，製品として存在していても，ブランドとしては存在していなかったのである。

　これは，潜在的な地域ブランド資源が顕在化したことを意味する。「富士宮やきそば」は，もともとその地に存在していた。しかし，そのままの状態で地域ブランド資源になったわけではない。富士宮やきそば学会が，その可能性に注目し，新たな地域産品としてブランディングしたことで，初めて地域空間ブ

ランディングに活用しうる地域ブランド資源になったのである。

　一方，地域産品であれば，それがすべて地域ブランド資源になるわけでもない。たとえば，富士宮市は，浅間神社の門前町であり，その歴史は古く，富士登山の南の玄関口にもなっている。また，市の約半分が富士箱根伊豆国立公園に属しており，その豊かな自然の中で育つニジマスは生産量日本一で，朝霧高原の畜産物や乳製品も富士宮市の特産品となっている。しかし，これらが「富士宮やきそば」と同じように地域ブランド資源になっているかというと必ずしもそうではない。

　以上の議論は，地域空間ブランディングに有用な地域産品に対して，いくつかの疑問を提起する。すなわち，①潜在的に存在する地域ブランド資源をどのように見出すか（地域ブランド資源に適した地域産品の選択），②見出した地域産品を地域ブランド資源としていかに顕在化するか（地域ブランド資源としての地域産品の育成），そして，③顕在化した地域ブランド資源を地域空間ブランディングにどう関連づけるか（地域ブランド資源としての地域産品の活用）がそれである。

3. 地域ブランド資源としての地域産品の選択と育成

▶地域ブランド資源とは何か

　ここで，地域ブランド資源について，あらためて整理しておこう。地域ブランド資源とは，地域ブランディングに必要な資源およびそれを利用する能力を指すが，ここでいう資源とはブランディングを行うための人材や費用などのいわゆる経営資源（ヒト・モノ・カネ）を意味するものではない。

　第1章で述べたとおり，ブランドは，特定の製品を同定する識別機能のみならず，製品の認知や評価に影響を与える意味付与機能や知覚矯正機能を有しており，これらの機能がブランドを付与した製品の差別化や持続的競争優位に影響を与える。そして，これらの機能を生み出しているのが顧客の有するブランド知識である。ブランド知識とは「人々の記憶の中にあるブランドを中核的結節点とする意味のネットワーク」であり，ブランドと関連した個々の意味を「ブランド連想」と呼ぶ（Aaker [1991]；Keller [1993]；小林 [1999a]）。本章のいうブランド資源とは，このブランド知識を構成するブランド連想を指す。

表 8-3 地域ブランド資源のタイプ

地域ブランド資源のタイプ	例
自然	熊本県の「阿蘇山」や高知県の「四万十川」など
建造物	兵庫県の「姫路城」や東京都の「東京タワー」など
公共施設	東京都の「山手線」や香川県の「瀬戸大橋」など
レジャー施設・アミューズメント	山梨県の「富士急ハイランド」や兵庫県の「宝塚歌劇団」など
商業集積	東京都の「秋葉原の電気街」や神奈川県の「横浜中華街」など
公園	石川県の「兼六園」や茨城県の「偕楽園」など
動物園・水族館	北海道の「旭山動物園」や神奈川県の「八景島シーパラダイス」など
温泉	大分県の「別府温泉」や岐阜県の「下呂温泉」など
祭・イベント	徳島県の「阿波踊り」や北海道の「さっぽろ雪まつり」など
スポーツ	宮城県の「東北楽天ゴールデンイーグルス」や茨城県の「鹿島アントラーズ」など
特産品	宮崎県の「マンゴー」や新潟県の「コシヒカリ」など
食	大阪府の「たこ焼き」や香川県の「讃岐うどん」など
工芸品	石川県の「輪島塗」や茨城県の「結城紬」など
人物	高知県の「坂本竜馬」や石川県の「松井秀喜」など
企業	愛知県の「トヨタ自動車」や徳島県の「大塚製薬」など
物語・小説	岡山県の「桃太郎」や愛媛県の「坊ちゃん（夏目漱石）」など
文化・方言	愛知県の「豪華なモーニングサービス」や山梨県の「甲州弁」など

注：NTT ドコモが運営する「みんなの声」が実施した「〇〇県といえば」という都道府県に関する連想調査で上位にあがったものを例示。(http://vote.smt.docomo.ne.jp/ [2015-7-25 参照])。なお，NTT ドコモの調査は都道府県ごとに実施されており行われており，データが収集できたのは，北海道，宮城県，茨城県，東京都，神奈川県，新潟県，富山県，石川県，山梨県，長野県，愛知県，岐阜県，奈良県，大阪府，兵庫県，岡山県，鳥取県，徳島県，香川県，愛媛県，高知県，熊本県，大分県，宮崎県の24都道府県。
　　調査期間は，2013 年 5 月〜2014 年 3 月の間の一定期間で，回答者数は都道府県によって異なり，最大は兵庫県の 2 万 1164 サンプル，最小は山梨県の 5962 サンプルとなっている。
出所：筆者作成。

　したがって，地域ブランド資源は，顧客が地域ブランドに対して有するブランド連想とみなすことができるが，あえてブランド連想という言葉を使わずブランド資源を用いるのは，ブランド連想という言葉がもつ意味にある。ブランド連想という言葉は，すでに特定の連想とブランドが関連づけられていることが前提となっている。しかし，地域ブランド資源には，かつて「富士宮やきそば」がそうだったように，地域空間ブランディングに活用しうる潜在的なブランド連想も含まれる。すなわち，地域ブランド資源には，①地域ブランドと結びついたもの，②顕在化しているが地域ブランドとは結びついていないもの，③地域ブランド資源として有用だが顕在化していないものの 3 つが存在し，本

章では，これらを総称するものとして地域ブランド資源という言葉を用いる[28]。

　もちろん，地域ブランド資源は，ブランド連想になって初めて効力を発揮するため，一般的なブランド連想と共通した特徴も有する。たとえば，ブランド連想には多様な内容が含まれるが，地域ブランド資源にも「自然」「建造物」「公共施設」「レジャー施設・アミューズメント」「商業集積」「公園」「動物園・水族館」「温泉」「祭・イベント」「スポーツ」「特産品」「食」「工芸品」「人物」「企業」「物語・小説」「文化・方言」など，実にさまざまなものが含まれる（表8-3）[29]。

▶地域ブランド資源としての地域産品の条件

　前項で，多種多様な要因が地域ブランド資源になりうることを示したが，実際に地域ブランド資源として地域産品を選択する際，どのような点に留意すべきだろうか。

　ブランド連想に関する議論を援用するならば，地域ブランド資源としての地域産品は，「強さ」「好ましさ」「ユニークさ」の3つの視点から評価することができる（Keller［1998］訳，142-150頁）。第1の「強さ」は，地域産品が想起される程度を表し，第2の「好ましさ」は，地域産品に対する顧客のポジティブな評価を表す。そして，第3の「ユニークさ」は，他の地域産品との差異を表し，差異性が高いほどユニークな地域産品とみなすことができる。

　ところで，富士宮やきそば学会会長の渡辺は，「富士宮やきそば」のような"食"に関わる地域産品の利点として，以下の5つをあげている（渡邉［2011］，139-142頁）。すなわち，①食は生理的欲求に基づくものであり，すべての人々がそれを欲すること（ニーズの顕在性），②食に対する関心は高く，プロの料理や家庭料理，和食・洋食といったジャンルを問わず，細かな違いに注意を払うこと（差異の識別可能性），③"食べる"という行為は，学習を必要とせず，誰でも気軽に楽しむことができること（消費の容易性），④日常的な行為である食は，価格も安く，購入リスクが低いこと（トライアルの容易性），⑤食は地域の自然環境や文化の中で育まれるものであり，地域と密接な関係にあること（地域との関係性）がそれである。

　渡辺があげた5つの要因は，食に限らず地域産品一般に適用可能な地域ブランド資源としての選択基準だといえる。また，このうち，①から④は，地域ブ

ランドを越えてブランド一般に当てはまるものであり，その意味で，地域ブランド資源に固有なのは，⑤の地域との関係性ということになる。そこで，以下では，この点に焦点を当て議論しよう。

　一般に，地域産品と地域の関係は，地域産品と当該地域との関係および他地域の地域産品との関係の2つの側面からとらえることができる。

　前者の当該地域との関係は，当該地域における地域産品の歴史や数の多さといった量的側面と，この地域でなければならないという関係の必然性からなる質的側面によって規定される。たとえば，「富士宮やきそば」は，第二次世界大戦後，富士宮で生まれて50年以上の歴史を有し，現在でも「富士宮やきそば」を提供する店舗が数多く存在するとともに，富士宮で開発された独自の麺を使用しているなど，量的にも質的にも富士宮と深い関係にある。

　また，当該地域との関係においてもう1つ重要なのが，地域産品の代表性である。ここでいう代表性とは，地域産品の当該地域における相対的地位を表し，地域の有する地域産品が少なければ個々の代表性は高まり，逆に多ければ個々の代表性は相対的に低下する。これは，地域産品の多さが地域空間ブランディングに必ずしもプラスに作用しないことを示している。

　一方，後者の他地域の地域産品との関係は，地域ブランド資源としての地域産品の固有性あるいは相対的優位性に規定される。ここでいう固有性とは，他地域の地域産品との差異を表し，相対的優位性とは，他地域の地域産品と共通する特徴での相対的な優劣を表す。たとえば，「富士宮やきそば」の場合，その独特な麺は固有性を表し，提供店の多さは相対的優位性を表す。

　以上，地域ブランド資源としての地域産品の条件について考察してきたが，地域ブランド資産として有効な地域産品が存在しないとき，地域産品を新たに開発し，それを活用することも考えられる。確かに，歴史ある地域産品も最初は誰かが生み出したものであり，新たな地域産品の開発は，地域ブランド資源を増やすという意味で，選択肢の1つにあげられる。

　ただし，上述した議論からもわかるように，新たに開発された地域産品は，すでに存在している地域産品に比べ，地域ブランド資産として大きなハンディキャップを有する。なぜなら，新たな地域産品は，新しいがゆえに地域との関係が存在しないからである[30]。ここに，地域ブランド資源として新たな地域産品を開発するものの，地域の賛同が得られず失敗する理由がある。また，地域

ブランドの多くが，この種の開発型ではなく，「富士宮やきそば」のように，地域に古くから存在していながら，これまであまり注目されてこなかった地域産品に注目する発掘型である理由もここにある。

▶地域ブランド資源としての地域産品の育成

　前項で，地域ブランド資源として地域産品を選択する際に考慮すべき要因について考察した。しかし，ここでの選択は，あくまで潜在的な地域ブランド資源としてのそれであり，選択した地域ブランド資源が，ただちに地域空間ブランディングのブランド資源として活用できるわけではない。選択された地域産品を活用するには，潜在的な地域ブランド資源の顕在化，すなわち地域ブランド資源として地域産品を育成することが必要となる。

　そこで，まず必要となるのが地域産品の再定義である。すでに存在している地域産品の多くは，地域との関係性を意識せずに形成されたものがほとんどで，地域ブランド資源として活用するためには，その条件となる固有性や他の地域産品との違いを明確にする必要がある。富士宮やきそば学会が設定した「富士宮やきそばの特徴——12箇条」がまさにそれであり，そこに「富士宮やきそば」に共通する特徴や他の焼きそばとの違いが示されている（表8-1参照）。

　この種の再定義は，既存の地域産品に大きな影響を与える。なぜなら，その地域に存在するものではなく，再定義に合致したものが地域産品になるからである。地域ブランド資産としての地域産品を考えるとき，このように地域といったん切り離し，地域産品を再定義する意義は大きい。というのも，地域産品を定義することで，地域外でのプロモーションに地域産品を活用することができるからである。たとえば，富士宮やきそば学会が大手メーカーにブランドを貸与し発売した即席カップ麺は，「富士宮やきそば」および富士宮市の知名度向上に大きく貢献したが，これを可能にしたものも「富士宮やきそば」の特徴を示す12箇条の規定があったからである。

　また，地域産品の知名度も，地域ブランド資産として地域産品を活用するうえで重要となる。地域産品が地域ブランド資源として顕在化しているかどうかは，標的顧客が当該地域産品をどの程度認知しているかに依存する。したがって，地域産品の知名度を高めるためのプロモーションが必要となるが，ここで問題となるのが，地域産品の何をプロモーションするかである。

一般に，地域産品のプロモーションは，製品特性に関することが多い。なぜなら，プロモーションの目的は，製品を購入してもらうことであり，また，購入後にその製品を良さを実感してもらい，再購入あるいは他者へ推奨してもらうことだからである。しかし，本章で紹介した富士宮やきそば学会は，製品である焼きそば自体よりも，「やきそばG麺」や「三者麺談」など焼きそばを通したまちづくりに関わる活動の面白さを前面に出し，「富士宮やきそば」の知名度を高めていく。

　ここに地域ブランド資源としての地域産品のプロモーション方法がある。地域ブランド資源としてのプロモーションの目的は，地域産品と関連づけられた地域の知名度とイメージの向上を図ることであり，地域産品を売ることが直接の目的ではない。これは，製品本来の特性や用途とは別のプロモーションが可能であることを意味する。すなわち，地域産品を地域ブランド資源と位置づけることで，製品の販売を目的とする通常のプロモーションよりも，その幅が広がるのである。

　ところで，富士宮やきそば学会の渡辺は，地域産品の情報価値を高めるには「物語性」が重要だと指摘する（渡邉［2011］,128-131頁）。今日の成熟した社会では，モノが行き渡り，機能や価格だけでは売れない。地域産品も同様で，機能や価格だけではなく，人々の感性に訴えかけ，感動や共感を得ることが重要であり，そのためには，ストーリー（物語性）を付与し，人々の感性に訴えかける必要がある。

　ここでいう「物語性」(narrativity) とは，物語と非物語を区別する一連の特徴であり，物語 (narrative) とは，「語り手 (narrator) によって聞き手 (narrate) に伝えられる現実あるいは虚構の事象 (event)」を指す[31]。プリンスは，物語性には程度があり，それを規定する要因として，①事象記述の具象性と特殊性，②全体性（個々の物語〔事象〕の集合としての高次の物語〔事象〕の存在），③方位の存在（時間的推移などによる任意の事象から別の事象への移行），④要点の存在（物語が意味することの明確性）の4つをあげている（Prince［1982］訳, 166-186頁）。

　また，大塚［1989］は，1980年代に一世を風靡した「ビックリマン・チョコ」を例にあげ，消費という行為の中での物語性の効果を以下のように説明している。子どもたちが「ビックリマン・チョコ」を購入したのは，チョコを食べるためではなく，キャラクターの付いたシールを集めるためでもない[32]。「シー

ルの裏に書かれたエピソード＝『小さな物語』を拾い集め，最終的にその物語が包摂されている世界＝『大きな物語』を知りたいがゆえに，これを求めたのである」(新井［2009］, 176頁)。大塚は，このように「大きな物語」を求めて「小さな物語」を収集することを「物語消費」と呼んでいる。

そして，物語性は地域ブランド研究でも注目されている。たとえば，Ger et al.［1999］は，トルコとその他の国の多様な製品に関する認識，使用経験，選好を調査し，製品に対する地域イメージがきわめて経験的，文脈的，物語的であることを明らかにするとともに，地域イメージを物語として把握することの重要性を指摘している。また，Lichrou et al.［2008］も，観光マーケティングにおいて，観光地を製品とみなす論者と物語とみなす論者の意見を比較し，観光を文化的活動とみなす人が増加している今日，観光地の物質的側面に焦点を当てるよりも，社会的文脈の中で観光地の目に見えない価値に焦点を当てる物語としての視点が求められていると主張する。同じく，Hansen［2010］も，バルト海にあるデンマーク領の観光地ボーンホルム島に関する記事を分析し，地域が有名になるには，顧客がその地に何らかの価値を見出す必要があり，その価値の表現方法として物語が有効であるという。さらに，物語は，地域ブランドを消費する顧客だけではなく，それを提供するブランディング主体にとっても有効であり，Lichrou et al.［2010］は，地域ブランディングの一貫性や主体内の合意形成において，物語は重要な役割を担うと述べている。

以上，物語性の概要や地域ブランド研究における物語性に対する関心の高さについて述べてきたが，これらの説明（とくに大塚の「物語消費」）を用いて，「富士宮やきそば」の物語性を説明すると以下のようになる。

「富士宮やきそば」において，実際に焼きそばを食べることや富士宮やきそば学会が主催するイベントに参加することは，大塚のいう小さな物語とみなすことができる。では，その先にある大きな物語は何か。それは，「市民が自ら自分たちの住みたいまちをつくる」ことだといえる。すなわち，顧客は「富士宮やきそば」を食べることやイベントに参加することで，自らまちづくりを行う（まちづくりに参加する）という大きな物語を消費しているのである。

しかし，ストレートに「焼きそばを食べて，まちづくりに参加しよう」といっても，人々はあまり関心を示さないであろう。大きな物語を魅力的なものにするには，ビックリマン・チョコのように人々を惹きつけるキャラクターやエ

ピソードが必要となる。そして,「富士宮やきそば」において,これに相当するのが,「やきそばG麺」「ミッション麺ポッシブル」「三者麺談」「天下分け麺の戦い」「麺許皆伝」といったダジャレが効いたネーミングを有する人たちや活動である。なぜなら,このネーミングが,焼きそばを食べたり,富士宮やきそば学会が主催するイベントに参加することを,面白く親しみやすいものにすると同時に,自分たちでまちをつくるという大きな物語の一部であることを実感させてくれるからである。

　地域ブランド資源は,地域空間ブランディングという大きな目的を達成するための1つの要素にすぎない。しかし,そこに物語性を付加することで,地域ブランド資源は,地域空間ブランディングという大きな物語の一部として認識されるようになり,小さな物語として地域ブランド資源自体の魅力も高めることができる。その意味で,地域ブランド資源における物語性のもつ意義はきわめて高い[33]。

4. 地域ブランド資源としての地域産品の活用

▶地域との連結

　地域ブランド資源としての地域産品の選択と育成についてみてきたが,それが地域空間ブランディングのブランド資源として機能するには,ブランド連想として地域と結びつける必要がある。というのも,地域産品はそれ自体がブランディングの対象であり,地域産品を地域と関連づけるか否かはブランディングの選択肢の1つにすぎないからである[34]。

　地域産品をブランド連想として地域と連結させるもっとも効果的な方法は,地域名を含むブランドを地域産品に付与することである。「富士宮やきそば」は,もともと地元では単に"焼きそば"という一般名称で呼ばれていた。地元の人にとって"焼きそば"といえば,「富士宮やきそば」しかなく,他と識別する必要がないため,それを一般名称で呼ぶことはけっして珍しいことではない。しかし,それでは,その"焼きそば"を他の焼きそばと識別することはできない。また,ある人が,富士宮に行き"焼きそば"を食べて,違うことに気づいたとしても,それが店による違いなのか,地域に共通した違いなのか判断するのは難しい。

このような状況で効力を発揮するのが地域ブランドである。その"焼きそば"に「富士宮やきそば」というブランドを付与することで，私たちは，その"焼きそば"が他の焼きそばと異なり，また，その違いが「富士宮」という地域に関係していることを容易に判断することができる。すなわち，ブランドに含まれる地域名が，他の製品との識別機能と地域との連結機能の2つを同時に果たしているのである。

　ところで，地元では，「富士宮やきそば」を他の焼きそばと区別する際，「富士宮"の"焼きそば」という言い方をしていたと事例で述べたが，「富士宮"の"焼きそば」と「富士宮やきそば」では，地域ブランド資源としての意味が大きく異なる。というのも，「富士宮"の"焼きそば」は，まず富士宮の地名があって，それに関係するものとして焼きそばが連想されるのに対し，「富士宮やきそば」は，焼きそばの1つの種類として認識されるため，焼きそばという製品があって，次に「富士宮やきそば」，さらに富士宮という地名が連想される。

　この連想の順番がもつ意味は大きい。なぜなら，「富士宮"の"焼きそば」という認識では，富士宮を知らなければ焼きそばに到達しないのに対し，「富士宮やきそば」の場合は，焼きそばから「富士宮やきそば」というブランドに到達し，さらには，富士宮という地名に到達するというように，「富士宮やきそば」という地域産品が富士宮という地域の知名度やイメージの向上に影響を与える構造になっているからである。これは，地域空間と地域産品の連結の強さのみならず，影響関係の方向も地域ブランド資源としての地域産品のあり様に大きく影響することを示している。

▶他の地域ブランド資源との連結
　地域ブランド資源としての地域産品の活用として，次にあげられるのが他の地域ブランド資源との連結である。そもそも，地域ブランド資源を育成するのは，地域空間ブランディングを行うためのブランド資源が不足しているという認識からであり，さらなる地域ブランド資源の育成が求められる。
　その1つが，既存の地域ブランド資源を梃子にして，新たな地域ブランド資源を育成する方法である。もちろん，新たな地域ブランド資源の育成は，既存の地域ブランド資源と切り離して行うことも可能である。しかし，第7章のブ

ランド拡張の議論にもあるように，既存の地域ブランド資源を活用したほうが，効果的・効率的であり，既存の地域ブランド資源との相乗効果も期待できる[35]。

たとえば，富士宮やきそば学会は，「富士宮やきそば」に合う日本酒として「だいびんじょう」を地元の富士高砂酒造と共同開発し，2007年10月に発売した。富士宮での富士山の湧水を利用した酒造りの歴史は古く，「だいびんじょう」を共同開発した富士高砂酒造の創業は，1820年の文政年間まで遡ることができる[36]。

富士宮やきそばに合う日本酒
「だいびんじょう」

出所：株式会社富士高砂酒造ホームページ。

しかし，富士宮の地酒の知名度は必ずしも高くない。確かに，富士宮市の観光ガイドブックには，富士宮の地酒がその他の特産品であるやぶ北茶や富士山麓の農産物と一緒に紹介されている。ただ，静岡県は，日本酒の産地としてそれほど有名ではなく，また，県内の酒造メーカーは，地理的に広く分散しており，とくに富士宮市に集中しているわけでもない[37]。そこで，「富士宮やきそば」という既存の地域ブランド資源を活用して，富士宮の地酒という潜在的な地域ブランド資源の顕在化を試みたのが「だいびんじょう」である。

この「富士宮やきそば」と「だいびんじょう」の関係を，地域ブランド資源の連結という観点からみるとき，その特徴は以下の3点に表すことができる。

第1は，提供（消費）シーンの共通性である。「富士宮やきそば」は，昼食や子どものおやつとして提供されることが多いが，もう1つ忘れてならないのが酒の席での提供である。事実，富士宮やきそば学会を立ち上げたメンバーが，地域ブランド資源としての「富士宮やきそば」の潜在価値に気づいたのも，「富士宮やきそば」を提供するお好み焼き屋での酒の席だった（高橋[2013]，44-58頁）。このように，日本酒は「富士宮やきそば」と同じシーンで提供されることが多く，親和性の高い地域ブランド資源だといえる。

第2は，製品としての補完性である。「だいびんじょう」は，単に地元の酒造メーカーの酒ということだけではない。富士宮やきそば学会と共同開発した日本酒で，「富士宮やきそば」のソースに負けないよう日本酒度+10の大辛口

に仕上げられており,「富士宮やきそば」に合う味わいになっている。

　第3は,ブランド要素の統一性である。「だいびんじょう」は,ラベルに富士宮やきそば学会の幟旗が印刷されており,「富士宮やきそば」と関連した製品であることが一目でわかるようになっている。また,ブルーのボトルと白いキャップは富士山をイメージしたものであり,「富士宮やきそば」と同様,単なる特産品ではなく,まちおこしのための地域産品であることを意識したパッケージになっている。そして,何より「だいびんじょう」というネーミング自体が,「富士宮やきそば」に便乗していることをコミカルに表しており,富士宮やきそば学会のスタイルを踏襲したものになっている。

　このように,地域ブランド資源間の連結を図る方法は複数存在し,これらを効果的に組み合わせることで,地域ブランド資源の量的拡大および質的向上を図ることが求められる。

▶地域空間ブランディング目的との連結

　そして,地域ブランド資源としての地域産品の第3の活用が,地域空間ブランディング目的との連結である。第3章で述べたように,地域空間ブランディングの目的は,地域の経済的・社会的・政治的・文化的発展にある。そして,地域ブランド資源としての地域産品は,地域空間ブランディングの手段となるとともに,地域空間ブランディングとその目的をつなぐ媒介項としての役割も担っている。

　その1つが地域産品のもたらす経済効果である。たとえば,「富士宮やきそば」は,単にそれを提供する店舗の売上のみならず,その原材料となる麺やキャベツ,肉かす,ソースなどを提供する業者の売上にも貢献している。

　地域産品による観光客の誘引も,地域空間ブランディングの経済効果を高めるという意味で,目的と直結した活用だといえる。とくに,インバウンドは当該地域での滞在を促すため,その経済効果は大きい。事実,「富士宮やきそば」を活用した観光収入は,「富士宮やきそば」自体の売上を大きく上回っている[38]。

　しかし,観光客を増やすには,優れた地域産品を用意するだけでは不十分であり,それを利用して人々をその地域に呼び込む仕組みが必要となる。「富士宮やきそば」の場合は,「ヤキソバスツアー」がその仕組みの1つだった。ツ

ア一客に，麺財符（チケット）を渡し，好きな店を選んで「富士宮やきそば」を食べるという仕組みは，焼きそばを食べるという行為をまちの散策というイベントに変え，観光としての魅力を高めるのに役立っている。

　そして，リピート客を増やすには，地域を訪れた人々のフォローも重要となる。富士宮やきそば学会の渡辺は，焼きそばは富士宮に来てもらうための"呼び水"であって，その後のフォローが重要だという（渡邉［2011］,184-187頁）。その中でも大きいのが，「富士宮やきそば」を提供する店のホスピタリティである。飲食店が提供しているのは，焼きそばというモノではなく，焼きそばを食べるというサービスであり，顧客の満足度は，焼きそばのみならず，それを提供する人の対応や食事をする場の環境など，焼きそば以外の部分にも大きく影響される。同様に，観光案内所（まちづくりサロン「宮っ」）の設置や案内パンフレット（富士宮やきそばマップ）等の準備，休憩場（お宮横丁）の整備など地域全体のホスピタリティも重要となる。

　以上，地域空間ブランディングの目的の1つである経済的発展との連結を中心に述べてきたが，地域産品は，政治的発展や文化的発展にも大きく寄与する。たとえば，富士宮やきそば学会設立のきっかけとなった市民参加型ワークショップは，富士宮市のまちづくり手法として定着し，三者麺談，天下分け麺の戦いといったイベントは，他の地域との文化的交流を促している。このように，地域産品を地域ブランド資源として活用することで，地域空間ブランディングの目的を直接達成することも可能となる。

結　び

　本章は，「富士宮やきそば」を事例として，地域ブランド資源としての地域産品の特性について考察した。地域産品は，それ自体が地域ブランディングの対象になるとともに，地域空間ブランディングのブランド資源にもなりうる。そこで，本章では，地域ブランド資源としての地域産品のあり様を，①地域ブランド資源に適した地域産品の選択，②選択した地域産品の育成，そして，③育成した地域産品の活用の3つのフェーズに分けて議論した。

　第1フェーズである地域ブランド資源に適した地域産品の選択は，まず潜在的地域ブランド資源の発掘から始まる。その際，基準となるのが，①ニーズの

顕在性，②製品差異の識別性，③消費の容易性，④トライアルの容易性，⑤地域との関係性の5つの要因である。なお，ここでいう発掘とは，すでに存在する地域産品を地域ブランド資源としての再評価することを意味するが，適切な地域産品が存在しない場合，地域ブランド資源として新たな地域産品を開発することもありうる。ただし，開発型の地域産品は，必然的に地域との関係が薄く，地域ブランド資源としてハンディキャップを有することを念頭に置いて対応する必要がある。

　第2フェーズは，地域ブランド資源としての地域産品の育成すなわち潜在的な地域ブランド資源の顕在化である。ここで重要となるのが，地域ブランド資源としての地域産品の再定義である。とくに，その地域に古くから存在し，当該地域の自然環境や歴史文化の中で自然発生的に形成された地域産品は，地域としての共通性や他地域との差異に対する認識が低く，定義が曖昧なものが多い。この地域産品の再定義は，地域ブランド資源を顕在化するうえで必要な知名度向上の前提となるものであり，以降の地域産品の展開を左右する重要な作業だといえる。

　また，地域ブランド資源として地域産品を育成するうえで，もう1つ重要なのが，ブランドの情報価値を高める物語性である。とくに，潜在的地域ブランド資源として発掘された地域産品は，製品力で相対的に劣るものが多く，物語性の付与による情報価値の向上は，それを補完する有効な手段となる。

　ただし，ここでいう物語性とは，新しい物語を作り，それを地域産品に付与することで，その差別化やイメージ向上を図るものではない。地域産品の背後にある大きな物語に価値を見出し，その物語の一部として地域産品を位置づけることが重要となる。その意味で，物語性とは，ブランドの有する知覚矯正機能に似ている。すなわち，大きな物語を有する地域ブランドを付与することで，地域産品に対する認識や評価を変えることができるのである。

　第3フェーズは，地域ブランド資源としての地域産品の活用である。地域産品は，それが顕在化すればただちに地域ブランド資源になるわけではない。というのも，地域産品を地域ブランド資源として活用するには，ブランド連想として地域と連結する必要があるからである。

　その方法の1つは，地域名を含むブランドを地域産品に付与することだが，ここで注意しなければならないのは，地域産品と地域空間の関係における非対

称性である．本章で示したとおり，富士宮といって「富士宮やきそば」を連想するのと，焼きそばといって「富士宮やきそば」を連想するのとでは，地域ブランド資源としての地域産品の価値が大きく異なる．なぜなら，後者のほうが地域ブランド資源が空間の知名度およびイメージ向上に及ぼす影響が大きいからである．

　地域ブランド資源の活用はこれだけではない．たとえば，他の地域ブランド資源と結びつき，その育成を支援することや，地域空間ブランディングの目的と直接関連づけることも，地域ブランド資源の活用方法の1つにあげられる．第3章で示したように，地域空間ブランディングはそれ自体によって自らの目的を達成することはできない．それを達成するには，地域産品を地域空間ブランディングに関係づける必要がある．その意味で，地域ブランド資源としての地域産品が，地域空間ブランディングに果たす役割は大きい．

　以上，地域空間ブランディングにおいて，地域産品をブランド資源として，いかに地域空間ブランディングと結びつけるかが課題であることを示した．しかし，これまでの地域ブランド研究では，地域空間ブランディングと地域産品ブランディングが別々に取り上げられており，両者の関係が議論されることは，ほとんどなかった．そこで，本章では，地域産品をブランド資源とみなし，地域空間ブランディングに有益な地域産品をいかに見出し，育て，地域と関連づけるかについて議論した．本章の議論はまだ始まったばかりであり，研究蓄積は少ない．今後，さらなる進展が期待される．

注
1　中心市街地活性化市民ワークショップおよびその後の富士宮やきそば学会設立に至る経緯に関しては，髙橋［2013］，渡辺［2007］および渡邉［2011］を主に参考にしている．
2　そのときの詳細に関しては，髙橋［2013］，44-58頁を参照．
3　以下，富士宮やきそば学会が生まれる経緯に関しては，渡辺［2007］，23-34頁および髙橋［2013］，58-80頁を参照．
4　富士宮やきそばの特徴および歴史に関しては，渡辺［2007］，7-16頁等を参照．
5　以下の説明は，富士宮やきそば学会の旧ホームページの「富士宮やきそばの謎？」を参照（http://www.umya-yakisoba.com/web-back/fnazef.htm［2015-7-10参照］）．
6　幟旗は，244頁の写真を参照．
7　実際は，3776人を上回る5000人分の焼きそばをつくり振る舞ったが，来場客が多く全員に行き渡らないほど盛況なイベントだったという（渡辺［2007］，50-52頁）．
8　歓麗喜楽座の歓麗喜は，市制60周年の還暦をもじったもので，富士宮市の中心街をテーマパークに見立て，楽市楽座のようにフリーマーケットを出店したり，屋台で食を提供するイベント

で、2002 年 6 月 1 ～ 2 日の 2 日間にわたって開催された。

9　このとき、横手市と太田市とはすでに焼きそばを通じて関係が出来ていた。横手市は、富士宮やきそば学会が発足し、富士宮市のホームページに掲載後、それを見た横手市役所の職員が関心を示し、情報交換のため富士宮市を訪れている（高橋［2013］、82-84 頁および 94-101 頁）。また、太田市も富士宮市青年会議所創立 30 周年イベント直後に、太田市の産業祭で富士宮やきそばを提供してほしいという要請を受け、富士宮やきそば学会が焼き手を派遣している（高橋［2013］、161-162 頁）。

10　イベントに派遣する際は、プロ・アマ問わず一定の日当を支払うことにしている。

11　B-1 グランプリに関しては、第 10 章の事例で詳述する。

12　富士宮やきそば学会ホームページ（http://www.umya-yakisoba.com/contents/2011/08/post-53.html［2015-10-1 参照］）。

13　その他に、2005 年 4 月、富士宮駅改札前に 2 店目のアンテナショップ「麺'S ステーション」を開店する。こちらは、もともとあった立ち食い蕎麦屋の店舗を利用したものだが、富士宮駅という観光客が出入りする場所で富士宮やきそばを PR することが目的だった。なお、麺'S ステーションは、一定の役割を果たしたということで、2014 年 12 月に閉店している。

14　バスツアーに関する記述は、渡邉［2011］、191-194 頁を参照。なお、バスツアーの客が増えたことにより、地元のバス会社が東京と富士宮を直通で結ぶ高速バスを走らせることになり、富士宮やきそば学会の渡辺が「ヤキソバ EXPRESS」と命名し、車体に富士宮やきそばをデザインしたラッピングを施したという（高橋［2013］、250 頁）。

15　この戦略会議は、大手旅行会社（JTB、日本旅行、近畿日本ツーリスト）の企画担当者を招き、委員の提案に商品化できるものがあればモニターツアーを実施するというものである。

16　渡邉［2011］、193 頁。なお、はとバスでは、富士宮やきそばを昼食に組み込んだツアーを現在も実施している（2015 年 12 月現在）。

17　『ふるさとづくり '01』（2001 年 11 月 14 日発行）（http://www.ashita.or.jp/publish/furu/f01.htm［2015-10-1 参照］）。

18　2001 年から 2006 年の 6 年間の経済効果に関しては、http://www.umya-yakisoba.com/web-back/hakyuko.pdf［2015-10-1 参照］、2001 年から 2009 年の 9 年間の経済効果に関しては、http://www.umya-yakisoba.com/siryou/hakyuko.pdf［2015-10-1 参照］を参照。

19　9 年間の経済波及効果の推計結果に基づき計算。

20　1998 年に制定された特定非営利活動推進法により、NPO 法人の設立が容易になったことも、富士宮やきそば学会が NPO 法人の設立を思い立った背景要因の 1 つにあげられる。なお、NPO 法人設立の経緯に関しては、渡邉［2011］、114-118 頁、高橋［2013］、162-164 頁等を参照。

21　なお、プロシューマーの収入源には、この他に渡辺の講演料等も含まれる（渡邉［2011］、121-124 頁）。

22　富士宮やきそばの商標登録申請に関わる経緯に関しては、渡辺［2011］、118-121 頁および高橋［2013］、231-238 頁を参照。

23　図形等との組み合わせ申請は、前者に比べ容易であるが、他者が登録した図形等と一緒に使用した場合しか商標侵害とならず、排除力が弱いという問題を有する。

24　富士宮やきそばアカデミーに関しては、渡邉［2011］、187-191 頁および高橋［2013］、199-203 頁を参照。

25　富士宮やきそば学会ホームページ（http://www.umya-yakisoba.com/contents/syouhyou/［2015-10-1 参照］）。

26　第 3 章の図 3-2 を参照。

27　第 7 章注 50 を参照。

28 ちなみに、ブランド連想はブランド資源の①の場合のみを指す。

29 アーカーは多岐にわたるブランド連想を、「製品属性」(product attributes)、「無形的特性」(intangible)、「顧客便益」(customer benefits)、「相対価格」(relative price)、「使用／用途」(use/application)、「使用者／顧客」(user/customer)、「著名人／人物」(celebrity/person)、「ライフスタイル／パーソナリティ」(life style/personality)、「製品カテゴリー」(product class)、「競争相手」(competitors)、「国／地域」(country/geographic area)、という9つのタイプに分けて説明している（Aaker［1991］訳、152-175頁）。

30 この他に、開発型地域産品がかかえている問題として、新製品としての成功率の低さがある。既存の地域産品は、たとえそれが限定された市場だとしても、一定の評価を得て生き延びたものであり、地域産品としてそれなりの価値を有していると判断できる。しかし、開発型地域産品は、いまだ市場の評価を受けておらず、他の新製品と同様、市場での評価が得られず失敗に終わることもけっして少なくない。ただ、既存の地域産品がそうだったように、確率は低いものの、大成功を収める開発型地域産品も存在する。したがって、地域ブランド資源として、既存の地域産品を用いるかまたは新たに開発するかは、ローリスク・ローリターンかハイリスク・ハイリターンかの選択であり、どちらが適切な選択かは一概にいえない。

31 物語に関する用語説明は、Prince［1987］を参照。なお、物語の定義はプリンスの記述を簡素化したものを使用している。また、プリンスは、事象を再現したものではないという理由で「原子は電子から構成されている」「すべての人間は死すべき運命にある。ソクラテスは人間である。ソクラテスは死すべき運命にある」といった文章や、報告というより直接舞台で起きているという理由で演劇などを、物語でないものの例としてあげている。

32 「ビックリマン・チョコ」は、ロッテが1977年に発売したシールがおまけで入ったチョコレート菓子。ブームになったのは、1985年に発売された「天使 vs. 悪魔」シリーズからで、シール欲しさに子どもが大量買いするなど社会問題にもなった。

33 地域産品が物語性をもつ意義は他にも存在する。たとえば、パブリシティや口コミの誘発がそれである。地域ブランド資源として地域産品を育成するにはプロモーションが不可欠だが、それには多額の費用を要する。そこで、注目されるのが、第三者によるパブリシティや口コミだが、そこでも物語性が有効に作用する。熊本県の地域ブランド資源であるPRキャラクター「くまモン」は、パブリシティや口コミによって知名率を高めることに成功した。その際、メディア戦略とともに大きな役割を担ったのが物語性である（坂本［2012］）。

34 地域産品に対する地域ブランド付与の恣意性に関しては、第4章第2節を参照。

35 ブランド拡張に関しては、第2章第5節、第7章第3節を参照。

36 株式会社富士高砂酒造ホームページ（http://www.fuji-takasago.com/kuramoto/［2015-8-2参照］）。なお、創業者は滋賀県蒲生郡日野町出身の山中正吉氏で、この地で酒造りを始めたのは、富士山の伏流水が豊富に使えたことと、駿河湾より駿東にかけて「ごうりき」という酒造に適した米がとれたからだという。

37 国税庁の『清酒製造業の概況（平成23年度調査分）』の「製成・移出入数量及び集中度（都道府県別）」によると、静岡県の酒造メーカー数が、全国1576社中28社、清酒の課税移出量は4068キロリットルの全国21位で、けっして多いとはいえない（https://www.nta.go.jp/shiraberu/senmonjoho/sake/shiori-gaikyo/seishu/2011/pdf/18.pdf［2015-8-4参照］）。

38 地域デザイン研究所が試算した「富士宮やきそば」の9年間の経済効果に基づく。

第9章 地域ブランドのマネジメント
──事例：食の都・大阪推進会議──

はじめに

　地域ブランディングとビジネス・ブランディングの違いが，そのマネジメントにあることは，すでに多くの研究者によって指摘されている（久保田［2004］；生田ほか［2006］；阿久津・天野［2007］；沈［2010］)。また，その違いは，地域産品ブランディングよりも地域空間ブランディングのほうが大きく，これが地域空間ブランディングを難しくする大きな要因となっている。地域空間ブランディングは，ブランド付与対象となる地理的空間が多様かつ多義的であり，公共性も高いことから，複数のブランディング主体がそれに関与するのが一般的である。そのためブランディング主体を特定するのが難しく，ブランディング主体の確定やブランディング主体間の調整といった新たな問題をもたらす。

　しかしながら，組織内・組織間の違いはあるものの，ビジネス・ブランディングでも直接権限関係のない部門間の調整が必要であり，そのマネジメントはけっして容易ではない。そこで，本章では，「食」という地域ブランド資源を用いて大阪の魅力向上を目指す「食の都・大阪推進会議」を事例として取り上げ，ビジネス・ブランディングにおけるブランド・マネジャー制と比較しながら，地域空間ブランディングのマネジメントについて考察する。

1. 事例：食の都・大阪推進会議

▶大阪食彩ブランド事業
(1) 食を活用した大阪のブランディング

2004年12月，大阪商工会議所は，大阪の将来あるべき姿と，その実現に向けて取り組むテーマを「大阪賑わい創出プラン」としてまとめ，発表した[1]。その内容は，アジアの中核都市になるために，「新しいモノづくり産業」「ツーリズム産業」「ライフサイエンス産業」の3つをエンジン産業と位置づけ，企業誘致の促進やベンチャーの起業促進，都市インフラの整備など7つのテーマに重点的に取り組むというものである（図9-1）。そして，ツーリズム産業において，具体的な取り組みの1つにあげられたのが「大阪食彩ブランド事業の構築」である[2]。

大阪食彩ブランド事業は，①大阪の多重多層な食文化の国内外への情報発信，②食に関する幅広い産業，農業分野の振興，③食に関連する高度な知識やスキルをもつ人材の育成および集積を主な目的としている。しかし，当時，大阪の食に関して個別的・断片的な議論は多数存在していたものの，事業を進めるうえで鍵となる「大阪の食とは何か」という根本的な問いに対する明確な答えは得られなかった。そこで，2005年5月，大阪商工会議所は，有識者を集め，大阪の食に対する理解を深め，その地域ブランド資源としての活用方法を探るワーキンググループを組織する。

(2) 大阪の食の可能性

ワーキンググループでは，まず，地域ブランド資源としての大阪の食の可能性について議論した[3]。そこで指摘された内容は，以下の3点である。

第1は，大阪の食の歴史である。江戸時代，大阪は「天下の台所」として，諸国の年貢米や特産品が集まる交易の中心地だった。それだけではない。大阪周辺は昔から畑作が盛んでさまざまな野菜が生産されていたことや，大阪湾から瀬戸内の新鮮な魚が手に入ったこともあり，地域内からも良質な食材を得ることができた。こうした歴史的経緯や自然環境の中で育まれた大阪の食は，幅広い領域で歴史に裏打ちされた魅力的な要素を数多く有している。

第2は，大阪の食の固有性である。大阪の食は，大阪の商人文化と密接な関

図9-1 「大阪賑わい創出プラン」の骨子

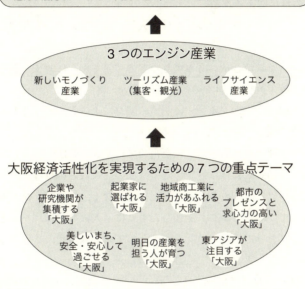

出所：大阪商工会議所ホームページ（http://www.osaka.cci.or.jp/Jigyou/nigiiwai/#zu）。

係にあり，たとえば，「しまつ」と呼ばれる，美味しく料理することで食材を使い切り無駄をなくそうとする美意識は，計画性を重んじ，経済合理性のもと行動する大阪商人の生き方と深く関わっている。また，商人が商談等の場として利用したことで，料亭などのハレの料理（贅を尽くした高級料理）が発達するとともに，日頃の倹約精神がケの料理（倹約を良しとする日常食）の発展を促し，両極の食文化が醸成されたことも，大阪に固有な食の特徴だといえる。

第3は，大阪の食の経済規模である。大阪府の外食や食品製造など食関連産業の経済規模は16兆円に達し，驚くべきことに大阪府の域内総生産の3分の1を占める[4]。また，大阪を訪れる観光客は増加傾向にあるが，彼らが大阪の

第9章 地域ブランドのマネジメント 271

魅力のトップにあげているのが「食べ物」であり，食以外の産業への波及効果も大きい。

　以上のことから，ワーキンググループは，大阪が良質かつ多様な食文化を有しており，それらが大阪という地域と深い関係にあることを，あらためて確認した。そして，食関連産業が地域経済に及ぼす影響も大きいことから，大阪の食は，地域ブランド資源として十分活用しうると結論づけた。

(3) 大阪の食が抱える課題

　その一方で，ワーキンググループは，大阪の食が抱えている問題も指摘している。

　その1つが，たこ焼きやお好み焼きなどの"粉もん"に対する過度の注目である。たとえば，NTTドコモのインターネット調査「みんなの声」が2014年に行った「大阪のご当地グルメ」に関する調査によると，もっとも多くあげられたのが「たこ焼き」で，次いで「お好み焼き」「串かつ」となっており，通称"粉もん"と呼ばれるものが上位を占めている（表9-1）[5]。

　もちろん，そのこと自体は悪いことではない。これらの食は，大阪という地域と強く関連づけられており，イメージも悪くなく，地域ブランド資源として有効に機能している。しかし，上述したように，大阪の食は，ハレとケの両方をあわせもっており，地域ブランド資源としての大阪の食のさらなる活用を図るには，ハレの食にも光を当てる必要がある。

　そこで，ワーキンググループは，「たこ焼き」「お好み焼き」「串かつ」の他に大阪の食の魅力を表す料理の発掘を試みる。しかし，これがなかなかうまくいかない。というのも，候補となる料理が多すぎて，1つに絞ることができないのである。また，その中でも，「きつねうどん」や「回転寿司」など大阪発祥で知名度の高いものは，全国に広く普及しており，魅力的であるものの，地域ブランド資源として活用するのは難しいという意見も出された[6]。以上の理由から，ワーキンググループは，特定の料理ではなく，これらの料理を生み出す場として，大阪の食を特徴づけることを試みる。

(4) 食の発信地としての大阪

　図9-2は，以上の議論を踏まえて，魅力的な料理を生み出す場としての大阪の特徴をまとめたものである。

　大阪の食の特徴は，特定の食材や料理ではなく，それらを生み出す「食の発

表 9-1　大阪のご当地グルメ

順位	ご当地グルメ	投票数	割合（%）
1	たこ焼き	20,797	57.4
2	お好み焼き	5,920	16.4
3	串かつ	4,096	11.3
4	豚まん	1,126	3.1
5	イカ焼き	961	2.7
6	ねぎ焼き	542	1.5
7	堂島ロール	508	1.4
8	かすうどん	399	1.1
9	てっさ	271	0.7
10	うどんすき	253	0.7

出所：NTTドコモ「みんなの声」。

信力」にある。すでに述べたように，「きつねうどん」や「回転寿司」など，大阪で生まれた食は，その後，全国そして世界で親しまれているものが数多く存在する。もし，これらが大阪にとどまっていれば，地域ブランド資源として活用できたかもしれない。しかし，大阪で生まれた食が広く普及することはけっして悪いことではない。なぜなら，それは多くの人に好かれる質の高さを表すからである。

　そして，これを可能にしているのが，大阪の有する「合わせ／混ぜ」の技法である。新たな料理は，長い歴史の中で培われた食材や道具，調理方法の新たな組み合わせから生まれる。大阪には，合わせだしや炊き込みご飯，押し寿司，ちらし寿司，粕汁など"味の重なり"で成り立つ料理が多く，「合わせ／混ぜ」を得意としており，新たな食を生み出すうえで大きな役割を担っている。

　さらに，大阪には，「この合わせ／混ぜ」の技法を支える土壌が存在する。天下の台所として全国および近隣からもたらされる「食材の豊かさ」，堺の刃物に代表される「道具の良さ」，そして，慣習にとらわれず，素直に美味しさや食の楽しさを求める「大阪人の価値観」がそれである。このような大阪の土壌が，これまでと異なる「合わせ／混ぜ」を誘発し，新たな食を生み出す原動力となっている。

　しかし，今日，この大阪の食の発信力が，徐々にではあるが低下している。というのも，それを支えてきた土壌が地盤沈下しているからである。人口の首都圏集中に伴い，食材や食に関わる情報が東京に集中し，良質な食材や情報が

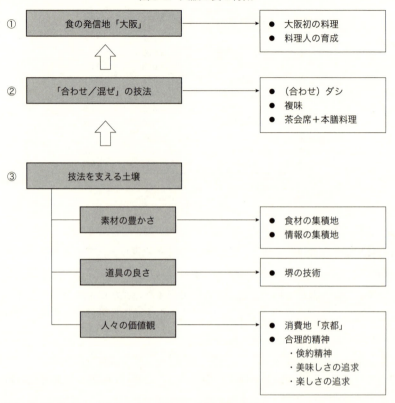

図9-2 大阪の食の特徴

出所:大阪食彩ブランド事業ワーキンググループ[2006],9頁。

入手しにくくなっている。また,大阪の食を支えてきた道具が,今日の調理技術の進歩に対応できず,その技術的優位性が失われつつある。そして,長期的視点に立って料理人を育て,質の高い料理への投資を惜しまなかった大阪の旦那衆が減り,料理に対する価格志向が強まったことも,食の発信力を低下させる1つの要因になっている。

以上の議論に基づき,ワーキンググループは,大阪の食を支える土壌を強化し,大阪の強みである「合わせ/混ぜ」の技法を向上させることで新たな食を生み出し,食の発信地としての大阪の地位を取り戻すことが,大阪の食を地域ブランド資源として活用するうえで必要だと指摘する。

▶食の都・大阪推進会議への移行
(1) 地域内での啓発活動

　大阪食彩ブランド事業ワーキンググループは，大阪の食を多面的に議論し，食の発信地としての大阪の魅力と，それを地域ブランド資源として活用するために何が必要かを提言し，その役割を終える。しかし，これをワーキンググループという少数の人が理解しているだけでは先に進まない。大阪の食を地域ブランド資源として活用するには，多くの人と情報共有を図る必要がある。そこで，大阪商工会議所は，大阪の食に対する地域内の人々の理解を深める活動を始める。

　その1つが，大阪の食文化の魅力やその奥深さを紹介した冊子「大阪・食の誘惑」の発行である。この冊子は，ワーキンググループで議論した大阪の食の特徴をまとめたものだが，物語仕立ての内容になっており，事例や写真を多用することで，大阪の食の特徴がわかりやすく伝わるよう工夫している[7]。

　また，大阪商工会議所は，冊子と同じ「大阪・食の誘惑」というタイトルで，産経新聞（関西版）に大阪の食を紹介するコラムを週1回1年間掲載する。さらに，2006年に開催された「大阪ブランドサミット」で，「食の発信地・大阪——ビジネスと文化の視点から」というシンポジウムを開催したり，大阪のだしの奥深さを知ってもらうための体験型イベント「大阪だしサミット」を企画するなど，さまざまな機会を通して，食の発信地としての大阪の魅力を伝える活動を展開する[8]。

(2) プロジェクトチームの立ち上げ

　大阪商業会議所は，大阪食彩ブランド事業ワーキンググループの提言をふまえ，2007年2月，大阪の食を地域ブランド資源として本格的に活用するための準備段階として，プロジェクトチームを立ち上げ，具体的なアクションプランの検討を始める[9]。

　プロジェクトチームでは，まず，ワーキンググループの議論をもとに，大阪の食のあるべき姿を以下のように規定した。

　第1は，新たな食や食文化を大阪から生み出すことである。もちろん，これまで培った伝統的な食を維持継承することも重要である。しかし，ワーキンググループが指摘したとおり，大阪の食の最大の特徴は，食の発信にある。伝統的な食を基礎としながら，食の安心・安全，健康や環境への配慮といった今日

的要請に応える新たな食の創出が，大阪に課された大きな役割だといえる。

第2は，食に関わる人材の育成と供給である。新たな食を生み出すには，それを実践する人の育成が不可欠である。その対象は料理人にとどまらない。将来の食関連産業を支える経営者や，道具および機器の開発者，新たな食材の開発者など，その対象は多岐にわたる。

第3は，食に関する物的および知的資源の集積である。地元の良質かつ多様な食材が安定的に供給できる体制を整えるとともに，日本のみならず世界から優れた食材を集めることで，新たな食が生まれる可能性を広げることができる。また，食に関する知的資源を集積し，融合することで，新たな食関連産業や食文化を生み出すことができる。

そして，これら3つの充実を図ることで食の魅力を高め，それを国内外に示すことで，外部からの物的，知的，人的集積を促し，さらに新たな食を生み出すという好循環を創り出すことが，大阪の食のあるべき姿であることをあらためて確認した。

(3) 事業計画の策定

次に，プロジェクトチームは，上で示した大阪の食のあるべき姿を実現するため，具体的な事業計画を立案する。表9-2は，その概要を示したものだが，事業計画は，「食のイメージ創出」と「食を支える基盤整備」の2つに大きく分類される。

前者の食のイメージ創出には，食の都として国内外での知名度向上を目指すうえで必要となる「ブランド・アイデンティティ構築事業」，大阪が生み出す食の新規性をアピールする「大阪『新・和の料理』提案事業」，大阪の食の固有性をアピールする「カウンター料理PR事業」，国内に向けて大阪の食の魅力を発信する「食博などのイベントを活用したアピール事業」と「大阪の食のポータルサイト構築事業」，海外に向けて大阪の食の魅力を発信する「海外ネットワーク構築事業」が含まれる。

また，後者の食を支える基盤整備には，料理人を育成するための「若手料理人独立支援事業」，食材の集積を強化する「食材集積促進事業」，食に関連する道具や機器などの製造業やサービス業の強化を図る「食関連産業振興事業」，食に関する知の集積を促し，技術開発力を高める「食の総合教育・研究機関の誘致」，大阪の食を支える食べ手を育成する「大阪版食育事業」，地域外の人に

表 9-2　大阪の食が目指す姿を実現するための事業計画

大分類	中分類	小分類		事業名
食の イメージ創出	ブランド・ アイデンティティ			①「食の都・大阪」ブランド・アイデンティティ構築事業
	情報内容	食の新規制		② 大阪「新・和の料理」提案事業
		食の固有性		③ カウンター料理 PR 事業
	伝達方法	国　　内		④ 食博などのイベントを活用したアピール事業 ⑤ 大阪の食のポータルサイト構築事業
		海　　外		⑥ 海外ネットワーク構築事業
食を支える 基盤整備	料理人			⑦ 若手料理人独立支援事業
	食材			⑧ 食材集積促進事業
	食関連産業	産　　業		⑨ 食関連産業振興事業
		R＆D		⑩ 食の総合教育・研究機関の誘致
	食べ手	城　　内		⑪ 大阪版食育事業
		城　　外		⑫ フードツーリズム事業

出所：大阪食彩ブランド・プロジェクトチーム［2008］，9頁。

大阪の食を体験してもらう「フードツーリズム事業」が含まれる[10]。

そして、大阪商工会議所は、これらの事業を実行するため、2008年6月、大阪食彩ブランド・プロジェクトチームを発展的に解消し、大阪の食に関わる産官学がオール大阪で集う「食の都・大阪推進会議」を設立。大阪の食のあるべき姿を実現するための活動を開始する。なお、食の都・大阪推進会議のメンバーは、大阪食彩ブランド・プロジェクトチームのメンバーがそのまま移行するかたちで就任している[11]。

▶食の都・大阪推進会議の活動
(1)「食の都・大阪」のロゴおよびシンボルマークの決定

以下、食の都・大阪推進会議の主な活動についてみてみよう。食の都・大阪推進会議が、ブランド・アイデンティティ構築事業の一環として、設立後すぐに行ったのが「食の都・大阪」のロゴとシンボルマークの作成である。

具体的には、大阪に所縁のあるプロのデザイナーに声をかけ、「食の都・大阪」のロゴおよびシンボルマークを募り、選考の結果、永田明子氏のデザインが選ばれた。シンボルマークの笑顔に、料理をつくる人、それを食べる人、そ

の料理の食材や道具をつくる人といった食に関わるすべての人が笑顔でいられるような街にしたいという思いが込められている。また，口の部分の右上がりの矢印は，これまで培ってきた大阪らしさを大切にしながら新たな食を生み出し，日本の食を先導するという意志を表す[12]。

　このロゴとシンボルマークのもつ意味は大きい。というのも，大阪の食のあるべき姿を実現するには，個々の事業を成功させるだけでなく，それらが一体となり地域としてのまとまりを形成する必要があるからである。「食の都・大阪」のロゴやシンボルマークは，大阪の食に関わる事業を相互に関連づけ，全体としてのまとまりを形成するうえで大きな役割を担う。

食の都・大阪のロゴおよびシンボルマーク

出所：大阪商工会議所記者発表資料（2008年12月11日）。

　そこで，食の都・大阪推進会議では，ロゴやシンボルマークの知名度を高めるため，これらのロゴやシンボルマークと一緒に使用するキャッチフレーズを募集する。その結果，全国から6088件の応募作が集まり，選考の結果，奈良県の34歳女性の作品「おかわり！が止まらへん」が最優秀賞に選ばれた[13]。

(2)「食の都・大阪スタイル宣言」の制定

　大阪食彩ブランド・プロジェクトチームが策定した「大阪『新・和の料理』提案事業」は，その後，大阪の食の良さを伝えるほうが優先順位が高いと判断し，大阪らしい料理とは何かを示す「食の都・大阪スタイル宣伝事業」に変更される。そして，ワーキングチームを立ち上げ，大阪を代表する料理人や食の専門家に聞き取り調査を行い，2010年2月，大阪らしい食を7つの項目にまとめた「食の都・大阪スタイル宣言」を発表する（表9-3）[14]。

(3)「食の都・大阪グランプリ」の開催

　食の都・大阪スタイル宣言の発表後，食の都・大阪推進会議は，この宣言を具体化した大阪らしい新たな料理の開発と，料理人の育成を目的とする料理コンテスト「食の都・大阪グランプリ」を開催する。

　食の都・大阪グランプリは，プロの料理人を対象としており，上述した目的から，料理技術のみならず，オリジナル・メニューの"大阪らしさ"も審査対

表9-3 食の都・大阪スタイル宣言

食の都・大阪スタイル宣言

「すべてはお客様が楽しく味わうために」
それが食の都・大阪スタイルです。
その維持向上のため、7つのことにこだわります。

1. 「喰い味」を追求し、誰もがうまいと思う味を提供します。
   喰い味とは、大阪が追求する「素材の持ち味を生かした誰もが旨いと思う味」のこと。世界の誰もが旨いと思う"味のグローバル・スタンダード"を目指します。

2. ダシにこだわり、素材を余すことなく生かします。
   良い素材を吟味するのは当然のこと、料理のジャンルを超えて"ダシ"にこだわり、素材本来の持ち味や隠れた魅力を引き出すことで、素材を余すところなく生かします。

3. 大阪ならではの旬を大切にします。
   季節感や祭事を大切にしながら、商都で育まれた大阪ならではの"旬の料理"を器に盛り込みます。

4. 素材や調理技法を組み合わせ、新しい味わいを創造します。
   大阪が得意とする"和える・混ぜる"といった調理技法を駆使し、鮮度を第一に素材をダイナミックに組み合わせることで、理想的なマリアージュのなかに創造性あふれる魅力的な料理を提供します。

5. 良質な値打ち感を提供します。
   どこよりも味にこだわるのが大阪。第一に料理の質を追求し、それを納得できる価格で提供する。大阪スタイルは"質の高い値打ち感"を大切にします。

6. 店主の個性も味わいのひとつ。お客様とのかかわりを大切にします。
   カウンター割烹を生んだ大阪の料理は、人と人とのかかわりのなかで味わうもの。作り手と食べ手の"かけあい"がスパイスとなり、料理に絶妙な味を醸し出します。

7. 料理の主役は食べ手。お客様に楽しんでいただく場を提供します。
   楽しく食べてこそ料理。料理の主役はあくまで食べ手であるお客様とこころえ、上質で心地よい時間と空間を演出し、お客様に心の底から料理を楽しんでもらう。そんな食べ手の側に立った細やかな心配りで"もてなし"を尽くします。

出所:大阪商工会議所記者発表資料(2010年2月22日)。

象となっている。2010年度に行われた第1回大会では，186名の料理人から214作品の応募があり，レシピ（書類）審査により，和洋中各部門の上位4作品（計12作品）が決勝に進出[15]。決勝では実技審査が行われ，各部門の1位とグランプリ（総合優勝）が選出された[16]。

なお，食の都・大阪グランプリは，第2回大会で「デザート・和菓子部門」を追加。第3回大会では，中華部門に韓国・アジア料理を加え「中華・韓国・アジア料理部門」にするなど，少しずつ修正を加えながら現在に至っている。また，第4回大会から，大阪府と連携し，「大阪産（もん）」を食材として使用しているメニューの中からとくに優れたものを選ぶ「大阪産（もん）特別賞」も選出している[17]。

(4) グルメシティ・ネットワーク「デリス」への加盟

食の都・大阪推進会議は，「海外ネットワーク構築事業」の一環として，大阪市にグルメシティ・ネットワーク「デリス（Délice）」に加盟するよう働きかけ，2008年8月，大阪市はデリスに加盟する。デリスは，フランス・リヨン市の提唱により，2007年9月に設立されたグローバルな都市間ネットワークで，2008年時点で17都市が加盟しており，大阪市は日本で初，アジアでは中国広州に次いで2番目の加盟となった[18]。

2013年，後述する食博覧会・大阪の開催に合わせ，国際交流イベント「デリス・オン・ツアー」の大阪開催を誘致。欧米6か国から14名が参加し，食博覧会をはじめ，辻調理師専門学校，千日前道具屋筋商店街，髙島屋百貨店の食品売場などを視察するとともに，地域ブランド資源としての食の活用や加盟都市間の交流に関して意見交換を行った[19]。

なお，大阪市は，デリスの知名度を高めるため，他のデリス加盟都市と連動し2011年に「デリス・レストランウィーク」を開催。2012年からは，食の都・大阪グランプリと連携し，受賞作品を中心にレストランウィークを開催するなど，大阪らしい食の普及にも力を入れている[20]。

(5) その他の活動

その他にも食の都・大阪推進会議では，イベントを活用したアピール事業として，4年に1度開催される日本最大級の食の祭典「食博覧会・大阪」に出展したり，「外食・中食設備機器フェア」でPRするなど，独自イベントのみならず，他のイベントと相乗効果を図りながら，食の都・大阪のイメージ向上に

努めている[21]。また，作り手とのコミュニケーションを食の一部として楽しむ「カウンター料理文化」を大阪の食文化として紹介したり，若手料理人の独立支援を，他の組織と協賛し，千日前道具屋筋商店街で実施している。そして，これらの活動をPRするため「食の都・大阪情報サイト」を開設するなど，大阪食彩ブランド・プロジェクトチームが立案した12の事業項目に沿って，さまざまな活動を展開している。

▶食の都・大阪推進会議の体制

　以上，食の都・大阪推進会議が行っている活動を紹介してきたが，食の都・大阪推進会議が開催されるのは原則年1回で，メンバーが一堂に会し，前年度の活動報告と今年度の活動計画を発表し，意見交換するのがその主な内容である。ただし，食の都・大阪推進会議が主催するものや，メンバー全体に関わる重要な事案に関しては，食の都・大阪推進会議の承認が必要となるため，最高意思決定機関としての役割も担っている（図9-3）。

　その影響力は大きく，食の都・大阪推進会議には，大阪府・大阪市といった地方自治体，近畿農政局・近畿経済産業局・近畿運輸局といった各省の出先機関，大阪商工会議所・大阪観光局・関西・大阪21世紀協会などの公的機関，全日本司厨士協会関西地方本部大阪府本部・大阪外食産業協会・食博覧会協会・大阪府飲食業生活衛生協同組合・大阪ワイナリー協会・大阪芽生会・浪花うまいもの会などの業界団体，大阪府農業協同組合・大阪市漁業協同組合などの生産者団体，KNT-CTホールディングス（近畿日本ツーリスト）・JTB西日本などの旅行業界，毎日放送・京阪神エルマガジン社・ぐるなびなどのメディア，大阪調理製菓専門学校・辻学園調理・製菓専門学校・辻調理師専門学校などの教育機関，その他にも，大阪ガス・伊藤忠商事・東果大阪（青果卸）などが集まり，産官学の垣根を越えた大阪の食に関わる一大ネットワークを形成している[22]。

　そして，食の都・大阪推進会議の掲げる事業を実際に行っているのが，彼ら個々のメンバーである。たとえば，上述した「食の都・大阪」のロゴおよびシンボルマークの募集や，食の都・大阪スタイル宣言の策定，食の都・大阪グランプリの運営といった食の都・大阪推進会議主催の活動は，食の都・大阪推進会議で承認を得た後，事務局を務める大阪商工会議内にプロジェクトチームを

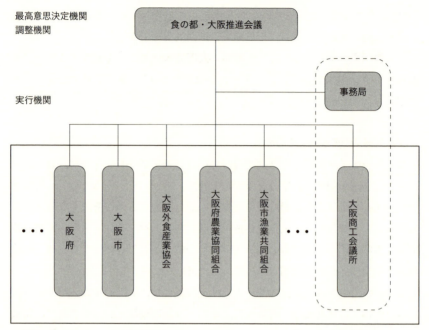

図9-3　食の都・大阪推進会議の組織体制

注：表記したメンバーは実行機関の一部。基本的には，メンバー全員が実行機関になりうる。
出所：筆者作成。

設置し，実施している。また，デリスへの加盟や，デリス・レストランウィークの開催は，大阪市が中心となって企画実行している[23]。さらに，食博覧会・大阪や「大阪産（もん）」など参加メンバーが独自に行っている事業に関しては，その自主性を尊重しながらも，食の都・大阪推進会議の活動の1つとして位置づけ支援している。

　こうした食の都・大阪推進会議の活動を通して，少しずつではあるが，事業間の連携が生まれつつある。たとえば，食博覧会・大阪とデリス・オン・ツアーとの連携や，デリス・レストランウィークでの食の都・大阪グランプリ受賞作の提供，そして，大阪府による食の都・大阪グランプリでの大阪産（もん）特別賞の授与などがそれである。こうした連携は，食の都・大阪推進会議の存在があって初めて生まれたものであり，食の都・大阪推進会議が，単に各事業の調整のみならず，新たな事業を生み出す場としての役割も果たしているとい

える。

2. 問題の所在

▶食とツーリズム

　大阪の食を地域ブランド資源として活用することで，地域の魅力向上を図る食の都・大阪推進会議の設立は，もともと「大阪賑わい創出プラン」のエンジンとしてツーリズム産業が取り上げられたことに端を発する。

　このように，地域の食文化をツーリズムと結びつけるのは，何も大阪に限ったことではない。たとえば，国の観光立国推進閣僚会議が2013年6月に発表した「観光立国実現に向けたアクション・プログラム」は，世界の人々を惹きつける主要コンテンツとして，自然や伝統文化とともに，食文化をあげている[24]。また，2006年3月に発行された国土交通省の『食文化を核とした観光的な魅力度向上による地域活性化調査報告書』では，観光において食が重要な理由として，①観光の基本サービスの1つであること，②地域性を反映する要因であること，③観光地での多様な体験をもたらす要因であること，④観光地全体の印象を左右する記憶になることをあげている[25]。

　ところで，ツーリズムは，対象とする顧客の地理的範囲をどう設定するかで，大きく3つのタイプに分けることができる。第1は，地域内もしくは近隣の顧客を対象とした「コミュニティ・ツーリズム」で，日頃行くことのない場所を訪れたり，イベントに参加することで，日常の中の非日常を体験することを目的としている。第2は，国内の広域顧客を対象とした「ドメスティック・ツーリズム」で，日常を離れて日頃経験できないことや，その土地ならではのものを体験することを目的としている。そして，第3は，国外の顧客を対象とした「グローバル・ツーリズム」で，通常の生活圏で体験できないことを行うという点でドメスティック・ツーリズムと似ているが"日本らしさ"という日本に共通した体験を求めるという点で，国内の地域間差異を強調するドメスティック・ツーリズムと異なる特徴を有する。

　そこで，この3つのタイプから，食を利用した大阪のツーリズムの現状をみてみよう。第1のコミュニティ・ツーリズムは参加者も多く好評で，たとえば，大阪会議所が行った「食の都・大阪フードツーリズム」は，大阪の食を「魅せ

る」「食べる」「楽しむ」という3つの側面から体験することを目的としており，参加者の満足度も非常に高い[26]。また，第3のグローバル・ツーリズムも，日本を代表する都市の1つである大阪は，彼らが日本に求めるさまざまなニーズに対応することが可能であり，たとえば，世界的な旅行口コミサイト「トリップアドバイザー」の「外国人に人気の高い日本のレストラン2014」で，大阪の「松坂牛焼肉M法善寺横丁店」が1位に選ばれるなど，大阪の食は高く評価されている[27]。

　しかし，第2のドメスティック・ツーリズムに関しては少し問題がある。第1節の事例で述べたように，大阪の食は，たこ焼きやお好み焼きなど「安くて美味しい」ものが上位を占めている。しかし，安くて美味しいものは，それを頻繁に食する日常において大きな価値を有するものの，ドメスティック・ツーリズムでわざわざ遠方から大阪を訪れる顧客にとって，必ずしも魅力的なものではない。なぜなら，彼らにとって，大阪を訪れることは特別なイベントであり，多少高くてもふだん味わうことのできない特別な食を求めるからである。食の都・大阪推進会議発足のきっかけとなった大阪食彩ブランド事業ワーキンググループが，たこ焼きやお好み焼きなどが高く評価されているにもかかわらず，大阪のハレの食に光を当てようとした理由もここにある。

▶食の分析視角

　地域ブランド資源として食をみるとき，その内容は実に多方面に及ぶ。たとえば，食には，家庭で調理し食する内食と，レストラン等で対価を払ってプロが調理した料理を食する外食が存在する[28]。前者の内食は，地域の食文化を継承するうえで大きな役割を担っているにもかかわらず，近年，その質的低下が叫ばれており，これをどうするかは，地域ブランド資源の観点からも重要な課題となっている[29]。一方，後者の外食も，上述したツーリズム産業など地域経済に及ぼす影響は大きく，無視することができない。

　また，食は，食材の栽培や採取に始まり，それを加工・調理し，食事として提供されるまで，多くの人たちの手を経て私たちの口に入る。したがって，食は，生産から消費に至るプロセスとみなすことができ，そのどこに焦点を当てるかで，その内容は大きく異なる。

　さらに，食は，それをどの程度の期間でとらえるかによって，その見方が変

わる。たとえば，大阪食彩ブランド事業プロジェクトチームがとらえた「食の発信地」という特徴は，少なくとも江戸時代以降の長期的視点に立ったものである。一方，食は日々変化しており，いま話題の食など短期的視点に立って特徴づけることもできる。

そして，地域ブランド資源としての食は，それを食材や料理の集合としてみなすか，それらを生み出す場とみなすかによっても異なる。第1節の事例で述べたように，大阪食彩ブランド事業ワーキンググループは，当初，大阪の食を料理や食材からとらえようとした。というのも，かたちある料理や食材は具体的でわかりやすく，顧客にその特徴を伝えやすいからである。しかし，候補となる料理や食材が多く，なかなかこれといったものに絞ることができなかった。そこで，ワーキンググループは，料理や食材ではなく，それを生み出す自然環境や食文化といった"場"として，大阪の食をとらえようとする。このように，地域の食を，料理や食材すなわちそこからもたらされた成果としてとらえるか，または，これらの成果を生み出す要因としてとらえるかによっても，地域ブランド資源としての食のあり様は大きく異なる。

▶地域ブランド・マネジメントの多様性

本章の目的は，地域ブランドのマネジメントについて考察することにある。しかし，その内容は，地域の置かれている状況や地域ブランディングの目的によって大きく異なる。

たとえば，地域の認知度がそれである。大阪の場合，すでに多くの人が大阪を認知しており，また，「天下の台所」「たこ焼き」「お好み焼き」など食に関わる連想も有している。このような地域と，名前すら認知されていない地域や，認知されていたとしても特定の連想をもたない地域とでは，当然ながら地域ブランド・マネジメントの内容は異なる。

ただし，すでに一定の認知を獲得し，特定のイメージを有するほうが，地域ブランド・マネジメントが容易かというと必ずしもそうではない。そのイメージが望ましくない場合，それを中和しながら新たなイメージを付与する必要があり，ゼロからイメージを付与するよりもマネジメントが複雑になる可能性がある。

また，地域ブランド・マネジメントの方法は，地域ブランディングのスタイ

ルによっても異なる。たとえば，食の都・大阪推進会議は，大阪の食の目指す姿を設定し，それを実現するための事業計画を立案するとともに，メンバーが役割分担してそれを遂行するという方法をとっており，目的達成型の地域ブランド・マネジメントだといえる。一方，第8章で取り上げた富士宮やきそば学会の場合は，地域ブランド資源である「富士宮やきそば」を認知させることから始め，その活動範囲を徐々に広げていくという，どちらかというと手段拡張型の地域ブランド・マネジメントである。このように，地域ブランディングのスタイルの違いによって，マネジメントのあり方も異なる。

そして，もう1つ地域ブランド・マネジメントのあり方に大きな影響を与えるのが，地域ブランド資源の量である。一般に，資源は多ければ多いほどよいが，地域ブランド資源の場合は必ずしもそうではない。というのも，第8章で示したとおり，地域ブランド資源は，ブランド連想の構成要素となるため，地域ブランド資源が多いと，ブランド連想が拡散し，結果としてブランド・エクイティを低下させる可能性があるからである。したがって，どの程度地域ブランド資源を有するかで，そのマネジメント方法が異なることになる。

以上，ひと口に地域ブランド・マネジメントといっても，その内容は地域の置かれた状況や地域ブランディングの目的によって異なることを示した。したがって，基本的には，各々の地域に適したブランド・マネジメントを確立することが重要となるが，地域ブランディングには，ビジネス・ブランディングと異なる共通したマネジメントの特徴が存在するのも事実である。そこで，まずは，地域ブランディングとビジネス・ブランディングを比較しながら，地域ブランド・マネジメントの特徴を整理してみよう。

3. 地域ブランド・マネジメントの特徴

▶地域ブランドのマネジメント

すでに述べたとおり，地域ブランディングの特徴は，そのマネジメントにある（久保田［2004］；生田ほか［2006］；阿久津・天野［2007］；沈［2010］）。

久保田［2004］は，地域ブランディングの地域空間ブランディングに焦点を当て，その特徴が，①ブランディング主体の不確定性（誰がブランディングのイニシアティブをとるか決まっていない），②ブランディング対象の不確定性（ブラ

ンディング対象となる地域の規定方法が複数存在する），③ブランディング対象の自律性（ブランディング対象となる地域には，自律した個人や組織が存在し，ブランディングに影響を及ぼす）にあると指摘する[30]。そして，このような特徴を有するがゆえに，通常のブランディングで行われるブランド・コンセプトのマネジメントや，顧客向けの外部マネジメントの他に，ブランディング主体間の内部マネジメントが必要だと主張する。

　地域ブランディング主体は，複数の自律的な組織や人々によって構成されており，彼らの間でのブランド・アイデンティティの共有や協力が必要となる。ここで問題となるのが，ブランディング主体間のコミットメント（意識レベル）の違いである。久保田［2004］は，このコミットメントの違いにより，ブランディング主体を中核メンバー，主要メンバー，周辺メンバーの3つのタイプに分け，中核メンバーが中心となって，各タイプの特性に留意しながら地域ブランディングを行う必要があると主張する。なお，その際，中核メンバーの結束が強くなりすぎると他のメンバーから孤立してしまう危険性があるため，中核メンバー内は一定のまとまりを維持するとともに，他のメンバーとのつながりを保つ必要があるという。

　生田ほか［2006］は，地域ブランディング施策の内容から，マネジメント課題の導出を試みる。生田らは，まず，地域ブランディングを，地域空間ブランディングと地域産品ブランディングの組み合わせとみなし，その組み合わせの違いから①地域イメージ・個別ブランド統合型，②地域イメージ施策・個別ブランド波及型，③個別ブランド施策・地域イメージ波及型，④個別ブランド特化型の4つに分類する[31]。そして，①や②のような地域イメージ施策が地域ブランディングにおいて重要な位置を占める場合は，定着させようとするイメージと実際のイメージとのギャップをいかに埋めるかが重要だという。また，②や③のようにどちらか一方の施策を他方に波及させる場合は，両者をいかに関係づけるかが大きな課題となる。さらに，これらのタイプに共通する地域ブランディングの本質的課題として，地域住民，観光客，一般消費者，企業などの多様な顧客への対応と，地域ブランディングに関与する多様な主体（部門）間の連結および調整をあげている。

　阿久津・天野［2007］は，地域ブランディングの公共性の観点から地域ブランド・マネジメントの課題について論じている。彼らは，都道府県庁に対する

地域ブランディング調査に基づき，都道府県庁が，ブランディングを十分理解しておらず，そのために何をすべきか明確でないこと，そして，たとえ目標が明確だったとしても，知識不足により有効な政策が打てないことが，大きな課題だと指摘する[32]。

しかし，知識があれば課題が解決できるかというとそうでもない。彼らは，そこに地域ブランディングの公共性がもたらす問題が存在すると主張する。たとえば，地域ブランドのブランド要素である地域名は，公共財的性格を有しており独占的使用が認められておらず，そのイメージ向上等により得られる利益を独り占めすることができない。また，同様の理由から，他者の地域空間ブランディングにただ乗りすることが可能となり，ブランディングに対する投資が抑制される。一方，地域産品ブランディングは，私的財的性格を有しており，利害関係者の投資意欲は高いものの，企業規模が小さいなどの理由から十分な投資ができないことが多い。しかし，地域ブランド資源として役立つという理由から援助しようと思っても，私的財であるがゆえになかなか公的に支援するのが難しい。

そこで，阿久津・天野［2007］は，その解決策として，地域空間ブランディングに関しては，他の公共財と同様，税金等によって資金を調達し，地方自治体がブランディング主体となって，それを推進すること，そして，地域産品ブランディングに関しては，ブランド認証制度等によって地域ブランド資産となる地域産品を選択することで，私的財的性格を有する地域産品への公的支援を正当化する方法を提案している[33]。

▶ビジネス・ブランドのマネジメント

ここで，地域ブランド・マネジメントの特徴を明確にするために，比較対象となるビジネス・ブランドのマネジメントについて述べておこう。

第1章で指摘したとおり，企業が自らの製品にブランドを付与し販売し始めたのは，19世紀の終わり頃である（Tedlow［1990］）。当時，企業規模が小さかったこともあり，ブランドに関する意思決定は，経営トップの仕事だった（Low and Fullerton［1994］；Keller［1998］訳，62頁）。たとえば，P&Gが，1879年，「P&Gホワイト石鹸」（P&G White Soap）という単純な名前の製品に「アイボリー」（Ivory）という名前を付け，今日に残るブランドにしたのは，創業者

の息子たちで経営の中心的役割を担っていたジェームス・ノリス・ギャンブル（James Norris Gamble）とハーレー・プロクター（Harley Procter）だった（Dyer et al.［2004］訳，50-63頁）。

そして，ブランドを付与した製品が成功を収め，企業規模が拡大すると，ブランディングに必要な人材を集めて，生産，広告宣伝，人的販売，市場調査などの専門部隊を作り，機能別組織へと移行していく（Low and Fullerton［1994］；Keller［1998］訳，63-64頁）。この機能別組織への移行により，企業のブランディング能力は飛躍的に向上したが，一方で，部門間の調整という新たな問題が生じる。というのも，ブランディングには，これらすべての部門が何らかのかたちで関わっており，各部門が相互に連携し合うことで，初めて効果的なブランディングが可能になるからである。

当初，この各部門の調整役は，これまで同様，経営トップが務めていた。しかし，企業規模が拡大し，保有するブランド数が増えるにしたがい，経営トップがそのすべてを調整することが難しくなってくる。そこで，新たなブランド・マネジメントの方法として提案されたのが，ブランド・マネジャー制である。

ブランド・マネジャー制を初めて導入したのは，先ほど紹介したP&Gだといわれている（Low and Fullerton［1994］）。きっかけは，P&Gの石鹸ブランド「キャメイ」（Camay）の広告を担当していたマッケロイが，1931年に行った「ブランド担当者の職務と責任」という社内向け発表だった（Dyer et al.［2004］訳，43-45頁；Aaker and Joachimsthaler［2000］訳，2-6頁）。「キャメイ」は，P&Gを代表するブランド「アイボリー」と同じ顧客を対象としており，コンセプトも似ていたため，組織内で軽視されていた。この状況を打破するためには，「アイボリー」と切り離し，独自に計画する必要があると考えたマッケロイは，ブランドごとに担当者を置き，彼らがブランドごとに設定された目標を達成するために何を行うか意思決定し，実行する責任と権限を負うことを提案する。これが，今日まで続くブランド・マネジャー制の原型となる。

ブランド・マネジャー制は，本来，経営トップが行っていた作業を下位の人間に委ねるものであり，一種の権限移譲とみなすことができる。しかし，その内容は大きく異なる。というのも，ブランド・マネジャー制は，機能別組織を前提としており，その権限は各部門長にあるからである。したがって，ブラン

図9-4 ブランド・マネジャー制

販売部門　広告部門　製造部門　製品開発部門　市場調査部門　広告代理店

○ブランドA

○ブランドB

○ブランドC

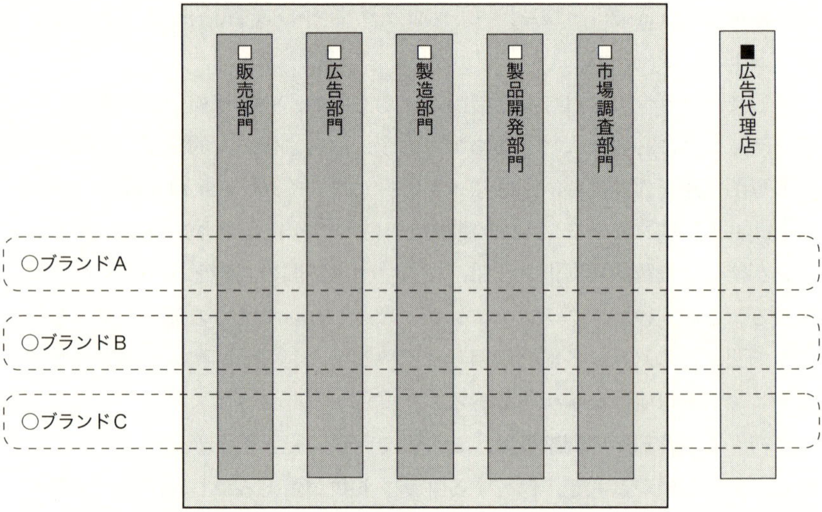

注：□＝社内部門，■＝社外部門，○＝ブランド・マネジャーの職務領域。なお，上述した部門の名称は企業により異なる。また，ここにあげた部門は主要なものだけであり，ブランド・マネジャーの業務に関わる社内および社外部門はこれ以外にも存在する。
出所：野中・陸［1987］，52頁および72頁を参考に筆者作成。

ド・マネジャーは，自ら直接権限をもたない各部門の活動を横断的に調整し，ブランディングを行う必要がある（武井［1987］, 42-56頁）（図9-4）。その責任は経営トップと同じながら，権限は経営トップに比べて大きく劣るのである（Buell［1975］; 長谷川［2002a］; 長谷川［2002b］）[34]。

　そのため，ブランド・マネジャーとして成功するには，職務遂行に対する高いモチベーション，多岐にわたる活動のマネジメント能力，そして，何よりも卓越した調整能力が求められる（Aaker and Joachimsthaler［2000］訳, 4-6頁）。したがって，優秀な人材を割り当てる必要があり，ブランド・マネジャー制の必要性を訴えたマッケロイも，人材確保のため，その導入には時間を要すると考えていた（Dyer and Olegario［2004］訳, 44頁）。P&Gが1930年代にブランド・マネジャー制を導入して以降，それを追随する企業がなかなか現れなかったのも，この人材確保の難しさが一因だと思われる（Low and Fullerton［1994］）。

　そして，1980年代に入り，ブランドが資産として注目されるようになると，従来の短期的な売上や利益拡大を目的としたブランド・マネジメントから，ブ

ランドの資産価値向上を前提とした長期的な売上や利益拡大を目的とするブランド・マネジメントへと移行する。第2章で示したフロー型ブランド・マネジメントからストック型ブランド・マネジメントへの移行がそれである[35]。しかし，それはフロー型ブランド・マネジメントが不要になったことを意味するものではない。長期計画を実行するには短期計画が必要であり，短期的成果の積み重ねが長期的成果につながる。したがって，ストック型ブランド・マネジメントは，長期的ブランド・マネジメントと短期的ブランド・マネジメントの担当者が役割分担し，相互に連携をとりながらブランディングを行う階層的ブランド・マネジメントを意味する。

ところで，ブランド・マネジメントには，ブランド・マネジャー制以外の方法も存在する。たとえば，日本企業のブランド・マネジメントがそうである。ブランド・マネジャー制は，個人が特定のブランドに対し権限と責任を負うが，日本企業の中には，複数の人間が複数のブランドを担当する集団管理型ブランド・マネジメントを採用しているところが多い（小川［1994］）。この集団管理型ブランド・マネジメントは，ブランド・マネジャー制に代表される個人管理型ブランド・マネジメントに比べ，権限や責任の範囲が曖昧で大胆な変革が行いにくいという課題を有する。しかし，個人の負担が少なく比較的容易に人材が調達できるとともに，ブランド間の相互調整が行いやすく，どちらが優れているとは一概にいえない[36]。

また，ひと口にブランド・マネジャー制といっても，その内容は企業によってさまざまであり，Dietz［1973］は，ブランド・マネジャーを，企業人として部門間の調整に専念するブランド・コーディネーター，企業人としての責任を果たしながら企業家的精神を発揮するブランド・チャンピオン，企業家的精神を発揮しながら利益責任を負うブランド・ディレクターの3つのタイプに分けて議論している。しかしながら，直接権限をもたない各部門の活動を横断的に調整しながらブランディングを行うというブランド・マネジメントの基本特性は，ブランド・マネジメントのスタイルやブランド・マネジャーのタイプが違っても変わらない。

▶地域ブランド・マネジメントの固有性──再考

以上，地域ブランド研究において指摘されている地域ブランド・マネジメン

トの特徴およびその比較対象となるビジネス・ブランドのマネジメントについてみてきた。

　久保田［2004］は，地域ブランド・マネジメントの領域を，「(ブランド・)コンセプトのマネジメント」「外部(顧客)のマネジメント」「内部(ブランディング主体間)のマネジメント」の3つに分け，ビジネス・ブランディングとの比較において，「コンセプトのマネジメント」と「外部のマネジメント」に関しては，それほど大きな差はないという。地域ブランド・アイデンティティの設定の難しさや，有効な地域ブランド資源の欠如，認知度の低さや地域イメージの希薄さといった問題は，多かれ少なかれビジネス・ブランディングも抱えており，その対応方法も基本的に同じである。

　そして，地域ブランディングとビジネス・ブランディングの違いは，内部すなわちブランディング主体間のマネジメントにあると主張する。ビジネス・ブランディングでは，ブランド・マネジャー制にせよ，その他のマネジメント方法にせよ，誰がイニシアティブをとって当該ブランドをマネジメントするか決まっているのに対し，地域ブランディングの場合は，誰がそのイニシアティブをとるのか定かでない。また，ビジネス・ブランディングでは，ブランド・マネジメントに関係する部門が組織内に存在しており，各々どのような役割を担うか明らかなのに対し，地域ブランディングの場合は，自ら必要な機能を有するブランディング主体を探し出し，地域ブランディングに協力してもらうよう働きかける必要がある。そして，ビジネス・ブランディングでは，単一組織が主体となってブランディングを行うのに対し，地域ブランディングの場合は，複数の組織や個人がブランディングに関与するため，主体間の調整が求められる。

　したがって，地域ブランド・マネジメントの固有性は，複数存在するブランディング主体間のマネジメント，すなわち①地域ブランディングのイニシアティブをとる主体の確定，②地域ブランディングに貢献しうる潜在的ブランディング主体の探索と顕在化，③ブランディング主体間の連結と調整にある。ここで注意しなければならないのは，③のブランディング主体間の連結と調整である。というのも，すでに説明したとおり，ビジネス・ブランディングにおいても，ブランディングに関わる活動の連結と調整は大きな課題だからである。事実，ブランド・マネジャーは，部門間のコンフリクトに直面しており，これら

コンフリクトを克服し，ブランディングに必要な活動の連結と調整を図る交渉力が求められる（Kelly and Hise [1980]；Starr and Bloon [1994]）。すなわち，ブランディングに必要な活動の連結と調整は，地域ブランディングだから難しいのではなく，ブランディング全般において難しいのである。

ところで，地域ブランディングのもう1つの課題として，その公共性がマネジメントに与える影響が指摘されている（阿久津・天野 [2007]）。確かに，地域ブランドの公共性は，ビジネス・ブランディングにない特性であり，その意味で，地域ブランディングに固有の特性だといえる。しかし，阿久津・天野 [2007] の議論にみられるように，公共性の影響は，ブランディング投資の抑制や，ブランディング主体としての正当性に関わる問題であり，上述した内部マネジメントの問題として扱うことができる[37]。そこで，次節では，地域ブランディングにおける内部マネジメントの3つの課題に焦点を当て，そのマネジメント方法についてさらに検討する。

4. 地域ブランディングのマネジメント手法

▶イニシアティブをとる主体の確定

まず，地域ブランド・マネジメントの第1の課題である，誰が地域ブランディングのイニシアティブをとるかについて考えてみよう。上述したように，ビジネス・ブランディングでは，誰がそのイニシアティブをとるのか決まっているのに対し，地域ブランディングでは，それが定まっておらず，極端なことをいえば誰でもその候補となりうる。しかし，その一方で，地域ブランディングは公共性が高く，外部経済が働くため，ただ乗りを含め，他者が行うブランディングに頼る傾向にある。すなわち，地域ブランディングは，誰もがイニシアティブをとることができるが，誰もそのイニシアティブをとろうとしない傾向にある。

こうしたジレンマを打開する方法として，阿久津・天野 [2007] が提唱しているのが，税金等によって資金を調達し，地域を統括する地方自治体がイニシアティブをとってブランディングを行う方法である。確かに，地方自治体が，地域ブランディングを先導する主体の1つであることは誰もが認めるところである（阿久津・天野 [2007]；生田ほか [2006]；久保田 [2004]；Kotler et al. [1993]）。

しかし，阿久津・天野［2007］の調査が示すように，地方自治体は地域ブランディングを行ううえで2つの大きな課題を抱えている。1つは，地域ブランディングを行うための能力不足であり，もう1つは，地域ブランディングを行うことに対するモチベーションの低さである[38]。

ここで注意しなければならないのは，地域ブランディングに対するモチベーションの低さは，何も地方自治体に限ったことではないということである。とくに地域空間ブランディングに関しては，性急な解決を要する問題が存在するわけではなく，また，それを行ったとしても確実に地域の魅力が高まるわけでもない。そして，何もしなくても，何かのきっかけで偶発的に地域が注目されたり，魅力が高まることもありうる（阿久津・天野［2007］）。

以上の議論は，地域ブランディングのイニシアティブをとる者は，その能力もさることながら，地域ブランディングを行う意志があるかどうかが重要となることを示唆している。すなわち，地域ブランディングの必要性を強く認識し，他者の行動にただ乗りすることを好まず，自らの活動の有効性を信じて地域ブランディングを行う者が，そのイニシアティブをとることができるのである。したがって，その意志を有する者は，誰でも地域ブランディングのイニシアティブをとる資格を有する。

だからといって，その資格を有する者すべてが地域ブランディングのイニシアティブをとれるわけではない。なぜなら，地域ブランディングには複数主体の関与が必要であり，その中でイニシアティブをとるには，他のブランディング主体からの承認，すなわちイニシアティブをとるブランディング主体としての正当性が求められるからである。そして，この正当性の基盤となるのが，その目的と活動内容である。イニシアティブをとろうとするブランディング主体の目的が，特定の個人ではなく地域に広く利益をもたらすかどうか，そのための活動が地域の人々の賛同を得られるかどうかが，他のブランディング主体からの承認すなわち正当性を得るうえで重要となる。

▶潜在的ブランディング主体の探索と顕在化

地域ブランド・マネジメントの第2の課題は，潜在的ブランディング主体の探索とその顕在化である。ここで大きな役割を果たすのが，地方自治体等の公的機関である。もちろん，彼らは，自らブランディング主体として地域ブラン

ディングに参画することもできる。しかし，それ以上に重要なのが，地域ブランディング主体の発掘と育成である。

　その方法の1つが，金銭的支援である。金銭的支援は，潜在的な地域ブランディング主体がブランディング活動を行うきっかけを提供する。たとえば，第10章で取り上げるご当地グルメでまちおこしの祭典「B-1グランプリ」は，青森県八戸市の八戸せんべい汁研究所が，地元の補助金を利用して行ったのがきっかけになっている。なお，補助金は少額でもかまわない。むしろ，少額にして数多く支給するほうが望ましい。というのも，本来は補助金なしに活動するのが理想であり，補助金はあくまでそのきっかけにすぎないからである。また，その対象が多いほど，幅広く地域ブランディング主体を探索することができる。

　そして，彼らが活動しやすい環境を整備するのも，地域の公的機関が果たす役割の1つである。たとえば，地域ブランディングに興味のある組織や個人が集まるような機会を設定したり，彼らの活動を支援する施設を用意することなどが，これに該当する。事実，第8章で取り上げた富士宮やきそば学会が生まれるきっかけとなったのは，富士宮市が中心市街地活性化基本計画のために行った市民参加型のワークショップであり，ワークショップ終了後，彼らが活動を継続できたのは，富士宮商工会議所が用意したまちづくりサロン「宮っ」があったからである。

　ところで，地域ブランディング主体の中には，最初からそれを目的とする者だけでなく，別の目的を有する組織や団体が，何らかの理由で地域ブランディングに参画する場合も数多く存在する。というのも，地域ブランディングを行うには，それを主目的とするブランディング主体だけでは不十分で，別目的のために存在する組織や団体の協力が不可欠だからである。事実，食の都・大阪推進会議も，そのメンバーのほとんどは地域ブランディングを主目的としない組織や団体である。そこで，本書では，このような別目的のために存在する組織や団体が地域ブランディングに参画することを，潜在的ブランディング主体の顕在化と呼ぶことにしよう。

　この潜在的ブランディング主体の顕在化において留意しなければならないのが，地域ブランディングとビジネス・ブランディングとの相違である。ビジネス・ブランディングの場合，ブランディングに必要な活動は各部門に分散して

いるものの，同じ組織に属するものとしてブランディングに参画することが自らの役割だと認識している。しかし，地域ブランディングの場合は，その恣意的性格から，潜在的ブランディング主体が地域ブランディングに参画する義務はない。したがって，潜在的ブランディング主体を顕在化するには，彼らがその必要性を認識し，自発的に参加するよう促す必要がある。

そこで重要となるのが，アクターのマーケティングである（長尾［2006］；和田ほか［2009］, 159-196頁）。アクターのマーケティングとは，自らの目的を達成するうえで必要な組織や個人（アクター）を"顧客"とみなし，彼らのニーズを満たすことで，その自発的協力を引き出すものである。これは，地域ブランディングのイニシアティブをとるブランディング主体が，協力を必要とする潜在的ブランディング主体を顕在化させるうえで，有効なアプローチだといえる。このアクターのマーケティングにおいて，鍵となる潜在的ブランディング主体のニーズは，以下の3つである。

1つは，彼らの有する利己的欲求である。利己的欲求は経済的なものだけに限らない。地位や名声といった社会的欲求や，有意義な体験や知識の習得といった文化的欲求も利己的欲求に含まれる。いずれにしろ，アクターの利己的欲求を満たすことが彼らの自発的協力を生み出す要因となる。もう1つは，利他的欲求である。人間は，利己的欲求のみで動くわけではない。誰かのために役に立ちたいという利他的欲求も，利己的欲求と同様あるいはそれ以上にブランディング主体の自発的参加を促す要因となる[39]。そして最後は，活動欲求である。これは手段の目的化すなわち地域ブランディングを行うこと自体が欲求になることを意味する。たとえば，富士宮やきそば学会の活動がそうである。彼らは，ギネス記録に挑戦したり，自らの活動を「天下分け麺の戦い」や「ミッション麺ポッシブル」と呼ぶことでエンターテイメント化し，活動自体を楽しんでいる。地域ブランディングに参加したいと思わせること，これもアクターのマーケティングにおいて重要な要因となる。

▶ブランディング主体間の連結と調整

地域ブランディングのイニシアティブをとろうとするブランディング主体は，ブランディングに必要な活動を担う潜在的なブランディング主体を探索し，彼らの自発的参加を促すことで，それを顕在化する。そして，地域ブランド・マ

ネジメントの第3の課題である，ブランディング主体間の連結と各々の活動の調整を行う。というのも，ブランディングにおいて多岐にわたる活動をいかに連結し，全体として整合性がとれるよう調整することが，その成否を決める大きな要因となるからである。とくに地域ブランディングの場合，その多岐にわたる活動が独立した複数のブランディング主体に委ねられており，彼らをいかに連結し，各々の活動を調整するかが，ブランド・マネジメント上の大きな課題となる。

　その方法の1つが，アウトソーシング型地域ブランド・マネジメントである（図9-5）。これは，イニシアティブをとるブランディング主体がネットワークのハブとなり，他のブランディング主体にアウトソーシングした活動を連結し，地域ブランディング全体の整合性を図るものである。この場合，地方自治体もしくはその委託を受けた組織が，地域ブランディングのイニシアティブをとるのが一般的であり，彼らがブランディングの基本計画およびその中核となるブランド・アイデンティティを策定し，アウトソーシング先のブランディング主体が，各々役割分担しながら必要なブランド資源の獲得や顧客に向けたブランディングを行う。すなわち，イニシアティブをとるブランディング主体がビジネス・ブランディングにおけるブランド・マネジャーの役割を，そして，他のブランディング主体が機能的組織の各部門の役割を担うのである。

　アウトソーシング型地域ブランド・マネジメントの最大の特徴は，地域ブランディングに関わる情報が特定のブランディング主体に集約することにあり，活動同士を連結させ互いに調整しながら整合性を保つことが，比較的容易な構造となっている。ただし，ブランド・マネジャー制と同様，イニシアティブをとるブランディング主体に過度の負荷がかかるという課題を有する。また，それを的確に処理するためには，優れたブランディング能力や卓越した調整能力が必要となる。さらに，イニシアティブをとるブランディング主体が策定した計画を他のブランディング主体が実行するという構図のため，他のブランディング主体の自発的参加意欲を損ねるという危険性も有している。

　一方，本章で取り上げた食の都・大阪推進会議は，このアウトソーシング型地域ブランド・マネジメントと少し様相が異なる。というのも，食の都・大阪推進会議自体は，ブランディング主体ではなく，ブランディング主体が集まって情報交換したり，合意形成する場だからである。そこで，本書では，食の

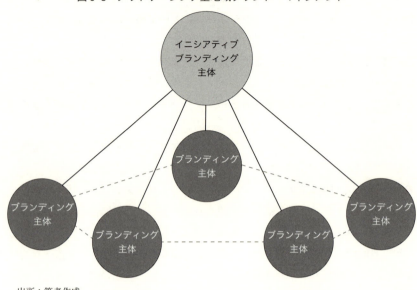

図9-5 アウトソーシング型地域ブランド・マネジメント

出所：筆者作成。

都・大阪推進会議のようなブランド・マネジメントを，プラットフォーム型地域ブランド・マネジメントと呼ぶことにする。

　プラットフォーム型地域ブランド・マネジメントの特徴は，イニシアティブをとるブランディング主体がプラットフォームを構築し，地域ブランディングに直接関わる活動は，基本計画を含めすべて他のブランディング主体に委ねるところにある（図9-6）。もちろん，イニシアティブをとるブランディング主体がモジュール化した活動の一部を担うことは可能である。ただし，そこでの立場は，他のブランディング主体と対等であり，アウトソーシング型地域ブランド・マネジメントのような意思決定における主従関係は存在しない。

　したがって，プラットフォーム型地域ブランド・マネジメントは，ブランディング主体の自発的参加を促すのに適した仕組みであり，ブランディング主体の新たな関係を生み出し，地域ブランディングをダイナミックに進展させる可能性を有している。しかし，そうであるがゆえに，特定の目的を達成するために役割分担を明確にし，効率的に事業を進めたり，全体として特定の方向に大きく舵を切るような地域ブランディングは不得手だといえる。

図9-6 プラットフォーム型地域ブランド・マネジメント

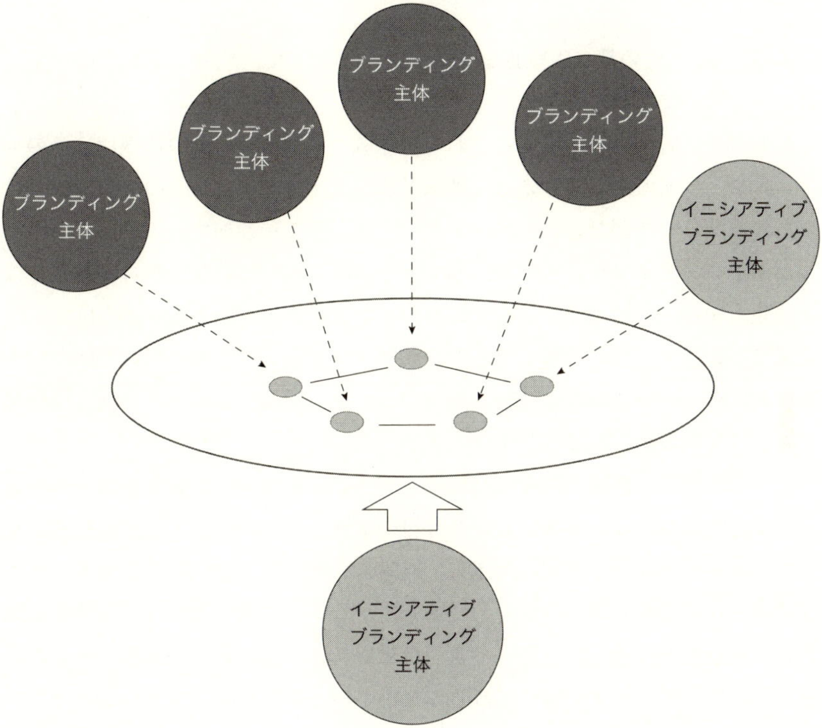

出所：筆者作成。

　以上，地域ブランディング主体の連結と調整の観点から，2つの地域ブランド・マネジメントの手法を示した。しかし，地域ブランド・マネジメントが，その地域の人的ネットワークに大きく依存することを考えるならば，これら2つの地域ブランド・マネジメント手法はほんの一例にすぎず，実際にはもっと多くのマネジメント・スタイルが存在する。むしろ，地域の数だけマネジメント・スタイルが存在すると考えるほうが適切であり，特定のマネジメント・スタイルを地域に当てはめるのではなく，その地域の状況や地域ブランディング内容に適したマネジメント・スタイルを確立できるかどうかが，地域ブランド・マネジメントの鍵となるといえよう。

結　び

　本章では，「食の都・大阪推進会議」を事例として，地域ブランドのマネジメントについて考察した。

　多くの研究者が指摘しているとおり，地域ブランディングの特徴は，そのマネジメントにある。というのも，地域ブランディングには多くのブランディング主体の関与が必要なのにもかかわらず，誰がそこに参加するのか，その中で誰がイニシアティブをとるのか，必ずしも明確になっていないからである。以上の観点から，①地域ブランディングのイニシアティブをとる主体の確定，②地域ブランディングに貢献しうる潜在的ブランディング主体の探索と顕在化，③ブランディング主体間の連結と調整の3つを，地域ブランディングに固有なマネジメント課題として取り上げ，議論した。

　ここで注意しなければならないのは，ブランド・マネジメントそのものが有する課題である。ビジネスにおける今日のブランド・マネジメントの基礎をなすブランド・マネジャー制は，本来，経営トップが行っていたブランド・マネジメントを下位の人間が行うものであり，ブランドに関するすべての活動を統括し，利益を上げるという意味で責任は重いものの，直属の活動部隊をもたず，その権限は経営トップに比べてはるかに小さい。そのため，ブランド・マネジャーとして成功するには，職務遂行に対する高いモチベーションや多岐にわたる活動のマネジメント能力，そして，何より卓越した調整能力が必要となる。すなわち，ブランド・マネジメントは，きわめて高度な経営手法であり，ビジネスにおいても誰もが簡単にできるものではなく，それなりの能力を必要とするのである。したがって，地域ブランド・マネジメントがうまくいかないのは，それが地域ブランドである以前に，ブランド・マネジメントに必要な能力が不足している場合が多い。

　しかし，地域ブランディングに固有なマネジメント課題も存在する。その1つが，地域ブランディングの恣意的性格である。地域空間ブランディングは，それを行わなかったとしても何か困ることが存在するわけではなく，また，それを行ったとしても確実に地域の魅力が高まるわけでもない。地域産品ブランディングも同様である。地域産品にどのようなブランドを付与するかは，地域産品保有者の専権事項であり，地域ブランドを付与する必然性はない。したが

って，地域ブランディング主体になるには，その能力もさることながら，地域ブランディングを行う意志があるかどうかが重要となる。

これは当然ながら，地域ブランド・マネジメントの第1の課題にも当てはまる。すなわち，地域ブランディングのイニシアティブをとる主体は，地域ブランディングの必要性を強く認識し，他者の行動にただ乗りすることなく，自らの活動の有効性を信じ，それを実行する強い意志が求められるのである。言い換えれば，このような意志を有するものであれば，誰でも地域ブランディングのイニシアティブをとる資格を有する。

だからといって，資格を有する者すべてがイニシアティブをとれるわけではない。なぜなら，イニシアティブをとるブランディング主体は，協力を求める他のブランディング主体から承認を得る必要があるからである。そのためには，ブランディング主体の目的が，特定の個人ではなく地域に広く利益をもたらすものかどうか，その活動が地域の人々の賛同を得られるものかどうかが重要となる。

また，地域ブランド・マネジメントの第2の課題である潜在的ブランディング主体の探索には，地方自治体等の公的機関が果たす役割が大きい。もちろん，彼らは，ブランディング主体として，自ら地域ブランディングに参画することも可能である。しかし，それ以上に重要なのが，地域ブランディング主体の発掘と育成であり，彼らが行う金銭的支援や活動環境の整備は，潜在的ブランディング主体の発掘や育成に大きな力を発揮する。

ところで，このような発掘活動において，地域ブランディングに必要なすべての潜在的ブランディング主体が顕在化するわけではない。なかには，地域ブランディングに必要な主体だと思われながら，なかなか地域ブランディングに参画しない者も存在する。ここで重要なのが，アクターのマーケティングである。アクターのマーケティングとは，自らの目的を達成するうえで必要な組織や個人（アクター）を顧客とみなし，彼らのニーズを満たすことで，その自発的協力を得ようとするもので，潜在的ブランディング主体を顕在化するのに効果的なアプローチだといえる。

そして，地域ブランド・マネジメントの第3の課題であるブランディング主体間の連結と調整に関しては，アウトソーシング型とプラットフォーム型の2つのブランド・マネジメント手法を取り上げ，その内容について議論した。そ

の結果，各々のマネジメント・スタイルには一長一短あり，その地域の状況や地域ブランディング内容に適した独自のマネジメント・スタイルを確立する必要があることを示した。

　以上，本章では，ブランディング主体の活動に焦点を当てて，地域ブランド・マネジメントを考察してきたが，最後に地域住民のマネジメントについて少し触れておこう。第 6 章で述べたように，地域ブランディングに直接関わっていない住民も，地域ブランディングにおいて重要な役割を担う[40]。たとえば，地域ブランドの顧客としての存在がそうであり，また，無意識ながら地域ブランドのパートタイム・マーケターとしての役割を演じる場合もある。そして，住民は，地域ブランドの付与対象となる地域の主要構成要素の 1 つであり，その品質に大きな影響を与える（Blichfeldt［2005］；Freire［2009］）。だからといって，彼らをマネジメントするのは難しい。なぜなら，地域ブランディング主体は，彼らをコントロールする術を有しておらず，また，彼らとの間に関係を構築しようにも，あまりにも対象が多すぎ，実質的に不可能だと思われるからである。このように，その重要性が認識されていながら，マネジメントが難しいという理由で，地域ブランド資源として十分活用されていない住民をいかに味方につけるかも，地域ブランド・マネジメントを考えるうえで，今後，大きな課題になるであろう。

注
1　大阪商工会議所ホームページ（http://www.osaka.cci.or.jp/Jigyou/nigiiwai/［2015-10-1 参照］）。
2　大阪商工会議所ホームページ（http://www.osaka.cci.or.jp/Jigyou/nigiiwai/#zu［2015-10-1 参照］）。
3　以下，ワーキンググループで議論した内容に関しては，大阪食彩ブランド事業ワーキンググループ［2006］を参照。
4　2004 年の各種統計データに基づく大阪府食品産業協会の試算。
5　調査期間は，2014 年 7 月 25 日〜 8 月 8 日。なお，「みんなの声」では，年齢別，性別，地域別の集計も公表しているが，年齢別，性別でも同じ順位になっている。また，地域別に関しては，3 位に「豚まん」が入っている大阪府を除き，その他は，いくつかの県で 2 位と 3 位が入れ替わっているものの，上位 3 つの顔ぶれは変わらず同じである（http://vote.smt.docomo.ne.jp/local/zone/result/20306［2015-10-1 参照］）。
6　きつねうどんは，大阪船場の「本舗松葉家」（創業 1893［明治 26］年）が，回転寿司は，東大阪市で 1958（昭和 33）年にオープンした元禄産業の「廻る元禄寿司 1 号店」が発祥だといわれている。なお，きつねうどんに関しては，くいだおれ大阪食のライブラリーホームページ（http://www.kuidaore-osaka.com/jp/taste/b/post_58.html［2015-10-1 参照］），回転寿司に関しては，元禄産業株式会社ホームページ（http://www.mawaru-genrokuzusi.co.jp/history/［2015-10-1 参照］）を参照。

7　冊子「大阪・食の誘惑」の内容に関しては，http://www.osaka.cci.or.jp/syoku_osaka/food/magazine.html［2015-10-1 参照］を参照。
8　大阪ブランドサミットは，2006 年 10 月 25 日に大阪国際会議場で開催されたイベント。大阪ブランドコミッティが主催したもので，大阪ブランド戦略および大阪のブランド資源を広くアピールすることを目的としていた。なお，本文のシンポジウムおよび体験型イベントは，大阪のブランド資源として取り上げられた食分野のアピールイベントとして行われたものである（http://osaka-brand.jp/meeting/04/index.html［2015-10-1 参照］）。
9　大阪食彩ブランド・プロジェクトチームの活動内容の詳細に関しては，大阪食彩ブランド・プロジェクトチーム［2008］を参照。
10　これら 12 の事業は，あくまで計画段階のものであり，すべてが計画どおり実行されたわけではない。
11　逆にいえば，大阪食彩ブランド・プロジェクトチームのメンバーは，事業の実施すなわち食の都・大阪推進会議の設立を予定して集められたとも考えられる。
12　大阪商工会議所記者発表資料「『食の都・大阪』のシンボルマーク・ロゴマーク決定およびキャッチコピー募集について」（2008 年 12 月 11 日）（https://www.osaka.cci.or.jp/Chousa_Kenkyuu_Iken/press/201212.pdf［2015-10-1 参照］）。
13　大阪商工会議所記者発表資料「食の都・大阪を PR するキャッチコピーの決定について」（2009 年 4 月 22 日）（https://www.osaka.cci.or.jp/syoku_osaka/press/pdf/210422.pdf［2015-10-1 参照］）。
14　なお，発表会は，今日の料亭料理の礎を築いた高麗橋吉兆の能舞台を借りて行われた。詳細は，大阪商工会議所記者発表資料「食の都・大阪スタイル宣言の宣言発表会の開催について」（2010 年 1 月 26 日）を参照（https://www.osaka.cci.or.jp/syoku_osaka/press/pdf/220126.pdf［2015-10-1 参照］）。
15　なお，第 1 回大会では，プロ部門とともに学生部門を設け，レシピ審査のみだが，学生が考えた大阪らしい料理メニューも表彰している（プロ部門の拡充に伴い，第 2 回以降，休止）。
16　ちなみに，第 1 回大会のグランプリ受賞作品は，堂島ホテル「中華料理・瑞兆」副料理長・松原岳志氏の「泉州洋葱包東坡肉」である（http://www.osaka.cci.or.jp/Chousa_Kenkyuu_Iken/press/110206sosk.pdf［2015-10-1 参照］）。
17　「大阪産（もん）」に関しては，第 7 章の事例を参照。
18　http://www.osaka.cci.or.jp/syoku/delice.html［2015-10-1 参照］。なお，デリスの概要に関しては，小林［2015］を参照。
19　「デリス・オン・ツアー 2013 ＠食の都・大阪」の概要に関しては，大阪商工会議所記者配布資料「『デリス・オン・ツアー 2013 ＠食の都・大阪』の開催について」を参照（http://www.osaka.cci.or.jp/Chousa_Kenkyuu_Iken/press/250412dot.pdf［2015-10-1 参照］）。
20　大阪市は，大阪でのデリスの知名度向上が一定の成果を得たと判断し，2014 年からは大阪らしい食の提供に軸足を移し，レストランウィークの名称を「食の都・大阪レストランウィーク」に変えて開催している。
21　食博覧会・大阪は，4 年に 1 度，大阪市のインテックス大阪にて 5 月のゴールデンウィークを中心として 2 週間程度開催される食のイベントである。主催は，食博覧会実行委員会，大阪外食産業協会，関西・大阪 21 世紀協会。食博覧会は，世界的に専門家を対象としたものが多いが，食博覧会・大阪は，一般市民を対象とするイベントであることが大きな特徴である。1985 年に 1 回目が開催され，直近の 2013 年が 8 回目。ちなみに，2013 年のテーマは，「食でつなごう日本と世界」で，4 月 26 日〜5 月 6 日の開催期間中，約 66 万人が来場（有料）した。
22　ここで取り上げたのは，2015 年度の食の都・推進会議メンバーの一部である。

23 レストランウィークは，2013年まで大阪市と食の都・大阪推進会議の共催，2014年からは食の都・大阪推進会議の単独主催事業となっている。ただし，大阪市は食の都・大阪推進会議のメンバーとして，レストランウィーク事業に継続して関わっている。
24 http://www.mlit.go.jp/common/001000830.pdf［2015-10-1 参照］。
25 http://www.mlit.go.jp/kokudokeikaku/souhatu/h17seika/2shokubunka/2shokubunka.html［2015-10-1 参照］。
26 http://feelnippon.jcci.or.jp/projects/detail.php?id=0441［2015-10-1 参照］。
27 http://www.nikkei.com/article/DGXMZO77518720V20C14A9000000/［2015-10-1 参照］。
28 内食・外食の2類型の他に，外で調理されたものを家庭に持ち帰って食する中食を含めた3類型も存在する。
29 たとえば，家庭における食の問題に関しては，岩村［2012］等を参照。
30 久保田は，本書でいう地域空間ブランディングを「地域そのもののブランド」と呼んでいる。
31 生田ほか［2006］のいう地域イメージ施策は，地域イメージの強化向上を目的としており，本書のいう地域空間ブランディングに該当する。また，同じく個別ブランド施策の個別ブランドとは，地域と関連した製品やサービスを指すことから，こちらも本書のいう地域産品ブランディングに該当すると考えられる。なお，これに本書で取り上げた事例を当てはめると，①の地域イメージ・個別ブランド統合型は本章の「食の都・大阪推進会議」，②地域イメージ施策・個別ブランド波及型は第7章の「大阪産（もん）」，③個別ブランド施策・地域イメージ波及型は第8章の「富士宮やきそば学会」，④個別ブランド特化型は第6章の「関あじ・関さば」となる。
32 調査では，「ブランディングに精通した人材の不足」(38.3%)，「ブランド構築におけるマニュアルがない」(27.7%)，「マーケティング戦略に精通した人材の不足」(27.77%) など，ブランディングに必要な知識や人材不足が，地域ブランディングを行ううえでの課題の上位にあげられている。
33 確かに，これらの方法を採用することで，地域ブランディングの公共性に基づくブランディング投資の抑制はある程度解消できると思われる。しかし，これで地域ブランディングの問題がすべて解決されるわけではない。たとえば，前者の場合は，ブランディング主体となる地方自治体の知識不足や人材不足の問題は解消されておらず，必ずしも地方自治体がブランディング主体として十分な能力を有する保証はない。また，後者の場合も，地域ブランド資源としての地域産品の選択方法に関しては議論の余地があり，ブランド認証制度が必ずしもうまく機能するとは限らない。
34 このギャップを埋める努力として，責任を利益ではなく売上にすることでその範囲を狭めたり，上級マネジャーと役割分担することで活動量を減らすことが提案されている。しかし，責任を遂行するために必要な活動をコントロールする権限をもたないという根本的な問題は解決していない。
35 フロー型ブランド・マネジメントとストック型ブランド・マネジメントの概要およびフロー型からストック型への移行に関しては，第2章第6節を参照。
36 事実，ブランド・マネジャー制では，個別管理型の弱点であるブランド間の調整やブランド全体での訴求力を高めるため，カテゴリー・マネジャー制を併用する場合もある。なお，カテゴリー・マネジャー制に関しては，第2章第6節を参照。
37 たとえば，ブランディング投資の抑制は，地域ブランディング主体として活動することや，その中でイニシアティブをとって活動することを抑制するものであり，①の地域ブランディングのイニシアティブ主体の確定や，②の地域ブランディング主体に貢献しうる潜在的ブランディング主体の探索と顕在化に影響を与える要因とみなすことができる。

38 地方自治体の知識不足に関しては，前節で示したとおり。また，同じ調査で，各都道府県の今後の育成・展開のあり方について，「事業者・生産者が主となり，都道府県が指導・助成する」(68.1%) や「市町村が主体となり，都道府県が指導・助成する」(12.8%) など支援する側に回る意見が80%以上を占めており，どちらかというとイニシアティブをとることに消極的だといえる（阿久津・天野［2007］）。

39 アクターの利他的欲求に訴えかけようと，地域ブランディングの利他性を強調する者が多いが，それだけが利他的行為でないことに留意する必要がある。確かに，地域ブランディングによって彼らの利他的欲求が満たされるならば，それに越したことはない。しかし，それが難しければ，地域ブランディング以外の利他的欲求もしくはその他の欲求に働きかけることも重要である。アクターの利己的欲求を満たすことで，地域ブランディングという利他的行為を引き出すことが可能なように，必ずしも両者を一致させる必要はない。

40 第6章第4節を参照。

第10章 地域ブランドの競争と共創
―― 事例：B-1グランプリ ――

はじめに

　本章の目的は，地域ブランド間の関係を考察することにある。地域ブランドの付与対象となる地域産品は，通常のビジネス・ブランドと同様，類似した他の地域産品と競争している。これは，地域ブランドのもう1つの付与対象である地域空間も同じである。地域空間ブランディングの目的は，ブランディング手法を用いて地域の魅力を高め，観光客等を増やすことで，地域経済の活性化を図ることにあるが，顧客を奪い合うという意味で，地域産品と同様，地域空間も他の地域空間と競争関係にあるといえる。

　その一方で，地域ブランド同士は，自分たちの地域を大切にし，地域との関わりを深めるという共通の目的を有する仲間でもある。地域ブランドは，地域性を重視する製品カテゴリーに属する仲間として，地域性を主張しない全国ブランドやグローバル・ブランドに対抗する。

　以上の議論は，地域ブランド間に，対立と協調という相反する2つの関係が存在することを示している。そこで，本章では，ご当地グルメを利用して地域の活性化を目指す団体の全国的なイベントである「B-1グランプリ」を事例として取り上げ，競争と共創の2つの側面から，地域ブランド間の関係について議論する。

1. 事例：B-1 グランプリ[1]

▶ B-1 グランプリの誕生

(1) 誕生の経緯

　2004年秋，青森県八戸市の居酒屋でB-1グランプリのアイデアは生まれた。それを考えたのは，八戸せんべい汁研究所の"マルセ"と呼ばれる研究員たちである。八戸せんべい汁研究所は，①八戸地方を代表する郷土料理せんべい汁の情報収集と発信，②せんべい汁の全国的な知名度向上，③せんべい汁を含む八戸地方独自の南部せんべい食文化の研究，④八戸地方のPRとイメージアップを目的とする，「八戸が好き」「飲むのが好き」「話すのが好き」な人たちが集まった市民団体である。

　B-1グランプリのアイデアが生まれたのは，この八戸せんべい汁研究所が月1回行っている定例ミーティング後の飲み会で，次年度の助成金を獲得するための企画を練っているときだった。1人のメンバーが「八戸のせんべい汁みたいな地方のご当地グルメを集めて全国大会を開催したらどうか」と突然言い出したのである。最初は，何のことかわからず唖然としていた他のメンバーも，彼の話を聞くうちに興味が湧き，夜が更けるのも忘れて盛り上がったという。

　八戸せんべい汁研究所は，2003年11月に設立したばかりで，設立後1年ほどしか経っていなかったものの，そのユニークな活動がマスコミ等で取り上げられ，県内ではそこそこ知られた存在になっていた[2]。そこで，次は県外という思いはあったものの，市民団体であるがゆえに，活動時間や資金面での制約があり，なかなか思うようにいかず悩んでいた。こうした状況の中で，各地のご当地グルメの関係者に集まってもらうことで，八戸および八戸せんべい汁を全国に向けてPRできると考えたのである。

　アイデアは，面白いように広がっていく。大会名は，八戸せんべい汁のように，地域の人たちが日常的に親しんでいるご当地グルメを競うということで，当時流行していたB級グルメにあやかり「B-1グランプリ」とする。グランプリ（優勝者）は，来場者が投票する箸の重さで決める。グランプリのトロフィーは箸のかたちにするなど，今日に続くB-1グランプリの骨子は，ほとんどこのときつくられたという。

その後，アイデアを企画書にまとめ，助成事業に申請。それが採用されたことで，八戸せんべい汁研究所は，B-1グランプリの開催に向けて動き出す。開催日は，八戸地方を代表する民俗芸能で，東北5大雪祭りの1つである「八戸えんぶり」に合わせ，2006年2月16日と17日の2日間に決定。会場は八戸市郊外の八食センターで，会場と予算の関係で出展者数を10団体とした。そして，2005年7月21日，「B-1グランプリin八戸」の開催を発表し，参加団体の募集を開始する。

B-1グランプリの参加資格は以下の5つ[3]。すなわち①地域で愛されている食でブランド化を目指して活動している団体・グループ，②食べたら旨いと自信をもって勧められるもの，③地元で日常的に食べているもの，または食べることができるもの，④食材ではなく，あくまで料理として勝負できるもの，そして⑤特定の飲食店の料理ではなく，その街の複数の飲食店で提供されていたり，一般家庭で食べられているものがそれである。

しかし，当初，応募はまったくなかったという。もちろん，八戸せんべい汁研究所は，応募が来るのを黙って待っていたわけではない。彼らは，B-1グランプリを開催するにあたり，事前調査を行い，自分たちと同じように，ご当地グルメを使って街の活性化を目指す団体が，全国に20〜30程度存在することを把握していた。そこで，これらの団体に案内状を送り，B-1グランプリの参加を呼びかけたのである。それにもかかわらず，反応はまったくなかった。

考えてみれば当然であろう。八戸せんべい汁研究所は，ボランティアの市民団体であり，設立したばかりで全国的には無名に近かった。また，真冬の青森での開催であり，うまく行く保証もない。しかも，案内状を送った団体の多くが，八戸せんべい汁研究所と同じ市民団体であり，遠方での開催となると本業に支障をきたすなど，参加する側にも簡単に応じられない事情があった。

こうした状況を打破し，開催に向けて大きく前進したのは，富士宮やきそば学会の参加が決まってからだという。第8章の事例で取り上げた富士宮やきそば学会は，ご当地焼きそばによって富士宮のまちおこしをする市民団体として，関東を中心に広く知られており，まちおこしを目指す団体のモデルとなっていた。実は，八戸せんべい汁研究所も，設立前に富士宮やきそば学会を訪れ，自らの組織づくりの参考にしていた。その縁もあって，富士宮やきそば学会がB-1グランプリへの参加を表明してくれたのである。また，地方の食文化を

表 10-1　第 1 回 B-1 グランプリ in 八戸の出展団体

出 展 団 体	都 道 府 県	市 町 村	出 展 料 理
食のトライアングル（農・商・消）研究会	北海道	富良野市	富良野カレー
室蘭やきとり逸匹会	北海道	室蘭市	室蘭やきとり
青森おでんの会	青森県	青森市	青森生姜味噌おでん
八戸せんべい汁研究所	青森県	八戸市	八戸せんべい汁
横手やきそば暖簾会	秋田県	横手市	横手やきそば
富士宮やきそば学会	静岡県	富士宮市	富士宮やきそば
御食国若狭倶楽部	福井県	小浜市	浜焼き鯖
鳥取とうふちくわ総研	鳥取県	鳥取市	とうふちくわ
小倉焼うどん研究所	福岡県	北九州市	小倉発祥焼うどん
久留米やきとり学会	福岡県	久留米市	久留米やきとり

出所：俵［2011］，179 頁に基づき筆者作成。

「食の方言」と名づけ，自ら精力的にそれらを取材し，情報発信している日本経済新聞特別編集委員の野瀬泰申氏が，日経 MJ や NIKKEI NET のコラム「食べ物新日本奇行」で，八戸せんべい汁研究所や B-1 グランプリを取り上げ，宣伝してくれた[4]。こうした人々の協力もあって，B-1 グランプリの出展団体が徐々に増えていく[5]。

(2) 第 1 回 B-1 グランプリ in 八戸の開催

こうして，2006 年 2 月，記念すべき第 1 回大会「B-1 グランプリ in 八戸」が開催される。出展団体は，表 10-1 に示した 10 団体。数自体はけっして多くないが，北は北海道から南は九州まで全国から出展団体が集まった。

B-1 グランプリ会場への入場は無料。出展団体のご当地グルメを食べるのは有料だが，食べ比べができるよう量を少なくし，価格も低く設定した。来場者は，気に入った出展団体に箸で投票し，その重さでグランプリを決定する[6]。なお，グランプリには箸のトロフィーと，次回 B-1 グランプリの開催という名誉が与えられる[7]。

テレビや新聞で報道されたこともあり，会場には 2 日間で 1 万 7000 人の人々が詰めかけた[8]。1 日目は，午前 10 時の開会宣言とともに，各出展ブースに来場者が並び，わずか 10 分後には「最後尾」のプラカードを持ったスタッフが配置される。この混雑は 1 日中続き，午後 3 時には予定していた材料を使い切り，1 日目を終える。2 日目も，多くの人が来場し，正午には材料を使い切る出展団体が発生。午後 1 時を過ぎた頃には約半分が，そして，午後 4 時に

B-1グランプリ会場の様子（第6回大会）

前夜祭でのパレード

開会式の様子

会場の様子①

会場の様子②

出所：筆者撮影。

はすべての出展団体が材料を使い切るという，予想をはるかに上回る盛況ぶりだったという[9]。

　来場者の箸による投票の結果，みごとゴールドグランプリに輝いたのは富士宮やきそば学会で，次回B-1グランプリの開催は静岡県富士宮市に決まった。なお，主催者の八戸せんべい汁研究所は，4位という成績だったが，表彰式には，地元青森県の報道機関のみならず，出展団体に同行してきた各地の報道機関や，首都圏の報道機関も詰めかけ，八戸を全国に向けて発信するという目的は十分達成された[10]。

　ところで，八戸せんべい汁研究所のメンバーが，B-1グランプリを開催して本当に良かったと思ったのは，遠方からわざわざ八戸に来てくれた出展団体との出会いだったという。八戸せんべい汁研究所を立ち上げる際に訪問した富士宮やきそば学会や，地元青森の出展団体は別として，他の出展団体とはメール等でやりとりはあったものの，直接会うのは大会当日が初めてだった。しかし，

表 10-2　愛 B リーグ憲章

1. 私たちは，様々な問題を抱える地域社会を少しでも元気にするために，遊び心をもって活動します。
2. 私たちは，地元の人々に愛されているご当地グルメを通じて，地域全体の魅力を楽しくわかりやすく伝えていきます。売るのは料理ではなく地域です。
3. 私たちは，営利を求めません。無私無償のボランティア精神を貫きます。
4. 私たちは，他地域の仲間の活動を尊重しあい，助け合って活動します。
5. 私たちの活動の原点は，地域や食を愛する心です。美味しい物を食べると自然に笑顔になるように，みんなが笑顔になるような活動を行います。

出所：愛 B リーグの公式ホームページ。

会ってみると，皆，地元の食を通してまちおこしをするという同じ目的や悩みをもつ"仲間"だということがわかり，1 日目が終わった後に行われた出展団体の交流会では，旧友が集まったかのように盛り上がったという。

(3) 愛 B リーグの設立

B-1 グランプリの開催を機に，同じような活動をしている団体が連携できる場をつくりたいと思った八戸せんべい汁研究所は，B-1 グランプリ当日の交流会で，その設立準備委員会を発足することを提案する。そして，2006 年 7 月，第 2 回大会の開催地である静岡県富士宮市に，第 1 回大会の 10 団体が集まり，「ご当地グルメでまちおこし団体連絡協議会」（通称，愛 B リーグ）の設立総会を開催[11]。富士宮やきそば学会の渡辺英彦を初代愛 B リーグ会長にすることを満場一致で承認し，愛 B リーグが発足する。

愛 B リーグは，ご当地グルメで地方から日本を元気にすることを目的としており，表 10-2 に示す 5 つの項目を憲章としてあげている。その主な事業は，①B-1 グランプリの開催，②B-1 グランプリに関わるイベントの開催，③B-1 グランプリに関わる商品の開発および販売，④ご当地グルメでまちおこし団体の支援，⑤その他，愛 B リーグの目的達成に必要なことであり，現在，本部・支部を合わせて計 64 団体が加盟している[12]。

第 2 回大会以降，B-1 グランプリに出展するには，この愛 B リーグに加盟することが条件となっている。また，2008 年に支部制を導入してからは，最初に支部加盟団体として入会し，日々の活動に関する審査を受けて本部加盟団体となり，B-1 グランプリに出展することになっている[13]。したがって，愛 B リーグに入会してから B-1 グランプリに出展するまで，少なくとも 1～2 年

かかるという[14]。

▶ B-1 グランプリの発展
(1) B-1 グランプリの運営体制
話を B-1 グランプリに戻そう。

2007 年 6 月，第 2 回大会が静岡県富士宮市で開催される。第 2 回大会が富士宮市に決まったのは，第 1 回大会でゴールドグランプリを獲得したからだが，富士宮やきそば学会は，全国的に知名度が高く，地元開催ということもあって再選される可能性が高かった[15]。そうなると，同じ地域で 2 年連続の開催となり，地元に大きな負担をかけることになる。また，開催地が特定の場所に集中することは，出展団体が持ち回りで開催することで知名度を拡大するという B-1 グランプリの目的にも反する。そこで，第 3 回大会以降は，B-1 グランプリの結果と切り離し，出展団体の立候補によって開催地を決めることにした[16]。

また，すでに説明したとおり，第 2 回大会から，B-1 グランプリに出展するには，第 1 回大会の参加条件に加え，愛 B リーグに加盟することが条件となった。愛 B リーグは，ご当地グルメを活用して地域の活性化を目指す人々の集まりであり，それに加盟するということは，B-1 グランプリの目的はまちおこしであり，ご当地グルメの提供はそのための手段であることを意味する。ここに，単なるグルメ・イベントではない B-1 グランプリの特徴がある。

そして，第 2 回大会以降，B-1 グランプリの運営も，地元の愛 B リーグ加盟団体，行政機関，商工会議所等で構成される実行委員会と愛 B リーグの共同開催とした。共同開催にすることで，地元の実行委員会が主体的に B-1 グランプリに関わることができ，その地域らしい B-1 グランプリの開催が可能になるとともに，愛 B リーグがその運営を支援することで，B-1 グランプリの一貫性を保つとともに，過去の経験を活かすことも可能となる。

(2) B-1 グランプリの改革
B-1 グランプリは，回を重ねるごとにさまざまな改革を試み，その内容を進化させていく。

たとえば，静岡県富士宮市で開催された第 2 回大会では，富士宮市の観光 PR として，富士宮市の特産品や富士宮やきそば以外のご当地グルメを紹介・販売する「F-1」（ふじのみや食まつり）を，B-1 グランプリと同時に開催する。

この地元イベントとの同時開催は，その後のB-1グランプリにも引き継がれ，B-1グランプリの来場者に，B-1グランプリだけでなく，開催地にも興味をもってもらうよう工夫している。

　また，福岡県久留米市で開催された第3回大会では，市街地の3つの公園に分かれてB-1グランプリを開催する。久留米市では，B-1グランプリの開催に際し，会場として郊外の広い施設を使用する案と市街地の複数施設を使用する案の2つが存在した。複数施設での分散開催は，管理体制の複雑化や会場間の移行など多くの課題を有する。しかし，市街地で開催することによる地元への波及効果を考え，複数施設に分散しても市街地で開催することにした。その結果，B-1グランプリの来場者の多くが，地元の小売店や飲食店を訪れ，大いに賑わったという。そこで，B-1グランプリでは，第3回大会以降も可能な限り市街地での開催を目指し，地元への還元を図っている[17]。

　さらに，第3回大会では，新たに食券制を導入。それまで，現金払いでご当地グルメを提供していたため，釣銭等のやりとりに手間取り，混雑の原因になっていた。そこで，品目と時間を指定した食券制にし，来場者の並ぶ手間を省くとともに，空いた時間で街を散策してもらうことにしたのである。さらに，秋田県横手市で開催された第4回大会では，現金取引の煩雑さをなくすという食券制の利点を踏襲しながら，複雑な管理を必要とした品目別時間帯別指定をなくし，どの出展団体も使用できる金券制にした。この金券は，B-1グランプリ会場のみならず，併設された地元主催のイベントや地元の店舗でも使用可能であり，来場者やB-1グランプリと直接関係のない地元の人々にとっても有益な仕組みとなっている[18]。

　グランプリの投票方法も，回を重ねるごとに進化している。もちろん，来場者が投票した箸の重さでグランプリを決めるのは，開催当初から変わっていない。しかし，神奈川県厚木市で開催された第5回大会から，ゴールドグランプリを獲得した出展団体は殿堂入りとし，ご当地グルメの提供は行うものの，投票の対象外とした。まちおこしを目的とするB-1グランプリでは，可能な限り多くの出展団体（地域）が注目されることが望ましく，他の出展団体のチャンスを広げるのがその狙いである。また，兵庫県姫路市で開催された第6回大会からは，主催地の出展団体も投票の対象から外した。地元の出展団体は，主催者の一員として他の出展団体をもてなす立場にあり，他の出展団体と競い合

うのはおかしいというのが，その理由である。

(3) B-1グランプリの拡大

以上のような体制整備や改革の成果もあって，B-1グランプリの来場者は回を重ねるごとに増加する（表10-3）。富士宮市の第2回大会では，25万人が来場し，予想していた10万人を大きく上回った。第1回大会の約15倍という驚異的な数字である。その後，久留米市の第3回大会で若干減少するものの，横手市の第4回大会では，第2回大会を上回る来場者を記録する。

そして，厚木市の第5回大会では，初の首都圏開催だったこともあり，来場者が43万5000人と大幅に増加。以降，その水準を維持しながら，北九州市の第7回大会で61万人と過去最高を記録する。なお，十和田市の第10回大会は，33万4000人と減少しているものの，十和田市の人口が約6万5000人と，過去の開催地の中でもっとも少ないこと，また，鉄道が通っておらず公共交通機関の利用が難しいことを考えると，十分評価できる数字だといえる。

同様に，B-1グランプリの出展団体も，第1回大会の10団体から第2回大会は21団体へと大幅に増加する。その後，第4回大会まで20台で推移するが，第5回大会で46団体と再び増加。姫路市の第6回大会で60の大台に乗り，その後，60前後で推移する。

この来場者および出展団体の増加に大きな影響を与えたのが，グランプリ受賞団体に対する世間の注目である。すでに述べたとおり，第1回大会と第2回大会は，B-1グランプリ以前から知られていた富士宮やきそば学会がゴールドグランプリを受賞。富士宮やきそば学会の地位を確固たるものにするとともに，B-1グランプリ自体の知名度を高めることに成功した。そして，第3回大会では，全国的にほとんど無名だった厚木シロコロ・ホルモン探検隊がゴールドグランプリを受賞する。その影響は大きく，ゴールドグランプリ受賞後の経済効果は，3か月で30億円に達したという[19]。まさに，B-1グランプリが生んだご当地グルメだといえる。その後も，第5回大会で，「甲府鳥もつ煮でみなさまの縁をとりもつ隊」が，初出展でゴールドグランプリを獲得したり，B-1グランプリの生みの親であり，常に上位に位置しながらゴールドグランプリに届かなかった八戸せんべい汁研究所が，第7回大会でついにゴールドグランプリを獲得するなど，つねに話題を提供し続けている。

表 10-3　B-1 グランプリの開催概要

回数 (開催年)	開催地 (人口)[注1]	出展 団体数	来場者数 (万人)	グランプリ受賞団体 (団体所在地)
第1回 (2006年)	青森県 八戸市 (239,172)	10	1.7	金：富士宮やきそば学会（静岡県富士宮市） 銀：横手やきそば暖簾会（秋田県横手市）[注2] 銅：室蘭やきとり逸匹会（北海道室蘭市）[注4]
第2回 (2007年)	静岡県 富士宮市 (135,492)	21	25.0	金：富士宮やきそば学会（静岡県富士宮市） 銀：八戸せんべい汁研究所（青森県八戸市） 銅：静岡おでんの会（静岡県静岡市）[注4]
第3回 (2008年)	福岡県 久留米市 (304,831)	24	20.3	金：厚木シロコロ・ホルモン探検隊（神奈川県厚木市）[注4] 銀：八戸せんべい汁研究所（青森県八戸市） 銅：キムチ日本一の都市研究会（岐阜県各務原市）[注3,4]
第4回 (2009年)	秋田県 横手市 (97,994)	26	26.7	金：横手やきそば暖簾会（秋田県横手市）[注2] 銀：八戸せんべい汁研究所（青森県八戸市） 銅：津山ホルモンうどん研究会（岡山県津山市）
第5回 (2010年)	神奈川県 厚木市 (224,624)	46	43.5	金：みなさまの縁をとりもつ隊（山梨県甲府市） 銀：ひるぜん焼そば好いとん会（岡山県真庭市） 銅：八戸せんべい汁研究所（青森県八戸市）
第6回 (2011年)	兵庫県 姫路市 (543,866)	63	51.5	金：ひるぜん焼そば好いとん会（岡山県真庭市） 銀：津山ホルモンうどん研究会（岡山県津山市） 銅：八戸せんべい汁研究所（青森県八戸市）
第7回 (2012年)	福岡県 北九州市 (982,763)	63	61.0	金：八戸せんべい汁研究所（青森県八戸市） 銀：対馬とんちゃん部隊（長崎県対馬市） 銅：今治焼豚玉子飯世界普及委員会（愛媛県今治市）
第8回 (2013年)	愛知県 豊川市 (184,898)	64	58.1	金：浪江焼麺大国（福島県浪江町） 銀：十和田バラ焼きゼミナール（青森県十和田市） 銅：熱血!!勝浦タンタンメン船団（千葉県勝浦市）
第9回 (2014年)	福島県 郡山市 (324,905)	59	45.3	金：十和田バラ焼きゼミナール（青森県十和田市） 銀：熱血!!勝浦タンタンメン船団（千葉県勝浦市） 銅：今治焼豚玉子飯世界普及委員会（愛媛県今治市）
第10回 (2015年)	青森県 十和田市 (64,523)	62	33.4	金：熱血!!勝浦タンタンメン船団（千葉県勝浦市） 銀：対馬とんちゃん部隊（長崎県対馬市） 銅：津ぎょうざ小学校（三重県津市）

注1：人口は，総務省の住民基本台帳人口（2013年3月31日現在）に基づく。
　2：2012年に横手やきそば暖簾会から横手やきそばサンライ'Sに加盟団体が移行。
　3：2011年にキムチ日本一の都市研究会から各務原キムチ鍋奉行所に改名。
　4：愛Bリーグ退会団体（2016年2月現在）。
出所：B-1グランプリ公式サイトに基づき筆者作成。

▶ B-1 グランプリの転換
(1) まちおこしイベント色の強化

　B-1 グランプリの生みの親であり，第 1 回大会の主催者である八戸せんべい汁研究所は，せんべい汁を通して八戸を PR することを目的とする市民団体である。その意味で，B-1 グランプリは，当初からまちおこしを目的としたイベントだった。しかし，当時は，ご当地グルメ同士が競うイベントが珍しく，グランプリを獲得したご当地グルメは，マスコミ等で大々的に取り上げられ，"料理" として多くの人々の注目を集めるようになる。

　もちろん，B-1 グランプリにとって，ご当地グルメが有名になることはけっして悪いことではない。B-1 グランプリの出展団体は，ご当地グルメを通してまちおこしを行うことを目的としており，ご当地グルメが注目されることは彼らの目的に則したものである。しかし，ご当地グルメが過度に注目されたことで，B-1 グランプリはグルメ・イベントとして認識されるようになる。一方，出展団体も，来場者の増加とともに大量のご当地グルメを提供することが負担になってきており，愛 B リーグの事務局や各加盟団体は，新たな方向を模索し始める。

　たとえば，第 5 回大会に初出展した十和田バラ焼きゼミナールは，食によるまちおこしとは「街を売ること」だと考え，第 6 回大会から，ご当地グルメを提供することと同等あるいはそれ以上に，街の PR に力を入れるようになる。そして，第 7 回大会では，地元の県立十和田西高校の学生と B-1 グランプリに参加し，高校生が主体となって会場内のステージや行列待ちの人たちに十和田市の観光地や特産品を PR する[20]。

　このように，B-1 グランプリの原点に立ち返り，ご当地グルメを提供するだけでなく，それを街の PR に積極的に結びつけようとする動きは，他の出展団体でも見られるようになる。そして，第 8 回大会で，B-1 グランプリのショルダーフレーズを「ご当地グルメの祭典」から「ご当地グルメでまちおこしの祭典」に変え，B-1 グランプリがまちづくりのイベントであることを明確に打ち出す。この方向転換は来場者にも浸透し，第 9 回大会で十和田バラ焼きゼミナールがゴールドグランプリを獲得したのも，ご当地グルメの良さはもちろんのこと，彼らが行うまちおこし活動や，B-1 グランプリ会場で街を PR する姿が高く評価されたからだといえる。

(2) 東日本大震災と B-1 グランプリ

　初の首都圏開催となった厚木市での第 5 回大会を無事に終え，次の大会に向けて本格的な準備が始まろうとする 2011 年 3 月 11 日，巨大津波や原発事故による甚大な被害をもたらした東日本大震災が発生する。愛 B リーグ加盟団体でも，北海道・東北支部や関東支部に所属するメンバーの多くが被災したが，その中でもとくに石巻茶色い焼きそばアカデミー（宮城県石巻市）と浪江焼麺太国（福島県双葉郡浪江町）の被害は大きかった。

　こうした状況の中で，2011 年 3 月 26 日と 27 日の 2 日間，B-1 グランプリの九州支部大会が小倉で開催される[21]。愛 B リーグ事務局長の俵慎一氏によると，震災からわずか 2 週間後ということもあって，一時は延期することを考えたが，被災地の加盟団体から「ぜひ開催し被災地に元気を送ってほしい」という強い要望があり，予定どおり開催することを決意したという（俵［2011］，3-5 頁）。ただし，通常の支部大会ではなく，被災者支援大会として開催する。来場者もイベントの趣旨をくみ取り，悪天候の中，2 日間で 10 万 4000 人が来場し，募金も 135 万 7516 円に達した[22]。当然ながら，出展団体や主催者も売上の一部を寄付しており，会場に寄せられた募金と合わせ約 560 万円を義援金として送付したという（俵［2011］，7 頁）。

　その他にも，北海道・東北支部が，2011 年 4 月 16 日の支部総会で，4 月下旬から同支部の各団体が半年間にわたり被災地で炊き出しを行うことを決定する。毎月月末の土日に，石巻市を中心に炊き出しを行い，ご当地グルメを無償で提供したのである[23]。この被災地での炊き出しは，北海道・東北支部にとどまらず全体に広がり，全国各地から愛 B リーグ加盟団体が被災地を訪れ，ご当地グルメを振る舞った[24]。

　また，町の大部分が帰宅困難地域に指定された福島県浪江町の浪江焼麺太国のメンバーが，秋田県由利本荘市に避難した際，愛 B リーグ加盟団体である「本荘ハムフライ・ハム民の会」のメンバーと連絡を取ったことで交流が深まり，両団体のご当地グルメを合体させた「ハムロールなみえ」を共同で開発する。同じ志を有するものとして互いに力を合わせることを誓い，2011 年 7 月に開催された「つながる東北！ご当地グルメ博覧会」でそれを披露した[25]。

　そして，2014 年の第 9 回大会を，東北・福島応援特別大会と銘打ち，福島県郡山市で開催する。この大会には 59 団体が出展し，2 日間合わせて 45 万

3000人が来場した。なお、実行委員会の推計によると、B-1グランプリがもたらした経済効果は、福島県内だけで31億2400万円に達したという[26]。

(3) 最近の展開

2015年10月、第10回大会が青森県十和田市で開催された。同じ県での開催は、福岡県（第3回大会の久留米市と第7回大会の北九州市）に次いで2例目で、B-1グランプリ発祥地である青森県での10年振りの開催となった。その閉会式で、2016年は通常のB-1グランプリを行わず、首都圏で別のかたちのイベントを開催することが発表された。

このように、B-1グランプリは、最近になって新たな動きをみせているが、その1つが他のイベントとのコラボレーションである[27]。通常、B-1グランプリは、支部大会を含め、愛Bリーグ加盟団体の所在地で行われるが、他のイベントとのコラボレーションは、加盟団体の所在地と別のところでの開催となり、自分たちの地域やご当地グルメを広くPRする良い機会になっている。また、B-1グランプリが有名になるとともに増加している偽ブランドや便乗商法を排除するのに、これらのイベントに自ら出向き、本物のご当地グルメを提供することが有効なことも、コラボレーションを進める理由の1つにあげられる。

そして、2015年7月10日、ご当地グルメでまちおこしを行うB-1グランプリの情報発信拠点として、東京の秋葉原に「B-1グランプリ食堂 AKI-OKA CARAVANE」をオープン。JRの高架下で、B-1グランプリの出展団体が監修した約15種類のご当地グルメを、キッチンカーを使用して提供している。価格は400〜700円。量の多いメニューはハーフサイズを用意し、多くのご当地グルメを楽しんでもらえるよう工夫している。また、期間限定で一部メニューを入れ替えたり、定期的にイベントを開催するなど、何度も足を運んでもらえるよう努力している。場所が秋葉原であることから、海外からの観光客も多く、日本のみならず海外に向けたB-1グランプリの情報発信拠点にもなっているという。

2. 問題の所在

▶ B-1グランプリとは何か

B-1グランプリを考案した八戸せんべい汁研究所の設立は、東北新幹線が盛

岡から八戸に延長される際に企画された新製品開発事業で，八戸地域地場産業振興センターの職員だった木村聡氏（現八戸せんべい汁研究所事務局長。以下，敬称略）が，土産物用せんべい汁の開発に携わったことが発端となっている。その後，土産物用せんべい汁事業は八戸煎餅組合に移るが，地域ブランド資源としてせんべい汁の可能性に注目した木村が，「八戸せんべい汁」のブランディングを目指す「せんべい汁プロジェクトS」を企画し，八戸地域地場産業振興センターの地域ブランド定着推進事業に採用される。八戸せんべい汁研究所は，このプロジェクトの推進母体として設立されたものであり，事業の終了後，市民団体として独立し，現在に至る。

　第1節の事例で述べたように，八戸せんべい汁研究所のメンバーが，組織を立ち上げる際に参考にしたのが富士宮やきそば学会である。したがって，両者は，①まちおこしを目的としていること，②地域の食文化をそのための手段としていること，そして，③その推進母体が利害関係のない市民団体であるという点で共通しており，地域ブランド資源こそ異なるものの，両者は同じ構造を有する地域ブランディング主体とみなすことができる。

　B-1グランプリは，こうした特徴を有する八戸せんべい汁研究所が考案し，第2回大会以降は，富士宮やきそば学会の渡辺が会長を務める愛Bリーグが主催者となり，地元の人々と協力しながらB-1グランプリを実施している。彼らにとって，本来の目的はまちおこしであり，ご当地グルメは，重要な地域ブランド資源であるものの，あくまでまちおこしのための手段の1つにすぎない。彼らが，B-1グランプリを，まちおこしのイベントであり，単なるグルメ・イベントではないと主張する理由がここにある。

　しかし，それを人に伝えるのは，けっして簡単ではない。というのも，上述した地域ブランディング手法は，地域空間ブランディングを行う前に，まず地域ブランド資源となりうる地域産品（B-1グランプリの場合は，ご当地グルメ）のブランディングを行う必要があり，人々の関心がどうしても地域産品に集まってしまうからである。

　もちろん，そのこと自体は悪いことではない。しかし，B-1グランプリの出展団体は，食のプロではなく，まちおこしのために集まった人たちであり，ご当地グルメが注目されるだけでは意味がない。それが地域への注目，さらには地域の活性化につながって，初めて目的が達成される。そこで，第8回大会以

降は，B–1グランプリのショルダーフレーズを「ご当地グルメの祭典」から「ご当地グルメでまちおこしの祭典」に変え，まちおこしのイベントであることを明確に打ち出している。これは，ご当地グルメという地域産品のブランディングに成功したB–1グランプリが，それを活用した地域空間ブランディングという本来の目的に着手し始めたことを意味する。

▶ B級グルメの意味するもの

ところで，第8回大会のショルダーフレーズで，もう1つ変わった点がある。それは，当初，「B級ご当地グルメ」としていたのを，B級を外し「ご当地グルメ」としたことである。

B級という言葉が最初に使われたのは映画業界だが，食の分野でB級グルメという言葉を普及・定着させたのは，フリーライターの田沢竜次氏（以下，敬称略）だといわれている[28]。その際，田沢がB級グルメとして主に取り上げたのは，大衆食堂の定食や丼物，立ち食いうどんや蕎麦，カレーライスだった。すなわち，田沢は，これらの食をB級グルメと名づけることで，私たちが日々口にする"日常の料理"の美味しさや魅力を伝えようとしたのである[29]。

B–1グランプリが，当初，ご当地グルメを「B級ご当地グルメ」と呼んだ理由もここにある[30]。B–1グランプリが始まった頃，ご当地グルメといえば，地元の高級食材を使用した料理や，ハレの日に食べる伝統的な郷土料理を指すことが多かった。一方，B–1グランプリの出展団体が地域ブランド資源として注目したのは，「八戸せんべい汁」や「富士宮やきそば」など，地元の人々が日々の生活の中で口にする日常の料理である。そこで，地元の人たちが日常的に好んで食べる料理を「B級ご当地グルメ」と呼び，従来のご当地グルメと区別したのである。

ところが，それが功を奏し，B級ご当地グルメが注目を浴びたことで，B–1グランプリを主催する愛Bリーグは，新たな問題を抱えることになる。1つは，B–1グランプリがB級グルメのイベントと勘違いされ，その主催者である愛Bリーグに，B級グルメの開発やB級グルメ・イベントへの協力依頼が数多く寄せられるようになったことである。すでに何度も説明しているとおり，愛Bリーグのメンバーは，食のプロではなく，まちおこしの集団であり，この種の要望に応えることはできない。

そして，もう1つの問題は，B級グルメに対する否定的なイメージが，地元で誇りをもってご当地グルメを提供している人々を，結果として傷つけることになってしまったことである。一般に，A級映画やA級グルメという言葉は存在せず，したがって，B級という言葉は，何らかの序列を表すものではない。事実，B級映画の中には「007シリーズ」や「ターミネーター」などのヒット作品も数多く存在する。しかし，B級という言葉から低級品と決めつける者がいるのも確かであり，このような否定的なイメージを払拭するため，B-1グランプリは，B級という言葉を外したのである。

▶地域ブランドの競争と共創

八戸せんべい汁研究所がそもそもB-1グランプリを企画したのは，自らの活動を県外に広げるためであった。八戸せんべい汁研究所は，その精力的かつユニークな活動により，県内ではそこそこ知られていたが，市民団体であるがゆえに，活動時間や資金面での制約が大きく，県外に活動を広げることができず悩んでいた。そこで，B-1グランプリを開催し，県外の出展団体に八戸に来てもらうことで，八戸や八戸せんべい汁の良さを知ってもらおうとしたのである。

これは，けっして八戸せんべい汁研究所だけの問題ではない。ご当地グルメでまちおこしを行っている出展団体に共通する悩みでもある。しかし，小さな組織であっても，それが複数集まれば大きなイベントとなり，多くの人を集めることや，マスコミの関心を惹くことができる。B-1グランプリは，ご当地グルメを通してまちおこしを行うという同じ志をもった"仲間"が，協力し合いながら自らの活動を広げるという"共創の場"としての特徴を有している。

その一方で，B-1グランプリは，これらの出展団体が競い合う場でもある。B-1グランプリが注目されるようになった要因の1つは，来場者の箸の投票によるグランプリの決定にある。すなわち，出展団体は，箸の獲得をめぐって互いに競い合っているのである。この競争がもつ意味は大きい。なぜなら，勝者すなわちグランプリを獲得した出展団体およびそのご当地グルメは，マスコミ等で大きく取り上げられ，地域に大きな経済効果をもたらすからである。

この競争の構造は，まちおこしイベントとしての側面を強調するようになった現在も変わらない。来場者は，ご当地グルメのみならず出展団体のパフォー

マンスや街の PR も含め，彼らを評価し，応援したいと思う団体に箸を投票する。ご当地グルメが美味しくなければ上位になれないが，ご当地グルメが美味しいだけでは上位になれない[31]。

以上の議論は，B–1 グランプリが，"共創の場" と "競争の場" という，一見矛盾する 2 つの側面を有することを示している。そして，この種の関係は，B–1 グランプリの出展団体に限らず，一般の地域ブランド間でもみられる。そこで，本章では，地域ブランドの競争の特徴は何か，また，地域ブランドの共創とは具体的に何を意味するのか，そして，なぜ矛盾する 2 つの関係が地域ブランド間で成立するのか，2 つの側面を有する B–1 グランプリを参考に，地域ブランドの競争と共創について考察する。

3. 地域ブランドの競争

▶競争の源泉としてのブランド

まず，地域ブランドに限らず，ブランド一般の競争についてみてみよう。第 1 章で示したとおり，ブランドの有する機能は，それを付与した製品の競争に大きな影響を与える[32]。

その 1 つが，ブランドの製品識別機能がもたらす信頼である。ブランドは製品に付与された識別記号であり，顧客は，それを手がかりに製品を購入する。そこで，過去の購入経験や他者の評判により形成された期待と，同じかそれ以上の成果が得られたとき，顧客は当該ブランドに対して「このブランド（が付与された製品）は，私を満足させてくれる」という信念を抱く。これが，ブランドに対する信頼である。

そして，信頼を獲得したブランドは，そうでないブランドよりも競争上有利となる。なぜなら，信頼のあるブランドを購入することで，顧客は買物効率を高めることができるとともに，期待した成果が得られないリスクを大幅に減少させることができるからである。

しかし，この信頼がブランド競争にもたらす効果は限定的である。というのも，ブランドの信頼は，「ブランドが同じであれば製品の品質も同じ」であることを示すにすぎず，品質の高低を示すものではないからである。したがって，工業製品など品質が同じものを量産できる場合は，信頼において差がつかず，

信頼以外の要因によって競争することになる。

　そこで重要となるのが，ブランドの意味付与機能がもたらす製品差別化である。ブランドは，それを付与する行為自体が他と異なることを示唆するシグナルとなり，ブランドとして使用する識別記号に意味をもたせることで，他と異なる意味を製品に付与することができる。また，ブランドを経由して，製品の使用者や使用場面，広告内容やそこに登場する人物を製品と結びつけることで，ブランド・イメージやブランド・パーソナリティを形成し，他の製品と差別化することも可能である。

　ここで注意しなければならないのは，ブランドの意味付与機能による製品差別化には限界があるということである。ブランディングによって形成されたブランド・イメージやブランド・パーソナリティは，その確からしさが製品によって確認されて，初めて製品に付与される。したがって，そのブランド・イメージやブランド・パーソナリティが，いかに競争上望ましいものであっても，製品の実態とかけ離れていれば，誤ったものとして修正される。ブランド・イメージやブランド・パーソナリティは，この製品によるチェックを経て初めてリアリティを有することになる。

　そして，競争の源泉としてブランドの有するもう1つの機能が，知覚矯正機能による持続的競争優位の形成である。上述したブランド・イメージやブランド・パーソナリティは，それ自体が製品に新たな意味を付与し，差別化に寄与するとともに，製品知識として，顧客の製品認識や製品評価に影響を与える。すなわち，同じ製品であっても，どのようなブランドが付与されているかで，その評価が大きく異なるのである。そして，異なるブランドが付与されている限り模倣が困難となり，優れたブランドを付与した製品は，持続的競争優位を形成することができる。

　以上，ブランドは，その製品識別機能による信頼の獲得，意味付与機能による差別化の促進，そして，知覚矯正機能による持続的競争優位の形成により，製品間の競争に大きな影響を与える。

▶ブランディングの競争概念

　ここで，競争についてあらためて考えてみよう。競争とは，一般に「同じ目的に向かって勝ち負けや優劣を競うこと」をいい，これを顧客ニーズの充足を

目的とするマーケティングに当てはめるならば,マーケティングにおける競争とは「同じ顧客ニーズの充足を目指して製品の優劣を競うこと」を意味する[33]。

しかし,これはマーケティングにおける競争の1つの側面にすぎない。マーケティングには,上述した優劣差異をめぐる競争のほかに,分類差異をめぐる競争が存在する。優劣差異が,同じ顧客ニーズすなわち同一価値基準上の差異を示すのに対し,分類差異は価値基準そのものの差異を示すものであり,直接の比較を難しくし,優劣を付けにくくする[34]。したがって,優劣差異をめぐる競争を"勝つための競争"とするならば,分類差異をめぐる競争は"負けないための競争"とみなすことができる。

そして,上述したブランドを源泉とする競争は,勝つための競争よりも負けないための競争に適している。もちろん,ブランドは勝つための競争にも貢献しうる。たとえば,製品識別機能に基づく信頼などがそうである。しかし,ブランドがそれ以上に効力を発揮するのは,負けない競争すなわち分類差異の形成である。

第2章で述べたように,ブランディングは,ブランド・アイデンティティすなわち顧客の心の中に形成したいと思う理想的なブランド像の設定から始まる。このブランド・アイデンティティの中核をなすのが「価値提案」である。価値提案は,ブランドを付与した製品(もしくはブランドそのもの)が顧客にもたらす価値を,ブランド提供者自ら明らかにし,顧客に伝えることであり,ここでいう価値とは製品が充足しようとする顧客ニーズを意味する。

従来,マーケティングは,顧客ニーズを所与とし,製品がそれをどの程度充足できるかという優劣差異をめぐって競争してきた。一方,ブランディングは,価値提案を行うことで,顧客ニーズとそれを充足する製品をセットで顧客に提案する。すなわち,他と異なる顧客ニーズを提案することで分類差異を形成し,製品がその顧客ニーズを充足することを示すことで,顧客の支持を得ようとするのである。

したがって,価値提案が他と異なりユニークであるほど,同一価値基準上で優劣差異を競うブランドは少なくなり,優劣差異をめぐる競争を回避することができる。それだけではない。ブランディングによって一度確立した価値提案やそれを充足する製品は,ブランドの有する知覚矯正機能によって模倣困難となるため,同質化により優劣差異競争にもち込もうとする相手を排除すること

ができる。ブランディングが勝つ競争よりも負けない競争に適している理由は，この価値提案による分類差異競争の促進と，模倣困難性による優劣差異競争の排除にある。

▶地域ブランディングへの適用
　以上，一般的なビジネス・ブランディングの競争概念について考察してきたが，これを地域ブランディングに適用したらどうなるだろうか。まずは，地域産品ブランディングについて考えてみよう。

　地域産品ブランディングの特徴は，特定地域との関係性をブランド・アイデンティティの中核とすることにあるが，地域性は優劣差異をもたらす要因となりうる。たとえば，「新潟県魚沼産コシヒカリ」の魚沼は，良質なコシヒカリを生む産地として知られており，「関あじ・関さば」は豊後水道という良質の漁場で獲れた魚として，品質の良さを表すシグナルとなる。

　優劣差異を有する製品は，同一価格で販売数量を増やすか，単位当たり価格を上げるかの，どちらかの方法で利益を獲得しようとする。地域産品ブランディングの場合は，後者の販売数量を増やさず，単位当たり価格を上げることで，利益の獲得を目指すことが多い。というのも，地域産品ブランディングは，特定地域との関係性を強化するため，原材料の調達等において制約を受けることが多く，供給量を増やすことが難しいからである。また，地域産品ブランディングの付与対象となる一次産品は，短期的な需要に合わせて供給をコントロールすることができず，価格メカニズムにより需給調整していることも，その理由の1つにあげられる。

　以上の理由から，優劣差異を有する地域ブランドの多くは，販売数量の拡大ではなく，単位当たり価格の引き上げによって，その競争優位を享受しようとするが，これは異なる優劣差異を有する地域ブランドが棲み分けできることを示している。なぜなら，優劣差異を有する地域ブランドが市場を独占することはなく，価格を変えることで，複数の地域ブランドが共存できるからである。

　しかし，上述した地域ブランドの共存関係が成立するのは，需要が供給を上回り，かつ，地域ブランド以外を含むすべてのブランドが価格競争による量的拡大を求めない場合に限られる。これが難しい。なぜなら，資源制約の少ない全国ブランドやグローバル・ブランドは，価格競争による量的拡大を志向して

おり，特定の価値基準において劣位に位置する地域ブランドは，彼らとの価格競争に巻き込まれ，収益が悪化するからである。したがって，これらの地域ブランドが安定した収益を確保するには，分類差異すなわち自らの価値を高める新たな価値基準を見出す必要がある。

地域ブランドが分類差異を求める理由はそれだけではない。地域ブランドは，特定地域との関わりを重視するという点で，全国ブランドやグローバル・ブランドと異なる地域ブランド共通の特徴を有している。すなわち，地域ブランドは，"特定地域との関わりを重視する"という意味で，同じ製品カテゴリーに属するとみなすことができる。

製品カテゴリーは，そこに属するブランドの社会的生存基盤であり，ブランドが存続するには，製品カテゴリーの存続が前提となる。したがって，同じ製品カテゴリーに属するブランド同士が競い合うことで，製品カテゴリーが縮小したり，他の製品カテゴリーに顧客を奪われることはけっして得策ではない。これは，自らの生存基盤である製品カテゴリーを維持強化するため，分類差異を追求することで，地域ブランド同士が共存する必要があることを示している。

この地域産品ブランディングの考え方は，もう1つの地域ブランディングである地域空間ブランディングにも当てはまる。地域空間ブランディングは，地域自体をブランド付与対象とみなし，当該地域の価値を高めることを目的としているが，地域産品ブランディングと同様，優劣差異を享受できるのはごく限られた地域であり，それ以外の地域は相対的に劣位に置かれる。したがって，それらの地域が自らの地位を高めるには，分類差異により新たな価値基準を見出し，その中で自らを位置づける必要がある。

そして，ブランディングの競争概念は，地域ブランディングにおける分類差異の創出，すなわち負けない競争による共存を促進する。その典型例が，本章の事例で取り上げたB-1グランプリである。B-1グランプリは，グランプリという同じ目標を目指して出展団体が競い合っているが，その方法はまったく異なる。たとえば，第1回から第5回大会までのゴールドグランプリは，5回中3回が焼きそばとなっているが，地域ブランド資源として焼きそばを取り上げる出展団体は増えていない[35]。しかも，ひと口に焼きそばといっても，魚介類を使った塩焼きそば（オホーツク北見塩やきそば応塩隊）や，味噌ベースの甘辛ダレ焼きそば（ひるぜん焼そば好いとん会），あんかけ焼きそば（小樽あんかけ

焼そば親衛隊）など，その内容はバラエティに富んでいる[36]。

　ご当地グルメや街のPR方法もそうである。十和田バラ焼きゼミナール（青森県十和田市）は，ご当地グルメのバラ焼きの"バラ"と『ベルサイユのばら』の"ばら"の語呂合わせから，フランス貴族風の衣装を着て，「ボンジュール」と声をかけながらご当地グルメや街のPRを行う。また，いわてまち焼うどん連合歓隊（岩手県岩手郡岩手町）は，町の特産品であるキャベツのマスクを被ったプロレスラーのような「キャベツマン」が，ご当地グルメの焼うどんや街をPRする。そして，津ぎょうざ小学校（三重県津市）は，ご当地グルメの津ぎょうざが，もともと学校給食で提供されていたことにちなみ，大人がランドセルを背負い，小学生の恰好をしてPRする。このようにPR方法も多種多様であり，各々独自の分類差異を見出し，自らの価値を高める努力をしている。

　以上，優劣差異よりも分類差異を求める地域ブランディングは，負けないことを重視するブランディングの競争概念がより適用しやすい領域だといえる。地域マーケティングにおいて，ブランディングの考え方が急速に普及したのもそのためである。そして，分類差異の追求は，異なる価値を追求する地域ブランドの共存を可能にし，地域ブランド間関係のもう1つの側面である共創をもたらす。

4. 地域ブランドの共創

▶共創の分析視角

　共創とは，文字どおり，誰かと共に新たなものを創り出すことを意味しており，それは以下の3つの視点からとらえることができる。

　第1は，共創の相手である。一般に，ブランドの共創相手として最初に浮かぶのは，自らと同じ立場にある他のブランドであろう。また，ブランドの知覚矯正機能が，顧客の心の中に形成されたブランド・イメージからもたらされることを考えると，顧客も共創の対象となる。そして，ブランド・コミュニティの有用性やブランドの評判等を考えるならば，顧客間の共創も間接的ながら考慮する必要がある。

　第2は，共創の方法である。共創の方法は，共創相手が限定的か否かと，共創相手との間に組織的関係があるか否かによって，大きく4つのタイプに分け

表 10-4 共創の方法

	共創主体間の組織的関係	
	なし	あり
共創主体の範囲 — 開放的	群衆 (crowd)	共同体 (community)
共創主体の範囲 — 限定的	会員組織 (club)	連合 (coalition)

出所：Pater [2009] を一部修正。

ることができる（表10-4）。すなわち，「群衆」(crowd)，「会員組織」(club)，「共同体」(community)，「連合」(coalition) がそれである[37]。この共創方法の違いも，共創を考えるうえで重要な視点になる。

第3は，共創の内容である。共創の内容は，共創がどの局面で行われるかにより，大きく3つのタイプに分けることができる。1つめは，選択局面での共創すなわち「共同選択」(co-opting) であり，たとえば，医者が提案した治療法を患者が行うかどうか決めるのではなく，医者と患者が話し合ったうえで複数の治療法の中から最善のものを一緒に選ぶといったことが，これに該当する (Prahalad and Ramaswamy [2000])。2つめは，生産局面での共創すなわち「共同生産」(co-producing) であり，生産活動に消費者が関与するサービスの視点から企業と顧客とのすべての関係をとらえようとするサービス・ドミナント・ロジック (service-dominant logic) が注目する共創である (Vargo and Lusch [2004]；藤川 [2008])。そして，3つめは，開発局面での共創すなわち「共同開発」(co-development) であり，フォン・ヒッペルが主張する「情報の粘着性」が存在する場合に有効な方法だといわれている (von Hipple [1976, 1994]；小川 [2000]）。

以上，共創の分析視角について議論した。そこで，次項では，この分析視角

に基づき，B–1 グランプリの共創的側面について，あらためて考えてみよう。

▶ B–1 グランプリの共創的側面

　共創の分析視角に従うならば，B–1 グランプリにおける共創は，①出展団体間の共創，②出展団体と来場者の共創，③来場者間の共創の3つの側面からとらえることができる。

　まず，出展団体間の共創についてみてみよう。本章の事例で示したとおり，B–1 グランプリの出展団体は，ご当地グルメでまちおこしを目指す市民団体であり，彼らの日頃の活動を披露する場としてB–1 グランプリを位置づけている。したがって，誤解を恐れずにいえば，プロの料理人ではない一般の人が，地元で馴染みの料理を作り，来場者に振る舞いながら，地元の良さを語っているのがB–1 グランプリだといえる。それにもかかわらず，多くの人がそれに魅力を感じ，B–1 グランプリ会場を訪れる。

　その理由として，全国のご当地グルメを一度に味わうことができることや，2日間という期間限定のイベントであること。また，開催地が毎年変わるため，同じ場所で再び開催される保証がないことなどがあげられる。そして，共創の観点から興味深いのは，出展団体が集まることで生まれる相互学習である。

　出展団体は，他の出展団体の活動を知ることで，自らの不足している点を学ぶとともに，地域の特色がより明確になるよう差異化を図る。まさに，出展団体間の共創により，新たな地域ブランディングが開発されるのである。ここで注目したいのは，出展団体は，愛Bリーグという「会員組織」に属する個々独立した存在であり，どのような地域ブランディングを行うかに関して，他者の影響を直接受けない関係にあるという点である。これが，偶発的な共創を生み出す要因となる。

　出展団体間の共創は，来場者に対しても影響を与える。来場者にとって，ご当地グルメは，その地域と自分との関係すなわち既知の地域のものか未知の地域のものかに分けられる。そして，自分の出身地や訪問経験のある既知のご当地グルメに懐かしさや親しみを感じ，未知のご当地グルメに好奇心を抱く。ここで重要なのは，来場者にとって，そのどちらも魅力的であり，多くのご当地グルメが集まることで，その差が明確となり魅力が助長されることである。この地域間の共通点や相違点を明確にし，来場者の地域に対する理解を深めたり，

出展団体の差異化（同化および異化作用）を促すことが，出展団体間の共創がもたらすB-1グランプリのもう1つの効果だといえる。

次に，出展団体と来場者の共創についてみてみよう。共創の観点から両者の関係をとらえると，出展団体と来場者は，「共同体」すなわちご当地グルメの売り手と買い手という役割を有する人たちの開かれた関係とみなすことができる。しかし，B-1グランプリにおける出展団体と来場者の関係は，通常の売り手と買い手の関係と大きく異なる。なぜなら，出展団体の目的は，ご当地グルメを売ることではないからである。

確かに，出展団体は有料でご当地グルメを来場者に提供している。しかし，それに費やす費用も大きい。食材や調理機器の費用，会場までの輸送費，調理スタッフの交通費や宿泊費を考えると，B-1グランプリでのご当地グルメの提供は，良くて収支トントン，場合によっては赤字という出展団体も少なくない。しかも，これは出展団体がボランティア組織で人件費がかからないことを前提としたものであり，上述した費用に人件費を加えると赤字になり，ビジネスとして成り立たない。

それにもかかわらず，彼らがB-1グランプリに出展し，ご当地グルメを提供するのは，B-1グランプリを通して自分たちの街を知ってもらい，街を好きになってもらいたいという思いがあるからである。ご当地グルメの提供は，そのための手段であり目的ではない。これは，来場者も同じである。確かに，来場者がB-1グランプリ会場を訪れるのはご当地グルメを味わうためである。しかし，それだけが目的かというとそうでもない。ある者は，地元の良さを再発見し，ある者は遠く離れた故郷を懐かしむ。また，ある者は，出展団体の街を思う心に打たれ，見知らぬ街に興味を抱く。そして，来場者も出展団体と同様，街の"応援者"となるのである。

このように，B-1グランプリでは，通常の経済活動において，提供製品の品質と価格をめぐって対立関係にある売り手（出展者）と買い手（来場者）が，街を応援するという目的を共有する仲間となる。言い換えれば，出展団体と来場者は，同じ地域を応援する仲間として，B-1グランプリを共同生産しているのである。ここに，B-1グランプリが，単なるグルメ・イベントではなく，ご当地グルメを通したまちおこしイベントといわれるもう1つの理由がある。

最後に，来場者間の共創についてみてみよう。通常の経済活動において，面

識のない買い手同士が直接結びつくことはない。これは B–1 グランプリも同じである。ご当地グルメを味わうという意味で，来場者同士が直接関係をもつことはない。また，B–1 グランプリは関心がある人なら誰でも参加することができるため，来場者同士の関係は，共創の方法における「群衆」に相当する。

しかし，この何ら関係のない来場者同士の共創が，B–1 グランプリにおいて大きな役割を担う。出展団体への箸による投票がそれである。この投票のもつ意味は大きい。来場者の投票によりグランプリを獲得すると，マスメディア等で取り上げられ，地域の活性化につながるからである。これは，まさに来場者同士の共創すなわち投票という共同選択がもたらした効果だといえる。

ところで，なぜ B–1 グランプリの投票結果は，人々に大きな影響を与えるのだろうか。この点に関し，集合知の観点から少し考えてみよう。というのも，投票で得られた結果は，一種の集合知とみなすことができるからである[38]。スロウィッキーは，集合知が機能する条件として「独立性」「多様性」「分散性」「集約性」の 4 つをあげているが，これを B–1 グランプリに当てはめると以下のようになる（Surowiecki [2004]）。

B–1 グランプリでは，直接関係をもたないさまざまな人たちに等しく投票権が与えられている（独立性と多様性）。また，来場者が B–1 グランプリ会場で出展団体と直接触れ合い，彼らの提供するご当地グルメや PR 方法など，さまざまな観点から出展団体を評価し，投票している（分散性）。そして，投票された箸の重さでグランプリを決めるという，一元的かつシンプルな方法で投票結果が示される（集約性）。このように，集合知が機能する 4 つの条件を満たしていることが，B–1 グランプリにおいて投票の価値を高める理由となっている。

以上，B–1 グランプリにおいて，性質の異なる 3 つの共創が「地域理解」「地域支援」「地域評価」をもたらし，これらの効果が相まって，まちおこしイベントとしての B–1 グランプリの魅力を高めていることを示した（表 10-5）。しかし，これは B–1 グランプリに限ったことではない。地域ブランドはすべてこの種の共創を生み出す可能性を有している。競争のみならず，共創の視点から，あらためて地域ブランディングを見直すことが，地域ブランドの価値を高めるうえで重要だといえよう。

表10-5 複合的共創の場としてのB-1グランプリ

	出展団体同士 (売り手間)	出展団体と来場者 (売り手－買い手間)	来場者同士 (買い手間)
共創の方法	会員組織 (club)	共同体 (community)	群衆 (crowd)
共創の内容	共同開発 (co-developing)	共同生産 (co-producing)	共同選択 (co-opting)
創出された価値	地域理解 (同化／異化作用)	地域支援 (目標共有)	地域評価 (集合知)

出所：筆者作成。

▶中心が移動する共創ネットワーク

　ここで，B-1グランプリを，地域間交流の視点からみてみよう。というのも，B-1グランプリは，全国各地に点在する愛Bリーグ加盟団体の地域間交流の場となっているからである。

　B-1グランプリの特徴は，地域間交流の場となる開催地が毎年変わることにある。開催地を変えることは，八戸せんべい汁研究所が，B-1グランプリを企画した当初から考えていたことであり，第2回大会は，第1回大会でゴールドグランプリを獲得した富士宮やきそば学会の静岡県富士宮市で，第3回大会以降は，愛Bリーグ加盟団体の立候補によって開催地が決められている。

　ここで興味深いのは，福島県郡山市で開催された東北・福島応援特別大会を除き，すべて愛Bリーグ加盟団体の所在地で開催していることである。これはけっして簡単なことではない。なぜなら，その所在地は，人口ひとつとっても，98万人を超える福岡県北九州市から7万人に満たない青森県十和田市まで広く分散しており，周辺地域を含めた潜在来場者数や街へのアクセス方法，使用可能な施設や受け入れ態勢など，その内容が大きく異なるからである。

　それにもかかわらず，あえて愛Bリーグ加盟団体の所在地で開催するのは，B-1グランプリというイベント自体が，人々を街に呼び込む装置であり，街を活性化する手段だからである。もともと八戸せんべい汁研究所がB-1グランプリを企画したのも，他県の出展団体に八戸に来てもらうことにあった。互いの街を行き来することで，自分たちの街を他の街の人々に知らせることができるとともに，自分たちも他の街を知ることができる。

　ところで，もし単純に自分たちのことを知ってもらうだけなら，東京や大阪

図10-1　ネットワークのタイプ

スター型ネットワーク

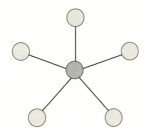

フルコンタクト型ネットワーク

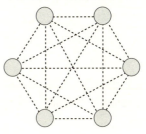

中心移動型共創ネットワーク

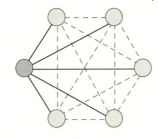

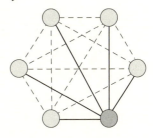

などの大都市で，この種のイベントを行うほうが望ましい。なぜなら，大都市は，地域間のスター型ネットワークの中心すなわちハブ機能を有しており，そこに各地域が集まることで効果的・効率的に地域間交流を図ることができるからである（図10-1）。この場合，市場規模も大きいことから，前項で示したような地域間交流がもたらす共創の効果も高まることが予想される。

しかし，B-1グランプリを開催する愛Bリーグ加盟団体には，このようなハブ機能を有する地域が存在しない。そして，各地域が対等な立場で緩やかに結合しながらフルコンタクト型ネットワークを形成し，その中の誰かがB-1グランプリを開催することで，地域間交流のハブ機能を担う。すなわち，愛Bリーグ加盟団体は，毎年異なる地域でB-1グランプリを開催することで，フルコンタクト型ネットワークを「中心移動型共創ネットワーク」に進化させたのである（図10-1）。

この中心移動型共創ネットワークがもつ意味は大きい。というのも，中心移動型共創ネットワークは，スター型ネットワークとフルコンタクト型ネットワークの双方の長所を活かし，短所を補うからである。スター型ネットワークは，

ハブ機能を有するため,地域間の共創を効果的・効率的に行うことができるが,特定の地域にそれが集中するため,ハブ機能を有する地域とそうでない地域との間に格差が生じる。また,ハブ機能を有する地域に何か問題が生じた場合,すべての地域がその影響を受けることになり,リスクも大きい。一方,フルコンタクト型ネットワークは,地域間格差が生じにくく,各地域が柔軟に結びついているため,特定地域に生じた問題を最小限に抑えることができるものの,ハブ機能を有する地域が存在しないため,共創がもたらす効果は小さく,効率も悪い。

中心移動型共創ネットワークは,これら2つのネットワークの長所を両方有している。すなわち,スター型ネットワークのハブ機能と,フルコンタクト型ネットワークの対等な関係と柔軟な連結がそれである。そのため,中心移動型共創ネットワークは,大都市に依存することなく地域間交流を促進することが可能であり,ハブ機能を有する地域のメリットを,すべての地域が対等に享受することができる。ここにも,ご当地グルメでまちおこしを目指すB-1グランプリの特徴がある。

結　び

本章では,B-1グランプリを事例に,地域ブランドの競争と共創について考察した。一般に,競争は,優劣差異すなわち同じ価値基準上の優劣を競うことを意味する。しかし,マーケティングの競争には,このような優劣差異をめぐる競争だけではなく,分類差異すなわち競争相手の存在しない新たな価値基準の確立をめぐる競争も存在する。前者を勝つための競争とするならば,後者は負けないための競争だといえる。

そして,地域ブランドが目指す競争は,分類差異をめぐる競争すなわち負けないための競争である。というのも,地域ブランドは,①特定地域と深く関わるため地域資源の制約を受ける可能性が高く,優劣差異を有する場合でも量的拡大が難しいこと,また,②優劣差異において劣位に位置する地域ブランドは,地域資源の制約を受けない全国ブランドやグローバル・ブランドとの価格競争に陥る可能性があり,それを回避するには,分類差異の創出により独自の生存領域を見出す必要があること,そして,③地域ブランドは,特定の地域と深く

関係しているという点で，同じ特性を有する製品カテゴリーを形成しており，自らの生存基盤の維持という観点から，優劣差異によって他の地域ブランドを排除するよりも，分類差異により共存するほうが望ましい，というのがその理由である。

ブランディングの競争概念は，この地域ブランドが目指す競争に合致している。なぜなら，ブランディングは，価値提案により新たな分類差異を提案するとともに，知覚矯正機能により模倣困難にすることで，持続的競争優位を形成するからである。すなわち，ブランディングは，分類差異により独自の生存領域を確立し，競争相手を排除することで，負けない競争を可能にしているのである。

そして，分類差異を求めて，他との共存を図る地域ブランドは，自らの資源の少なさを補うため，他ブランドとの共創を模索する。負けないための競争が彼らとの共創を誘発するのである。本章では，B-1グランプリを地域ブランドの共創の場としてとらえ，そこに，関係の異なる3つの共創が存在することを明らかにした。すなわち，①地域ブランド間の同化および異化作用を促すことで，地域理解を高める出展団体間の共創，②売り手と買い手の関係を超えて，特定地域のまちおこしを支援する出展団体と来場者の共創，③箸の投票により，地域評価を決する来場者間の共創がそれである。

ところで，上述した第3の地域評価は，順位という同一価値基準上の優劣を示すものであり，分類差異による共存を目指す地域ブランドの集まりにそぐわない行為だといえる。事実，この種の地域ブランドの集まりで，優劣を決することは少なく，B-1グランプリが注目を集めたのも，この来場者による順位づけが，その理由の1つにあげられる。

しかし，この優劣差異をめぐる競争のようにみえる順位づけも，B-1グランプリにおいては，出展団体同士の共同作業すなわち共創の1つと位置づけることができる。というのも，出展団体を順位づけすることで，特定団体への注目度を高め，そのまちおこしを支援することが可能になるからである。したがって，順位づけは，出展団体全員による特定団体の支援とみなすことができる。その証拠に，グランプリを受賞した出展団体は，その発表後，他の出展団体の心からの祝福を受ける。ここに，共創の場であるB-1グランプリにおいて，出展団体を順位づけるというある種の"競争"が成立する理由がある。

また，分類差異を志向することは，顧客に対し望ましい結果をもたらさないと主張する者もいる。なぜなら，優劣差異をめぐる競争は，同一価値基準すなわち顧客ニーズの充足力を高めるのに対し，分類差異をめぐる競争は，顧客ニーズの充足力改善に貢献しないからである。

　確かに，優劣差異をめぐる"良い"競争は，自らの優位性を高め，市場を拡大し，業界構造の改善に寄与する（Porter［1985］訳，250-260頁）。しかし，過度の優劣競争により良質な製品が市場から排除されるなど，"悪い"競争も中には存在する（Porter［1985］訳，266-267頁）。これは，優劣差異をめぐる競争であっても，競争の仕方が悪ければ，必ずしも顧客にとって利益にならないことを示している。

　他方，分類差異を志向する負けない競争でも，顧客ニーズの充足力を高めることができる。というのも，分類差異の追求は，新たな価値すなわち充足すべきニーズが存在することを顧客に知らしめるものであり，それを充足することで新たな顧客満足を生み出すことができるからである。また，自ら見出した顧客ニーズであるがゆえに，それを充足しようとする意欲も高く，競争相手の有無にかかわらず，その充足力を高めようとする者も少なくない。

　以上の理由から，顧客ニーズの充足において，分類差異をめぐる競争が，優劣差異のそれに劣るとは必ずしもいえない。

　最後に，本章では，地域ブランドの競争および共創に焦点を当てたため，ほとんど議論できなかったが，各出展団体が地域ブランド資源として活用しているご当地グルメも興味深い。それらは，何かしらその地域固有の特性を有しており，その固有性は，文化的に閉鎖された地理的空間の中で長い時間をかけて醸成されたものが多い。しかし，今日のように，地域間の人的，物的，そして，情報の往来が著しく増加すると，閉鎖空間を前提とする地域固有性が形成しにくくなる。これは，地域ブランド資源が今後減少することを意味する。

　こうした状況の中で，B-1グランプリは，今後の地域ブランド資源のあり方を考えるうえで1つの示唆を与えてくれる。すなわち，地域間交流における差異の創出がそれである。B-1グランプリでは，各地の出展団体が一堂に集まることで分類差異が生まれる。これは，地域間交流が，標準化ではなく差異化に向けて機能することを示している。地理的閉鎖性を強めるのではなく，地域間交流を促進することで，地域の個有性が生まれ，地域間の多様性が高まるので

ある。ここに，グローバル時代における地域価値多様化のヒントがある。

注
1　本節の「B-1グランプリ」の事例は，小林［2012］を加筆修正したものである。
2　八戸せんべい汁研究所は，市民団体ながら，せんべい汁を提供する飲食店マップの作成，研究所の公式サイトの立ち上げ，公式応援ソング『好きだDear！八戸せんべい汁』（インディーズ版CD）のリリース，試食会の実施（2004年度実績で12回5200食提供）など，設立当初から精力的に活動しており，地元ではすでに知られた存在になっていた。
3　以下の5つの条件は，第1回大会のもの。
4　野瀬と八戸せんべい汁研究所との出会いは，せんべい汁の取材とのこと。なお，野瀬は，その後設立されるB-1グランプリ参加団体の集まりである愛Bリーグの顧問に就任している。また，NIKKEI NETのコラム「食べ物新日本奇行」(http://waga.nikkei.co.jp/play/kiko.aspx) では，B-1グランプリおよびその出展団体のことが，その後もたびたび取り上げられている。
5　もちろん，八戸せんべい汁研究所も，資金集めのためにスポンサーを募り，出展団体の負担を軽減するなど，出展団体の獲得に向けた努力を行っている。
6　来場者が投票できるのは1人1膳（2票）で，同じ料理に2票投票することもできるし，違う料理に1票ずつ投票することもできる。なお，投票された箸の重さでグランプリを判定するのは，単に面白さだけでなく，票を数えたり，ゴミを回収する手間を省くという意味もあるという。
7　後に述べるが，ゴールドグランプリに次回のB-1グランプリ開催権が与えられたのは第1回大会のみ。第2回大会以降はグランプリと別に開催地が決められている。
8　来場者数は主催者発表。なお，第1回B-1大会の模様は，八戸せんべい汁研究所所長の田村暢英氏および事務局長の木村聡氏のインタビューに基づく。
9　出展団体の多くは市民団体であり，材料の売れ残りが負担となるため，八戸せんべい汁研究所が完売できる量を見積もり，各団体に用意してもらったが，その量は過去の実績に基づき割り出されたものよりも高く設定しており，けっして少ない量ではなかったという。
10　主催者発表によると，第1回大会に関する報道は，新聞77件，テレビ・ラジオ30件，雑誌13件，ネット23件に上ったという。
11　愛Bリーグの愛称は，富士宮やきそば学会会長の渡辺の提案によるものである。
12　加盟団体数は，2016年2月現在のもの。
13　現在，北海道・東北支部，関東支部，中日本支部，近畿・中国・四国支部，九州支部の5つの支部が存在する。
14　なお，各支部単位で開催するB-1グランプリの支部大会はこの限りではない。
15　富士宮やきそば学会の当時の状況は，第8章の事例参照。なお，彼らの予想どおり，富士宮やきそば学会は，第2回大会もゴールドグランプリを獲得することになる。
16　ちなみに，開催地の立候補制が決まったのは，2006年7月の愛Bリーグ設立総会のときである。
17　たとえば，B-1グランプリが開催地に及ぼす経済効果を初めて測定した秋田県横手市の第4回大会では13億円，神奈川県厚木市の第5回大会では26億円の経済効果があったという（総務省『「緑の分権改革の推進に係る取組の経済効果等の分析に関する調査業務」報告書』2011年3月，29頁〔http://www.soumu.go.jp/main_content/000121372.pdf,［2015-10-1参照］］)。なお，第4回大会の経済効果は，①観光消費額推計（県外，県内・市内別，宿泊・日帰り別に推計）と②実行委員会の予算支出額の2つ。第5回大会は，大会開催期間中の①食事チケットの販売（1億2000万円），②宣伝効果（7億2000万円），③交通費，④宿泊代の4つの項目に基づき算定して

第10章　地域ブランドの競争と共創　337

いる。
18 金券は，B-1グランプリが終わった後も，期間限定ながら地元の店舗で使うことができ，B-1グランプリ会場で使い切れなくても無駄にならないようになっている。なお，金券は，既存の機器を使用し効率的に集計できるよう選挙の投票用紙と同じ大きさになっている。
19 総務省『「緑の分権改革の推進に係る取組の経済効果等の分析に関する調査業務」報告書』2011年3月，29頁（http://www.soumu.go.jp/main_content/000121372.pdf ［2015-10-1参照］）。
20 十和田バラ焼きゼミナールホームページ（http://www.barayaki.com/ ［2015-12-1参照］）。
21 2009年に始まった支部大会は，愛Bリーグの支部単位で開催されるB-1グランプリで，本大会と同様，来場者の箸の投票によってグランプリが選出される。出展団体にとって，支部大会は，本大会に向けた準備やノウハウ蓄積の場であり，また，来場者にとっては，数は限られているものの，ご当地グルメをゆっくり味わいながら出展団体と交流する場になっており，重要な役割を担っている。
22 野瀬泰申「列島あちこち食べるぞ！B級ご当地グルメ」（http://www.nikkei.co.jp/category/offtime/tabeb/article.aspx?id=MMGEzq000029032011 ［2015-12-1参照］）。
23 『デーリー東北』2011年4月17日付【電子版】（http://www.daily-tohoku.co.jp/m9_shinsai/news/2011/04/news_list/ms110417_list.htm ［2015-12-1参照］）。
24 たとえば，2011年7月30～31日のいなり寿司で豊川市をもりあげ隊（愛知県豊中市），甲府とりもつ煮でみなさまの縁をとりもつ隊（山梨県甲府市），対馬とんちゃん部隊（長崎県対馬市）による炊き出しや，8月26～28日の津山ホルモンうどん研究会（岡山県津山市），熱血!!勝浦タンタンメン船団（千葉県勝浦市），浜松餃子学会（静岡県浜松市）の炊き出しが，その一例としてあげられる。
25 「ハムロールなみえ」は，なみえ焼きそばをハムで包んでフライにしたもの。2日間のイベントのために用意した172食はあっという間に売り切れ，同じく浪江町から本荘市に避難してきた若い女性は「懐かしい味が食べられた」と喜んでくれたという（『読売新聞』2011年8月6日付）。
26 「B-1グランプリ in 郡山開催による県内への経済波及効果」（http://www.pref.fukushima.lg.jp/uploaded/attachment/109412.pdf ［2015-12-1参照］）。
27 愛Bリーグは，これらのコラボレーションを「B-1グランプリ公認イベント」もしくは「B-1グランプリ協力イベント」と呼んでいる。
28 B級グルメのもつ意味に関しては，小林［2011］を参照。
29 B級グルメという言葉が登場した1980年代は，雑誌やガイドブックなどのコンテンツとして食が注目され，レストランやそこで提供される料理など食に関する情報が飛躍的に増加した時期でもある。この食に関する情報の増加は，新たな食との出会いを増やす一方，食をファッションすなわち流行物へと変えていく。B級グルメという言葉は，これら記号化された食に対するアンチテーゼとして登場する。すなわち，私たちが生きるために口にする日常の食こそ本当の"グルメ（美食）"だと田沢は主張する（田沢［1985］，8-11頁）。
30 B-1グランプリのショルダーフレーズの変更に関しては，B-1グランプリホームページの「B級グルメとB-1グランプリ」を参考にしている（http://b-1grandprix.com/ ［2015-12-1参照］）。
31 愛Bリーグが行った投票理由のアンケートによると，「頑張っているので応援で」や「並んでいるときのパフォーマンスが良かった」「地元出身なので」など，料理以外の要因で投票する人が2～3割程度存在するという（B-1グランプリホームページ「B-1グランプリの秘密」http://b-1grandprix.com/ ［2015-12-1参照］）。
32 ここでの議論は，第1章のブランドの意味と役割に基づいている。
33 競争の一般的な定義は，『大辞林（第3版）』に基づく。

34　優劣差異と分類差異に関しては，第2章第2節も参照。
35　B-1グランプリで焼きそばを提供する団体は，第5回大会以降7～9団体の間で推移しており，必ずしも増えていない。むしろ，全出展団体に占める焼きそばの比率は減少傾向にある。
36　各出展団体のご当地グルメの特徴やパフォーマンスの内容は，各出展団体の公式ホームページ等を参照。
37　この4類型は，Pater［2009］の分類に基づいているが，ペイターは，表側を「開放性」(openness)，表頭を「主体性」(ownership) としており，表頭の分類軸が本章のそれと異なっている（表側は同じ）。しかし，ペイターのいう「主体性」とは，個々が独立した存在であるか否かを表すことから，明確な役割分担や主従関係などの組織的関係の有無としたほうが理解しやすいと判断し，表頭の解釈を一部変えている。
38　投票と集合知の関係に関してはHowe［2008］等を参照。

終章

地域ブランディングの論理
――その固有性とビジネス・ブランディングへの示唆――

1. 本書の要約

▶地域ブランドの分析視角

　本書では，地域ブランドを考察するにあたり，マーケティングのビジネス・ブランド研究から接近を試みた。

　第1章では，そのための基礎知識となるビジネス・ブランドの考え方や役割を示した。具体的には，ブランドの役割を「製品識別機能」「意味付与機能」「知覚矯正機能」の3つの観点から整理し，ブランドが顧客の製品評価に及ぼす影響や，企業がブランドを保有する意義について考察した。ブランドは，本来，製品に付与された名称などの識別記号にすぎない。しかし，上述したブランドの機能により，市場拡大や製品差別化，持続的競争優位の形成に役立てることができる。ここに，企業がブランディング，すなわちブランドの有する機能を活用し，それが付与された製品の価値を高めようとする理由がある。

　第2章では，ブランドの確立方法や確立されたブランドの維持および活用方法について，ブランド・マネジメント・プロセスに沿って説明した。ブランドの確立は，製品にブランドを付与するか否かの決定から始まり，顧客への価値提案を中核とするブランド・アイデンティティの設定，名称やシンボルマークなどのブランド要素の決定，マーケティング活動を通して実施されるブランディング計画の策定へと続く。また，確立されたブランドの維持および活用方法として，ブランド・コミュニティの形式やブランド拡張を取り上げ，その概要

を示した。そして，ブランド・マネジメントの方法として，組織体制のあり方や評価方法，複数ブランドの管理方法などについても言及した。

第3章では，上述したブランド認識に基づき，本書が地域ブランドを考察する際の分析視角を提示した。

まず，既存研究をレビューし，地域ブランド研究が，地域空間をブランド付与対象とする「地域空間ブランディング」と，地域産品をブランド付与対象とする「地域産品ブランディング」の大きく2つに分かれることを示した。しかし，この2つのブランディングは，研究として別でも，現実の世界では密接な関係にあり，両者を分けて議論することはできない。

そこで，本書では，地域空間ブランディングと地域産品ブランディングを結びつけ，地域ブランディング全体を俯瞰できる統合モデルを構築し，地域ブランディングの政策モデルとして提示した。具体的には，地域空間ブランディングと地域産品ブランディングを，ビジネスにおける企業レベルのブランディングと製品レベルのブランディングに置き換え，両者の統合を図ったのである。この結果，地域空間ブランディングの目的手段関係のミッシング・リンクが解消されるとともに，地域空間ブランディングという大きな地域ブランディングの中で地域産品ブランディングをとらえることが可能となり，地域ブランディングにおける2つのブランディングの役割がより明確になったといえる。

また，本書では，政策モデルと同時に，地域ブランディングの組織モデルも提示した。というのも，地域ブランディングは，その政策のみならず，それを実施する組織体制においても，ビジネス・ブランディングのそれと大きく異なるからである。地域ブランディングは，その一部を担うブランディング主体が，複数存在し，それぞれが緩やかに結びつき実施される。そこで，政策モデルとは別に組織モデルを提示し，地域ブランディングを考察する際のもう1つの分析視角とした。

▶地域産品ブランディング

各論に入って，第4章と第5章では，地域産品ブランディングにおけるブランドと製品の関係について考察した。

地域産品に地域ブランドを付与するべきか否かという観点から，両者の関係を考察した第4章では，地域ブランドの付与が多くの選択肢の1つであり，地

域産品だからといって必ずしも地域ブランドを付与する必要がないことを指摘した。そして，地域ブランドを付与する際は，それがハロー効果や要約効果を発揮するかどうか，地域的であることの希少性が有効に機能するかどうか，そして，製品のローカリティが顧客に効果的に作用するかどうか考慮する必要があることを示した。

一方，地域ブランドにふさわしい地域産品は何かという観点から，両者の関係を考察した第5章では，地域ブランドの主たる付与対象である一次産品の特徴について考察するとともに，地域産品の選定に関しては，ビジネス・ブランドと同様，ブランド内の製品同質性とブランド間の製品差異性が重要となることを示した。ただし，地域ブランドの場合，通常のビジネス・ブランドと異なり，差異を内包した同質性，すなわち同じ特性を有しながら一部異なる製品によって構成されるほうが，ブランドに地域としての広がりや奥行きを与えることを明らかにした。

以上の議論は，同じブランドと製品という関係ながら，地域産品を起点に地域ブランドを考えるか，地域ブランドを起点に地域産品を考えるかで，その内容が異なることを示している。というのも，地域産品を起点とする場合は，地域ブランドが地域産品の特性の1つとみなされるのに対し，地域ブランドを起点とする場合は，地域ブランドが複数の地域産品を内包する一種の製品カテゴリーとみなされるからである。ここに地域産品ブランディングにおけるブランドと製品との関係をみることができる。

第6章では，地域ブランドの市場選択に関して考察した。地域は，マーケティングにおいて，市場の異質性を規定する主要な要因の1つであり，本書では，この地域が有する自然環境や集団特性がもたらす価値観やそれに基づく行動を地域文化と呼んだ。この地域文化は，地域産品ブランディングにおいて重要な役割を担う。なぜなら，地域産品ブランディングは，地域ブランドを付与する製品と地域との関係性を強調するため，異なる地域文化を有する市場に参入する際，自らが関係を有する地域文化を考慮して，ブランディングを行う必要があるからである。

そこで，本書では，地域ブランドの地域外市場への参入を，ブランド・コンセプトと地域文化の移転可能性から4つに分けて考察した。すなわち，①ブランド・コンセプトと地域文化の両方をセットで移転する「既存市場拡大」，②

ブランド・コンセプトのみ移転し、参入先の地域文化への適応を図る「再ポジショニング」、③地域文化を移転することで参入先に新たな価値を創出し、そこにブランド・コンセプトを適応させる「文化移転」、そして、④ブランド・コンセプトと地域文化の両方を見直し、新たなかたちで参入先への適応を図る「新ブランド構築」がそれである。

一方、地域ブランドが拠点とする地域内市場は、当該地域ブランドに対して、地域外の顧客とは異なるニーズを有する。そのニーズとは、郷土愛すなわち生まれ育った地域に対する愛着であり、地域を問わず、人々が当該地域やそこに関わる事柄に対して抱く感情である。したがって、地域内市場を対象にブランディングを行う場合、いかに彼らの郷土愛を引き出し、自らのブランドと関連づけるかが重要となる。また、第6章では、地域内市場を対象とする地域ブランドが共通して有する価値である地産地消についても考察した。

第7章では、地域ブランドのダイナミズムについて考察した。地域ブランドの場合、ビジネス・ブランドと異なり、導入時に大きな投資を行うことが難しく、長い時間をかけて徐々にブランドを育成する必要がある。そこで重要となるのが、製品や他の地域ブランドとの相互作用を利用したブランドの育成である。第7章では、このような長期的視点に立った地域ブランドの育成を、ブランドのダイナミックな進化とみなし、ビジネス・ブランドにおけるブランド拡張やコ・ブランディングの議論を援用しながら議論した。

▶地域空間ブランディング

地域ブランディングの統合モデルにおいて、地域産品は、地域ブランド資源として、地域産品ブランディングと地域空間ブランディングを結びつける役割を果たす。そこで、第8章では、地域産品ブランディングから地域空間ブランディングに軸足を移し、地域空間ブランディングにおける地域ブランド資源としての地域産品の活用方法について、3つのフェーズに分けて考察した。

第1フェーズは、地域ブランド資源としての地域産品の選択であり、①顧客ニーズの有無、②地域間差異の有無、③消費の容易さ、④トライアルの容易さ、⑤地域との関係の強さの5つの基準で、その有用性が判断されることを示した。第2フェーズは、選択された地域産品の育成であり、地域ブランド資源に適するよう地域産品を再規定したり、物語性を付与することで、その価値を高める

方法について考察した。第3フェーズは，地域ブランド資源としての地域産品の活用であり，地域産品ブランディングにより当該地域との関係を強めたり，他の地域ブランド資源と連結する方法について議論した。

第9章では，地域ブランドのマネジメントについて考察した。地域空間ブランディングの最大の特徴は，そのマネジメントにある。というのも，地域空間ブランディングは，単独のブランディング主体では実行できず，複数のブランディング主体の関与が必要となるからである。それにもかかわらず，誰がブランディング主体となるのか，その中で誰がイニシアティブをとるのか，必ずしも明確になっていない。そこで第9章では，①地域空間ブランディングのイニシアティブをとるブランディング主体の確定，②地域空間ブランディングに貢献しうる潜在的ブランディング主体の探索，③ブランディング主体間の連結と調整の3つの観点から，地域空間ブランディングのマネジメント方法について考察した。

その結果，地域空間ブランディングのイニシアティブをとるブランディング主体に関しては，その社会的立場よりも，地域空間ブランディングの必要性を強く認識し，他者の活動にただ乗りすることなく，自らの活動の有用性を信じ，それを実行する強い意志を有する者が適切であることを示した。また，潜在的ブランディング主体の探索に関しては，地方自治体など公的機関が果たす役割が大きいことを明らかにした。そして，ブランディング主体間の連結と調整に関しては，アウトソーシング型とプラットフォーム型の2つの地域ブランド・マネジメントを取り上げ，各々の特徴について議論した。

▶地域ブランド間の関係

最後に，第10章では，地域ブランド間の関係について考察した。一般に，ブランド間の関係は，顧客の獲得をめぐる競争関係にあると考えられるが，競争には，同じ価値基準上の優劣差異を競うものだけではなく，新たな価値基準の構築すなわち分類差異を競うものが存在する。前者が勝ち負けが明確になるという意味で「勝つための競争」だとすると，後者は勝敗が決するのを回避できることから「負けないための競争」とみなすことができる。

そして，地域ブランドが目指すのは，後者の負けないための競争である。地域ブランドは，特定地域と密接な関係にあり，地理的な資源制約を受ける可能

性が高く，量的拡大が難しい。また，勝つための競争において劣位に位置する地域ブランドは，資源制約を受けない全国ブランドやグローバル・ブランドとの価格競争にさらされる可能性があり，それを回避するには，新たな価値基準の構築により独自の生存領域を確保する必要がある。さらに，地域ブランド同士は，特定の地域と密接な関係にあるという意味で，同じ特性を有するブランド群を形成しており，自らの生存基盤を維持するという観点から，他の地域ブランドを排除するよりも共存の途を探るほうが望ましい。

ブランディングの競争概念は，価値提案を行うことで他と異なる独自の生存領域を確立し，その模倣困難性により，その生存領域への他者の参入を抑制するという，勝つことよりも負けない競争に適した方法だといえる。地域政策の方法としてブランディングが注目されたのも，地域政策が求める負けないための競争に，ブランディングの競争概念が合致したからである。

同時に，地域ブランドは，自らの資源のなさを補うため，他の地域ブランドとの共創を模索する。すなわち，互いに負けない競争を目指す姿勢が，地域ブランド間の共存をもたらし，競争相手との共創を誘発するのである。そして，地域ブランドにおける共創は，地域ブランド間にとどまらず，地域ブランドと顧客や顧客間同士にも及ぶ。そこで，第10章では，地域ブランドにおける共創を，①共創相手，②共創方法，③共創内容の3つの観点から考察し，タイプの違いにより異なる価値が共創されることを示した。

2. 地域ブランディングの固有性

以上，本書で考察した内容を簡単に振り返ったが，ここで，あらためて本書の課題であるビジネス・ブランド研究の地域ブランドへの移転可能性と，それを踏まえた地域ブランディングの固有性について，本書の議論をもとに整理してみよう。

▶地域ブランディングの概念

ブランドが特定の付与対象を他と異なるものとして識別するために付与された名称やシンボルマークなどの識別記号であり，そのブランドが有する「製品識別機能」「意味付与機能」「知覚矯正機能」を活用して付与対象の価値を高め

ることがブランディングの目的であることは，ビジネス・ブランドと同様，地域ブランドでも同じである。また，地域ブランド研究における地域空間ブランディングと地域産品ブランディングという2つのブランド論も，ビジネスにおける企業レベルのブランディングと製品レベルのブランディングに置き換えることができる。その意味で，ビジネス・ブランディングの考え方は，かなりの部分において，地域ブランディングに移転可能だといえる。

しかし，そのすべてが同じというわけではない。地域ブランディングの中核となるブランドとその付与対象の関係に限っても，両者の間に3つの相違点が存在する。

第1は，地域ブランドの中核概念である"地域性"が有する公共財的性質である。一般に，ビジネス・ブランドは，独占的使用権が設定されており，自ら保有するブランドに他者が直接影響を及ぼすことはない。しかし，地域ブランドの場合，識別記号となる地域名等に独占的使用権は認められず，ブランドを完全に特定主体のコントロール下に置くことはできない。これは，ブランド付与対象が地域空間の場合により顕著となる。

第2は，地域ブランドの付与対象となる地域産品の性質である。本書で述べたとおり，地域ブランドの付与対象となる地域産品は，その地域で産出した一次産品やその加工品が大きな比率を占めている。そして，これらの一次産品は，ビジネス・ブランドが付与対象とする工業製品と異なり，気候などの外部環境の影響を受けやすく，生産量や品質が安定しないという特徴を有する。そのため，ビジネス・ブランディングでは，当然のこととして見過ごされがちなブランド内の製品同質性が，地域ブランディングにおいて大きな課題となる。

第3は，地域ブランドと地域産品の関係に関することである。上述したように，ブランドが識別記号として機能するには，ブランド間の製品差異性とともに，ブランド内の製品同質性が必要となる。しかし，地域ブランドの場合は，単に同質であればよいというわけではない。なぜなら，地域という広がりを示すには，差異を内包した同質性が求められるからである。本書では，この差異を内包した同質性の形成方法として，最大公約数的方法と最小公倍数的方法の2つを紹介し，最大公約数的方法のほうが，同質性を維持しつつ差異を作りやすいことから，地域ブランドに広がりをもたせるうえで有用であることを示した。

以上，ブランドとその付与対象の関係から地域ブランディングの特徴をみてきた。しかし，地域ブランドが固有だからといって，ビジネス・ブランドの知見がまったく適用できないわけではない。たとえば，上述したブランド内の差異を内包した同質性に関しては，小売業の部分業種店を例にあげ，差異を含む同質性が顧客ニーズの充足率を高めることを示した。これは，ブランドに直接関わるものではないが，ビジネスで培われた知見が，地域ブランディングに固有な課題を解くうえで有効なことを示している。

　また，ビジネス・ブランディングの観点から，あらためて地域ブランドと地域産品の関係をみると，地域ブランドの意味形成要因として，地域産品の機能的便益に重きを置きすぎているように思う。というのも，ブランドが注目されるようになったのは，類似した製品との差別化，さらにいえば機能的に同質な製品との差別化手段として，ブランドが有効であることに気づいたからである（Gardner and Levy [1955]）。本書で述べたように，ブランド価値の源泉は，製品の機能的便益だけではない。製品の情緒的便益やブランドと顧客の関係性，自己表現手段としてのブランドなど，ブランドの有する価値は多様である。これは，地域ブランディングにおいても，製品の機能的便益以外の要因で，ブランド価値を高めることができること示唆している。

▶地域ブランディングの方法

　地域ブランディングは，地域性をブランドの中核概念としてブランディングを行うが，カントリー・オブ・オリジン（COO）に代表されるように，ビジネス・ブランディングでも，ブランドの意味内容における地域性に焦点を当てた研究が存在する。そこで，本書では，Roth and Romeo [1992] の製品評価におけるCOOの重要性とそれに対する反応がポジティブかネガティブかによって4つに分類し地域イメージの活用を考える方法や，COOが「技術的先進性」「職人技」「有用性」「名声」「経済性」の5つの要素から構成されるというHan and Terpstra [1988] の研究を取り上げ，これらの研究が地域ブランディングに対しても適用可能であることを示した。

　しかし，ビジネス・ブランディングにおける地域性の議論は，ブランドの他の意味要素と同様，地域イメージと地域産品の適合度を基礎とするものであり，どの地域産品にブランドを付与するかによって，地域ブランドの有用性や，そ

の効果の程度が異なる。そこで，本書では，地域ブランド一般に共通する価値に注目し，地域の資源制約に基づく希少性や，郷土愛の誘発，地域内市場における地産地消を取り上げ，それらがもたらす価値について議論した。

また，これら地域ブランドが有する価値を活用するには，第5章で示したように，地域ブランドを介して地域と地域産品を有機的に結びつける必要がある。すなわち，地域ブランディングでは，他の製品との違いを示す製品固有性のみならず，その固有性が地域と関係していることを示す地域同定性も，同時に求められるのである。ここに，その固有性を示すことで製品を同定することが可能なビジネス・ブランドとの違いがある。

そして，ブランドの市場適応に関しても，地域ブランドとビジネス・ブランドとの間に違いがみられる。本書では，この市場適応を地域ブランドの市場選択問題として議論したが，その中で，地域ブランドは，地域間の市場の異質性を前提としてブランディングしていることを示した。もちろん，地域間で市場が異なることは，ビジネス・ブランドでも起こりうることであり，そのこと自体はけっして珍しいことではない。

しかし，地域ブランドの場合は，少し様相が異なる。なぜなら，特定地域と密接な関係にある地域ブランドは，当該地域の地域文化とセットでブランドが形成されているからである。したがって，異なる地域文化を有する市場に参入する際は，単に参入先市場へのブランド・コンセプトの移転可能性のみならず，地域文化の移転可能性も同時に考慮する必要がある。本書では，地域ブランドの地域外市場への参入パターンを，「既存市場拡大」「再ポジショニング」「文化移転」「新ブランド構築」の4つに分けて考察したが，市場を適応対象としてだけではなく，ブランド資源の1つとみなし，それとセットで新市場への適応を考えることは，地域ブランディングに固有な特徴だといえよう。

さらに，地域ブランドの育成においても，ビジネス・ブランドとの間に違いがみられる。ビジネス・ブランドの場合，導入時に大きな投資を行い，ブランドを確立した後でそれを維持するという，ブランドの確立期と維持期が明確に分かれていることが多い。しかし，地域ブランドの場合は必ずしもそうなっていない。というのも，地域ブランディングの主体は，地域密着型の中小企業だったり，公的機関や市民団体が担う場合が多く，ブランドを確立するのに十分な投資を行うことができないからである。

そこで重要となるのが，製品や他のブランドとの相互作用に基づく長期的視点に立った地域ブランドの育成である。本書では，この長期的視点に立った地域ブランドの育成をビジネス・ブランディングのブランド拡張やコ・ブランディングの議論を援用しながら考察したが，この長期的視点に立ったブランド育成も，地域ブランディングに特徴的な課題の1つとみなすことができる。

ここで，本書で深く触れることができなかったが，地域ブランディングを考えるうえで重要だと思われる課題を1つ述べておこう。それは，地域ブランドのマイナス・イメージの解消である。地域ブランドの場合，以前から存在する既存ブランドを再ブランディングする場合が多く，とくに地域空間ブランディングがそうである。

そして，この既存ブランドの再ブランディングにおいて大きな課題となるのが，それが有するマイナス・イメージである。もちろん，ビジネス・ブランドでも，既存ブランドのマイナス・イメージの解消に関する研究は存在する。しかし，ビジネス・ブランドの場合，比較的容易に新ブランドを立ち上げることができるため，マイナス・イメージを有する既存ブランドに固執する必要はない。一方，地域ブランドの場合は，地域名を含め既存ブランドを簡単に変えることができず，新たにプラス・イメージを付加することと同時に，既存のマイナス・イメージをいかに払拭するかが大きな課題となる。したがって，この既存ブランドのマイナス・イメージの解消も，地域ブランディングに特徴的な課題の1つだといえる。

▶地域ブランディングのマネジメント

地域ブランド研究において，多くの研究者がその特徴としてあげているのが，地域ブランドのマネジメントである。地域ブランドは，ビジネス・ブランドと異なり，複数の主体がブランディングに関与するとともに，誰がイニシアティブをとって全体をマネジメントするのか必ずしも明確になっておらず，このマネジメント体制の複雑さや曖昧さが，地域ブランディングの大きな特徴だといわれている。

ここで注意しなければならないのは，ビジネス・ブランドのマネジメントも，それほど単純ではないということである。本書では，ビジネス・ブランドの典型的なマネジメント手法であるブランド・マネジャー制を取り上げ，ブラン

ド・マネジャーが自らの目的を達成するには，直接権限関係のない部門の人たちの協力を得る必要があることを示した。すなわち，直接権限関係のない人々の協力を得ながら，多岐にわたる活動を調整し，ブランディングを行うという点では，ビジネス・ブランドも地域ブランドも，それほど大きな違いはないのである。これは，地域ブランディングが，そのマネジメントにおいても，ビジネス・ブランディングに学ぶ点が多々あることを示している。

　しかし，両者の間に違いがあるのも事実であり，その原因となっているのが，地域ブランディングの恣意的性質と公共財的性質である。地域ブランディングは，それを行わなければ何か困ることがあるわけではない。また，それを行おうと思えば，誰でも地域ブランディングに関与することができる。したがって，地域ブランディングのマネジメントは，それを行う者の意志と能力に大きく依存する。逆にいえば，その意志と能力を有する者ならば，誰でも地域ブランディングのイニシアティブをとることができるのである。ここに，誰がイニシアティブをとるか明確に規定されているビジネス・ブランディングとの違いがある。

　ただし，地域ブランディングにおいて，誰がイニシアティブをとるのか実際に決めるのは，当人ではなく周りの協力者である。先ほど，地域ブランディングの意志と能力があれば誰でもイニシアティブをとれると述べたが，これはイニシアティブをとる資格があることを示すものであって，それを保証するものではない。なぜなら，地域ブランディングには，多くのブランディング主体の関与が不可欠であり，彼らの承認を得て初めて地域ブランディングのイニシアティブをとることが可能になるからである。

　また，誰がブランディング主体を担うのか確定していない地域ブランディングにおいて，潜在的ブランディング主体の探索も，地域ブランディングの特徴であることを示した。この潜在的ブランディング主体の探索には，地方自治体等の公的機関が大きな役割を果たすが，ブランディングを行うにあたり，この独立した複数のブランディング主体間の調整が必要となることも，地域ブランディングの特徴だといえる。なぜなら，ビジネス・ブランドの場合，直接権限関係のない部門間の調整が必要となるものの，その多くは組織内の調整であるのに対し，地域ブランディングの場合は，独立した組織間の調整が求められるからである。

そして，地域ブランディングのマネジメントにおけるもう1つの特徴としてあげられるのが，地域ブランド資源の活用である。ビジネス・ブランディングにおいて，ブランド・イメージを高める際によく行われるのが，広告等による意味付与である。しかし，地域ブランディングの場合，それを行うのはなかなか難しい。その理由は，意味付与に必要な広告投資等を十分に行えないこともあるが，それ以上に問題となるのが，意味付与に使用する地域ブランド資源の制約である。ビジネス・ブランディングの場合，さまざまなものを比較的容易にブランドと結びつけることが可能だが，地域ブランディングの場合は，それが地域と何らかの関係を有することが前提となる。したがって，地域ブランド資源は，ブランド・イメージ向上に貢献しうるブランド資源としての有用性（製品固有性）と，地域との関係を示す地域資源としての正当性（地域同定性）の2つの要件を満たさなければならないのである。

　最後に，地域ブランドのマネジメント費用について触れておこう。ビジネス・ブランドの場合，収益を上げることが主目的であり，基本的にその収益がマネジメント費用にあてられる。しかし，地域ブランドの場合は，後述するように，必ずしもブランディング主体の収益獲得が地域ブランディングの直接的目的とはならず，その活動費をいかに捻出するかが大きな課題となる。

　ここでヒントとなるのが，第8章で紹介した富士宮やきそば学会の事例である。富士宮やきそば学会は，「富士宮やきそば」を商標登録し，それを大手食品会社等に貸与することでロイヤリティ収入を得て自主財源の一部にあてている。すなわち，地域ブランドを知財として活用することで収入を得て，ブランディング活動を持続させているのである。このような自主財源の確保も，地域ブランディングのマネジメント上の特徴としてあげられる。

▶地域ブランディングの目的

　ここで，本書の議論を参考に，地域ブランディングの目的についてあらためて考えてみよう。というのも，地域ブランディングの目的も，その固有性を考えるうえで重要な要因となるからである。

　本書では，これまで異なる文脈で議論されていた地域空間ブランディングと地域産品ブランディングが相互に強く関係しているという認識のもと，両者の統合モデルを提示した。統合モデルでは，地域産品を地域空間ブランディング

のブランド資源として位置づけるとともに，そこで高められた地域空間の価値を具現化する手段として地域産品ブランディングを位置づけている。これは，地域ブランディングの目的が，単に地域産品や地域空間の価値向上ではなく，その両者がスパイラル的に向上するダイナミズムを生み出すことにあることを示している。

では，この地域空間と地域産品のスパイラル的価値向上は，何をもたらすのだろうか。その1つは，地域経済の活性化であろう。地域空間の価値が高まることで人や資金が集まり，地域産品の価値が高まることで地域の経済活動が活発になる。その結果，その地域で生活する人が増え，地域に活気が生まれる。

地域ブランディングがもたらす効果はこれだけではない。地域空間と地域産品のスパイラル的価値向上は，その地域で暮らすことや，その地域と関わることに対する喜びや誇りをもたらす。すなわち，先ほど示した地域経済の活性化が，その地域で生きる可能性を高めるものだとすると，上述した地域と関わることの喜びや誇りは，その地域で生きる意欲を高めるものだといえる。意欲があっても可能性がなければ，その地域にとどまることはできない。同様に，可能性があっても意欲がなければ，その地域にとどまることはない。地域ブランディングは，人々が地域に住み続けるために必要な意欲と可能性の両方をもたらす。

以上の議論は，地域ブランディングの上位目的が，喜びと誇りをもって当該地域に住み続けることを可能にする環境整備にあることを示している。そして，地域と関わる喜びや誇りは，地域ブランディングに参加することで得ることができる。なぜなら，地域ブランディングは，地域の良さを見出し，それを多くの人と共有する活動にほかならないからである。これは，地域ブランディングを行うこと自体が，手段ではなく目的になることを示している。ここにも，ビジネス・ブランディングとは異なる，地域ブランディングに固有な特徴がある。

3. ビジネス・ブランディングへの示唆

本書での議論を踏まえ，ビジネス・ブランド研究の移転可能性および地域ブランディングの固有性について整理した。最後に，本書のもう1つの課題である地域ブランド研究がビジネス・ブランディングにもたらす示唆について考え

てみたい。

▶ブランドは誰のものか

　青木は，ビジネス・ブランディングにおける1990年代のブランド認識と，2000年代のそれには異なる点が存在すると主張する（青木［2011］，［2013］）。1990年代は，ブランド・エクイティ概念の登場を契機に，顧客の中に形成されるブランド知識が注目され，ブランド・アイデンティティとして望ましいブランド知識を設定し，いかにそれを顧客の側に移転するかという「価値提案」が，ブランディングの中心課題だった。しかし，2000年以降は，「ブランド・エクスペリエンス」（ブランドの経験価値）や「ブランド・リレーションシップ」（ブランドと顧客との関係のあり様）が注目されるようになり，企業から顧客への一方的な価値提案から，顧客を巻き込んだブランド価値の創造という「価値共創」がブランディングの中心課題となる。

　もちろん，上述したように，ブランドは，企業が独占的使用権を有するものの，顧客のブランド知識となって初めてその効力が発揮されるものであり，その意味でブランドは，企業が単独でつくり上げることはできず，顧客の協力が不可欠だといえる。しかし，ここでいう価値共創は，この種の共同作業を意味するものではない。そこでは，ブランドの価値に対する顧客のより積極的な関与，すなわち提案する価値自体の決定やブランディング活動自体への参加も含まれる。言い換えれば，同じブランドを創出・維持するブランディング仲間として顧客をとらえている点が，顧客をブランディング対象とする1990年代のブランド認識と2000年以降のそれとの違いとみなすことができる。

　しかし，概念的にはその新規性や有用性が理解できるものの，ビジネス・ブランディングの現場で，このような試みが必ずしもうまくいっているとは思われない。というのも，ビジネス・ブランディングにおいて企業と顧客は売り手と買い手の関係にあり，両者は利益配分をめぐって対立関係にあるからである。顧客との価値共創は，企業の利益追求のための手段にすぎず，これが顧客の主体的参加を妨げる要因となっている。

　一方，地域ブランディングの場合は，これと異なる。なぜなら，本書で述べたとおり，地域ブランドは公共財的性質を有しており，地域ブランディング主体の目的は，自らを含む地域全体の価値向上にあるからである。したがって，

地域ブランドの価値向上は，地域ブランディング主体のみならず，その地域に関わるすべての人たちが享受できる。そして，第10章で示したように，このすべての人たちには，ビジネスにおける買い手も含まれる。すなわち，地域ブランディングにおいては，売り手のみならず買い手も地域ブランディングの成果を直接享受することができるのである。

　この地域ブランディングの特性は，ビジネス・ブランディングに対し，1つの示唆をもたらす。それは，顧客の主体的参加による価値共創を促すには，価値共創という手段の共有のみならず，それがもたらす成果すなわち目的の共有が必要となるという点である。もちろん，地域ブランディングにおいては，その目的共有が地域ブランドの公共財的性質に基づいているため，地域ブランドと同じ方法でビジネス・ブランドのそれが実現できるとは限らない。場合によっては，地域ブランドの固有性ゆえに，目的共有に基づくビジネス・ブランドの価値共創には限界があるという主張も成り立つだろう。しかし，地域ブランディングの論理がビジネス・ブランディングにまったく適用できないわけではない。たとえば，ポーターらの主張とするCSV（creating shared value）に基づくブランディングなどは，共有価値が価値共創を促すという点で，地域ブランディングの考え方と類似したビジネス・ブランディング手法だとみなすことができる（Porter and Kramer［2011］）。

▶ブランディングとは何をすることなのか

　ブランドは，本来，製品などの付与対象を他から識別するための記号であり，それ自体は何ら価値を有していない。しかし，この識別記号を有効に活用することで，製品の価値を高め，収益を上げたり，競争を優位に展開できるようになる。本書では，この製品価値を高めるためにブランドを活用することをブランディングと呼び，その方法について考察した。

　ビジネス・ブランドにおいて，ブランディングは，企業の理想とするブランド・イメージ像を，ブランド・アイデンティティとして明確にすることから始まる。そして，マーケティング活動を通して，それをブランド知識として顧客の中に移転し，ブランドの有する「製品識別機能」「意味付与機能」「知覚矯正機能」を利用して製品価値を高めることが，ブランディングの基本である。すなわち，主役はあくまで製品であり，それを良く見せる手段としてブランドが

存在する。

　しかし，地域ブランディングの場合は，少し様相が異なる。その典型が，第5章で示した一次産品を付与対象とする地域産品ブランドである。本書で説明したとおり，一次産品は，ビジネス・ブランドが付与対象とする工業製品と異なり，製品の品質が安定せず，これが地域ブランディングを特徴づける要因の1つとなっている。そして，この一次産品のブランディングにおいて重要となるのが製品の選別である。すなわち，ブランドの有する基準に合致したものだけが，ブランド（が付与された製品）となるのである。

　これは，地域ブランドにおいて，製品とブランドの立場が逆転していることを意味する。なぜなら，価値基準となるブランドが主で，製品はその価値基準を具現化する手段にすぎないからである。この主従関係の逆転がもつ意味は大きい。なぜなら，この主従関係の逆転は，価値ある製品を作ることではなく，何が価値ある製品か判断することが，ブランディングにおいて重要となることを示唆しているからである。ビジネス・ブランディングに関しても同様である。企業は，優れた製品を作る能力を有していたとしても，何が良い製品か判断できなければ，その能力を活かすことはできない。逆に，何が良い製品か判断できる能力を有していれば，たとえ自らそれを作る能力を有していなくても，ブランドを保有することができる。

　以上の議論は，ブランディングとは，製品の良さを顧客に伝える前に，何が良い製品かを判断し，それにブランドを付与する行為そのものであり，製品の生産者がブランドを保有する必然性がないことを示している。昨今のファブレス企業やPBの増加が，まさにこれであり，今後，この傾向はますます高まることが予想される。極端なことをいえば，顧客の求める価値を理解し，それに見合う製品を識別できれば，一般消費者であっても実質的なブランディング主体になりうるのである。

▶ブランディングが目指す世界は何か

　本書では，ブランディングを個別主体の目的達成行動としてとらえ，その方法について考察してきた。しかし，これらの個別主体の目的達成行動の影響は，個別主体内にとどまるものではなく，主体間の相互作用を通して社会全体に影響を及ぼす。そこで，最後に，ブランディングという個別主体のミクロ的行動

が，その集合であるマクロ的構造にどのような影響を及ぼすか考えてみよう。

　本書において，地域ブランディングは，勝つための競争ではなく，負けないための競争を志向していることを示した。地域ブランドは，特定地域との関係性を強調するため資源制約を受ける可能性が高く，勝つために必要な資源を十分に確保できない。そして，何より地域ブランディングという行為自体が，地域との関係をもたない全国ブランドやグローバル・ブランドに対する一種のアンチテーゼであり，同じ志を有する地域ブランドは，競争相手というより同志とみなすことができる。

　また，負けない競争を志向する地域ブランディングは，他者との代替を促す優劣差異よりも，他者との共生を可能にする分類差異を重視する。ここでいう優劣差異とは，同一価値次元上の位置の違いを示すものであり，その違いはブランド間の優劣を表し，顧客は，その価値次元上の優れた点に位置するブランドを選択する。一方，分類差異は，ブランドの拠って立つ価値次元そのものの違いを示すものであり，価値次元が異なるため，簡単にその優劣を比較することはできず，他者との共生が可能となる。

　そして，ブランディングの競争概念は，この地域ブランディングが求める負けない競争に適していることを示した。というのも，ブランディングは，顧客が求める価値をブランド・アイデンティティとして提案すること，すなわち他のブランドと異なる価値次元に自らを位置づけることで，独自の生存領域を確保するとともに，ブランドの有する模倣困難性により，当該生存領域への他者の参入を阻止することを目的としているからである。

　しかし，ビジネス・ブランディングでは，ブランディングが負けないための競争ではなく，勝つための競争の手段としてとらえられることが多い。たとえば，メガ・ブランドやグローバル・ブランドなどの大規模ブランドを称賛する傾向や，業種業態を問わず，すべてのブランドを同一次元で評価するブランド・ランキングなどは，ブランドの優劣差異を表すものであり，これらの大規模ブランドや，ランキングで上位を目指すことは，勝つための競争そのものだといえる。

　もちろん，ブランディングの価値提案において，優劣差異を強調することも可能である。しかし，競争相手がすでに同一価値次元上でブランドを確立している場合，その模倣困難性により優位に立つことは難しく，仮にそれが可能だ

った場合は，同じ方法で自分自身もその地域を失うことになる。これは，地域ブランドのみならず，ビジネス・ブランドについても当てはまる。ビジネス・ブランディングにおいても，ブランディングの有する競争特性を活かした競争のあり方を，あらためて考え直す必要がある。

そして，ブランディングに基づく個別主体の負けない競争は，複数ブランドの共生を可能にする。すなわち，ミクロ・レベルでの顧客主体のブランディング活動が，マクロ・レベルでの価値の多様化をもたらすのである。グローバル化が進展し市場統合が進む中，特定ブランド，特定企業，特定地域への過度な集中による弊害が叫ばれている。このような状況の中，価値の多様化をもたらし，多様な企業や地域の共生を可能にするブランディングは，地域ブランディングのみならず，ビジネス・ブランディングにおいても大きな意味を有する。本書における地域ブランディングの考察は，ブランディングがマクロ・レベルでの価値多様化に十分貢献しうることを示している。

参考文献

Aaker, D. A. [1991] *Managing Brand Equity: Capitalizing on the Value of a Brand Name*, Free Press.（陶山計介・中田善啓・尾崎久仁博・小林哲訳『ブランド・エクイティ戦略――競争優位をつくりだす名前，シンボル，スローガン』ダイヤモンド社，1994年）

Aaker D. A. [1996] *Building Strong Brands*, Free Press.（陶山計介・小林哲・梅本春夫・石垣智徳訳『ブランド優位の戦略――顧客を創造するBIの開発と実践』ダイヤモンド社，1997年）

Aaker, D.A. [2004] *Brand Portfolio Strategy: Creating Relevance, Differentiation, Energy, Leverage, and Clarity*, Free Press.（阿久津聡訳『ブランド・ポートフォリオ戦略――事業の相乗効果を生み出すブランド体系』ダイヤモンド社，2005年）

Aaker, D.A. [2011] *Brand Relevance: Making Competitors Irrelevant*, Jossey-Bass.（阿久津聡監訳／電通ブランド・クリエーション・センター訳『カテゴリー・イノベーション――ブランド・レレバンスで戦わずして勝つ』日本経済新聞出版社，2011年）

Aaker, D. A. and E. Joachimsthaler [2000] *Brand Leadership: The Next Level of the Brand Revolution*, Free Press.（阿久津聡訳『ブランド・リーダーシップ――「見えない企業資産」の構築』ダイヤモンド社，2000年）

Aaker, D. A and K. L. Keller [1990] "Consumer Evaluations of Brand Extensions," *Journal of Marketing*, 54(1), pp. 27–41.

Aaker, J.L. [1997] "Dimensions of Brand Personality," *Journal of Marketing Research*, 34(3), pp. 347–356.

Aitken, R. and A. Campelo [2011] "The Four Rs of Place Branding," *Journal of Marketing Management*, 27(9/10), pp. 913–933.

Alderson, W. [1957] *Marketing Behavior and Executive Action: A Functionalists Approach to Marketing Theory*, Richard D. Irwin.（石原武政・風呂勉・光澤滋朗・田村正紀訳『マーケティング行動と経営者行為――マーケティング理論への機能主義的接近』千倉書房，1984年）

Alderson, W. [1965] *Dynamic Marketing Behavior: A Functionalist Theory of Marketing*, Richard D. Irwin.（田村正紀・堀田一善・小島健司・池尾恭一訳『動態的マーケティング行動――マーケティングの機能主義理論』千倉書房，1981年）

Anderson, W. T. and W. H. Cunningham [1972] "Gauging Foreign Product Promotion," *Journal of Advertising Research*, 12(1), pp. 29–34.

Anholt, S. [2000] "The Nation as Brand," *Across the Board*, 37(10), pp. 22–27.

Anholt, S. [2005] "Some Important Distinctions in Place Branding," *Place Branding*, 1(2), pp. 116–121.

Anholt, S. [2010] "Definitions of Place Branding: Working towards a Resolution," *Place Branding and Public Diplomacy*, 6(1), pp. 1–10.

Arndt, J. [1967] *Word of Mouth Advertising: A Review of the Literature*, Advertising Research Foundation.

Ashworth, G. and M. Kavaratzis [2009] "Beyond the Logo: Brand Management for Cities," *Journal of Brand Management*, 16(8), pp. 520–531.

Askegaard, S. and G. Ger [1998] "Product-Country Images: Towards A Contextualized Approach," *European Advances in Consumer Research*, 3, pp. 50–58.

Barney, J. [1991] "Firm Resources and Sustained Competitive Advantage," *Journal of Management*, 17(1), pp. 99–120.

Blichfeldt, B. S. [2005] "Unmanageable Place Brands?" *Place Branding*, 1(4), pp. 388–401.

Boush, D.M. [1993] "Brand as Categories," in D.A. Aaker and A.I. Biel (eds.), *Brand Equity & Advertising: Advertising's Role in Building Strong Brands*, Lawrence Erlbaum Associates, pp. 299–312.

Buell, V. P. [1975] "The Changing Role of the Product Manager in Consumer Goods Companies," *Journal of Marketing*, 39(3), pp. 3–11.

Caldwell, N. and J. Freire [2004] "The Differences between Branding a Country, a Region and a City: Applying the Brand Box Mode," *Journal of Brand Management*, 12(1), pp. 50–61.

Chandler, A. D., Jr. [1977] *The Visible Hand: The Managerial Revolution in American Business*, Belknap Press.（鳥羽欽一郎・小林袈裟治訳『経営者の時代——アメリカ産業における近代企業の成立』〔上・下〕東洋経済新報社，1979 年）

Cozmiuc, C. [2011] "City Branding: Just a Compilation of Marketable Assets?" *Economy Transdisciplinarity Cognition*, 14(1), pp. 428–436.

Dancin, P. A. and D. C. Smith [1994] "The Effect of Brand Portfolio Characteristics on Consumer Evaluations of Brand Extensions," *Journal of Marketing Research*, 31(2), pp. 229–242.

Dichter, E. [1966] "How Word-of-Mouth Advertising Works," *Harvard Business Review*, 44(6), pp. 147–166.

Dietz, S. [1973] "Get More Out of Your Brand Management," *Harvard Business Review*, 51(4), pp. 127–136.

Dinnie, K. [2004a] "Place Branding: Overview of an Emerging Literature," *Place Branding*, 1(1), pp. 106–110.

Dinnie, K. [2004b] "Country-of-Origin 1965-2004: A Literature Review," *Journal of Customer Behaviour*, 3(2), pp. 165–213.

Dooley, G. and D. Bowie [2005] "Place Brand Architecture: Strategic Management of the Brand Portfolio," *Place Branding*, 1(4), pp. 402–419.

Dornoff, R., C. Tankersley, and G. White [1974] "Consumers' Perceptions of Imports," *Akron Business and Economic Review*, 5(Summer), pp 26–29.

Dyer, D., F. Dalzell, and R. Olegario [2004] *Rising Tide: Lessons from 165 Years of Brand Building at Procter & Gamble*, Harvard Business School Press.（足立光・前平謙二訳『P&G ウェイ——世界最大の消費財メーカー P&G のブランディングの軌跡』東洋経済新報社，2013 年）

Etzel, M. I. and J. Walker [1974] "Advertising Strategy for Foreign Products," *Journal of Advertising Research*, 14(3), pp. 41–44.

Farquhar, P. H. [1989] "Managing Brand Equity," *Marketing Research*, 1(3), pp. 24–33.

Freire, J. R. [2005] "Geo-Branding, are We Talking Nonsense?: A Theoretical Reflection on Brands Applied to Places," *Place Branding*, 1(4), pp. 347–362.

Freire, J. R. [2009] "'Local People' a Critical Dimension for Place Brands," *Journal of Brand*

Management, 16(7), pp. 420–438.

Fry, J.N. [1967] "Family Branding and Consumer Brand Choice," *Journal of Marketing Research*, 4(3), pp. 237–247.

Gabriel, Y. and T. Lang [1995] *The Unmanageable Consumer: Contemporary Consumption and Its Fragmentation*, Sage.

Gardner, B. B. and S. J. Levy [1955] "The Product and the Brand," *Harvard Business Review*, 33(2), pp. 33–39.

Ger, G., S. Askegaard, and A. Christensen [1999] "Experiential Nature of Product-Place Images: Image As a Narrative," *Advances in Consumer Research*, 26, pp. 165–169.

Gertner, D. [2011] "A (Tentative) Meta-Analysis of the 'Place Marketing' and 'Place Branding' Literature," *Journal of Brand Management*, 19(2), pp. 112–131.

Gummesson, E. [1991] "Marketing-Orientation Revisited: The Crucial Role of the Part-Time Marketer, " *European Journal of Marketing*, 25(2), pp. 60–75.

Han, C. M. [1989] "Country Image: Halo or Summary Construct?" *Journal of Marketing Research*, 26(2), pp. 222–229.

Han, C. M. and V. Terpstra [1988] "Country-of-Origin Effects for Uni-National and Bi-National Products," *Journal of International Business Studies*, 19(2), pp. 235–255.

Hankinson, G. [2004] "Relational Network Brands: Towards a Conceptual Model of Place Brands," *Journal of Vacation Marketing*, 10(2), pp. 109–121.

Hankinson, G. [2007] "The Management of Destination Brands: Five Guiding Principles Based on Recent Developments in Corporate Branding Theory," *Journal of Brand Management*, 14(3), pp. 240–254.

Hankinson, G. [2010] "Place Branding Research: A Cross-disciplinary Agenda and the Views of Practitioners," *Place Branding & Public Diplomacy*, 6(4), pp. 300–315.

Hanna, S. and J. Rowley [2008] "An Analysis of Terminology Use in Place Branding," *Place Branding and Public Diplomacy*, 4(1), pp. 61–75.

Hanna, S. and J. Rowley [2011] "Towards a Strategic Place Brand-Management Model," *Journal of Marketing Management*, 27(5/6), pp. 458–476.

Hansen, R.H. [2010] "The Narrative Nature of Place Branding," *Place Branding and Public Diplomacy*, 6(4), pp. 268–279.

Hatch, M. J. and M. Schultz [2003] "Bringing the Corporation into Corporate Branding," *European Journal of Marketing*, 37(7/8), pp. 1041–1064.

Helmig, B., J.-A. Huber, and P. S. H. Leeflang [2008] "Co-Branding: The State of the Art," *Schmalenbach Business Review*, 60(4), pp. 359–377.

Howe, J. [2008] *Crowdsourcing: Why the Power of the Crowd Is Driving the Future of Business*, Crown Business. (中島由華訳『クラウドソーシング——みんなのパワーが世界を動かす』早川書房，2009 年)

Iversen, N. and L. Hem [2008] "Provenance Associations as Core Values of Place Umbrella Brands: A Framework of Characteristics," *European Journal of Marketing*, 42(5/6), pp. 603–626.

Johansson, J. K., S. P. Douglas, and I. Nonaka [1985] "Assessing the Impact of Country-of-Origin on Product Evaluations: A New Methodological Perspective," *Journal of Marketing Research*, 22, pp. 388–396.

Kapferer, J. N. [1992] *Strategic Brand Management: New Approaches to Creating and Evaluating Brand Equity*, Kogan Page.

Kaplan, M., O. Yurt, B. Guneri, and K. Kurtulus [2010] "Branding Places: Applying Brand Personality Concept to Cities," *European Journal of Marketing*, 44(9/10), pp. 1286-1304.

Kavaratzis, M. [2005] "Place Branding: A Review of Trends and Conceptual Models," *Marketing Review*, 5(4), pp. 329-342.

Kavaratzis, M. [2009] "Cities and Their Brands: Lessons from Corporate Branding," *Place Branding and Public Diplomacy*, 5(1), pp. 26-37.

Kaynak, E. and S. T. Cavusgil [1983] "Consumer Attitudes Towards Products of Foreign Origin: Do They Vary Across Product Classes?" *International Journal of Advertising*, 2, pp. 147-157.

Keller, K. L. [1993] "Conceptualizing, Measuring, and Managing Customer-based Brand Equity," *Journal of Marketing*, 57(1), pp. 1-22.

Keller, K.L. [1998] *Strategic Brand Management: Building, Measuring, and Managing Brand Equity*, Prentice-Hall.（恩蔵直人・亀井昭宏訳『戦略的ブランド・マネジメント』東急エージェンシー出版部，2000年）

Keller, K.L., B. Sternthal, and A. Tybout [2002] "Three Questions You Need to Ask about Your Brand," *Harvard Business Review*, 80(9), pp. 80-86.（スコフィールド素子訳「差別化ポイントは絶えず変化する ブランド・ポジショニングの最適化戦略」『DIAMONDハーバード・ビジネス・レビュー』28(6)，56-65頁，2003年）

Kelly, J. P. and R. T. Hise [1980] "Role Conflict, Role Clarity, Job Tension and Job Satisfaction in the Brand Manager Position," *Journal of the Academy of Marketing Science*, 8(1/2), pp. 120-137.

Kerr, G. [2006] "From Destination Brand to Location Brand," *Journal of Brand Management*, 13(4/5), pp. 276-283.

Knox, S. and D. Bickerton [2003] "The Six Conventions of Corporate Branding," *European Journal of Marketing*, 37(7/8), pp. 998-1016.

Kotler, P. and G. Armstrong [1989] *Principles of Marketing*, (4th ed.), Prentice Hall.（和田充夫他訳『マーケティング原理——戦略的行動の基本と実践 新版』ダイヤモンド社，1995年）

Kotler, P. and G. Armstrong [2012], *Principle of Marketing*, (14th ed.), Prentice Hall.（フィリップ＝コトラー・ゲイリー＝アームストロング・恩蔵直人『コトラー，アームストロング，恩蔵のマーケティング原理』丸善出版，2014年）

Kotler, P. and D. Gertner [2002] "Country as Brand, Product, and Beyond: A Place Marketing and Brand Management Perspective," *Journal of Brand Management*, 9(4/5), pp. 249-261.

Kotler, P., D. H. Haider, and I.J. Rein [1993] *Marketing Places: Attracting Investment, Industry, and Tourism to Cities, States, and Nations*, Free Press.（井関利明監訳／前田正子・千野博・井関俊幸訳『地域のマーケティング』東洋経済新報社，1996年）

Lichrou, M, L. O'Malley, and M. Patterson [2008] "Place-Product or Place Narrative(s)?: Perspectives in the Marketing of Tourism Destinations," *Journal of Strategic Marketing*, 16(1・2), pp. 27-39.

Lichrou, M, L. O'Malley, and M. Patterson [2010] "Narratives of a Tourism Destination: Local Particularities and Their Implications for Place Marketing and Branding," *Place Branding and Public Diplomacy*, 6(2), pp. 134-144.

Loken, B. and D. R. John [1993] "Diluting Brand Beliefs: When Do Brand Extensions Have a

Negative Impact?" *Journal of Marketing*, 57(3), pp. 71-84.

Low, G. S. and R. A. Fullerton [1994] "Brands, Brand Management, and the Brand Manager System: A Critical-Historical Evaluation,"*Journal of Marketing Research*, 31(2), pp. 173-190.

Lumsdon, L. [1997] *Tourism Marketing*, International Thomson Business Press. (奥本勝彦訳『観光のマーケティング』多賀出版, 2004 年)

Martinez, N. M. [2012] "City Marketing and Place Branding: A Critical Review of Practice and Academic Research," *Journal of Town and City Management*, 2(4), pp. 369-394.

McAlexander, J. H., J. W. Schouten, and H. F. Koenig [2002] "Building Brand Community," *Journal of Marketing*, 66(1), pp. 38-54.

McCracken, G. D. [1988] *Culture and Consumption: New Approaches to the Symbolic Character of Consumer Goods and Activities*, Indiana University Press. (小池和子訳『文化と消費とシンボルと』勁草書房, 1990 年)

Milberg, S. J., C. W. Park, and M. S. McCarthy [1997] "Managing Negative Feedback Effects Associated with Brand Extensions: The Impact of Alternative Branding Strategies," *Journal of Consumer Psychology*, 6(3), pp. 119-140.

Moutinho, L. [1989] "Marketing of Tourism," in S. F. Witt and L. Moutinho (eds.), *Tourism Marketing and Management Handbook*, Prentice Hall. pp. 259-263.

Muniz, A. M., Jr. and T. C. O'Guinn [2001] "Brand Community,"*Journal of Consumer Research*, 27(4), pp. 412-432.

Murphy, J. M. [1990] *Brand Strategy*, Director Books.

Nagashima, A. [1970] "A Comparison of Japanese and U.S. Attitudes Towards Foreign Products," *Journal of Marketing*, 34(1), pp 68-74.

Nagashima, A. [1977] "A Comparative 'Made in' Product Image Survey Among Japanese Businessmen," *Journal of Marketing*, 41(3), pp 95-100.

Narayana, C. L. [1981] "Aggregate Images of American and Japanese Products: Implications on International Marketing," *Columbia Journal of World Business*, 16 (2), pp. 31-35.

Neuhaus, C. F. and J. R. Taylor [1972] "Variable Affecting Sales of Family-Branded Products," *Journal of Marketing Research*, 9(4), pp. 419-422.

Oeppen, J. and A. Jamal [2014] "Collaborating for Success: Managerial Perspectives on Co-Branding Strategies in the Fashion Industry," *Journal of Marketing Management*, 30(9/10), pp. 925-948.

Olson, J.C. and J. Jacoby [1972] "Cue Utilization in the Quality Perception Process," in M. Venkatesan (ed.), *SV-Proceedings of the Third Annual Conference of the Association for Consumer Research*, Association for Consumer Research, pp. 167-179.

O'Shaughnessy, J, & N. O'Shaughnessy [2000] "Treating the Nation as a Brand: Some Neglected Issues," *Journal of Macromarketing*, 20(1), pp. 56-64.

Papadopoulos, N. and L. Heslop (eds.) [1993] *Product - Country Images: Research and Strategy*, Haworth Press.

Papadopoulos, N. and L. Heslop [2002] "Country Equity and Country Branding: Problems and Prospects," *Journal of Brand Management*, 9(4/5), pp. 294-314.

Park, C.W., S. Milberg, and R. Lawson [1991] "Evaluation of Brand Extensions: The Role of Product Feature Similarity and Brand Concept Consistency," *Journal of Consumer Research*, 18(2), pp. 185-193.

Parkerson, B. and J. Saunders [2005] "City Branding: Can Goods and Services Branding Models be Used to Brand Cities?" *Place Branding*, 1(3), pp. 242–264.

Pater, M. [2009] "Co-Creation's 5 Guiding Principles," The White Paper distributed by Fronteer Strategy, pp. 1–6. (http://www.thunderfactory.com/pdfs/Co%20creation%20princples%2011-09.pdf [2015-12-1])

Peris, S, K. Newman, E. Bigne, and B. Chansarkar [1993] "Aspects of Anglo-Spanish Perceptions and Product Preferences Arising From 'Country of Origin'Image," *International Journal of Advertising*, 12(2), pp. 131–142.

Pike, S. [2002] "Destination Image Analysis: A Review of 142 Papers from 1973 to 2000," *Tourism Management*, 23(5), pp. 541–549.

Plummer, J. T. [1984] "How Personality Makes a Difference," *Journal of Advertising Research*, 24(December/January), pp. 27–31.

Porter, M. E. [1985] *Competitive Advantage Creating and Sustaining Superior Performance*, Free Press. (土岐坤・中辻萬治・小野寺武夫訳『競争優位の戦略――いかに高業績を持続させるか』ダイヤモンド社, 1985 年)

Porter, M. E. and M. R. Kramer [2011] "Creating Shared Value," *Harvard Business Review*, 89(1/2), pp. 62-77. (編集部訳「共通価値の戦略」『DIAMOND ハーバード・ビジネス・レビュー』36(6), 8-31 頁, 2011 年)

Prahalad, C. K. and V. Ramaswamy [2000] "Co-opting Customer Competence," *Harvard Business Review*, 78(1), pp. 79-87. (中島由利訳「カスタマー・コンピタンス経営」『DIAMOND ハーバード・ビジネス・レビュー』25(6), 116-128 頁, 2000 年)

Prince, G. [1982] *Narratology: The Form and Functioning of Narrative*, Walter de Gruyter & Co. (遠藤健一訳『物語論の位相――物語の形成と機能』松柏社, 1996 年)

Prince, G. [1987] *A Dictionary of Narratology*, University of Nebraska Press. (遠藤健一訳『物語論辞典』松柏社, 1997 年)

Ray, P. H. and S. R. Anderson [2000] *The Cultural Creatives: How 50 Million People Are Changing the World*, Three Rivers Press.

Reierson, C. C. [1967] "Attitude Changes Toward Foreign Products," *Journal of Marketing Research*, 4(4), pp. 385–387.

Reierson, C. C. [1966] "Are Foreign Products Seen as National Stereotypes? " *Journal of Retailing*, 42(3), pp. 33–40.

Romeo, J.B. [1991] "The Effect of Negative Information on the Evaluations of Brand Extensions and Family Brand," in R. H. Holton and M.R. Solomon(eds.), *Advances in Consumer Research*, 18, pp. 399–406.

Rosen, E. [2000] *A The Anatomy of Buzz: How to Create Word-of-Mouth Marketing*, Doubleday/Currency. (濱岡豊訳『クチコミはこうしてつくられる――おもしろさが伝染するバズ・マーケティング』日本経済新聞社, 2002 年)

Roth, M. S. and J. B. Romeo [1992] "Matching Product Category and Country Image Perceptions: A Framework for Managing Country-of-Origin Effects," *Journal of International Business Studies*, 23(3), pp. 477–497.

Saran, R, and N. Gupta [2012] "Country of Origin vs. Consumer Perception: A Literature Review," *IUP Journal of Marketing Management*, 11(4), pp. 66–75.

Schooler, R. [1971] "Bias Phenomena Attendant to the Marketing of Foreign Goods in the U.S,"

Journal of International Business Studies, 2(1), pp 71-80.
Schooler, R.D. [1965] "Product Bias in the Central American Common Market," *Journal of Marketing Research*, 2(4), pp 394-397.
Shaw, A. W. [1915] *Some Problems in Market Distribution*, Harvard University Press.（丹下博文訳『市場流通に関する諸問題』白桃書房，1992 年）
Shimp, T. A., S. Samiee, and T. J. Madden [1993] "Countries and Their Products: A Cognitive Structure Perspective,"*Journal of the Academy of Marketing Science*, 21(4), pp. 323-330.
Simões, C. and S. Dibb [2001] "Rethinking the Brand Concept: New Brand Orientation," *Corporate Communications: An International Journal*, 6(4), pp. 217-224.
Sirgy, M. J. [1982] "Self-Concept in Consumer Behavior: A Critical Review," *Journal of Consumer Research*, 9(3), pp. 287-300.
Smith, D.C. [1992] "Brand Extensions and Advertising Efficiency: What Can and Cannot Be Expected," *Journal of Advertising Research*, 32(6), pp. 11-20.
Smith, D.C. and C. W. Park [1992] "The Effects of Brand Extension on Market Share and Advertising Efficiency," *Journal of Marketing Research*, 29(3), pp. 296-313.
Starr, R. G. Jr. and P. N. Bloom [1994] "The Power Relationships of Brand Managers," *Marketing Letters*, 5(3), pp. 211-223.
Sundaram, D.S., K. Mitra, and C. Webster [1998] "Word-of-Mouth Communications: A Motivational Analysis," *Advances in Consumer Research*, 25, pp. 527-531.
Surowiecki, J. [2004] *The Wisdom of Crowds: Why the Many Are Smarter than the Few and How Collective Wisdom Shapes Business, Economies, Societies, and Nations*, Doubleday.（小高尚子訳『「みんなの意見」は案外正しい』角川書店，2006 年）
Tauber, E. M. [1981] "Brand Franchise Extension: New Product Benefits from Existing Brand Names," *Business Horizons*, 24(2), pp. 36-41.
Tauber, E. M. [1988] "Brand Leverage: Strategy for Growth in a Cost Controlled World," *Journal of Advertising Research*, 28(4), pp. 26-30.
Tedlow, R. S. [1990] *New and Improved: The Story of Mass Marketing in America*, Basic Books.（近藤文男監訳『マス・マーケティング史』ミネルヴァ書房，1993 年）
Thakor, M. V. and C. S. Kohli [1996] "Brand Origin: Conceptualization and Review," *Journal of Consumer Marketing*, 13(3), pp. 27-42.
Vargo, S. L. and Lusch, R. F. [2004] "Evolving to a New Dominant Logic for Marketing," *Journal of Marking*, 68(1), pp. 1-17.
von Hipple, E. [1976] "The Dominant Role of Users in the Scientific Instruments Innovation Process," *Research Policy*, 5(3), pp. 212-239.
von Hipple, E. [1994] "'Sticky Information' and the Locus of Problem Solving: Implications for Innovation," *Management Science*, 40(4), pp. 429-439.
Zeithaml, V. A. [1988] "Consumer Perceptions of Price, Quality, and Value: A Means-End Model and Synthesis of Evidence," *Journal of Marketing*, 52(3), pp. 2-22.
Zenker, S. and N. Martin [2011] "Measuring Success in Place Marketing and Branding," *Place Branding and Public Diplomacy*, 7(1), pp. 32-41.
Zhang, Y. and A. Khare [2009] "The Impact of Accessible Identities on the Evaluation of Global vs. Local Products," *Journal of Consumer Research*, 36(3), pp. 524-537.
青木幸弘 [1995]「ブランド・エクイティ研究の現状と課題」『商學論究』（関西学院大学）42(3),

39-64 頁。

青木幸弘 [1997]「ブランド階層とブランド体系」青木幸弘・小川孔輔・亀井昭宏・田中洋編『最新ブランド・マネジメント体系――理論から広告戦略まで』日経広告研究所，149-173 頁。

青木幸弘 [2004]「地域ブランド構築の視点と枠組み」『商工ジャーナル』30(8)，14-17 頁。

青木幸弘 [2011]「ブランド研究における近年の展開――価値と関係性の問題を中心に」『商學論究』（関西学院大学）58(4)，43-68 頁。

青木幸弘 [2013]「『ブランド価値共創』研究の視点と枠組――S-D ロジックの観点からみたブランド研究の整理と展望」『商學論究』（関西学院大学）60(4)，85-118 頁。

秋田県農業試験場「あきたこまち」育成グループ [1992]『水稲良味米あきたこまち育成の思いで（河北文化賞受賞記念誌）』河北文化事業団。

阿久津聡・天野美穂子 [2007]「地域ブランド――そのマネジメント課題」『マーケティングジャーナル』27(1)，4-19 頁。

新井克弥 [2009]「わが国における〈物語論〉の受容」『関東学院大学文学部紀要』117, 173-188 頁。

安賢貞 [2003]「日本企業における『企業ブランド重視のブランド体系』――その分析枠組みについて」『経済論叢』（京都大学）171(3), pp. 280-301。

生田孝史・湯川抗・濱崎博 [2006]「地域ブランド関連施策の現状と課題」『Economic Review』（富士通総研）10(3)，30-49 頁。

池尾恭一 [1997]「消費社会の変化とブランド戦略」青木幸弘・小川孔輔・亀井昭宏・田中洋編『最新ブランド・マネジメント体系――理論から広告戦略まで』日経広告研究所，12-31 頁。

石井淳蔵 [1993]『マーケティングの神話』日本経済新聞社。

石毛直道・鄭大聲編 [1995]『食文化入門』講談社。

石崎徹 [2002]「ジングル」恩蔵直人・亀井昭宏編『ブランド要素の戦略論理』早稲田大学出版部，103-133 頁。

石原武政 [2000]『商業組織の内部編成』千倉書房。

伊丹敬之 [1984]『新・経営戦略の論理――見えざる資産のダイナミズム』日本経済新聞社。

市倉宏祐 [1997]『ハイデガーとサルトルと詩人たち』日本放送出版協会。

逸見英夫 [1995]『仙台はじめて物語』創童舎。

伊東維年 [2009]「地産地消に対する農協の基本方針と農協の農産物直売所の実態」下平尾勲・伊東維年・柳井雅也『地産地消――豊かで活力のある地域経済への道標』日本評論社，75-130 頁。

伊東維年 [2012]『地産地消と地域活性化』日本評論社。

井上英子 [2001]『仙台牛たん焼き物語』河北新報社。

今田高俊 [1986]『自己組織性――社会理論の復活』創文社。

今田高俊編 [2000]『社会学研究法――リアリティの捉え方』有斐閣。

岩村暢子 [2012]『家族の勝手でしょ！――写真 274 枚で見る食卓の喜劇』新潮社。

岩本博幸・前川真司 [2011]「地産地消を通じた地域ブランド形成の可能性――CVM による宝塚市民の宝塚モンブランの評価」『農林業問題研究』47(2)，204-207 頁。

上中修 [2013]「食農教育における地産地消の意義と課題」『教育学論究』（関西学院大学）7，47-53 頁。

上原征彦 [1999]『マーケティング戦略論――実践パラダイムの再構築』有斐閣。

内田純一 [2004]「地域ブランドの形成と展開をどう考えるか――観光マーケティングの視点を

中心に」『大学院国際広報メディア研究科言語文化部紀要』(北海道大学) 47, 27-44 頁.
内田純一 [2008]「石屋製菓のクライシス・マネジメント考——地域貢献型レピュテーションを信頼回復に生かす」『国際広報メディア・観光学ジャーナル』(北海道大学) 7, 45-68 頁.
梅野憲治郎 [1983]「地域農産加工についての一考察——『地産地消』と食品工業の課題」『農業と経済』49(9), 20-27 頁.
大阪食彩ブランド事業ワーキンググループ [2006]『大阪食彩ブランド事業ワーキンググループ報告書』大阪商工会議所.
大阪食彩ブランド・プロジェクトチーム [2008]『大阪食彩ブランドプロジェクトチーム報告書——食の都の復権をめざして』大阪商工会議所.
大塚英志 [1989]『物語消費論——「ビックリマン」の神話学』新曜社.
小川孔輔 [1994]「なぜ,いま『ブランド』なのか」『流通情報』12月号, 14-19 頁.
小川孔輔 [1997]「なぜ,いま『ブランド』なのか」青木幸弘・小川孔輔・亀井昭宏・田中洋編『最新ブランド・マネジメント体系——理論から広告戦略まで』日経広告研究所, 3-11 頁.
小川孔輔 [2011]『ブランド戦略の実際〔第2版〕』日本経済新聞出版社.
小川進 [2000]『イノベーションの発生論理——メーカー主導の開発体制を越えて』千倉書房.
小川進 [2006]「ユーザー起動法とブランド・コミュニティ——良品計画の事例」『組織科学』39(3), 27-39 頁.
恩蔵直人 [1997]「カントリー・オブ・オリジン研究の系譜」『早稲田商学』372, 1-32 頁.
加藤春之・前田昌一・高橋篤ほか [2007]「夕張市農業協同組合インタビュー——ブランド『夕張メロン』(特集 北海道)」『パテント』60(7), 19-26 頁.
亀岡京子 [2013]「中小事業者による産業間連携を通じた地域特産品の商品開発プロセス——神奈川県平塚市における事例研究」『東海大学紀要』(政治経済学部) 45, 149-161 頁.
川島佐登子 [2002]「夕張メロン(シリーズ ブランドを守る②)」『OFSI』80, 5-8 頁.
菅野佐織 [2011]「ブランド・リレーションシップの構築」青木幸弘編『価値共創時代のブランド戦略——脱コモディティ化への挑戦』ミネルヴァ書房, 188-214 頁.
岸志津恵 [2000]「ブランド構築と広告コミュニケーション」青木幸弘・岸志津江・田中洋編『ブランド構築と広告戦略』日経広告研究所, 108-130 頁.
城戸秀之 [1994]「現代の消費と地域社会——地域ブランドの類型化の試み」『経済学論集』(鹿児島大学) 40, 49-60 頁.
久保田進彦 [2003]「ブランド・コミュニティの概念とマネジメント」『流通情報』403, 16-34 頁.
久保田進彦 [2004]「地域ブランドのマネジメント」『流通情報』418, 4-18 頁.
久保田進彦 [2014]「ブランド・リレーションシップの戦略」田中洋編『ブランド戦略全書』有斐閣, 49-74 頁.
児玉徹 [2005]「『あきたこまち』20年のあゆみ」『秋田育種談話会記事』19, 10-12 頁.
小林哲 [1996]「ブランド拡張戦略」青木幸弘・陶山計介・中田善啓編『戦略的ブランド管理の展開』中央経済社, 71-91 頁.
小林哲 [1997]「ブランド拡張のダイナミクス——ブランド拡張研究の新たな可能性を求めて」『経営研究』(大阪市立大学) 48(3), 63-80 頁.
小林哲 [1999a]「ブランド・ベース・マーケティング——隠れたマーケティング・システムの効果」『経営研究』(大阪市立大学) 49(4), 113-133 頁.
小林哲 [1999b]「アグリ・ブランドのマネジメント——「あきたこまち」を事例として」『経営研究』(大阪市立大学) 50(1-2), 185-207 頁.
小林哲 [2001]「『日本型』ブランド戦略としての企業ブランド——その批判的考察と企業ブラ

ンド戦略の再考」『同志社商学』53(1), 71-85 頁。
小林哲 [2003a]「有名性の世界における商業」加藤司編『流通理論の透視力』千倉書房, 57-76 頁。
小林哲 [2003b]「関あじ・関さば」上田隆穂編『ケースで学ぶ 価格戦略・入門』有斐閣, 156-184 頁。
小林哲 [2011]「B級ご当地グルメの魅力（第1回）命名」『食文化誌ヴェスタ』（味の素食の文化センター）82, 58-61 頁。
小林哲 [2012]「B級ご当地グルメの祭典『B-1 グランプリ』——地域ブランドの競争と協調 B級ご当地グルメでまちおこし団体連絡協議会」『マーケティングジャーナル』31(3), 101-117 頁。
小林哲 [2014]「2つの地域ブランド論——その固有性と有機的結合」田中洋編『ブランド戦略全書』有斐閣, 137-161 頁。
小林哲 [2015]「グルメシティネットワーク『デリス (Délice)』——食文化資源に注目したグローバルな都市間ネットワークの可能性」『日本マーケティング学会ワーキングペーパー』1(5), 1-33 頁。
酒井義昭 [1997]『コシヒカリ物語——日本一うまい米の誕生』中央公論社。
坂本孝広 [2012]「メディア戦略とストーリー性で経済効果を高める『くまモン』」『ojo 読売 AD レポート [オッホ]』4月・5月号 (http://adv.yomiuri.co.jp/ojo/tokusyu/20120405/201204toku4.html [2015 年 8 月 2 日参照])。
佐々木純一郎 [2004]「地域ブランドと国際競争力——青森ブランドによせて」『弘前大学大学院地域社会研究科年報』1, 21-35 頁。
真田達也 [2006]「デスティネーション概念の進展——デスティネーション・マネジメントの開発に向けて」『京都光華女子大学研究紀要』44, 73-91 頁。
産業構造審議会 知的財産政策部会 [2005]『地域ブランドの商標法における保護の在り方について』特許庁。
篠原孝 [1990]「身土不二——食べ物は地産地消が原則」『農政調査時報』403, 19-24 頁。
嶋口充輝 [1984]『戦略的マーケティングの論理——需要調整・社会対応・競争対応の科学』成文堂新光社。
清水良郎 [2007]「地域ブランド育成におけるマーケティングの実践」『名古屋学院大学論集』（社会科学篇）44(1), 33-46 頁。
下平尾勲 [2009]「地産地消の考え方と方向」下平尾勲・伊東維年・柳井雅也『地産地消——豊かで活力のある地域経済への道標』日本評論社, 1-26 頁。
沈潔如 [2010]「地域ブランド研究に関する一考察——地域ブランド研究の現状と今後の課題」『商學討究』（小樽商科大学）61(2-3), 287-322 頁。
鈴木寛 [2008]「限定商品に対する消費者購買行動の理論的・実証的研究——心理的リアクタンス理論と独自性理論を中心に」『企業研究』（中央大学）14, 201-223 頁。
陶山慶介・妹尾俊之 [2006]『大阪ブランド・ルネッサンス——都市再生戦略の試み』ミネルヴァ書房。
全国農業協同組合連合会自主流通部編 [1983]『系統農協自主流通米 15 年史』全国農業協同組合連合会。
高橋広行 [2010]「消費者行動とブランド論(2)——ブランド論の変遷と位置づけの整理」『関西学院商学研究』62, 17-49 頁。
高橋政光 [2013]『ビーワンダー！——B-1 王者 富士宮やきそば物語』幻冬舎ルネッサンス。

田川俊也 [1999]「問題レポート 日本人のブランド信仰につけ込んだ『偽ブランド食品』流通の実態」『政界往来』65(12), 14-19頁。

武井寿 [1987]「戦略的マーケティング組織のデザイン」野中郁次郎・陸正編著『マーケティング組織――その革新と情報創造』成文堂新光社, 33-68頁。

田沢竜次 [1985]『東京グルメ通信』主婦と生活社。

田中洋 [1996a]「マーケティング基礎概念としてのブランド」『マーケティングジャーナル』15(4), 4-14頁。

田中洋 [1996b]「ブランド形成の日米国際比較――日本的マーケティングへの一考察」青木幸弘・陶山計介・中田善啓編『戦略的マーケティング管理の展開』中央経済社, 219-243頁。

田中洋 [2000]「ふたたび、今、なぜブランドなのか」青木幸弘・岸志津江・田中洋編『ブランド構築と広告戦略』日経広告研究所, 1-16頁。

田中洋・丸岡吉人 [1995]「ブランド・メモリーズ――ブランド記憶メカニズムの探索的研究」『消費者行動研究』2(2), 23-35頁。

谷口葉子・長谷川浩 [2002]「フードマイルズの試算とその意義――地産地消の促進をめざして」『有機農業研究年報』2, 130-141頁。

田村正紀 [2011]『ブランドの誕生――地域ブランド化実現への道筋』千倉書房。

俵慎一 [2011]『B級ご当地グルメでまちおこし――成功と失敗の法則』学芸出版社。

塚本輝雄編 [2000]『広告がわかる事典――読みこなし・使いこなし・活用自在』日本実業出版社。

東北開発研究センター「地域ブランド研究会」編 [2005]『創造 地域ブランド――自立をめざしたまちづくり』河北新報出版センター。

特産品流通研究会 [1987]『特産品の流通革命――「一村一品」のマーケティングを考える』ぎょうせい。

徳山美津恵 [2011]「ブランド・ポジショニング戦略」青木幸弘編『価値共創時代のブランド戦略――脱コモディティ化への挑戦』ミネルヴァ書房, 105-128頁。

特許庁 [2016]『地域団体商標事例集2016』経済産業省特許庁。

内藤重之・藤田武弘・梶浦紀徒 [2005]「地方自治体における「地産地消」推進施策と役割」『農業市場研究』14(1), 28-36頁。

長尾雅信 [2006]「アートを核としたエリアブランドの構築――コミュニティへの注目とアクターのマーケティング」『マーケティングジャーナル』26(2), 100-118頁。

中嶋聞多 [2005]「地域ブランド学序説」『地域ブランド研究』1, 33-49頁。

中田哲也 [2005]「『フード・マイレージ』を用いた地産地消の効果計測の試み――学校給食の事例から」『フードシステム研究』12(1), 2-10頁。

中谷吉孝 [1996]「ブランド絆尺度の概念、そして、鮮度尺度への挑戦」青木幸弘・陶山計介・中田善啓編『戦略的ブランド管理の展開』中央経済社, 134-160頁。

中村博一 [2005]「地産地消の考現学」『生活科学研究』(文教大学) 27, 221-231頁。

新倉貴士 [2005]『消費者の認知世界――ブランドマーケティング・パースペクティブ』千倉書房。

西脇隆二 [1996]「観光マーケティングの研究――観光マーケティングの概念・特質と今日的課題」『北星論集』(北星学園大学経済学部) 33, 205-236頁。

日本作物学会北陸支部・北陸育種談話会編 [1995]『コシヒカリ』農山漁村文化協会。

根本志保子 [2006]「フードマイルズにみる生鮮野菜消費と環境負荷の変化」『生活経済学研究』22・23, 225-235頁。

農林水産省構造改善局構造改善事業課監修・全国農業構造改善協会編 [1990]『農産品の地域ブランド化戦略』ぎょうせい。

農林水産省農蚕園芸局農産課監修 [1984]『日本の稲作』地球社。

野中郁次郎・陸正編 [1987]『マーケティング組織――その革新と情報創造』成文堂新光社。

野見山敏雄 [2005]「低食料自給率下における地産地消――その意義と課題」『農業経済研究』77(3), 140-151頁。

野見山敏雄 [2006]「地産地消――新たな『共生』をめざして」『人間と社会』(東京農工大学) 17, 29-43頁。

野見山敏雄 [2012]「地産地消と広域流通のベストミックスによる地域農業の再生」『農業市場研究』21(3), 13-23頁。

野村総合研究所ICT・メディア産業コンサルティング部 [2013]『ITナビゲーター(2014年版)』東洋経済新報社。

野村祐三 [1998]『どうせ食うなら「ブランド魚」入門――これであなたも食の達人』祥伝社。

芳賀康浩・八ッ橋治郎 [2002]「ロゴ」恩蔵直人・亀井昭宏編『ブランド要素の戦略論理』早稲田大学出版部, 39-57頁。

パクストン, アンジェラ(谷口葉子訳) [2001]「〈翻訳〉フードマイルズ・レポート――食糧の長距離輸送の危険性(訳)」『神戸大学農業経済』34, 55-62頁。

波積真理 [2002]『一次産品におけるブランド理論の本質――成立条件の理論的検討と実証的考察』白桃書房。

長谷政弘 [1994]「観光マーケティング」塩田正志・長谷政弘編『観光学』同文舘出版, 141-155頁。

長谷川礼 [2002a]「P&Gのブランドマネジメント制に関する一考察――利益責任者としてのブランドマネジャー」『経営論集』(大東文化大学) 3, 71-84頁。

長谷川礼 [2002b]「ブランドマネジメント制に関する組織上の課題」『Research Papers』(大東文化大学) 38, 1-16頁。

塙泉 [2007]「観光サービス・マーケティング戦略論研究に関する予備的考察――観光フレームワークの提案」『商学研究論集』(明治大学大学院) 27, 223-238頁。

濱岡豊・里村卓也 [2009]『消費者間の相互作用についての基礎研究――クチコミ, eクチコミを中心に』慶應義塾大学出版会。

林靖人・中嶋聞多 [2009]「地域ブランド研究における研究領域構造の分析――論文書誌情報データベースを活用した定量分析の試み」『人文科学論集』(信州大学) 43, 87-109頁。

半杭真一 [2008]「地産地消による差別化戦略が対象とする消費者の分類と定量化」『農業市場研究』17(2), 38-45頁。

姫野力 [1999]「実践報告(3)関アジ・関サバのブランド化」『協同組合経営研究月報』552, 31-38頁。

平宮正志 [2011]「良寛に学ぶ教育者としての姿勢――愛語より初めて」『教育学部紀要』(文教大学教育学部) 45, 109-121頁。

広瀬盛一 [2002]「スローガン」恩蔵直人・亀井昭宏編『ブランド要素の戦略論理』早稲田大学出版部, 59-80頁。

広瀬義州・吉見宏 [2003]『日本発ブランド価値評価モデル』税務経理協会。

藤川佳則 [2008]「サービス・ドミナント・ロジック――「価値共創」の視点からみた日本企業の機会と課題」『マーケティングジャーナル』27(3), 32-43頁。

洪延和 [2009]「ブランド拡張おける適合性概念の再検討」『経営研究』(大阪市立大学) 60(1),

55-72 頁。
洪延和 [2010]「ブランド拡張のフィードバック効果——拡張新製品が及ぼす既存ブランドの希薄化に焦点をあてて」『経営研究』(大阪市立大学) 61(2), 43-58 頁。
政氏登編 [1990]『創立 30 周年記念誌 果麗』夕張メロン組合。
松浦恵 [1985]『スーパーマーケットと青果物の流通』農林リサーチセンター。
宮澤薫 [2012]「ブランド・コミュニティ研究の発展と今後の展望」『CUC View & Vision』(千葉商科大学) 33, 4-10 頁。
村山研一 [2005]「『地域ブランド』と地域の発展——地域社会学の視点から」『地域ブランド研究』1, 5-32 頁。
村山研一 [2007]「地域ブランド戦略と地域ブランド政策」『地域ブランド研究』3, 1-25 頁。
室井鐵衛 [1983]『エリア・マーケティング』中央経済社。
矢吹雄平 [2010]『地域マーケティング論——地域経営の新地平』有斐閣。
山本奈央 [2009]「企業主宰型ブランド・コミュニティに関する考察」『産研論集』(関西学院大学) 36, 71-80 頁。
横尾政雄編 [1989]『米のはなし(I)』技報堂出版。
米田清紀 [1977]『エリア・マーケティング——地域市場戦略の背景と展開』ダイヤモンド社。
読売新聞秋田支局編 [1989]『あきたこまち物語』無明舎出版。
和田充夫・菅野佐織・徳山美津恵・長尾雅信・若林宏保 (電通 abic project 編) [2009]『地域ブランド・マネジメント』有斐閣。
渡邊勉 [2006]「地域に対する肯定観の規定因——愛着度, 住みやすさ, 地域イメージに関する分析」『地域ブランド研究』2, 99-130 頁。
渡辺英彦 [2007]『ヤ・キ・ソ・バ・イ・ブ・ル——面白くて役にたつまちづくりの聖書』静岡新聞社。
渡邉英彦 [2011]『B 級ご当地グルメで 500 億円の町おこし』朝日新聞出版。

事項索引

◆アルファベット

AIDMA　65
B-1 グランプリ　307, 326, 329
BMW　24, 30
COO　→カントリー・オブ・オリジン
CSV（creating shared value）　355
EC（electronic commerce）　57
EDLP（everyday low price）　54
OEM（original equipment manufacturing）　43
P&G　32, 289
PB（private brand）　43

◆ア　行

愛Bリーグ　311
アウトソーシング型地域ブランド・マネジメント　297
青森（AOMORI）ブランド　1
秋田県経済農業協同組合連合会　107, 111
あきたこまち　105, 151, 181
アタック　21
アンブレラ・ブランド（umbrella brand）　26
異化作用　29
維持可能性　48
一次産品（primary product）　90, 148
　　──の規格化　152
一貫性（continuity）　44
一村一品運動　87
移転可能性　48
意味付加性　48
意味付与機能　16, 21, 323
入込客（visitor）　194
ヴィンテージ（収穫年）　152
ウォール・ストリート・ジャーナル　24
エクイティ・ベース・ブランディング　69

エリア・マーケティング（area marketing）　86
エンドーサー　224
大阪エコ農産物　206
大阪賑わい創出プラン　270
大阪府Eマーク食品　206
大阪府環境農林水産部観光戦略アクションプラン　204
大阪産（もん）　204
大阪産（もん）五つの星大賞　211
大阪産（もん）名品　210, 221

◆カ　行

買取販売事業　170
外部のマネジメント　292
花　王　21
価格政策　54
価格プレミアム　220
拡張可能性　222
確立されたブランド　58
価値共創　354
価値提案（value proposition）　45, 53, 324
買物経験　19
買物効果　19
買物効率　19
学校給食　192
カテゴリー・マネジャー　63
関係性（relationship）　46
観光マーケティング（tourism marketing）　75
間接フィードバック効果　218
カントリー・エクイティ（country equity）　122
カントリー・オブ・オリジン（country of origin：COO）　6, 104, 118
機会（opportunities）　92
企業ブランド　44, 224

373

企業レベル・マーケティング　92
技術的先進性（technical advancements）
　　122
希少性　123, 149, 193
喜助　139
既存市場拡大　189
機能的便益（functional benefit）　46
基盤整備（infrastructure）　92
キャラクター（character）　50
キャンベル・スープ　32
狭義のブランド　21
共撰　154
共創　321, 322, 327
　――の相手　327
　――の内容　328
　――の方法　327
競争　322, 323
郷土愛　190
共同開発（co-development）　328
共同広告（advertising alliance）　226
共同生産（co-producing）　328
共同選択（co-opting）　328
共同販促（joint sales promotions）　226
共同販売（product bundling）　226
口コミ　56, 195, 220
クール・ブリタニア（Cool Britannia）　4
グローバル・ツーリズム　283
景観（cityscape and gateways）　93
経済性（economy）　122
広義のブランド　21
公共性　84, 216
コカ・コーラ　24
顧客ベースのブランド・エクイティ
　　（costomer-based brand equity）　27
コシヒカリ　105
個人管理型ブランド・マネジメント　291
個撰　155
コダック（kodak）　49
国家ブランディング（nation branding）　4,
　　80
ご当地グルメ　320
コ・ブランディング（co-branding）　61,
　　225

こまち娘キャンペーン　112
コミュニケーション（communication）　93
コミュニケーション政策　55
コミュニティ・ツーリズム　283
コモディティ化　152
コンセプトのマネジメント　292

◆サ　行

再ポジショニング　189
差異を内包した同質性　160
佐賀関町漁業協同組合　168
ササニシキ　105
サービス・ドミナント・ロジック（service
　　dominant logic）　328
サブブランド　224
産地銘柄　105
識別（identify）　17
識別可能性　48
識別困難性　181
識別性（distinctiveness）　44
事業ブランド　44
自己組織性　22
自己同定性　45
自己表現（self-expression）　46
資産（asset）　27
市場セグメント（market segment）　185
市場セグメント変数　185
持続的競争優位（sustained competitive
　　advantage）　34
シナジー（synergies）　92
シャドウ・エンドーサー　234
集合知　331
集団管理型ブランド・マネジメント　291
情緒的価値　22
情緒的便益（emotional benefit）　46
商標（トレードマーク：trademark）　20
商標条例　20
商標制度　20
情報の粘着性　328
職人技（workmanship）　122
食の都・大阪グランプリ　278
食の都・大阪推進会議　277
食の都・大阪スタイル宣言　278

食文化　10
シルバーブレット・ブランド（silver bullet brand）　234
白い恋人　146
ジングル（jingle）　50
新ブランド構築　189
シンボルマーク（symbol mark）　49
信　頼　19，322
スター型ネットワーク　333
ストック型ブランド・マネジメント　64，291
スピルオーバー効果　218
スポンサーシップ　56
スローガン（slogan）　50
スローフード　194
セイコー（SEIKO）　17
製造業及び商業票に関する法律　20
製品カテゴリー（product category）　186
製品固有性　158
製品差異性　18
製品差別化　33，323
製品識別機能　16，20，322
製品識別ブランディング　68
製品政策　53
製品同質性　18
製品の差別化　33
製品ブランド　44
成分ブランド　225
関あじ　168
関さば　168
全国京都会議　228
全国ブランドの時代　32
潜在的ブランディング主体　294
仙台牛たん焼き　137
戦略的製品選別　153

◆タ　行

対新製品ブランド効果　218，219
だいびんじょう　262
太　助　137
伊達の牛たん本舗　142，143
ダブルチョップ（double chop）　225
短期的ブランド・マネジメント　291

地域空間ブランディング　9，79，83，92，93
地域空間ブランド　7
地域コミュニティ（local communities）　92
地域固有性　158
地域産品の固有性　256
地域産品の代表性　256
地域産品ブランディング　9，88，91，94，118
地域産品ブランド　7
地域支援　331
地域性要因　128
地域団体商標　9
地域団体商標制度　87
地域同定性　158
地域の多義性　84
地域の多様性　83
地域評価　331
地域ブランディング（place branding）　7，78，93
地域ブランディング主体　93，95，195，287，295
地域ブランディングの政策モデル　95
地域ブランディングの組織モデル　95
地域ブランド（place brand）　1，7，78，93
地域ブランド資源（place brand resources）　8，250，253，255，286，319
地域ブランド政策　8
地域ブランド戦略　8
地域ブランドの公共性　293
地域ブランド・マネジメント　285
地域文化　188
地域マーケティング（place marketing）　6，75
地域名　84
地域理解　331
知覚矯正機能　16，29，323
知覚品質（perceived quality）　27，65
地産地消　191
地方ブランド（local brand）　87
チャネル政策　57
中心移動型共創ネットワーク　333

事項索引　375

長期的ブランド・マネジメント　291
直接フィードバック効果　218
ツーリズム　283
伝統と儀式　60
同一性（sameness）　44
同化作用　29
東　芝　18
道徳的責任感覚　60
同類意識　60
登録商標（レジストレーションマーク：registered trademark）　20
独占的使用権　20, 49, 62, 84, 88, 180
都市型農業　215
ドメスティック・ツーリズム　283
トヨタ　30
ドライバー　224

◆ナ　行

内部のマネジメント　292
内部文化（internal culture）　92
なにわ特産品　205
なにわの伝統野菜　206
名乗り　20
偽ブランド　181
値引き販売（discount selling）　54
農産物直売所　192

◆ハ　行

ハインツ　32
鉢かづきちゃん物語　158
八戸せんべい汁研究所　307, 318
パッケージ（package）　51
パートタイム・マーケター　195
パナソニック　18
パブリシティ　220
ハーレーダビッドソン　30
ハロー効果（halo effect）　121
汎用型地域ブランド　214, 216
ビジネス・ブランディング　82
ビジョンと戦略（vision and strategy）　92
日　立　18
ヒューレッド・パッカード　24
ファミリー・ブランド（family brand）　25

富士宮やきそば　239
富士宮やきそばアカデミー　248
富士宮やきそば学会　237, 308
プッシュ戦略　32
負の間接フィードバック効果　222
部分業種店　160
プラットフォーム型地域ブランド・マネジメント　298
ブランディング（branding）　42, 52
ブランド（brand）　17, 31
ブランド・アイデンティティ（brand identity）　41, 44, 81, 324
ブランド・アイデンティファイア（brand identifier）　52
ブランド・アライアンス（brand alliance）　61
ブランド・イメージ（brand image）　21, 28, 35, 55, 80, 323
ブランド・エクイティ（brand equity）　6, 25, 27, 80
ブランド・エクスペリエンス　354
ブランド・オリジン　121
ブランド拡張（brand extension）　25, 61
ブランド拡張論　218
ブランド・コーディネーター　291
ブランド・コミュニティ（brand community）　59, 340
ブランド・コンセプト　188
　──の階層　222
ブランド資源　254
ブランド知識　28, 30, 219, 253
ブランド・チャンピオン　291
ブランド・ディレクター　291
ブランド認知（brand awareness）　27, 65
ブランドの希薄化　222
ブランドの譲渡　62
ブランドの貸与　247
ブランド・パーソナリティ（brand personality）　23, 323
ブランド・バンドリング（brand bundling）　61
ブランド・ポジショニング　187
ブランド・ポートフォリオ・マネジメント

44, 66
ブランド・マネジメント　40, 81
ブランド・マネジメント・プロセス　47, 81
ブランド・マネジャー　63
ブランド・マネジャー制　289
ブランド名（brand name）　49
ブランド要素（brand elements）　42, 48
ブランド力（brand power）　220
ブランド・リレーションシップ　55, 354
ブランド連想（brand association）　21, 45, 65, 253
ブランド・ロイヤルティ（brand loyalty）　27, 65
フルコンタクト型ネットワーク　333
ふるさと　87
ふるさと創生事業　87
プル戦略　32
フロー型ブランド・マネジメント　64, 291
プロダクト・ベース・ブランディング　69
文化移転　189
分類差異　47, 324
べこ正宗　142
便益　46
防御可能性　49
ポジショニング（positioning）　46
ボルボ　30
ホールマーク　24

◆マ 行

マーケティング（marketing）　184

マス・マーケティング　86
まちづくりサロン「宮っ」　238
見せかけの付加価値　182
見せかけのロイヤルティ（spurious loyalty）　66
名声（prestige）　122
メルセデス・ベンツ　24
目的地（destination）　75
目的地（destination）研究　6
物語消費　259
物語性（narrativity）　258
模倣困難性（inimitability）　35
模倣容易性　181

◆ヤ 行

やきそばG麺　239
夕張メロン　153
有用性（serviceability）　122
優劣差異　47, 324
要約効果（summary effect）　121

◆ラ 行

ライセンス供与　62
リゾート法　87
リトル・プレジデント　63
ローカル製品（local product）　123
ロゴ（logo）　49
路地 CALWALK-TOWN 富士宮　237
路地裏活性化学会　237
ロハス（LOHAS）　194
ロングセラー・ブランディング　68

人名索引

青木幸弘　354
アーカー（D. A. Aaker）　21
アンホルト（S. Anholt）　79
石毛直道　10
石原武政　160
石水幸安　146
イーストマン（G. Eastman）　49
伊丹敬之　8
大川原要　139
大川原潔　139
小野小町　125
ガートナー（B. B. Gardner）　82
カプフェレ（J. N. Kapferer）　222
ガブリエル（Y. Gabriel）　44
城戸秀之　87
木村聡　319
ギャンブル（J. N. Gamble）　289
ケラー（K. L. Keller）　29, 225
コズミウチ（C. Cozmiuc）　82
コトラー（P. Kotler）　6, 77
佐野啓四郎　137
サンダラム（D. S. Sundaram）　195

ショウ（A. W. Shaw）　16, 34, 117
スロウィッキー（J. Surowiecki）　331
田沢竜次　320
田中洋　67
田村正紀　126
俵慎一　317
テドロー（R. S. Tedlow）　32
野瀬泰申　309
波積真理　152
平松守彦　87
フォン・ヒッペル（E. von Hipple）　328
古川嘉幸　142
プロクター（H. Procter）　289
ペトリーニ（C. Petrini）　194
ポーター（M. E. Porter）　355
マッケロイ（N. H. McElroy）　289
ムーニッツ（A. M. Muniz）　59
望月晟敏　240
矢吹雄平　76
吉田憲明　142
ラムズドン（L. Lumsdon）　75
渡辺英彦　237, 311

◎ 著者紹介

小林　哲（こばやし　てつ）
1984 年，明治学院大学経済学部卒業
1989 年，慶應義塾大学商学研究科博士課程単位取得退学
現　在，大阪市立大学大学院経営学研究科教授。博士（商学）
専門は，地域ブランディング論，フードビジネス論，流通システム論
主著：
『流通・営業戦略——現代のマーケティング戦略③』（共編，有斐閣，2004 年）
「2 つの地域ブランド論——その固有性と有機的結合」田中洋編『ブランド戦略全書』（有斐閣，2014 年）
「創発の場としてのＢ級ご当地グルメの祭典『B-1 グランプリ』」上原征彦編『創発する営業』（丸善出版，2014 年）
「フードサービスのブランド・マネジメント」日本フードサービス学会編『現代フードサービス論』（創成社，2015 年）
「地域ブランド論における地理的表示保護制度の理論的考察」『フードシステム研究』26 巻 2 号（フードシステム学会，2019 年）
「地域ブランド成果の相違が地域ブランド資産 - 価値構造の評価に与える影響——修正地域ブランド資産 - 価値評価モデルに基づく定量分析」『三田商学研究』63 巻 4 号（慶應義塾大学商学会，2020 年）

地域ブランディングの論理——食文化資源を活用した地域多様性の創出
The Theory and Practice of Place Branding in Japan

2016 年 12 月 25 日　初版第 1 刷発行
2021 年 8 月 10 日　初版第 3 刷発行

著　者　　小　林　　　哲

発行者　　江　草　貞　治

発行所　　株式会社　有　斐　閣
　　　　　郵便番号　101-0051
　　　　　東京都千代田区神田神保町 2-17
　　　　　電話　（03）3264-1315〔編集〕
　　　　　　　　（03）3265-6811〔営業〕
　　　　　http://www.yuhikaku.co.jp/

印刷・萩原印刷株式会社／製本・牧製本印刷株式会社
©2016, Tetsu Kobayashi. Printed in Japan
落丁・乱丁本はお取替えいたします。
★定価はカバーに表示してあります。
ISBN 978-4-641-16480-2

[JCOPY] 本書の無断複写（コピー）は，著作権法上での例外を除き，禁じられています。複写される場合は，そのつど事前に（一社）出版者著作権管理機構（電話 03-5244-5088，FAX 03-5244-5089，e-mail：info@jcopy.or.jp）の許諾を得てください。